Rosa Luxemburgo

textos escolhidos

volume I

(1899-1914)

FUNDAÇÃO EDITORA DA UNESP

Presidente do Conselho Curador
Mário Sérgio Vasconcelos

Diretor-Presidente
Jézio Hernani Bomfim Gutierre

Superintendente Administrativo e Financeiro
William de Souza Agostinho

Conselho Editorial Acadêmico
Danilo Rothberg
João Luís Cardoso Tápias Ceccantini
Luiz Fernando Ayerbe
Marcelo Takeshi Yamashita
Maria Cristina Pereira Lima
Milton Terumitsu Sogabe
Newton La Scala Júnior
Pedro Angelo Pagni
Renata Junqueira de Souza
Rosa Maria Feiteiro Cavalari

Editores-Adjuntos
Anderson Nobara
Leandro Rodrigues

Rosa Luxemburgo

textos escolhidos

VOLUME I

(1899-1914)

3ª edição

ORGANIZAÇÃO E REVISÃO TÉCNICA
ISABEL LOUREIRO

TRADUÇÃO DO ALEMÃO
STEFAN FORNOS KLEIN

TRADUÇÃO DO POLONÊS
BOGNA THEREZA PIERZYNSKI
GRAZYNA MARIA ASENKO DA COSTA
PEDRO LEÃO DA COSTA NETO

© 2011 da tradução brasileira

Fundação Editora da UNESP (FEU)
Praça da Sé, 108
01001-900 – São Paulo – SP
Tel.: (0xx11) 3242-7171
Fax: (0xx11) 3242-7172
www.editoraunesp.com.br
www.livrariaunesp.com.br
feu@editora.unesp.br

Dados Internacionais de Catalogação na Publicação (CIP)
Vagner Rodolfo CRB-8/9410

R788
Rosa Luxemburgo: textos escolhidos – Volume 1 (1899-1914) / organizado por Isabel Loureiro; traduzido por Stefan Fornos Klein, Bogna Thereza Pierzynski, Grazyna Maria Asenko da Costa, Pedro Leão da Costa Neto. – 3.ed. – São Paulo: Editora Unesp, 2018.

ISBN: 978-85-393-0738-8

1. Luxemburgo, Rosa, 1871-1919. 2. Europa – História – Séc. XX. 3. Socialismo. 4. Sociologia política. I. Loureiro, Isabel. II. Klein, Stefan Fornos. III. Pierzynski, Bogna Thereza. IV. Costa, Grazyna Maria Asenko da. V. Costa Neto, Pedro Leão da. VI. Título.

2018-187   CDD 320.5322
                                            CDU 330.85

Esta publicação foi realizada com o apoio da Fundação Rosa Luxemburgo com fundos do Ministério Federal para a Cooperação Econômica e de Desenvolvimento da Alemanha (BMZ).

A tradução desta obra recebeu o apoio do Goethe-Institut,
que é financiado pelo Ministério de Relações Exteriores da Alemanha.

Editora afiliada:

Apresentação geral

A esquerda oficial nas suas duas vertentes, social-democrata e comunista, sempre teve uma relação problemática com Rosa Luxemburgo.[1] Em vida, a recusa da revolucionária judia-polonesa-alemã a fazer compromissos que traíssem suas convicções e sua independência intelectual criaram-lhe inimigos sem conta no interior da social-democracia alemã, patriarcal e politicamente conservadora. E depois do seu assassinato, as lutas fratricidas entre facções adversárias no interior do movimento comunista – que na Alemanha culminaram no processo de bolchevização do Partido Comunista Alemão (KPD) – fizeram que sua obra caísse no ostracismo.[2] Mas apesar dessas vicissitudes, na

---

1 Não se pretende fazer aqui o histórico exaustivo da recepção de Rosa Luxemburgo, mas apenas lembrar algumas etapas essenciais. Sobre a recepção na Alemanha, ver Laschitza, Zum Umgang mit Rosa Luxemburg in Vergangenheit und Gegenwart, *BzG*, n.4, 1991; Id., Zum gegenwärtigen wissenschaftlichen und öffentlichen Interesse an Rosa Luxemburg in Deutschland. In: Ito; Laschitza; Luban (orgs.), *Rosa Luxemburg im internationalen Diskurs*; Schütrumpf (org.), *Rosa Luxemburgo ou o preço da liberdade*.

2 A partir de 1933, os nazistas destruíram as caixas que guardavam sua biblioteca e queimaram seus livros. O espólio de Luxemburgo, que desde 1927 estava sob a guarda do KPD, foi levado em segurança para os arquivos do PC russo em Moscou, em 1931, graças aos esforços de Paul Frölich e amigos. Os escritos de posse da secretária de Rosa, Mathilde Jacob, ficaram com o

maioria traumáticas, a influência de Rosa Luxemburgo no comunismo alemão só foi extirpada quando, na época de Stálin, o KPD se tornou instrumento direto da política soviética.

A hegemonia do famigerado marxismo-leninismo no campo comunista acabou gerando uma situação paradoxal: os governos comunistas usavam para se legitimar o exemplo da mártir que sacrificou a vida pela causa revolucionária, ao mesmo tempo que suas ideias divergentes em relação a Lênin e aos bolcheviques eram silenciadas. Essa esquizofrenia fez que, tanto na República Democrática Alemã (RDA) quanto na Polônia,[3] a pesquisa sobre Rosa Luxemburgo enfatizasse sua personalidade revolucionária e sua atuação no movimento operário, deixando de lado seu papel inovador na teoria marxista.

O silêncio só foi rompido no fim dos anos 1960.[4] As rebeliões estudantis que varreram o mundo em 1968 e a luta por reformas nos países e nos partidos comunistas, em rejeição ao modelo soviético, foram determinantes para a redescoberta das ideias de Rosa Luxemburgo.[5]

Na RDA, os volumes de suas obras completas,[6] resultado de uma pesquisa minuciosa realizada pela equipe coordenada por Annelies

---

professor Ralph H. Lutz no Hoover-Institut da Universidade de Stanford, e as cópias de cartas, na biblioteca Buttinger em Nova York (cf. Laschitza, Zum Umgang mit Rosa Luxemburg in Vergangenheit und Gegenwart, op. cit., p.451).

3 Agradeço a Holger Politt as informações sobre a recepção de Rosa Luxemburgo na Polônia.
4 Não foi o caso da Polônia, onde, a partir dos anos 1970, Rosa Luxemburgo ficou restrita ao papel de personagem histórica, diferentemente da RDA, onde sempre foi uma figura pública. Todos os anos, no dia 15 de janeiro, a burocracia comunista no poder organizava um desfile oficial em homenagem a ela e a Karl Liebknecht.
5 Sobre a recepção de Rosa Luxemburgo no Ocidente, ver, entre outros, Badia, Rosa-Luxemburg--Rezeption im 20. In: Ito; Laschitza; Luban (orgs.), *Rosa Luxemburg im internationalen Diskurs*. Em 1980 foi fundada, em Zurique, a International Rosa-Luxemburg-Society com o objetivo de reunir pesquisadores sobre a obra da marxista polonesa-alemã e organizar um núcleo de resistência ao avanço do neoliberalismo. Desde então, várias conferências internacionais têm sido organizadas na Europa e na Ásia – posteriormente publicadas pela Editora Dietz. Atualmente, a Fundação Rosa Luxemburgo financia a publicação das obras completas de Rosa Luxemburgo em inglês. Na França e sobretudo na Alemanha, há um renascimento do interesse pela obra da revolucionária polonesa. Ver, entre outros, Muhlmann, *Réconcilier marxisme et démocratie*; Haug, *Rosa Luxemburg und die Kunst der Politik*.
6 1970, v.1/1 (reedição 2007); v.1/2 (reedição 2000); 1972, v.2 (reed. 2004); 1973, v.3 (reed. 2003); 1974, v.4 (reed. 2000); 1975, v.5 (reed. 1990); 2014, v.6; 2017, v.7. Os escritos de Rosa Luxemburgo em polonês – quase um terço de sua obra – que não foram publicados até agora estão sendo traduzidos/retraduzidos por Holger Politt e virão a público nos v.8 e 9 das *Obras completas*.

Laschitza e Günter Radczun no Institut für Marxismus-Leninismus beim ZK der SED (IML) [Instituto de Marxismo-Leninismo junto ao Comitê Central do SED], começaram finalmente a ser publicados em 1970. A veiculação das cartas começou mais tarde, em 1982, e em 1993 saiu o sexto volume que, entre outras, inclui cartas de amor a Costia Zetkin, não publicadas nos volumes anteriores.[7] Apesar das dificuldades impostas pela burocracia comunista aos editores das *Obras completas*, não resta dúvida de que é um trabalho editorial de grande fôlego e uma referência mundial para os pesquisadores da obra de Rosa Luxemburgo – a nossa publicação não teria sido possível sem essa edição.

Já no Brasil as coisas se passaram de maneira diferente do que ocorreu nos países comunistas europeus. Aqui Rosa Luxemburgo chegou pelas mãos de Mário Pedrosa. A partir de 1945, ele divulgou as ideias políticas da revolucionária polonesa em seu jornal *Vanguarda Socialista* (1945-1948), o que acabou exercendo alguma influência num pequeno círculo de militantes e intelectuais de esquerda à margem do Partido Comunista. Nesse semanário, que pretendia contribuir para a reconstrução de um projeto socialista no pós-guerra, Mário Pedrosa expôs a polêmica entre Rosa e Lênin a respeito da organização, criticando vivamente a concepção leninista de partido-vanguarda que, em seu entender, implicava uma separação antidemocrática entre vanguarda e massa e, como mostrou a trajetória dos Partidos Comunistas no século XX, o afastamento entre direção e base. Admirador da ideia, defendida por Rosa Luxemburgo, do partido de massas democrático, Mário Pedrosa a considerava uma alternativa às organizações políticas hierarquizadas e centralizadas, dominadas por um grupo encastelado no poder. Além disso, contra a concepção blanquista de uma revolução fabricada por grupos armados que agem no lugar das bases, ele preconizava o socialismo como criação autônoma das massas populares, mais uma vez se apropriando da crítica de Rosa Luxemburgo aos

---

[7] Sempre pela editora Dietz, a nova edição do v.2 é de 1999 e a do v.4, de 2000. Com o fim do Institut für Marxismus-Leninismus beim ZK der SED, a publicação passa a ter apoio da Rosa-Luxemburg-Stiftung – Gesellschaftsanalyse und Politische Bildung e.V.

bolcheviques. Essas duas ideias – organizações democráticas de massa e transição ao socialismo levada a cabo pela ação livre dos de baixo – formam a espinha dorsal da recepção de Rosa Luxemburgo no Brasil e no mundo.[8]

O leitor tem em mãos uma coletânea de textos de Rosa Luxemburgo – todos eles publicados na íntegra – em três volumes: os dois primeiros de escritos políticos, o último de cartas. O volume I cobre desde o final do século XIX até julho de 1914; o volume II vai de setembro de 1914 a janeiro de 1919. A data-chave da ruptura é 4 de agosto de 1914, quando a bancada social-democrata no Reichstag [parlamento alemão] aprova os créditos de guerra. O volume III reúne correspondências do período entre 1893 e 1919.

Publicamos não só os escritos mais importantes da autora, alguns em traduções refeitas, mas também artigos conjunturais – embora se tenha evitado o que era totalmente circunstancial e que perdeu o interesse ou exigiria muitas notas explicativas –, dos quais se extrai seu ideário político e teórico. Além disso, com o intuito de proporcionar uma visão abrangente das ideias de Rosa Luxemburgo e do seu talento como jornalista, publicamos também textos sobre a emancipação das mulheres, o desemprego, o trabalho infantil, os conflitos internacionais etc. Os artigos sobre a questão feminina são quase a única produção da revolucionária polonesa sobre um tema pelo qual não manifestava interesse especial. Atualmente as feministas têm curiosidade sobre sua posição, por isso os incluímos nesta coletânea.

Gostaríamos de observar que o volume II, em particular, amplia muito o que se sabe no Brasil sobre Rosa Luxemburgo. Além de um

---

8 Nos anos 1970, num viés fortemente "terceiro-mundista", Mário Pedrosa inspirou-se n'*A acumulação do capital*, obra que considerava de uma "profunda originalidade" (p.69), para analisar o imperialismo das potências centrais e propor como alternativa para os países periféricos "uma autêntica revolução nacional à maneira da China [...]" (cf. Pedrosa, *A crise mundial do imperialismo e Rosa Luxemburgo*, p.14. Recentemente, *A acumulação do capital*, graças a David Harvey, voltou repaginada ao debate acadêmico (ver *O novo imperialismo*). Sobre a recepção brasileira da revolucionária polonesa, ver Loureiro, A recepção de Rosa Luxemburgo no Brasil. In: Braga et al. (orgs.), *Marxismo e ciências humanas: leitura sobre o capitalismo num contexto de crise*.

escrito conhecido como "A crise da social-democracia", pela primeira vez são publicados em português todos os artigos da época da Revolução Alemã. Isso permite que o leitor acompanhe a evolução da tática preconizada por Rosa no calor dos acontecimentos que levaram ao seu assassinato num momento particularmente complexo da história da Alemanha e que, como sabemos, determinaram o destino do país durante a primeira metade do século passado.

O volume III, dedicado às cartas, apresenta um tema à parte que merece algumas considerações. Nos seis volumes publicados em alemão pela editora Dietz, há mais de 2.700 cartas, cartões-postais e telegramas de Rosa Luxemburgo endereçados a mais de 150 correspondentes na Europa e na América, membros da social-democracia e da Segunda Internacional. Que cartas escolher? Como a intelectual marxista, a militante política, a revolucionária conhecida publicamente se apresenta nos volumes de escritos políticos, optamos pelas cartas aos amigos e namorados, que revelam seus sentimentos mais íntimos com inteira liberdade. As correspondências dão a conhecer uma figura surpreendente que não cabe em esquemas preestabelecidos e põem por terra não só o estereótipo da heroína santa e assexuada, que a esquerda ascética gosta de cultivar, mas também o clichê da revolucionária integralmente dedicada à causa política, sem espaço para os prazeres da vida. Surge aos nossos olhos um retrato complexo e cheio de vida dessa personagem polêmica, avançada para o seu tempo, mas também, e sobretudo, profundamente filha do seu tempo.

Assim como no resto do mundo, Rosa Luxemburgo é mais conhecida e admirada no Brasil como ícone revolucionário do que por suas ideias, às quais poucos têm acesso. Esperamos que esta coletânea contribua para difundir esse pensamento amordaçado pela corrente hegemônica na esquerda no século XX e que hoje encontra eco nos movimentos sociais das últimas décadas. Estes trouxeram consigo questões reprimidas, como democracia, participação e controle popular, mostrando que a esquerda precisa urgentemente se reinventar, no Brasil e no mundo. Rosa Luxemburgo, com sua confiança na criatividade da ação livre das camadas subalternas da sociedade, com sua defesa enérgica do espaço público como antídoto contra a burocracia, com seu entusiasmo pela democracia de base, sua obsessão pela liberdade coletiva e individual e sua aposta no socialismo democrático como alternativa à barbárie capitalista, pode contribuir de alguma forma para essa reinvenção.

Agradecimentos

Os meus agradecimentos vão para todos os que, de uma maneira ou de outra, me ajudaram generosamente a levar este empreendimento até o fim: Kathrin Buhl, pelas horas divertidas que passamos juntas resolvendo problemas de tradução (*in memoriam*); Holger Politt, pelo envio das cópias dos originais poloneses, além das informações preciosas sobre a recepção polonesa da obra de Rosa Luxemburgo; Jörn Schütrumpf, que cedeu os direitos da Editora Dietz sobre os textos e as imagens (a troca de ideias com eles e as interpretações por vezes distintas da nossa Rosa me mostraram como essa personagem continua bem viva dos dois lados do Atlântico); Christine Krauss, sempre solícita no envio de material e na ajuda para decifrar segredos do estilo de Rosa, obscuros para uma brasileira; Annelies Laschitza, pelo envio de algumas cópias dos originais poloneses de cartas a Leo Jogiches; os meus amigos e amigas do MST e os meus alunos que, no decorrer dos anos, insistiram na importância de pôr à disposição de um público mais amplo os escritos de Rosa Luxemburgo. Por fim, Jorge Pereira Filho, sem cuja dedicação nada disto sairia do plano virtual. Agradeço imensamente o apoio da Fundação Rosa Luxemburgo, na pessoa de seu diretor, Gerhard Dilger, para a realização desta segunda edição. *Last but not least*, Jézio Hernani Bomfim Gutierre, que vem acompanhando esta longa trajetória que agora chegou ao seu capítulo final. A todos agradeço do fundo do coração.

Isabel Loureiro
Março de 2017

Nota biográfica
(1871-1919)

> Die rote Rosa nun verschwand.
> Wo sie liegt, ist unbekannt.
> Weil sie den Armen die Wahrheit gesagt
> Haben die Reichen sie aus der Welt gejagt.
>
> Bertolt Brecht, *Grabschrift*, 1919[1]

Rosa Luxemburgo nasce em 5 de março de 1871, em Zamość, pequena cidade da Polônia ocupada pela Rússia, quinta filha de uma família judia emancipada e culta. Em Varsóvia, estuda no liceu russo para moças, onde começa a participar do movimento operário polonês, ilegal. Para escapar da perseguição política, com 18 anos incompletos, refugia-se na Suíça. Em Genebra, conhece Leo Jogiches, jovem revolucionário de Vilna (Lituânia), na época com 24 anos, seu grande amor

---

[1] "A Rosa vermelha agora desapareceu/ Onde ela está, não se sabe/ Por dizer aos pobres a verdade/ Os ricos a expulsaram do mundo." (Bertolt Brecht, Epitáfio, 1919).

e mestre político na juventude. Tornam-se amantes no verão de 1891, um relacionamento intenso e conturbado que durará quinze anos; as relações políticas continuarão até o fim da vida.

De 1889 a 1897 frequenta a Universidade de Zurique, onde estuda Ciências Naturais, Matemática, Direito e Economia Política. Com 22 anos funda, com Jogiches e outros socialistas poloneses, a Social-Democracia do Reino da Polônia (SDKP), rebatizada em 1900 de Social-Democracia do Reino da Polônia e Lituânia (SDKPiL). Os dirigentes do pequeno partido decidem editar em Paris um jornal polonês, *Causa operária* [*Sprawa Robotnicza*]. Rosa, encarregada praticamente sozinha da redação do jornal, passará longos períodos na cidade, de 1894 a 1896. Em 1897, aos 26 anos, defende o doutorado sobre "O desenvolvimento industrial da Polônia", logo publicado por uma grande editora de Leipzig. Um ano depois, vai para Berlim militar no Partido Social-Democrata Alemão (SPD), onde se torna conhecida com o escrito contra Eduard Bernstein, "Reforma social ou revolução?"(1899).

Durante dez anos (1904-1914), Rosa Luxemburgo representa a SDKPiL no Bureau da Internacional Socialista em Bruxelas. De volta do Congresso da Segunda Internacional em Amsterdã (agosto de 1904), é encarcerada durante dois meses, acusada de ter ofendido o imperador Guilherme II em um de seus artigos. No início de 1906, viaja ilegalmente para Varsóvia, a fim de tomar parte na Revolução Russa, que havia começado um ano antes. Detida com Leo Jogiches, passa quatro meses na prisão. Libertada depois de pagamento de fiança pelo SPD, redige "Greve de massas, partido e sindicatos" (1906). Retornando a Berlim, começa a defender ardorosamente a greve de massas como nova tática revolucionária contra a inércia da social-democracia. Em 1907, rompe com Leo Jogiches e começa um relacionamento amoroso com Costia Zetkin, filho de sua amiga Clara Zetkin. Ela tem 35 anos, ele está prestes a completar 22. O relacionamento dura até 1912, interrompido por uma primeira crise séria em 1909. É um segredo muito bem guardado e ignorado pelos companheiros de partido. De 1907 a 1914, leciona na escola de quadros do SPD. Desse trabalho como professora saem suas obras de economia política, *A acumulação do capital* (1913) e *Introdução à economia política* (1925). Com outros seis companheiros de partido, entre eles Karl Liebknecht, Clara Zetkin e Franz Mehring, funda, em 1914, em protesto contra a aprovação dos créditos de guerra pela social-democracia alemã, o Grupo Internacional, que em novembro de 1918 passará a chamar-se Liga Spartakus. Em 1914 tem um novo e breve relacionamento amoroso com seu advogado e companheiro de partido, Paul Levi.

Presa durante um ano (de fevereiro de 1915 a fevereiro de 1916), acusada de agitação antimilitarista, ela escreve "A crise da social-democracia", publicado em abril de 1916, sob o pseudônimo de Junius. Algum tempo depois de ser libertada, participa da manifestação de Primeiro de Maio de 1916, convocada pelos spartakistas. Devido à militância contra a guerra, é novamente encarcerada em julho do mesmo ano (uma "prisão preventiva").

Na prisão, em setembro de 1918, redige as notas críticas aos bolcheviques, publicadas por Paul Levi em 1922 com o título "A Revolução Russa". É nesse opúsculo que aparece a famosa frase sobre a *Freiheit der Andersdenkenden* [liberdade de quem pensa de maneira diferente]:

> Liberdade somente para os partidários do governo, somente para os membros de um partido – por mais numerosos que sejam –, não é liberdade. Liberdade é sempre a liberdade de quem pensa de maneira diferente. Não por fanatismo da "justiça", mas porque tudo quanto há de vivificante, de salutar, de purificador na liberdade política depende desse caráter essencial e deixa de ser eficaz quando a "liberdade" se torna um privilégio.

Esse pequeno texto teve uma trajetória polêmica no decorrer do século XX. Desde que veio a público, sempre foi considerado pelos marxistas ocidentais um manifesto do socialismo democrático, a ponto de Michael Löwy declarar que essa brochura de 1918 é um dos textos indispensáveis não só para entender o passado, mas também e sobretudo para uma refundação do socialismo (ou do comunismo) no século XXI.[2]

Enquanto no Brasil o pequeno opúsculo vinha a público em 1946 nas páginas do *Vanguarda Socialista*, na RDA isso ocorreu apenas em 1974, acompanhado das habituais observações a respeito dos "erros" de Luxemburgo; e em Moscou, o texto considerado "maldito" só foi publicado pela primeira vez em 1990.

Rosa é libertada em 8 de novembro de 1918, no início da Revolução Alemã. Em Berlim, é encarregada, com Karl Liebknecht, da direção do jornal *Die Rote Fahne* [A bandeira vermelha], no qual escreve artigos ácidos contra o governo social-democrata de Ebert/Scheidemann, acusando-o de sufocar o processo revolucionário. Entre o fim de dezembro de 1918 e o início de janeiro de 1919, participa da fundação do Partido Comunista Alemão. No dia 15 de janeiro de 1919, ela e Karl Liebknecht são brutalmente assassinados por tropas do governo, durante o que ficou conhecido como "insurreição de janeiro". Rosa tinha 48 anos. Leo Jogiches fez todos os esforços para identificar os assassinos, mas também acabou morto, dois meses depois.

O corpo de Rosa é jogado no Canal Landwehr e encontrado, quase irreconhecível, apenas em 31 de maio. Em junho, uma enorme multidão acompanha o cortejo até o cemitério de Friedrichsfelde, onde ela foi enterrada ao lado de Karl Liebknecht.

O julgamento dos assassinos de Rosa e Karl foi uma farsa: eles receberam penas leves e tiveram vida tranquila durante o nazismo.

---

2 Löwy, Prefácio. In: Schütrumpf (org.), *Rosa Luxemburgo ou o preço da liberdade*, p.10.

Sumário

Apresentação ao primeiro volume   xvii

Reforma social ou revolução?   1
       Anexo: Milícia e militarismo   89
Apenas uma vida humana!   113
O próprio filho!   119
Paralisia e progresso no marxismo   123
Karl Marx   131
Expectivas frustradas   141
Questões de organização da social-democracia russa   151
A Igreja e o socialismo   177
O que queremos?   207
Greve de massas, partido e sindicatos   263
A teoria e a prática   351
Escola sindical e escola partidária   405
Marrocos   411
Novamente a massa e o líder   417
Credo   425

Direito de voto das mulheres e luta de classes   443
A herança de Lassalle   451
Questões táticas   457
Desempregado!   473
Discurso de defesa em 20 de fevereiro de 1914   479
A proletária   493
A paz, a Tríplice Aliança e nós   497

Referências bibliográficas   501
Índice onomástico   507

Apresentação ao primeiro volume

O presente volume inclui a produção mais significativa de Rosa Luxemburgo no período que vai de 1899 até a declaração da guerra, no fim de julho de 1914. Embora alguns desses textos já tivessem sido publicados no Brasil,[1] eles recebem aqui nova tradução dos originais em alemão e polonês, além do acréscimo de notas explicativas.

A fim de situar o leitor, são indispensáveis algumas referências a respeito das etapas mais importantes dessa primeira fase da produção política e intelectual da revolucionária polonesa.

O texto que abre a coletânea – "Reforma social ou revolução?" (1899) – foi um marco na carreira de Rosa Luxemburgo, que ficou conhecida na social-democracia alemã e internacional ao investir contra Eduard Bernstein, o velho e respeitado teórico do SPD. Embora amigo dos fundadores do marxismo e executor testamentário de Marx, Bernstein não hesitou em fazer uma revisão da teoria marxista que,

---

[1] É o caso de "Reforma social ou revolução?", "Estagnação e progresso do marxismo", "Questões de organização da social-democracia russa", "A Igreja e o socialismo" e "Greve de massas, partido e sindicatos".

se fosse aceita, transformaria o SPD num partido puramente reformista. Contra ele e o grupo revisionista, a jovem Rosa Luxemburgo defende uma posição marxista ortodoxa e dogmática que não faz jus às suas elaboradas análises políticas, como podemos ver por alguns dos textos desta coletânea – sobretudo "Greve de massas, partido e sindicatos" (1906).

Mas o que importava para a jovem estudiosa e discípula ortodoxa da teoria de Marx ao enfrentar a hierarquia da organização era empurrar a social-democracia alemã para a esquerda, combater a rotina,[2]

> pois a *suprema ratio* a que cheguei por toda a minha prática revolucionária polonesa-alemã é: sermos sempre nós mesmos sem levar em conta o que nos circunda e os outros. Eu sou e quero permanecer idealista, tanto no movimento alemão quanto no polonês.[3]

Em agosto de 1904, no Congresso da Segunda Internacional em Amsterdã, o revisionismo é finalmente derrotado pelo marxismo ortodoxo, representado por Karl Kautsky e, nessa época, também por Rosa. A partir de então pode-se observar o começo de uma mudança de orientação da parte de Rosa, que a leva a reexaminar os objetivos e a estratégia da esquerda marxista, bem como a faz concluir que o papel representado pelo marxismo ortodoxo "não me encanta nem um pouco".[4] Não lhe interessa o papel de guardiã da ortodoxia desempenhado na polêmica com Bernstein. O que ela quer é fortalecer a ala revolucionária da social-democracia, em seu entender o único meio de vencer o oportunismo dentro do partido.

É nessa época que Rosa escreve um de seus artigos mais famosos – "Questões de organização da social-democracia russa" (1904) –, em que critica a concepção leninista do partido como uma vanguarda

---

2 Ver carta de Rosa Luxemburgo a R. Seidel, 23 de junho de 1898. Ver p.33 do v.3 desta coletânea.
3 Ver carta de Rosa Luxemburgo a Leo Jogiches, 1º de maio de 1899. In: Luxemburgo, *Gesammelte Briefe*, v.1, p.323.
4 Ver carta de Rosa Luxemburgo a Henriette Roland-Holst, 17 de dezembro de 1904. In: Luxemburgo, *Gesammelte Briefe*, v.6, p.102.

centralizada e disciplinada de revolucionários profissionais, separada da grande massa dos trabalhadores, e que teria por função dirigi-los. Ela teme que a concepção centralizadora de Lênin sufoque e controle a atividade do partido social-democrata russo, advertindo para o risco de um movimento de trabalhadores ainda jovem ser dominado por uma burocracia centralizada nas mãos de intelectuais. O papel fundamental da experiência na conscientização dos trabalhadores é um tema que já aparece aqui. Esse artigo, assim como outros que Rosa escreveu contra as tendências conspirativas no movimento operário russo e polonês, teve grande repercussão nos meios de esquerda anti-stalinistas no decorrer do século XX, precisamente por antecipar o que viria a ser a trajetória do Partido Comunista da URSS e dos Partidos Comunistas em geral.

Segundo sua biógrafa Elżbieta Ettinger, esse pequeno texto "lhe assegurou seu lugar na história".[5] Aqui Rosa começa uma polêmica com Lênin, que continuará em 1911 com o artigo conhecido como "Credo" (1911)[6] e culminará em 1918 com críticas premonitórias ao comportamento dos bolcheviques em "A Revolução Russa".[7] No entender de Feliks Tych, esses três artigos são essenciais para compreender a "filosofia política" de Rosa:

> No caso dos trabalhos de 1904 e de 1911, tratava-se da democracia interna no partido; no trabalho de 1918, além disso, tratava-se da decisão democrática das amplas massas de trabalhadores e de sua criatividade política, assim como da ideia de que ninguém podia representar a sociedade em suas decisões soberanas. No manuscrito de 1911, a camada informativa que dá notícia da situação do POSDR, desde sua fundação até as vésperas da cisão final em janeiro de 1912,

---

5   Ettinger, *Rosa Luxemburgo*, p.136.
6   Em 1991, Feliks Tych identificou o manuscrito de 37 páginas como tendo sido redigido por Rosa Luxemburgo em setembro e começo de outubro de 1911. Ver Tych, Ein unveröffentliches Manuskript von Rosa Luxemburg zur Lage in der russischen Sozialdemokratie (1911). In: *Internationale Korrespondenz zur Geschichte der deutschen Arbeiterbewegung*, ano 27, set. 1991, caderno 3, p.339 et seq. Publicamos a tradução feita do original polonês.
7   Ver p.175 do v.2 desta coletânea.

não é menos interessante que a camada conceitual. Entretanto, o mais essencial nesse texto parece ser o modo como a autora compreende a simbiose entre os fatores ideológicos em toda a sua diversidade e uma determinada estrutura organizativa e, por conseguinte, a relação de interdependência desses dois elementos constitutivos de um partido social-democrata. Pela exemplificação desse problema, por sua análise numa situação histórica bem concreta, esse texto fornece novos elementos cognitivos para um estudo da filosofia política da revolucionária polonesa-alemã.[8]

No fim de dezembro de 1905, Rosa Luxemburgo, na época jornalista do *Vorwärts* (órgão central do SPD) e também membro da direção da Social-Democracia da Polônia e Lituânia, parte para Varsóvia a fim de acompanhar de perto a Revolução Russa, que havia começado em janeiro daquele ano.[9] Em março de 1906, é presa com seu companheiro Leo Jogiches. Ameaçada de execução, é libertada no fim de junho graças a uma fiança paga pelo SPD. Obrigada pelas autoridades tsaristas a fixar residência em Kuokkala, pequena cidade finlandesa perto de São Petersburgo, onde encontra os principais revolucionários russos – Lênin entre eles –, Rosa redige "Greve de massas, partido e sindicatos", texto que marca o início da ruptura com a direção da social-democracia alemã.

É nessa pequena brochura que ela dá pela primeira vez uma contribuição original à teoria marxista. Ao fazer o balanço da Revolução Russa de 1905, mostra que na greve de massas – denominação que dá à greve geral, para se distinguir dos anarquistas – o momento subjetivo, a consciência de classe, articula-se com o momento objetivo da história, com as tendências do desenvolvimento capitalista. A greve de massas seria a perfeita tradução da dialética entre organização e espontaneidade, política e economia, ficando o elemento criativo do lado da espontaneidade das massas. A experiência revolucionária di-

---

8   Tych, Ein unveröffentliches Manuskript..., op. cit., p.343.
9   Varsóvia e uma parte da Polônia integravam o império russo.

reta fortaleceu nela duas convicções: de que as grandes transformações históricas não são fabricadas pelas organizações políticas – ainda que estas tenham um papel relevante a desempenhar – e de que a consciência de classe é criada sobretudo na ação, e não apenas pela leitura de obras teóricas marxistas ou de panfletos revolucionários.

Quando volta a Berlim em setembro de 1906, Rosa defende incansavelmente sua concepção de greve de massas, procurando ao mesmo tempo dar novo conteúdo ao papel que desempenha no SPD: não apenas ser crítica, mas também atuar na direção intelectual e política de uma esquerda revolucionária. Nessa época começa a formar-se uma ala esquerda independente, em divergência com o centro do partido, para o qual o marxismo era apenas a ideologia legitimadora do reformismo. Em setembro ela participa do Congresso do SPD em Mannheim, onde suas ideias sobre a greve de massas são rejeitadas. A partir daí Rosa Luxemburgo passa a ter dificuldade para publicar seus artigos na imprensa do partido.

Data da mesma época "O que queremos?", programa da SDKPiL que, no contexto do império russo, defende uma pauta de reivindicações republicanas imediatas para o movimento operário polonês. Essa plataforma política do pequeno partido socialista polonês, publicada em 1906, é de uma atualidade surpreendente num país como o Brasil, onde boa parte das reivindicações ali contidas continua na ordem do dia.

Nos anos que precedem a guerra, Rosa fica cada vez mais isolada. Em 1910, ela rompe com Kautsky, que se alia ao "centrismo" da direção do partido e renuncia a posições revolucionárias, passando a priorizar a conquista de novas cadeiras no Reichstag. Já em 1907, no Congresso da Internacional, o socialista francês Gustave Hervé havia dito, dirigindo-se aos delegados alemães:

> Eu admiro sua ciência, sua organização, seus grandes militantes. Mas vocês nada mais são que uma máquina admirável que serve para votar e coletar fundos. Vocês não têm nenhuma concepção revolucionária... Diante do governo, vocês entram numa concha, tentam evitar os problemas. Vocês têm medo da prisão.

E como Rosa dissesse "Não!", Hervé acrescentou: "Não, você não, tem razão".[10]

Em 1910, o SPD lança uma campanha para mudar o voto censitário na Prússia, que favorecia as classes ricas e que fazia que a social-democracia, com 28% de votos, tivesse somente cerca de dez deputados no parlamento local. Rosa Luxemburgo propõe o uso da tática da greve de massas para obrigar o governo a ceder, mas a social-democracia não concorda. Em seguida, sugere que o SPD faça uma campanha pela República, e também é derrotada. Esta última proposta é o motivo da ruptura com Kautsky – e, a fim de dar uma ideia do teor dessa controvérsia, publicamos o artigo "A teoria e a prática" (1909-1910). Além da divertida retórica polêmica, em que Rosa era exímia, o texto revela também a militante que, longe de qualquer radicalismo, defende que o SPD avance aproveitando-se das fraquezas do adversário.

Rosa era considerada excelente professora pelos alunos da escola de formação de quadros do SPD. Podemos perceber o seu talento nesse campo pelo pequeno artigo intitulado "Escola sindical e escola partidária" (1911), uma espécie de carta de intenções para qualquer bom professor de educação popular.

Em julho de 1911, o governo alemão envia para Agadir um navio de guerra, o *Panther*. É uma provocação que corre o risco de levar a um conflito com a França que, na época, procurava estabelecer seu protetorado sobre o Marrocos. Quando o Bureau da Internacional Socialista (BSI) propõe convocar uma reunião urgente da Segunda Internacional para discutir a questão, o SPD se opõe. Rosa então critica veementemente a passividade e a burocracia do partido, tal como podemos ver nos artigos "Marrocos", "Novamente a massa e o líder" e "Questões táticas", e argumenta em favor da iniciativa das massas. Essa é a tônica da sua produção política no período anterior à guerra, aliada à crítica do militarismo e do imperialismo.

---

10   Relatório analítico, p.123. Apud Badia, *Rosa Luxemburg épistolière*, p.24.

Nota editorial

Os textos em alemão foram traduzidos dos volumes 1/1, 1/2, 2 e 3 das *Gesammelte Werke* [Obras completas] de Rosa Luxemburgo, editadas pela Dietz entre 1970 e 1993. Os textos em polonês – "O que queremos" e "A Igreja e o socialismo" – foram vertidos da Wydawnictwa Socjaldemokracji Królestwa Polskiego e Litwa [Editora da Social-Democracia do Reino da Polônia e da Lituânia]. Por fim, "Credo" foi copiado por Holger Politt diretamente do original polonês de Rosa Luxemburgo. As notas de rodapé não identificadas são da organizadora, que se baseou, vez por outra, nas notas da edição alemã da Dietz; as notas de tradução são identificadas por (N. T.), as de Rosa Luxemburgo por (N. R. L.) e as desta edição brasileira por (N. E.).

Isabel Loureiro
Julho de 2011

Reforma social ou revolução? (Com um anexo: Milícia e militarismo)[1]

Prefácio

À primeira vista, o título deste texto pode surpreender: Reforma social *ou* revolução? Poderia a social-democracia ser *contra* a reforma social? Ou poderia ela *contrapor* a revolução social – a transformação da ordem presente que constitui o seu objetivo final – à reforma social? Certamente não. Para a social-democracia, a luta prática cotidiana por reformas sociais, pela melhoria da condição do povo trabalhador dentro da ordem social existente, em favor das instituições democráticas,

---

1   Título original: *Sozialreform oder Revolution? Mit einem Anhang: Miliz und Militarismus*. Publicado originalmente pela editora do *Leipziger Volkszeitung*, em 1899. As mudanças realizadas por Rosa Luxemburgo na edição de 1908 foram incorporadas. Os complementos da 2ª edição estão inseridos nas notas de rodapé, e as exclusões estão assinaladas com chaves inseridas no próprio corpo do texto.

constitui, pelo contrário, o único caminho capaz de guiar a luta de classe proletária e de trabalhar rumo ao objetivo final, à tomada do poder político e à superação do trabalho assalariado. Para a social-democracia, há um nexo inseparável entre a reforma social e a revolução social, na medida em que a luta pela reforma social é *um meio*, enquanto a transformação social é *um fim*.

Uma contraposição entre esses dois elementos do movimento operário, encontramos, *primeiro*, na teoria de *Ed. Bernstein*, como ele a fundamentou em seus artigos *Probleme des Sozialismus* [Problemas do socialismo], publicados na *Neue Zeit*, em 1896/97, bem como, notadamente, em seu livro *Die Voraussetzungen des Sozialismus und die Aufgaben der Sozialdemokratie* [As premissas do socialismo e as tarefas da social-democracia]. Na prática, toda essa teoria desemboca em nada mais do que o conselho de desistir do objetivo final da social-democracia, ou seja, a transformação social, ao fazer da reforma social o *fim* da luta de classes em vez de ser simplesmente *um meio*. O próprio Bernstein formulou o seu entendimento da maneira mais acertada e incisiva ao escrever: "O objetivo final, seja lá qual for, para mim não é nada, o movimento é tudo".

Dado que, no entanto, o objetivo final socialista é o único fator decisivo a distinguir o movimento social-democrata da democracia burguesa e do radicalismo burguês, elemento esse que transmutou o movimento operário de um ocioso trabalho de remendo pela salvação da ordem capitalista em uma luta de classes *contra* essa ordem, pela superação dessa ordem, então, a questão "Reforma social ou revolução?", no sentido bernsteiniano, é, para a social-democracia, ao mesmo tempo a questão: "ser ou não ser?". Na controvérsia com Bernstein e seus seguidores {, em relação a isso todos no partido precisam ter clareza,} não se trata[2] desse ou daquele modo de luta, dessa ou daquela *tática*, mas sim de toda a *existência* do movimento social-democrata.

---

2   2ª edição: inserido "em última linha".

{Em uma observação fugaz da teoria bernsteiniana, isso poderia parecer um exagero. Afinal, não é Bernstein que fala o tempo todo da social-democracia e de seus objetivos? Não é ele que repete diversas vezes, e claramente, que também almeja o objetivo final socialista, ainda que de outra forma? Não é ele que realça enfaticamente reconhecer quase que por inteiro a atual prática da social-democracia? Sem dúvida, isso tudo é verdade. Igualmente verdadeiro, porém, é que a partir disso cada nova direção no desenvolvimento da teoria e da política apoia-se, em seu início, sobre a antiga direção, até mesmo quando ela se encontra em seu núcleo interior em oposição direta à última; que ela primeiramente se adapta às formas que encontra, fala a língua que era falada antes dela, pois apenas com o passar do tempo é que o novo núcleo sai do antigo invólucro, e a nova direção encontra formas próprias, sua própria linguagem.

Esperar que uma oposição ao socialismo científico, desde o início, exponha sua essência interior de maneira clara e nítida até as últimas consequências, que ela *renegue* a fundamentação teórica da social--democracia de maneira aberta e brusca, significaria subestimar o poder do socialismo científico. Aquele que quiser, hoje, passar por socialista, mas, ao mesmo tempo, quiser declarar guerra à doutrina [*Lehre*] marxista, o maior produto do espírito humano deste século, precisa começar com um tributo inconsciente a ela, acima de tudo declarar-se seguidor dessa doutrina e procurar nela mesma pontos de apoio para combatê-la, apresentando-a apenas como seu desenvolvimento posterior. Para não ser levado por essas formas exteriores deve--se, em vista disso, descascar o núcleo contido na teoria bernsteiniana, o que neste instante é uma necessidade urgente para as largas camadas de proletários industriais em nosso partido.

Não se pode pronunciar insulto mais rude, blasfêmia mais grave contra o operariado do que a afirmativa: disputas teóricas seriam tão somente coisa de "acadêmicos". Lassalle já havia dito:

> apenas quando a ciência e os trabalhadores, esses polos opostos da sociedade, unirem-se, poderão eles esmagar todos os obstáculos cul-

turais com seus braços resolutos. Todo o poder do movimento operário moderno reside no conhecimento teórico.[3]}

Esse conhecimento {porém} é duplamente importante para os operários {nesse caso}, pois trata-se aqui justamente deles e de sua influência sobre o movimento, uma vez que é a sua própria pele que é, aqui, levada ao mercado. A corrente oportunista no interior do partido, teoricamente formulada por Bernstein, nada é além de um anseio inconsciente de garantir o domínio aos elementos pequeno-burgueses que vieram para o partido, de remodelar a prática e os fins do partido de acordo com o seu espírito. A questão acerca da reforma social ou da revolução, acerca do objetivo final e do movimento, é, por outro lado, a questão *acerca do caráter pequeno-burguês ou proletário do movimento operário.*

{Por isso, é de interesse da massa proletária do partido lidar de maneira viva e profunda com as disputas teóricas contemporâneas contra o oportunismo. Enquanto o conhecimento teórico permanecer apenas privilégio de um punhado de "acadêmicos" do partido, persiste o perigo de cair em desvios. Apenas quando a grande massa trabalhadora tiver tomado em suas mãos a arma incisiva e confiável do socialismo científico, é que os arroubos pequeno-burgueses, as correntes oportunistas ficarão sem efeito. Então, o movimento também estará colocado sobre chão firme e seguro. "É obra de muitos."

Berlim, 18 de abril de 1899.
Rosa Luxemburgo}

{A partir de diversos estímulos vindos de círculos do partido, publicamos como brochura em uma edição especial da *Leipziger Volkszeitung*,[4] as duas séries de artigos ali veiculadas em que a compa-

---

3   Ver Lassalle: *Die Wissenschaft und die Arbeiter* [A ciência e os trabalhadores], Zürich, 1887, p.19.
4   Primeira série: n.219-225, 21-28 set. 1898; segunda série: n.76-80, 4-8 abr. 1899.

nheira Dra. Rosa Luxemburgo submete a interpretação bernsteiniana da tática e dos princípios da social-democracia a uma crítica profunda. Essa crítica, cuja primeira série já está esgotada, deve, desse modo, tornar-se acessível a um círculo de leitores ainda mais amplo. Como contribuição necessária ao conhecimento da corrente oportunista também na prática, incluímos os artigos de Luxemburgo sobre milícia e militarismo, igualmente publicados na *Leipziger Volkszeitung*.[5] Certamente, estamos de acordo tanto com essas explanações quanto com aquelas acerca do texto de Bernstein.

Leipziger Volkszeitung}

Prefácio dos editores à segunda edição

Atendendo a repetidas requisições no que se refere ao já há muito esgotado texto "Reforma social ou revolução?", o publicamos em uma segunda edição. Acreditamos, com isso, ir ao encontro, notadamente, do interesse perceptível e entusiasta quanto a questões teóricas recentemente surgidas nos círculos do partido, visto que o presente texto trata de uma série de problemas científicos e de princípios, de magnitude perene, de forma concisa e facilmente palpável. Com a concordância da autora, que realizou diversas pequenas correções cabíveis [*zeitgemäß*], acrescentamos também ao texto de combate [*Streitschrift*] contra Bernstein alguns outros artigos oriundos da mesma pena, que tratam de questões semelhantes e que, por isso, a nosso ver, podem ser reunidos como um todo. Assim, neste texto o leitor encontra, iluminados de diversos pontos de vista, a lei do salário, a crise, a questão dos sindicatos, as cooperativas, a reforma social, entre outros.

---

5   N.42-44 e 47-48 de 20-22 e 24-25 fev. 1899.

Primeira parte[6]

1. O método bernsteiniano[7]

Se as teorias são reflexos[8] dos fenômenos do mundo exterior no cérebro humano, então, decerto, é preciso acrescentar, em vista da {mais recente} teoria de Eduard Bernstein: por vezes, teorias são reflexos invertidos.[9] A tese da instauração do socialismo por meio de reformas sociais – na era Stumm-Posadowsky;[10] na era do controle dos sindicatos sobre o processo de produção – após a derrota dos metalúrgicos ingleses; da maioria parlamentar social-democrata – após a revisão constitucional[11] saxônica e os atentados ao direito universal de voto para o Reichstag! Porém o essencial dos argumentos bernsteinianos não se encontra, de acordo com o nosso entendimento, em seus pontos de vista sobre as tarefas práticas da social-democracia, mas sim naquilo que ele diz sobre a marcha do desenvolvimento objetivo da sociedade capitalista, com a qual esses pontos de vista estão, de fato, estreitamente associados.

De acordo com Bernstein, o colapso geral do capitalismo torna-se cada vez mais improvável com o seu desenvolvimento, pois, por um lado, o sistema capitalista mostra uma capacidade cada vez maior de adaptação, e por outro, diferencia cada vez mais a sua produção. A ca-

---

6 Resenha da série bernsteiniana de artigos: Probleme des Sozialismus [Problemas do socialismo], *Neue Zeit*, 1896/97.
7 2ª edição: o método oportunista.
8 2ª edição: imagem espelhada.
9 2ª edição: imagens espelhadas invertidas.
10 2ª edição: – após o adormecimento definitivo da reforma social alemã. – Karl Freiherr von Stumm, grande industrial e amigo de Guilherme II, cofundador e líder do Deutsche Reichspartei [Partido do Império Alemão], bem como Arthur Graf von Posadowsky-Wehner, secretário de Estado para Assuntos do Interior e vice-chanceler de 1897 a 1907, adversários ferrenhos dos sindicatos e da social-democracia defendiam o uso da violência brutal na repressão à classe trabalhadora.
11 Em 27 de março de 1896, o reacionário direito de voto das três classes [*Dreiklassenwahlrecht*] foi levado à Segunda Câmara do Parlamento Estadual da Saxônia, contra o qual centenas de milhares haviam protestado durante manifestações de massa desde meados de dezembro de 1895.

pacidade de adaptação do capitalismo, segundo Bernstein, manifesta-se primeiro no desaparecimento das *crises* universais, graças ao desenvolvimento do sistema de crédito, das organizações patronais e de transporte, bem como dos serviços de notícias; em segundo lugar, na permanência obstinada do estrato médio, em virtude da constante diferenciação dos ramos da produção e da elevação de largas camadas do proletariado para o estrato médio; e por fim, em terceiro lugar, na elevação política e econômica da condição do proletariado em decorrência da luta sindical.

Disso decorre, para a luta prática da social-democracia, a orientação geral de que sua atividade não deve ser dirigida para a tomada do poder político estatal, mas sim para a elevação da condição da classe trabalhadora e para a instauração do socialismo não por meio de uma crise política e social, mas, antes, por meio de uma extensão passo a passo do controle social e da realização gradual do princípio das cooperativas.

O próprio Bernstein não vê em seus argumentos nada de novo; pelo contrário, considera que estavam de acordo[12] tanto com afirmativas isoladas de Marx e Engels quanto com a direção geral da social-democracia até o momento. Agora, a nosso ver {, quando se olha mais profundamente para a essência de seus pontos de vista,} é difícil negar que eles,[13] de fato, encontram-se em contradição fundamental com o ideário do socialismo científico.

Se toda a revisão de Bernstein se resumisse à ideia de que a marcha do desenvolvimento capitalista é bem mais lenta do que se costuma pressupor, então, isso, de fato, apenas significaria o *adiamento* da tomada do poder político pelo proletariado tal como se assumiu até hoje; na prática, poder-se-ia no máximo deduzir a ocorrência de um ritmo mais lento da luta.

Mas não é este o caso. O que Bernstein colocou em questão não é a rapidez do desenvolvimento, mas sim a marcha de desenvolvimento

---

12 2ª edição: estão de acordo.
13 2ª edição: as ideias de Bernstein.

da sociedade capitalista propriamente dita e, em articulação com isso, a passagem à ordem socialista.

Se a teoria socialista até agora pressupôs que o ponto de partida da transformação socialista seria uma crise geral e destruidora, então, a nosso ver, devem-se distinguir dois aspectos: as ideias fundamentais que aí se escondem e sua forma exterior.

A ideia consiste no pressuposto de que a ordem capitalista provocará, por si só, em virtude de suas próprias contradições, o momento em que sairá dos trilhos, em que se tornará simplesmente impossível. Que se concebesse esse momento na forma de uma crise estarrecedora e geral do comércio, tem, a nosso ver,[14] seus bons motivos, mas permanece, outrossim, secundário e colateral para as ideias fundamentais.

Isso porque a justificação científica do socialismo apoia-se, como é sabido, em *três* resultados do desenvolvimento capitalista: acima de tudo, na crescente *anarquia* da economia capitalista, que faz do seu declínio um resultado inevitável; em segundo lugar, na crescente *socialização* do processo de produção, que cria os fundamentos positivos da futura ordem social; e, terceiro, no crescente *poder*[15] *e consciência de classe* do proletariado, que constitui o fator ativo da transformação vindoura.

Bernstein suprime o *primeiro* dos assim chamados pilares do socialismo científico. A saber, ele afirma que o desenvolvimento capitalista não se dirige rumo a uma quebra econômica geral.

Com isso, ele descarta não apenas *a forma*[16] determinada do declínio capitalista, mas o declínio propriamente dito. Diz explicitamente:

> Poder-se-ia retrucar, agora, que quando se fala do colapso da sociedade presente, tem-se em vista algo mais do que uma crise comercial geral e mais forte diante das anteriores, a saber, um colapso total do sistema capitalista a partir de suas contradições.

---

14 2ª edição: certamente.
15 2ª edição: *organização*.
16 2ª edição: sem itálico.

E a isso ele responde:

> Algo próximo a um colapso simultâneo e amplo do sistema de produção atual torna-se, com o desenvolvimento progressivo da sociedade, não mais, porém menos provável, pois tal desenvolvimento, por um lado aumenta a capacidade de adaptação, e por outro – ou melhor, ao mesmo tempo –, a diversificação da indústria.[17]

Posto isso, surge a grande questão: "por que e como chegaremos, então, a atingir o objetivo final de nossas aspirações?". Do ponto de vista do socialismo científico, a necessidade histórica da transformação socialista expressa-se, acima de tudo, na crescente anarquia do sistema capitalista, que o força a um beco sem saída. Se, no entanto, partirmos com Bernstein do pressuposto de que o desenvolvimento capitalista não caminha rumo ao seu próprio declínio, o socialismo deixa, então, de *ser objetivamente necessário*. Das pedras fundamentais de sua justificação científica restam, assim, apenas os dois outros resultados da ordem capitalista: o processo de produção socializado e a consciência de classe do proletariado. Também Bernstein tem isso em vista quando afirma:

> O ideário socialista não perde em absoluto, com isso (com a supressão da teoria do colapso [R. L.]), em força de convencimento. Pois, observando mais detalhadamente, o que são todos os fatores de supressão ou modificação das velhas crises enumerados por nós? São coisas que representam, ao mesmo tempo, premissas e, em parte, até pontos de partida de socialização da produção e da troca.[18]

Contudo, basta uma breve observação para também demonstrar a falácia desse raciocínio. No que consiste o significado das manifestações apontadas por Bernstein como meios de adaptação capitalista:

---

17 *Neue Zeit*, 1897-98, n.18, p.555.
18 Ibid., p.554.

os cartéis, o crédito, os meios de transporte aperfeiçoados, a elevação da classe trabalhadora etc.? Ao que tudo indica, que eles atenuam as contradições internas da economia capitalista, ou, ao menos, as desgastam, impedindo seu desdobramento e acirramento. Portanto, a supressão das crises significa a superação da contradição entre troca e produção sobre base capitalista, a elevação da condição da classe trabalhadora, em parte como tal, em parte por meio de sua incorporação aos estratos médios; significa a atenuação da contradição entre capital e trabalho. Então,[19] se os cartéis, o sistema de crédito, os sindicatos, entre outros, suprimem as contradições capitalistas, ou seja, salvam o sistema capitalista de seu declínio, conservam o capitalismo – por isso Bernstein os denomina "meios de adaptação" –, como é possível que eles possam, ao mesmo tempo, representar "premissas e em parte até mesmo pontos de partida" para o socialismo? Evidentemente apenas no sentido de que expressam, de modo mais claro, o caráter social da produção. Mas, ao conservarem-no em sua forma *capitalista*,[20] tornam igualmente desnecessária, por sua vez, a passagem dessa produção socializada para a forma socialista. Por isso, apenas podem representar os pontos de partida e as premissas do socialismo conceitualmente, e não historicamente, ou seja, manifestações das quais *sabemos*, em virtude de nossas concepções de socialismo, serem próximas a ele, mas que, de fato, não apenas deixam de provocar a transformação socialista, como, pelo contrário, a tornam desnecessária. Como justificação do socialismo resta, portanto, apenas a consciência de classe do proletariado. Mas também essa não é o simples reflexo[21] espiritual das contradições do capitalismo que se acirram cada vez mais e de seu declínio próximo – afinal, este está impedido pelos meios de adaptação –, mas apenas um ideal, cuja força de convencimento reside nas perfeições que lhe são imputadas.

---

19 2ª edição: assim.
20 2ª edição: sem itálico.
21 2ª edição: imagem.

Em suma, o que conseguimos nesse caminho é uma fundamentação do programa socialista por meio do "conhecimento puro", ou seja, simplificadamente, uma fundamentação idealista, enquanto cai por terra a necessidade objetiva, ou seja, a fundamentação pela marcha do desenvolvimento social material. A teoria bernsteiniana[22] encontra-se diante de um dilema. Das duas uma: ou a metamorfose socialista pode advir como consequência das contradições objetivas[23] da ordem capitalista, que com seu crescimento desenvolverá suas contradições internas e, inevitavelmente, em algum momento terá como[24] resultado o seu colapso, o que significaria que os "meios de adaptação" são ineficazes e que a teoria do colapso é correta. Ou, então, os "meios de adaptação" realmente previnem[25] um colapso do sistema capitalista, ou seja, tornam sua existência possível, superam suas contradições, levando a que o socialismo deixe de ser uma necessidade histórica, podendo ser qualquer coisa, menos um resultado do desenvolvimento material da sociedade. Esse dilema leva a outro: ou Bernstein[26] tem razão no que se refere à marcha do desenvolvimento capitalista e a metamorfose socialista da sociedade transforma-se em uma utopia, ou o socialismo não é uma utopia, e, então, a teoria dos "meios de adaptação" não é válida. *That is the question*, essa é a questão.

2. A adaptação do capitalismo

De acordo com Bernstein, os meios mais importantes que provocam a adaptação da economia capitalista são: o sistema de crédito, a melhoria dos meios de transporte e as organizações patronais.

Comecemos pelo *crédito*. Ainda que ele tenha variadas funções na economia capitalista, a mais importante consiste sabidamente no

---

22 2ª edição: revisionista.
23 2ª edição: internas.
24 2ª edição: inserido "inevitável".
25 2ª edição: Ou, então, os meios de adaptação estão realmente em condições de prevenir um colapso do sistema capitalista.
26 2ª edição: o revisionismo.

aumento da capacidade de expansão[27] das forças produtivas[28] e na mediação e facilitação da troca. Quando a tendência imanente[29] da produção capitalista de expandir-se sem fronteiras esbarra nos limites da propriedade privada,[30] nas dimensões limitadas do capital privado, o crédito apresenta-se como meio capitalista de superar essas barreiras, fazendo que muitos capitais privados aglutinem-se em um só – sociedades por ações –, pondo o capital de outrem à disposição do capitalista – crédito industrial. Por outro lado, como crédito comercial, ele acelera o processo de troca de mercadorias, ou seja, o retorno do capital para a produção, quer dizer, todo o ciclo do processo de produção. O efeito que essas duas principais funções do crédito têm sobre a formação das crises é facilmente percebido. Se é verdade que as crises originam-se da contradição entre a capacidade e a tendência de expansão[31] da produção e a capacidade limitada de consumo, então, pelo que vimos acima, o crédito é o meio mais adequado de levar à erupção,[32] sempre que possível, dessa contradição. Acima de tudo, ele aumenta enormemente a capacidade de extensão da produção, formando a força motriz interna que a leva continuamente para além das barreiras do mercado. Mas ele afeta por dois lados. Se antes, como fator do processo de produção, provoca a superprodução, então, durante a crise, em sua característica de meio de circulação,[33] destrói, de modo ainda mais radical, as forças produtivas que ele mesmo criou. Após as primeiras amostras de estagnação, o crédito encolhe, abandona a troca no momento em que se torna necessário e, onde ainda é oferecido, mostra-se despido de efeito e de fim e, assim, reduz ao mínimo a capacidade de consumo durante a crise.

Além desses dois resultados mais importantes, o crédito também age no que se refere à formação de crises de múltiplas maneiras.

---

27 2ª edição: capacidade de extensão.
28 2ª edição: produção.
29 2ª edição: interna.
30 2ª edição: o alcance limitado.
31 2ª edição: a capacidade de extensão e a tendência de extensão.
32 2ª edição: à explosão.
33 2ª edição: como mediador da troca de mercadorias.

Ele não apenas oferece os meios técnicos, que põem à disposição do capitalista os capitais de outrem, mas ao mesmo tempo estimula-o a uma utilização ousada e imprudente da propriedade alheia, ou seja, a especulações audaciosas. Ele não apenas reforça a crise como meio de circulação[34] traiçociro, mas também facilita seu início e disseminação, na medida em que transforma toda a circulação[35] em um mecanismo artificial bastante complexo, fazendo uso de um mínimo de dinheiro metálico como fundamento real, o que, na primeira ocasião, provoca perturbações nesse mecanismo.

Assim, o crédito, longe de ser um meio de supressão ou ao menos de amenização das crises, constitui, ao contrário, um fator bastante poderoso de formação de crises. E isso também nem seria possível de outra forma. A função específica do crédito – dito de modo geral – nada mais é do que banir restos de estabilidade[36] de todas as relações capitalistas, levar o máximo de elasticidade a todo lugar, e tornar todas as potências[37] capitalistas o mais maleáveis, relativas e sensíveis possível. De modo que as crises – que nada mais são do que o solavanco[38] periódico das potências[39] opostas da economia capitalista – apenas possam evidentemente ser facilitadas e agravadas.

Ao mesmo tempo isso nos leva a outra pergunta, de como o crédito, de modo geral, pode aparecer como "meio de adaptação" do capitalismo. Quaisquer que sejam a relação e a forma em que se pense essa "adaptação" por meio da ajuda do crédito, sua essência só pode consistir no equilíbrio de alguma relação conflituosa da economia capitalista, na supressão ou anulação de algumas de suas contradições, sendo assim concedida liberdade de ação, em algum ponto, às forças aprisionadas. Se, no entanto, há na economia capitalista atual algum meio de elevar suas contradições ao máximo, este é justamente o crédito. Ele eleva

---

34   2ª edição: meio traiçoeiro de troca de mercadorias.
35   2ª edição: toda a troca.
36   2ª edição: firmeza.
37   2ª edição: forças.
38   2ª edição: colisão.
39   2ª edição: forças.

a contradição entre o *modo de produção* e o *modo de troca*, na medida em que estende a produção ao máximo, mas paralisa a troca ao menor pretexto. Eleva a contradição entre o *modo de produção* e o *modo de apropriação* ao separar a produção da propriedade, ao transformar o capital empregado na produção em capital social, mas transformando o lucro[40] sob a forma de puros juros do capital,[41] em um simples título de propriedade. Ele eleva a contradição entre as relações *de propriedade* e as relações *de produção* ao unificar enormes quantidades de forças produtivas em poucas mãos, por meio de expropriações violentas de muitos pequenos capitalistas. Ele eleva a contradição entre o caráter social e o caráter privado da produção[42] ao tornar necessária a intervenção do Estado na produção (sociedade por ações).

Em suma, o crédito reproduz todas as contradições fundamentais do mundo capitalista, ele as leva *ad absurdum*,[43] {ou seja, ele as conduz em sua própria insuficiência,} ele acelera o ritmo[44] em que elas vão ao encontro de sua própria destruição – do colapso. O primeiro meio de adaptação para o capitalismo em relação ao crédito precisaria, portanto, consistir na *abolição* do crédito, em sua anulação. Do modo como ele é, não constitui um meio de adaptação, mas, pelo contrário, um meio de destruição de efeito altamente revolucionário. Afinal, foi justamente esse caráter revolucionário do crédito, que vai além do capitalismo propriamente dito, o responsável por até mesmo inspirar planos de reforma com um toque socialista, bem como deixou grandes representantes do crédito[45] parecerem meio profetas, meio canalhas, como diz Marx.

Igualmente ilusório[46] mostra-se, após uma observação mais detalhada, o segundo "meio de adaptação" da produção capitalista – as *associações patronais*. De acordo com Bernstein, elas deveriam impedir

---

40 2ª edição: uma parte do lucro.
41 2ª edição: forma de juros de capital.
42 2ª edição: o caráter *social* da produção e a *propriedade privada* capitalista.
43 2ª edição: ele as impulsiona ao extremo.
44 2ª edição: o passo.
45 2ª edição: incluído ", como Isaac Péreire na França".
46 2ª edição: infundamentado.

a anarquia e prevenir as crises por meio da regulação da produção. Só[47] se poderia evidentemente falar disso na medida em que os cartéis, os trustes etc. se tornassem pouco a pouco uma forma de produção dominante, geral. Mas isso já está excluído pela própria natureza dos cartéis. O objetivo econômico final e o efeito das associações patronais consistem em influenciar, por meio da supressão da concorrência no interior de um ramo {da indústria}, a divisão da massa de lucro alcançada no mercado, de modo a elevar a parte que toca a esse ramo da indústria. Em um ramo da indústria, a organização apenas pode elevar a taxa de lucro à custa dos outros, e precisamente por isso não pode ser generalizada. Estendida a todos os ramos mais importantes da produção, ela suprime seu próprio efeito.

Assim também nos limites de sua realização[48] prática, as associações patronais têm efeito justamente contrário à supressão da anarquia industrial. Via de regra, o aumento da taxa de lucro descrito é alcançado pelos cartéis, no mercado interno, ao fazerem que as porções de capital subvencionadas, que não conseguem ser utilizadas pela demanda interna, sejam produzidas a uma taxa de lucro muito menor para o exterior.[49] O resultado é a concorrência mais acirrada no exterior, a maior anarquia no mercado mundial, isto é, justamente o contrário daquilo que se quer alcançar. Um exemplo disso são as atuais condições na[50] indústria internacional do açúcar.

Finalmente, de maneira geral, como manifestação do modo de produção capitalista, as associações patronais apenas[51] podem ser entendidas como um estágio de passagem, uma determinada fase do desenvolvimento capitalista. De fato! No final das contas, os cartéis

---

47 2ª edição: o desenvolvimento dos cartéis e dos trustes é, de fato, um acontecimento ainda não estudado em seus múltiplos efeitos econômicos. Ele constitui, primeiramente, um problema que apenas pode ser resolvido a partir da teoria marxista. Somente isso está, em todo caso, claro: só se poderia [falar] de um represamento da anarquia capitalista pelas associações patronais.
48 2ª edição: aplicação.
49 2ª edição: incluído ", isto é, vendem suas mercadorias no exterior a um custo mais baixo que no próprio país".
50 2ª edição: disso a história oferece.
51 2ª edição: tão somente.

são, acima de tudo, um meio de o modo de produção capitalista impedir a queda fatal da taxa de lucro em ramos particulares da produção. Qual é, porém, o método de que os cartéis se servem para esse fim? A bem da verdade, nada mais é do que o repouso [*Brachlegung*] de uma parte do capital acumulado, isto é, o mesmo método que é empregado, sob outra forma, nas crises. Mas um remédio desse tipo se assemelha à doença, assim como uma gota de chuva[52] se assemelha à outra, e só até certo ponto pode ser considerado como o mal menor. Se a demanda começa a diminuir[53] – e a chegada, mais cedo ou mais tarde, de um tal momento não pode ser negada –, então também o repouso parcial forçado do capital adquire tal volume que o remédio torna-se ele mesmo doença, e o capital, já fortemente socializado por meio da organização, retrocede para capital privado. Com a diminuta capacidade de conseguir um lugarzinho que seja no mercado, toda porção privada de capital prefere tentar sua sorte por si. Então, as organizações estourarão como bolhas de sabão e novamente darão lugar a uma livre concorrência elevada em forma potencializada.[54]

---

52 2ª edição: ovo.
53 2ª edição: incluído ", na medida em que o mercado mundial desenvolve-se ao extremo e é esgotado pelos países capitalistas concorrentes".
54 2ª edição, foi acrescida a seguinte nota:
Em uma nota de rodapé ao volume 3 de *O capital*, Engels escreve, em 1894: "Desde que o texto acima foi escrito (1865), a concorrência no mercado mundial aumentou significativamente por meio do desenvolvimento acelerado da indústria em todos os países civilizados, sobretudo, na América e na Alemanha. O fato de que as forças produtivas modernas, que crescem enormeme e rapidamente, extrapolam cada dia mais as leis da troca de mercadorias capitalista, no interior da qual devem mover-se –, esse fato impõe-se, hoje, cada vez mais à consciência dos capitalistas. Isso mostra-se notadamente em dois sintomas. Primeiro, na nova e generalizada mania protecionista, que se distingue da antiga, em particular, na medida em que ela protege em maior grau justamente os artigos mais aptos à exportação. Em segundo lugar, nos cartéis (trustes) dos fabricantes das maiores esferas de produção, que regulam a produção e, com isso, os preços e os lucros. É evidente que esses experimentos apenas são passíveis de realização em clima econômico relativamente bom. A primeira tormenta deve derrubá-los e provar que, ainda que a produção necessite de regulação, decerto não é a classe capitalista a quem cabe essa tarefa. Enquanto isso, esses cartéis apenas têm o fim de garantir que os pequenos sejam engolidos pelos grandes ainda mais rapidamente do que ocorria antes". Marx, *Das Kapital*, v.3. In: Marx; Engels, *Werke*, v.25, p.130.

Em resumo, portanto, também os cartéis, bem como o crédito, aparecem como fases determinadas do desenvolvimento que, em última instância, apenas aumentam a anarquia do mundo capitalista e expõem e amadurecem todas as suas contradições imanentes.[55] Eles intensificam a contradição entre o modo de produção e o modo de troca ao levarem ao extremo a luta entre os produtores e os consumidores.[56] Eles intensificam, ainda, a contradição entre o modo de produção e o modo de apropriação, ao contraporem a supremacia do capital[57] organizado aos trabalhadores, potencializando assim[58] ao máximo a oposição entre capital e trabalho.

Eles intensificam, por fim, a contradição entre o caráter internacional da economia capitalista mundial e o caráter nacional do Estado capitalista, ao se fazerem acompanhar de uma guerra alfandegária geral e, assim, elevarem ao máximo[59] o antagonismo[60] entre cada um dos Estados capitalistas. A isso acrescenta-se o efeito direto altamente revolucionário dos cartéis sobre a concentração da produção, o aprimoramento técnico etc.

Dessa forma, em seu efeito final sobre a economia capitalista, os cartéis[61] não aparecem como um "meio de adaptação" que dissipa suas contradições, mas justamente um dos meios que a própria economia criou para aumentar sua própria anarquia, para expressar as contradições nela contidas, para acelerar sua própria derrocada.

Mas se o sistema de crédito, os cartéis e similares não eliminam a anarquia da economia capitalista, então como é que em duas décadas não tivemos crises gerais do comércio?[62] Isso não é um sinal de que o modo capitalista de produção, ao menos em sua forma principal, de fato "adequou-se" às necessidades da sociedade e ultrapassou a análise

---

55 2ª edição: internas.
56 2ª edição: incluído ", assim como o vemos, em especial, nos Estados Unidos da América".
57 2ª edição: incluído "em sua forma mais brutal".
58 2ª edição: aumentam o trabalho ao máximo.
59 2ª edição: elevarem ao máximo os Estados.
60 2ª edição: os antagonismos.
61 2ª edição: incluído "e trustes".
62 2ª edição: em duas décadas – desde 1873 – não houve nenhuma crise comercial geral.

oferecida por Marx?[63] {Acreditamos que a atual calmaria no mercado mundial pode ser explicada de outra maneira.

Todos se acostumaram a observar as grandes e periódicas crises gerais do comércio como crises de envelhecimento do capitalismo esquematizadas por Marx em sua análise. A periodicidade aproximada de dez anos do ciclo de produção parecia a melhor confirmação desse esquema. Esse entendimento, porém, parece-nos residir num mal-entendido. Se observarmos com mais detalhes a causa de cada uma das grandes crises internacionais ocorridas até o momento, deve-se, então, chegar à constatação de que elas não eram a expressão de senilidade da economia capitalista, mas, antes, de sua juventude. Basta pensar um pouco para entender como o capitalismo dos anos 1825, 1836 e 1847 não poderia de modo algum ter dado origem ao choque periódico e inevitável das forças produtivas, decorrente de toda sua maturidade, contra as fronteiras de mercado, como fora desenhado no esquema de Marx, visto que naquela época, na maioria dos países, ainda estava de fraldas.} De fato, a crise de 1825 foi o resultado de grandes investimentos em estradas, canais e usinas de gás, ocorridos, assim como a crise propriamente dita, predominantemente na Inglaterra na década anterior. A crise seguinte, de 1836 a 1839, foi igualmente o resultado de investimentos colossais em novos meios de transporte. A crise de 1847 foi sabidamente provocada pela criação assídua de estradas de ferro por parte dos ingleses (1844-1847, ou seja, em apenas três anos, o parlamento ofereceu concessões de aproximadamente 1,5

---

63 2ª edição: incluído "A resposta não se fez esperar. Quando Bernstein, em 1898, havia acabado de mandar a teoria das crises de Marx para o ferro-velho, no ano de 1900 eclodiu uma forte crise geral e, sete anos depois, em 1907, uma nova crise expandiu-se dos Estados Unidos para o mercado mundial. Com isso, até mesmo a teoria da 'adaptação' do capitalismo foi destruída por fatos decisivos. Ao mesmo tempo, isso demonstrou que aqueles que haviam abandonado a teoria das crises de Marx, apenas por ela ter supostamente falhado em dois 'momentos decisivos', tinham confundido o núcleo dessa teoria com uma particularidade exterior irrelevante de sua forma – com o ciclo de dez anos. A formulação da circulação da indústria capitalista moderna como um período de dez anos, porém, era, na teoria de Marx e Engels nos anos 1860 e 1870, uma simples constatação dos fatos, que, por sua vez, não estava baseada em quaisquer leis da natureza, mas em uma série de determinadas condições históricas, que estavam ligadas aos saltos expansivos da esfera de atuação do jovem capitalismo".

bilhão de táleres!).⁶⁴ Nos três casos trata-se de diferentes formas de *reconstituição* da economia social, do estabelecimento de novos fundamentos do desenvolvimento capitalista, que levaram às crises. Em 1857 ocorre a abertura repentina de novos mercados para a indústria europeia na América e na Austrália, em decorrência da descoberta de minas de ouro, e na França a criação de estradas de ferro, seguindo os passos da Inglaterra (de 1852 a 1856 construíram-se novas estradas de ferro na França no valor de 1.250 milhões de francos). Finalmente, a grande crise de 1873 foi reconhecidamente consequência direta da reconstituição {da economia} do primeiro surto da grande indústria na Alemanha e na Áustria, que seguiu os acontecimentos políticos de 1866 e 1871.

Em cada momento, portanto, a *expansão* repentina do domínio da economia capitalista, e não a *limitação* de seu campo de ação, foi até agora o motivo das crises comerciais. A periodicidade decenal das crises internacionais observada até agora aparentava ser, assim, um fenômeno⁶⁵ puramente externo, casual. O esquema marxista da formação de crises, elaborado por Engels no *Anti-Dühring* e por Marx no⁶⁶ terceiro volume do *Capital*, apenas se aplica às crises anteriores na medida em que ele descobre o *mecanismo interno* de todas as crises e as *causas* gerais⁶⁷ que subjazem a elas.⁶⁸ {Em sua totalidade, porém, esse esquema cabe, antes, em uma economia capitalista totalmente desenvolvida, em que o mercado mundial é pressuposto como algo dado. As crises, então, podem apenas repetir-se a partir do movimento interno, próprio do processo de troca e de produção, como é suposto pela análise de Marx. Quando, hoje, nos

---

64 Táler: o nome de antiga moeda alemã. (N. E.)
65 2ª edição: Que aquelas crises internacionais se repetissem justamente a cada dez anos é, em si.
66 2ª edição: incluído "1º e".
67 2ª edição: a todas as crises na medida em que descobre seu *mecanismo interno* e suas *causas gerais* subjacentes.
68 2ª edição: incluído ", possam essas crises repetir-se a cada dez, a cada cinco, ou alternadamente a cada vinte e a cada oito anos. Mas o que prova melhor a insuficiência da teoria de Bernstein é o fato de que a mais recente crise, no ano de 1907-1908, devastou de maneira mais severa justamente aquele país em que os famosos "meios de adaptação" capitalistas – o crédito, os serviços de notícias e os trustes – estavam mais desenvolvidos".

damos conta da situação econômica, então ao menos precisamos reconhecer que ainda não adentramos aquela fase de total maturidade capitalista que está pressuposta no esquema da periodicidade das crises de Marx. O mercado mundial ainda se encontra em formação. A Alemanha e a Áustria apenas adentraram a fase da produção da grande indústria nos anos 1870, a Rússia apenas nos anos 1880, a França até agora continua em grande parte com pequenos empreendimentos, os Estados balcânicos, em parte significativa, sequer se livraram das amarras da economia natural, e apenas nos anos 1880 é que a América, a Austrália e a África adentraram uma troca de mercadorias movimentada e regular com a Europa. Portanto, temos, por um lado, incorporações repentinas e aos saltos de novos domínios da economia capitalista, presentes periodicamente até os anos 1870, acompanhadas das crises anteriores, por assim dizer, das crises de juventude; por outro, ainda não avançamos rumo àquele grau de desenvolvimento e de esgotamento do mercado mundial que provocaria um choque fatal e periódico das forças produtivas com os limites do mercado, e que daria origem às verdadeiras crises de velhice capitalistas. Encontramo-nos em uma fase na qual as crises não mais acompanham a ascensão do capitalismo nem acompanham sua derrocada. Esse período de transição caracteriza-se também por um fraco volume médio de negócios que já se arrasta há mais de duas décadas, em que breves períodos de crescimento se revezam com longos períodos de depressão.

O fato de, inexoravelmente, nos aproximarmos do começo do fim, do período das crises finais capitalistas, decorre justamente dos mesmos fenômenos que, por enquanto, condicionam a ausência de crises. Assim que o mercado mundial esteja devida e completamente constituído e não possa mais ser aumentado por expansões repentinas, e que, simultaneamente, a produtividade do trabalho progrida de modo implacável, então, mais cedo ou mais tarde, terá início o conflito periódico das forças do trabalho com os limites da troca, conflito que, por si só, por meio de sua repetição, tornar-se-á cada vez mais brusco e agitado. E se há algo que seja, em especial, adequado para aproximar-nos desse período, de rapidamente produzir o mercado mundial e rapidamente esgotá-lo, trata-se justamente daqueles fenômenos – o sistema de crédito e as organizações patronais –, nos quais Bernstein assenta os "meios de adaptação" do capitalismo.} A suposição[69] de que a produção capitalista possa "adaptar-se" à troca pressupõe, de duas uma: ou que o mercado mundial cresça sem limites e rumo ao infinito, ou, inversamente, que as forças produtivas sejam bloqueadas em seu crescimento, para que não excedam os limites do mercado. A primeira constitui uma impossibilidade física, a última contrapõe-se ao fato de que continuamente ocorrem transformações técnicas em todos os domínios da produção, despertando diariamente novas forças produtivas.

Há outro fenômeno que, de acordo com Bernstein, contradiz o andamento descrito das coisas capitalistas: a "falange quase inabalável" das empresas médias às quais ele nos remete. Ali ele observa um sinal de que o desenvolvimento da grande indústria não opera de maneira tão revolucionária e concentradora, como seria de se esperar de acordo com a "teoria do colapso". É tão somente ele que, também aqui, torna-se vítima de seu próprio mal-entendido. De fato, seria entender de modo completamente equivocado esperar que, com o desenvolvimento da grande indústria, as empresas médias *desaparecessem* gradualmente da superfície.

No andar geral do desenvolvimento capitalista, os pequenos capitais detêm justamente o papel de fator da[70] revolução técnica, e isso em um duplo sentido, tanto no que concerne a novos métodos de produção em ramos antigos, sólidos, firmemente enraizados, quanto na criação de novos ramos da produção ainda não explorados pelo grande capital. Inteiramente errada é a ideia de que o desenvolvimento[71] da empresa capitalista média estaria descendo em linha reta para uma derrocada gradual. O processo efetivo de desenvolvimento também

---

69 2ª edição: Na verdade, a suposição.
70 2ª edição: justamente de acordo com a suposição de Marx, de que os pequenos capitais teriam o papel de pioneiros.
71 2ª edição: história.

é aqui, antes, puramente dialético, e se move constantemente entre duas oposições. A classe média capitalista encontra-se, assim como a classe trabalhadora, sob a influência de duas tendências opostas, uma ascendente, outra descendente. A tendência descendente consiste no crescimento constante do nível da produção, que com frequência ultrapassa a força produtiva[72] dos capitais médios e, assim, repetidamente os atira para fora da competição. A tendência ascendente consiste na desvalorização periódica do capital existente, que sempre diminui, por algum tempo, o nível da produção – de acordo com *o valor* do mínimo de capital necessário –, bem como a entrada da produção capitalista em novas esferas. A luta da empresa média com o grande capital não pode ser pensada como uma batalha regular, com o aniquilamento cada vez mais direto e quantitativo da tropa da parte mais fraca, mas sim como ceifa periódica dos pequenos capitais, que em seguida sempre retornam rapidamente para serem novamente decapitados pela foice da grande indústria. Entre as duas tendências que disputam a sorte dos estratos médios capitalistas, em última instância vence – em oposição ao desenvolvimento da classe trabalhadora – a tendência descendente. Esta, no entanto, não precisa de modo algum expressar-se pela diminuição numérica absoluta das empresas médias, porém, em primeiro lugar, pelo aumento gradativo do capital mínimo necessário ao funcionamento[73] nos ramos antigos {da produção}, e, em segundo, pelo período de tempo cada vez menor, durante o qual os pequenos capitais podem aproveitar sozinhos a exploração de novos ramos. Disso resulta para o pequeno capital *individual* um tempo de vida cada vez menor e uma troca cada vez mais rápida dos métodos de produção, bem como das maneiras de investir, e, para a *classe* como um *todo*, um metabolismo cada vez mais rápido.

Este último é bem conhecido por Bernstein, e ele mesmo o constata. O que ele, porém, parece esquecer é que, com isso, a própria lei

---

72 2ª edição: a dimensão.
73 2ª edição: incluído: "passível de existir".

do desenvolvimento capitalista das empresas médias[74] está dada. Se admitirmos que os pequenos capitais são a vanguarda do progresso técnico, e o progresso técnico é o pulso vital da economia capitalista, então, ao que tudo indica, os pequenos capitais constituem o fenômeno concomitante inseparável do desenvolvimento capitalista, que apenas pode desaparecer juntamente com este. O desaparecimento gradual das empresas médias – no sentido de sua soma estatística absoluta, da qual trata Bernstein – não significaria, como este considera, a marcha revolucionária do desenvolvimento capitalista, mas, pelo contrário, um bloqueio, um adormecimento desta.

> A taxa de lucro, isto é, o aumento relativo de capital, é importante, sobretudo, para todos os investidores novos do capital que estão se agrupando autonomamente. E assim que a formação de capital caísse exclusivamente nas mãos de alguns poucos e constituídos grandes capitais, [...] o fogo estimulante da produção apagar-se-ia. *Ele adormeceria.*[75]

{Os meios de adaptação bernsteineanos mostram-se, assim, sem efeito, e os fenômenos, que ele explica como sintomas da adaptação, precisam ser remetidos a causas totalmente diferentes.}

3. Instauração do socialismo por meio de reformas sociais

Bernstein joga por terra a "teoria do colapso" como o caminho histórico para a realização da sociedade socialista. Qual é o caminho que, do ponto de vista da "teoria de adaptação do capitalismo", leva a isso? Bernstein respondeu apenas de maneira indicativa a essa pergunta, e a tentativa de apresentá-la de modo mais detalhado no sentido de *Bernstein* foi feita por *Conrad Schmidt*.[76] De acordo com

---

74 2ª edição: próprio movimento das empresas médias capitalistas.
75 Marx, *Das Kapital*, v.3. In: Marx; Engels, *Werke*, v.25, p.269.
76 *Vorwärts*, 20 fev. 1898, Literarische Rundschau. Acreditamos poder entender tanto mais os argumentos de Conrad Schmidt em relação com aqueles de Bernstein, visto que este não

ele, "a luta sindicalista e a luta política por reformas sociais" trarão um "controle social cada vez mais amplo sobre as condições de produção" e, pela legislação, "os proprietários de capital serão, por meio da restrição de seus direitos, cada vez mais reduzidos ao papel de administradores", até que, finalmente, "a direção e a administração do empreendimento serão tomadas daquele capitalista fragilizado, que vê sua propriedade tornar-se cada vez menos valiosa para si próprio" e, assim, o empreendimento social será definitivamente introduzido.

Ou seja, sindicatos, reformas sociais e, como Bernstein ainda acrescenta, a democratização política do Estado são os meios para a instauração gradual do socialismo.

Para começar pelos sindicatos, sua função mais importante consiste – e ninguém o expôs melhor do que o próprio Bernstein, há sete anos,[77] na *Neue Zeit*[78] – em ser, do lado dos trabalhadores, o meio de realizar a lei salarial capitalista, isto é, a venda da força de trabalho por seu respectivo preço de mercado. Os sindicatos servem ao proletariado ao utilizar para si as conjunturas de mercado dadas em cada momento. Mas essas conjunturas – ou seja, a demanda de força de trabalho condicionada pelo estágio da produção [*Produktionsstand*], por um lado, e por outro, a oferta de força de trabalho[79] criada pela proletarização[80] e, claro, pela reprodução natural, e, por fim, também o respectivo grau de produtividade do trabalho – encontram-se fora da esfera de influência dos sindicatos. Por isso, eles não conseguem derrubar a lei do salário; no melhor dos casos, conseguem restringir a exploração capitalista a limites "normais", porém de modo algum superar gradualmente a exploração propriamente dita.

De fato, Conrad Schmidt denomina o presente movimento sindical de "frágeis estágios iniciais" e espera que, no futuro, "o sistema

---

recusou com uma palavra sequer os comentários trazidos no *Vorwärts* acerca de seus pontos de vista. (N. R. L.)
77 2ª edição: 1891.
78 Bernstein: Zur Frage des ehernen Lohngesetzes. VI. Schlußfolgerungen, *Die Neue Zeit*, ano 9, 1890-1891, p.600-605.
79 2ª edição: incluído "da classe trabalhadora".
80 2ª edição: incluído "das camadas médias".

sindical ganhe uma influência crescente sobre a regulamentação da produção". Como regulamentação da produção, porém, pode-se apenas entender duas coisas: primeiro, a intervenção no lado técnico do processo de produção e, segundo, a determinação da grandeza da produção. Que natureza pode ter, nessas duas questões, a influência dos sindicatos? Está claro que, no que tange à técnica da produção, o interesse de [cada] capitalista coincide completamente[81] com o progresso e o desenvolvimento da economia capitalista. É a sua própria necessidade que o estimula a realizar melhorias técnicas. A posição de cada trabalhador, entretanto, é justamente contrária: toda transformação técnica contraria os interesses dos trabalhadores diretamente afetados por ela e piora sua condição imediata, ao desvalorizar[82] a força de trabalho. O sindicato pode intervir no lado técnico da produção e, ao que tudo indica, pode apenas agir nesse último sentido, quer dizer, no sentido de organizar a ação de cada um dos grupos de trabalhadores diretamente interessados, isto é, contrapondo-se às inovações. Nesse caso, porém, ele não age conforme o interesse da classe trabalhadora como um todo e por sua emancipação, que, sobretudo, coincide com o progresso técnico, isto é, com o interesse de cada capitalista, muito pelo contrário, age no sentido da reação. E, de fato, encontramos o esforço[83] em influenciar o lado técnico da produção não no futuro, como Conrad Schmidt o procura, mas no passado do movimento sindical. Trata-se da marca[84] da fase mais antiga do *trade-unionism* inglês (até os anos 1860), quando ainda se ligava a tradições da Idade Média e das corporações de ofício e era caracteristicamente levado pelo princípio ultrapassado do "direito adquirido ao trabalho adequado".[85] O esforço dos sindicatos em determinar a grandeza da produção e o preço das mercadorias é, por sua vez, visto como[86] fenômeno de data

---

81 2ª edição: sob determinados limites.
82 2ª edição: incluído ", torna o trabalho mais intensivo, monótono, sofrido".
83 2ª edição: o empenho.
84 2ª edição: designa.
85 Webb, *Theorie und Praxis der Gewerkschaften*, v.2, p.100 et seq.
86 2ª edição: um.

recente. Apenas nos últimos tempos é que vemos – novamente apenas na Inglaterra – tentativas nesse sentido.[87] Mas, de acordo com seu caráter e sua tendência, esses esforços também equivalem àqueles. Pois a que se reduz, necessariamente, a participação ativa dos sindicatos na determinação das dimensões e dos preços da produção de mercadorias? A um cartel de operários e empresários contra os consumidores, usando regras coercitivas contra os empresários concorrentes, que nada devem aos métodos das associações patronais formais. No fundo, essa não é mais uma luta entre trabalho e capital, mas sim uma luta solidária do capital e da força de trabalho contra a sociedade consumidora. De acordo com o seu valor social, esse é um começo reacionário, que sequer pode constituir uma etapa na luta emancipatória do proletariado, pois representa, antes, justamente o contrário da luta de classes. Por seu valor prático, é uma utopia, pois, como um breve raciocínio mostrará, nunca poderá estender-se a ramos maiores e que produzam para o mercado mundial.

A atividade dos sindicatos restringe-se, então, principalmente à luta salarial e à diminuição do tempo de trabalho, isto é, apenas à regulamentação da exploração capitalista de acordo com as relações de mercado; pela natureza das coisas, a influência sobre o processo de produção permanece fechada para eles. Além disso, toda a marcha do desenvolvimento sindical toma a direção contrária àquela suposta por Conrad Schmidt, da supressão completa de qualquer relação direta do mercado de trabalho com o restante do mercado. O mais indicativo para isso é o fato de que até o esforço em colocar o contrato de trabalho em relação direta com a situação geral da produção, ao menos de maneira *passiva*, pelo sistema da escala móvel de salários[88] [*gleitenden Lohnlisten*], foi, agora, ultrapassado pelo de-

---

87   Ibid., p.115 et seq. Desde 1890, as associações de empreendedores e as de sindicatos da indústria de metal assinaram, em Birmingham, as assim chamadas alianças, que tinham o objetivo de aumentar os preços de venda e, com base neles, regular os salários, para, supostamente, garantir tanto maiores lucros aos fabricantes quanto maiores salários aos trabalhadores.

88   O fundamento desse sistema foi o arranjo, acertado entre os empresários e os operários, de que o valor do salário seria dependente de uma determinada relação com as mudanças do preço

senvolvimento, de modo que as *trade-unions* inglesas se distanciam cada vez mais dele.[89]

Assim também nos limites de sua influência, o movimento sindical não vai, como o pressupõe a teoria da adaptação do capital, ao encontro de uma expansão absoluta. Pelo contrário! Se observarmos trechos maiores do desenvolvimento social, não podemos negar o fato que, de maneira geral, não caminhamos rumo a tempos de grande ascensão, mas sim de declínio[90] do movimento sindical. Se o desenvolvimento da indústria atingir seu apogeu e, se para o capital no mercado mundial, iniciar o "ramo descendente", então a luta sindical torna-se duplamente difícil: primeiro, pioram as conjunturas objetivas do mercado para a força de trabalho, à medida que a demanda aumenta mais vagarosamente, enquanto a oferta aumenta de maneira mais rápida do que é o caso agora; segundo, o capital propriamente dito recorre, para indenizar-se[91] pelas perdas no mercado mundial, à porção do produto que cabe ao trabalhador. Com efeito, a redução do salário é um dos meios mais importantes de impedir a queda da taxa de lucro![92] Já a Inglaterra nos oferece a imagem do segundo estágio do movimento sindical em seu início. Com isso, ele forçosamente reduz-se cada vez mais a uma mera defesa do que fora conquistado, e também essa torna-se cada vez mais difícil. O outro lado e correlato[93] do assim designado andar geral das coisas precisa ser a melhora da luta de classes *política* e socialista.

O mesmo erro de perspectiva histórica é cometido por Conrad Schmidt no que se refere à *reforma social*, da qual ele espera que "imponha à classe capitalista, de mãos dadas com as coalizões sindicais de trabalhadores, as condições em que ela possa utilizar as forças de trabalho". No sentido da reforma social assim entendida, Bernstein

---

de mercado dos produtos. Ele deixava em aberto possibilidades de manipulação contra os trabalhadores e foi, por isso, recusado por eles.
89 Ibid., p.115.
90 2ª edição: tempos de desdobramento de poder vitorioso, porém de dificuldades crescentes.
91 2ª edição: incluído "de modo ainda mais tenaz".
92 Marx, *Das Kapital*, v.3. In: Marx; Engels, *Werke*, v.25, p.245.
93 2ª edição: cuja contraparte.

denomina a legislação operária um pedaço de "controle social" e, como tal, um pedaço de socialismo. Também Conrad Schmidt, sempre ao falar da proteção estatal dos trabalhadores, refere-se ao "controle social", e se assim ele conseguiu, de maneira feliz, transformar o Estado em sociedade, simplesmente acrescenta: "isto é a classe trabalhadora ascendente", e, por meio dessa operação, as inofensivas determinações de proteção do trabalho do Conselho Federal [*Bundesrat*] alemão transformam-se em medidas socialistas de transição do proletariado alemão.

A mistificação é evidente. O Estado atual não é uma "sociedade" no sentido da "classe trabalhadora ascendente", mas um representante da sociedade *capitalista*, isto é, um Estado de classe. Também por isso é que a reforma social manuseada por ele não é a execução do "controle social", isto é, do controle de uma sociedade trabalhadora livre sobre o seu próprio processo de trabalho, mas sim o controle da *organização de classe do capital sobre o processo de produção do capital*. Nisso, isto é, nos interesses do capital, a reforma social também encontra seus limites naturais. De fato, Bernstein e Conrad Schmidt também veem nessa relação, no presente, apenas "estágios iniciais frágeis" e prometem a si próprios que, futuramente, haverá uma reforma social tendendo ao infinito em favor da classe trabalhadora. Assim, cometem o mesmo erro, como aquele da suposição de um movimento sindical em constante ascensão.[94]

A teoria da instauração gradual do socialismo por meio de reformas sociais pressupõe como condição, *e aqui reside seu centro de gravidade*, um determinado desenvolvimento objetivo, tanto da *propriedade*, quanto do *Estado* capitalistas. Em relação à primeira, o esquema do desenvolvimento futuro, assim como Conrad Schmidt o pressupôs, vai na direção de "por meio da restrição de seus direitos, rebaixar o proprietário de capital cada vez mais ao papel de administrador". Em vista da suposta impossibilidade de uma expropriação repentina dos meios de produção, Conrad Schmidt prepara uma teoria da *desapropriação*

---

[94] 2ª edição: em desdobramento ilimitado de poder.

gradual. Para isso, ele constrói como condição necessária uma divisão do direito de propriedade em uma "propriedade superior" [*Obereigentum*], que ele atribui à "sociedade" e que quer ver cada vez mais estendido, e um direito ao usufruto [*Nutznießrecht*] que, nas mãos dos capitalistas, encolhe cada vez mais rumo à mera administração.[95] Ou essa construção é um jogo de palavras inofensivo, no qual não se pensou nada importante e, nesse caso, a teoria da expropriação gradual permanece sem cobertura alguma, ou trata-se de um esquema sério do desenvolvimento jurídico, e, nesse caso, ele está completamente invertido. A divisão das variadas atribuições contidas no direito de propriedade, em que Conrad Schmidt busca refúgio para sua "expropriação gradual" do capital, é característico de uma sociedade de economia feudal-natural, em que a distribuição do produto pelas diferentes classes sociais acontece *in natura* e com base em relações pessoais.[96] O desmonte da propriedade em diferentes segmentos[97] era, aqui, a organização da distribuição da riqueza social dada de antemão. Com a passagem para a produção de mercadorias e a dissolução de todos os laços pessoais entre cada um dos participantes do processo de produção fortaleceu-se, inversamente, a relação entre o ser humano e a coisa – a propriedade privada. Na medida em que a distribuição não mais se realiza por relações pessoais, mas por meio da *troca*, variadas reivindicações de participação na riqueza social deixam de ser mensuradas por fragmentos do direito de propriedade referente a um objeto comum, e passam a sê-lo pelo *valor* que cada um leva ao mercado. A primeira virada nas relações jurídicas que acompanhou a ascensão da produção de mercadorias nas comunas urbanas da Idade Média também foi a formação, no seio das relações jurídicas feudais com propriedade partilhada, da propriedade privada absolutamente fechada. Na produção capitalista, porém, esse desenvolvimento impôs-se ainda mais.[98] Quanto mais o processo de produção é socializado, tanto mais

---

95   2ª edição: incluído "de seu empreendimento".
96   2ª edição: incluído "entre o senhor feudal e seus subordinados".
97   2ª edição: variados direitos parciais.
98   2ª edição: continuamente.

o processo de distribuição reside na troca pura e tanto mais intocável e fechada se torna a propriedade[99] privada.[100] Enquanto o capitalista dirige ele mesmo a fábrica, a distribuição ainda está ligada, até um certo grau, à participação pessoal no processo de produção. Na medida em que a direção pessoal do fabricante se torna supérflua, e é completamente realizada nas sociedades por ações, a propriedade do capital, a título de exigência {a participar} na distribuição, separa-se inteiramente de relações pessoais na produção[101] e aparece em sua forma mais pura, acabada. É apenas no capital por ações e no capital de crédito industrial que o direito capitalista de propriedade alcança seu desdobramento completo.

O esquema histórico de Conrad Schmidt,[102] "do proprietário ao simples administrador", aparece, assim, como o desenvolvimento factual colocado de ponta-cabeça, que inversamente leva do proprietário e administrador ao simples proprietário. Aqui, Conrad Schmidt se iguala a Goethe:

> O que ele possui, ele vê como de longe,
> e o que sumiu, torna-se lhe real.[103]

E como o seu esquema histórico, do ponto de vista econômico, parte da sociedade moderna por ações e volta até a fábrica manufatureira ou até mesmo à oficina artesanal, então ele procura juridicamente recolocar o mundo capitalista na concha da economia feudal-natural.

Desse ponto de vista, o "controle social" também aparece sob uma ótica diferente da de Conrad Schmidt. Aquilo que hoje funciona como "controle social" – a proteção dos trabalhadores, a supervi-

---

99 2ª edição: incluído "capitalista".
100 2ª edição: incluído ", e tanto mais a propriedade de capital reverte-se de um direito ao produto do próprio trabalho em um direito de apropriação diante do trabalho de outrem".
101 2ª edição: da produção.
102 2ª edição: esquema do desenvolvimento do capitalista, como Conrad Schmidt o desenha:
103 Ver *Goethes Werke. Hrsg. im Auftrage der Großherzogin Sophie von Sachsen*, Seção 1., v.14, Weimar 1887, p.6 [Was er besitzt, das sieht er wie im weiten, Und was verschwand, wird ihm zu Wirklichkeiten].

são das sociedades por ações etc. –, de fato, não tem absolutamente nada a ver com uma participação na propriedade privada, com a "propriedade superior" [*Obereigentum*]. Ele não atua como *limitação* da propriedade privada, mas, inversamente, como sua *proteção*. Ou, economicamente falando, ela não constitui uma *intervenção* na exploração capitalista, mas uma *normatização*, um ordenamento dessa exploração. E quando Bernstein coloca a questão, se em uma lei do trabalho encontra-se muito ou pouco socialismo, então podemos garantir-lhe que na melhor das leis do trabalho encontra-se, exatamente, tanto socialismo quanto nas determinações do magistrado sobre a limpeza das ruas e a ignição das lanternas de gás, o que, afinal, também é "controle social".

4. Política alfandegária e militarismo

O segundo pressuposto da instauração gradual do socialismo em Ed. Bernstein é a evolução do Estado para sociedade. Já se tornou lugar-comum que o Estado atual é um Estado de classe. Enquanto isso, a nosso ver, também esse enunciado, como tudo que se refere à sociedade capitalista, não deve ser apreendido como validade absoluta, engessada, mas sim como um desenvolvimento fluido.

Com a vitória política da burguesia, o Estado tornou-se um Estado capitalista. De fato, o desenvolvimento capitalista propriamente dito transforma essencialmente a natureza do Estado ao estender cada vez mais sua esfera de influência, atribuindo-lhe novas funções, nomeadamente no que se refere à vida econômica, tornando cada vez mais necessária a sua intervenção e o seu controle sobre ela. Nessa medida é que se prepara paulatinamente a fusão futura do Estado com a sociedade, por assim dizer, o retorno das funções do Estado à sociedade. De acordo com esse direcionamento, também pode-se falar de uma evolução do Estado capitalista para a sociedade, e nesse sentido Marx, sem dúvida, afirma que a proteção do trabalhador seria a primeira intromissão consciente "da sociedade" em seu processo social de vida, um enunciado ao qual Bernstein se refere.

De outro lado, porém, realiza-se na essência do Estado, por meio do mesmo desenvolvimento capitalista, uma outra mudança. Primeiramente, o Estado atual é a[104] organização da classe capitalista dominante. Quando ele, no interesse do desenvolvimento social, encarrega-se de diferentes funções que são de interesse geral, apenas o faz na medida em que esses interesses e o desenvolvimento social coincidem com os interesses da classe dominante em geral. A proteção do trabalhador, por exemplo, é feita tanto no interesse imediato dos capitalistas como classe quanto da sociedade como um todo. Mas essa harmonia dura apenas até certo ponto do desenvolvimento capitalista. Quando o desenvolvimento atinge um determinado patamar, então os interesses da burguesia como classe e os da evolução[105] econômica passam a divergir. Acreditamos que essa fase já se iniciou, e isso se expressa nos dois fenômenos mais importantes da vida social de hoje: na *política alfandegária* e no *militarismo*. Ambos – política alfandegária e militarismo – desempenharam os seus papéis revolucionários, progressistas e indispensáveis na história do capitalismo. Sem a proteção alfandegária, a ascensão da grande indústria em diversos países não[106] teria sido possível. Hoje, porém, as coisas estão diferentes.[107] {Em todos os países mais importantes e justamente naqueles que mais fazem uso da política alfandegária, a produção capitalista alcançou médias similares.} Do ponto de vista do *desenvolvimento* capitalista, isto é, do ponto de vista da economia mundial, hoje é indiferente se a Alemanha exporta mais mercadorias para a Inglaterra ou vice-versa. Do ponto de vista do mesmo desenvolvimento, portanto, pode ser dito que o mouro realizou seu trabalho e já pode ir embora. Aliás, na verdade, ele precisaria mesmo[108] ir embora. Com a atual dependência recíproca entre os diferentes ramos industriais,

---

104 2ª edição: uma.
105 2ª edição: os do progresso econômico.
106 2ª edição: dificilmente.
107 2ª edição: incluído "Hoje a proteção alfandegária não serve para estimular as novas indústrias, mas para conservar artificialmente as formas de produção ultrapassadas".
108 2ª edição: *mesmo* (em itálico).

as proteções alfandegárias de quaisquer mercadorias devem encarecer internamente a produção de outras mercadorias, isto é, acabam por novamente minar a indústria. Mas não do ponto de vista dos interesses da *classe capitalista*. Para o seu *desenvolvimento*, a indústria não necessita da proteção alfandegária, no entanto, os empresários a requerem para proteger suas *vendas*. Isso quer dizer que os tributos hoje não mais servem como meio de proteção de uma produção capitalista ascendente contra uma de tipo mais maduro, mas sim como meio de luta de um grupo nacional de capitalistas contra o outro. Além disso, as tarifas não são mais necessárias como meios de proteção da indústria para formar e conquistar um mercado interno, mas como meio indispensável para a cartelização da indústria, isto é, para a luta dos produtores capitalistas com a sociedade consumidora. Finalmente, o que mais claramente marca o caráter específico da política alfandegária atual é o fato de que em todo lugar o papel decisivo não é desempenhado pela indústria, mas pela agricultura, isto é, que a política alfandegária, na verdade, tornou-se um meio de *fundir e de expressar os interesses feudais em uma forma capitalista*.

A mesma mudança ocorreu com o militarismo. Quando observamos sua história, não como ela poderia ou deveria ter sido, mas como de fato foi, precisamos então constatar que a guerra constituiu um fator indispensável do desenvolvimento capitalista. Os Estados Unidos da América do Norte e a Alemanha, a Itália e os Estados Balcânicos, a Rússia e a Polônia, todos eles devem suas condições ou seu pontapé inicial do desenvolvimento capitalista às guerras, indiferentemente se a uma vitória ou a uma derrota. Enquanto havia países cuja divisão interna ou cujo fechamento econômico-natural precisava ser ultrapassado, o militarismo também desempenhou um papel revolucionário no sentido capitalista. Hoje também aqui as coisas estão diferentes. {O militarismo não tem mais países que possam ser incorporados ao capitalismo.} Quando, hoje, a China torna-se teatro de conflitos ameaçadores, não se trata evidentemente de uma incorporação da China ao capitalismo europeu, mas de oposições *europeias* acabadas, que se transplantaram para a China e floresceram em solo chinês.[109] O que hoje se contrapõe de armas na mão, independentemente se na Europa ou em outras partes do mundo, não são, de um lado, países capitalistas e, de outro, aqueles de economia natural, mas Estados levados ao conflito justamente em virtude da similaridade de seu elevado desenvolvimento capitalista. Nessas circunstâncias, se o conflito explode, só pode ter um significado fatal para esse desenvolvimento, uma vez que {dessa vez despido de fins} provocará o mais profundo impacto e transformação da vida econômica em todos os países capitalistas. Mas isso adquire outra feição do ponto de vista da *classe capitalista*. Hoje, para ela, o militarismo tornou-se indispensável de três maneiras: em primeiro lugar, como meio de luta para os interesses concorrentes "nacionais" contra outros grupos nacionais; em segundo, como o tipo de investimento mais importante tanto para o capital financeiro quanto industrial; e, em terceiro, como instrumento de dominação interna de classe diante da população trabalhadora – todos esses sendo interesses que, em si, nada têm em comum com o desenvolvimento da economia mundial capitalista.[110] E o que melhor denuncia esse caráter específico do militarismo atual é, primeiro, seu crescimento geral contínuo em todos os países, por assim dizer, por sua própria propulsão mecânica interna, um fenômeno que ainda era inteiramente desconhecido até poucas décadas; além disso, a inevitabilidade, o fatalismo da próxima explosão entre os Estados inicialmente interessados, apesar de ao mesmo tempo o motivo ser completamente indeterminado, assim como o objeto do conflito e todas as demais circunstâncias. O militarismo também transformou-se de motor[111] do desenvolvimento capitalista em uma doença capitalista.

Dada a divergência aqui apresentada entre o desenvolvimento social e os interesses de classe dominantes, o Estado coloca-se ao lado

---

109 2ª edição: quando a política mundial tornou-se um teatro de conflitos ameaçadores, não se trata de uma incorporação de novos países ao capitalismo mas de oposições *europeias* acabadas, que se transplantaram para outras partes do mundo e ali floresceram.
110 2ª edição: com o progresso do modo de produção capitalista.
111 2ª edição: de uma força motriz.

dos últimos. Em sua política ele, assim como a burguesia, coloca-se *em oposição* ao desenvolvimento social; *ele perde*, com isso, cada vez mais o seu caráter de representante de toda a sociedade e torna-se, na mesma medida, cada vez mais um puro *Estado de classe*. Ou, dito de modo mais correto, ambas as suas características separam-se uma da outra e se intensificam, formando uma contradição *no interior* da essência do Estado. E essa contradição acentua-se a cada dia, pois, de um lado, crescem as funções de caráter geral do Estado, sua intromissão na vida social, seu "controle" sobre ela. De outro, porém, seu caráter de classe o obriga cada vez mais a colocar o centro de sua atividade e os seus meios de poder sobre domínios que são úteis apenas ao interesse de classe da burguesia, mas apenas têm significado negativo para a sociedade – como o militarismo, a política alfandegária e colonial. Em segundo lugar, desse modo, seu "controle social" é cada vez mais atravessado e dominado pelo caráter de classe (veja-se a aplicação da proteção dos trabalhadores em todos os países {excetuando-se a Inglaterra}).

O desenvolvimento da democracia, no qual Bernstein também vê o meio da instauração gradual do socialismo, não contradiz, mas, pelo contrário, corresponde inteiramente à mudança na essência do Estado descrita acima.

Como Conrad Schmidt destaca, o alcance de uma maioria social-democrata no Parlamento deve até mesmo ser o caminho direto dessa socialização gradual da sociedade. Sem dúvida, as formas democráticas da vida política são um fenômeno que expressa de maneira mais forte a evolução do Estado para a sociedade, constituindo, assim, uma etapa da transformação socialista. Mas a divergência que caracterizamos na essência do Estado capitalista aparece de maneira ainda mais ofuscante na democracia moderna.[112] Diga-se que, de acordo com a forma, a democracia serve[113] para expressar os interesses de toda a sociedade na organização estatal. De outro lado, porém, ela[114] expressa apenas a

---

112 2ª edição: no parlamentarismo moderno.
113 2ª edição: o parlamentarismo serve.
114 2ª edição: ele.

sociedade capitalista, isto é, uma sociedade em conformidade com os interesses *capitalistas*. As instituições que, por sua forma, são democráticas, tornam-se assim, por seu conteúdo, instrumentos dos interesses de classe dominantes. Isso se torna palpável porque, como a democracia tem a tendência a negar o seu caráter de classe e transformar-se em um instrumento dos interesses efetivos da população, as formas democráticas são sacrificadas por parte da burguesia e por sua representação estatal. Diante disso, a ideia de uma maioria parlamentar social-democrática aparece como um cálculo que[115] apenas conta com um lado da democracia, o formal, enquanto desconsidera totalmente o outro lado, o seu conteúdo real. E a democracia[116] como um todo não aparece como um elemento imediatamente socialista, que pouco a pouco preenche a sociedade capitalista, do modo que Bernstein supõe, pelo contrário, aparece como um meio[117] especificamente capitalista de amadurecer e expressar as contradições capitalistas.

Em face desse desenvolvimento objetivo do Estado, o enunciado de Bernstein e Conrad Schmidt acerca do crescente "controle social" que traz diretamente à tona o socialismo transforma-se em um chavão que, a cada dia, contradiz mais a realidade.

A teoria da instauração gradual do socialismo acaba por desembocar numa reforma gradual {– na direção da ordem socialista –} da propriedade capitalista e do Estado capitalista.[118] Ambos, porém, desenvolvem-se em direções opostas com base em processos objetivos da sociedade contemporânea. O processo de produção torna-se cada vez mais socializado, e a intromissão, o controle do Estado sobre esse processo de produção, torna-se cada vez maior. Mas, ao mesmo tempo, a propriedade privada {capitalista} vai ficando cada vez mais fechada e inatingível,[119] e o controle estatal, cada vez mais atravessado por interesses de classe excludentes. Na medida em que, com o de-

---

115 2ª edição: incluído "inteiramente no espírito do liberalismo burguês".
116 2ª edição: e o parlamentarismo.
117 2ª edição: um meio específico do Estado burguês de classe.
118 2ª edição: incluído "no sentido socialista".
119 2ª edição: cada vez mais a forma da exploração capitalista, nua, do trabalho de outrem.

senvolvimento, o Estado, isto é, a organização *política* e as relações de propriedade – a organização *jurídica* do capitalismo –, tornam-se cada vez mais *capitalistas*, e não socialistas, elas colocam a teoria da instauração gradual do socialismo diante de duas dificuldades insuperáveis.

A ideia de Fourier, de por meio do sistema de falanstérios {repentinamente} transformar toda a água do mar do globo terrestre em limonada era muito fantástica. A ideia de Bernstein, de transformar o mar da amargura capitalista em um mar de doçura socialista, por meio da adição de garrafas de limonada social-reformista, é apenas mais trivial, mas nem um pouco menos fantástica.

As relações de produção da sociedade capitalista aproximam-se cada vez mais da socialista, todavia, suas relações políticas e jurídicas erigem um muro cada vez maior entre a sociedade capitalista e a socialista. Esse muro não é destruído pelo desenvolvimento de reformas sociais como a democracia, mas, pelo contrário, torna-se mais forte e mais alto.[120] Assim, a única coisa que pode derrubá-lo é a martelada da revolução, isto é, a conquista do poder político pelo proletariado.

5. As consequências práticas e o caráter geral da teoria[121]

Na primeira parte,[122] procuramos mostrar que a teoria bernsteiniana retirava o piso material do programa socialista e o colocava sobre uma base idealista. Isso refere-se à justificativa teórica. Mas qual é, então, a cara dessa teoria – traduzida para a prática? Por ora, e do ponto de vista formal, ela não se diferencia em nada da prática da luta social-democrata que era usual até o momento. Os sindicatos, a luta pela reforma social e pela democratização das instituições políticas, isso é o específico, que aliás também constitui o conteúdo[123] da atividade partidária social-democrata. A diferença, portanto, não

---

120 2ª edição: forte e firme.
121 2ª edição: caráter do revisionismo.
122 2ª edição: capítulo.
123 2ª edição: incluído "formal".

reside no *quê*, mas no *como*. Da maneira como as coisas agora se encontram, a luta sindicalista e a parlamentar são apreendidas como meios de dirigir e educar o proletariado com vistas à conquista gradual do poder político. De acordo com a concepção de Bernstein,[124] diante da impossibilidade e da falta de sentido da conquista do poder, elas devem ser realizadas apenas com vistas a resultados imediatos, isto é, a melhoria da situação material dos trabalhadores e a limitação gradual da exploração capitalista e da expansão do controle social. Se deixarmos de lado a finalidade da melhoria imediata da situação dos trabalhadores, comum a ambas as concepções, tanto aquela até hoje usual no partido quanto a de Bernstein,[125] então toda a diferença resume-se a isto: de acordo com a concepção corrente, o significado socialista da luta sindical e política consiste na preparação do proletariado, isto é, do fator *subjetivo* da transformação socialista para a realização desta. De acordo com Bernstein, a luta sindical e política, por si própria, é capaz de gradualmente limitar a exploração capitalista, de remover cada vez mais o caráter capitalista da sociedade capitalista e impor-lhe o socialista, em resumo, de provocar a transformação socialista em um sentido *objetivo*. Se observarmos mais de perto a questão, as duas concepções estão até mesmo em oposição. Segundo a concepção usual do partido, leva-se[126] o proletariado, por meio da luta sindical e política, ao convencimento da impossibilidade de melhorar[127] sua situação fundamental[128] por meio dessa luta, e da inevitabilidade de uma conquista definitiva dos meios políticos de poder. Na concepção de Bernstein, parte-se da impossibilidade da conquista do poder político como pressuposto para instaurar a ordem socialista apenas por meio da luta sindical e política.

Na concepção de Bernstein, o caráter socialista da luta sindical e parlamentar encontra-se, então, na crença em sua influência socializa-

---

124 2ª edição: revisionista.
125 2ª edição: revisionista.
126 2ª edição: alcança o.
127 2ª edição: remodelar.
128 2ª edição: a partir da base.

dora gradual sobre a economia capitalista. Uma influência desse tipo é de fato – como procuramos apontar – apenas imaginária.[129] As instituições capitalistas relativas à propriedade e ao Estado desenvolvem-se numa direção oposta. Com isso, porém, a luta prática diária da social--democracia perde, em última instância, toda e qualquer referência ao socialismo. O grande significado socialista da luta sindical e política consiste na socialização do *conhecimento*, da consciência da classe trabalhadora.[130] Ao serem entendidas como o meio de socialização imediato da economia capitalista, elas não apenas fracassam nesse efeito que lhes foi delegado, mas, ao mesmo tempo, perdem seu outro significado {o único socialmente possível}: elas deixam de ser meios de educação da classe trabalhadora rumo à revolução[131] proletária.

Por isso, consiste em um completo mal-entendido Eduard Bernstein e Conrad Schmidt se tranquilizarem com o fato de que o movimento dos trabalhadores não perderia seu objetivo final com o deslocamento da luta[132] para a reforma social e os sindicatos, pois todo passo nesse trajeto levaria para além de si próprio e, assim, o objetivo socialista seria tendencialmente inerente ao próprio movimento. Na verdade, é esse inteiramente o caso na atual tática da social-democracia alemã, isto é, quando, como estrela-guia, a aspiração consciente e determinada à conquista do poder político *precede* a luta sindical e de reforma social. Quando, porém, separa-se de antemão tal aspiração do movimento, e se coloca a reforma social como fim-próprio [*Selbstzweck*], então ela não apenas não leva à realização {de fato} do objetivo socialista, mas sim ao seu contrário. Conrad Schmidt simplesmente conta com o assim chamado movimento mecânico, que, uma vez que esteja fluindo, não consegue parar por si mesmo, e isso por causa do simples enunciado de que o apetite surge ao comer, e que a classe trabalhadora nunca poderá contentar-se com as reformas, enquanto a transformação socialista não estiver completa. O último pressuposto

---

129 2ª edição: mera ilusão.
130 2ª edição: socializa a consciência do proletariado, organiza-o como classe.
131 2ª edição: tomada de poder.
132 2ª edição: a limitação da luta.

está correto, e isso nos é garantido pela insuficiência da reforma social capitalista. Mas a consequência que se tira disso apenas poderia ser verdadeira quando se pudesse construir uma corrente contínua de reformas sociais encadeadas e sempre crescentes, que levasse imediatamente da {ordem} atual[133] para a socialista. Mas isso é uma fantasia, pois de acordo com a natureza das coisas a corrente logo se quebra, e são múltiplos os caminhos que o movimento pode tomar a partir desse ponto.

Em seguida, o mais provável é que ocorra um deslocamento da tática numa direção que possibilite, por todos os meios, os resultados práticos da luta, as reformas sociais. O brusco e irreconciliável ponto de vista das classes, que apenas tem sentido em relação à conquista do poder político por elas visada, torna-se cada vez mais uma potência negativa[134] quando os sucessos práticos, imediatos, formam o seu fim principal. O próximo passo, então, é uma política compensatória e uma postura conciliadora,[135] prudentemente diplomática. Mesmo nesse caso, porém, o movimento não pode permanecer num equilíbrio constante.[136] Dado que a reforma social, no mundo capitalista, consiste em algo que é e sempre será uma casca vazia, pode-se empregar a tática que se quiser, pois o próximo passo lógico é a decepção também no interior da reforma social, isto é, o porto seguro no qual aportaram agora[137] Schmoller e companhia,[138] que também estudaram profundamente o grande e o pequeno mundo a partir das águas da reforma social para, por fim, deixar tudo como Deus quis.[139] Portanto,

---

133 2ª edição: incluído: "ordem da sociedade".
134 2ª edição: um mero obstáculo.
135 2ª edição: uma "política compensatória" – em bom alemão: uma política do comerciante de vacas [Kuhhandelspolitik] – e uma de tipo conciliatório.
136 2ª edição: ficar parado por muito tempo.
137 2ª edição: incluído: "os professores".
138 Referência a Gustav Schmoller, Adolph Wagner e Lujo Brentano como representantes do socialismo de cátedra. Eles defendiam propostas de reforma liberal-burguesa por socialistas, para contrapor-se à influência da social-democracia e combater o marxismo.
139 2ª edição, nota de rodapé: "no ano de 1872 os professores Wagner, Schmoller, Brentano e outros realizaram um congresso em Eisenach, no qual proclamaram, com grande clamor e alarde, o seu objetivo de instaurar as reformas sociais para a proteção da classe trabalhadora. Esses mesmos senhores, denominados de maneira irônica como 'socialistas de cátedra' pelo liberal

o socialismo não é realmente uma tendência inerente à luta cotidiana da classe trabalhadora; ele apenas é inerente às contradições objetivas, cada vez mais acirradas, da economia capitalista, e ao conhecimento subjetivo da classe trabalhadora[140] acerca da inevitabilidade de sua superação por meio de uma transformação social. Quando se nega um e rejeita o outro, como Bernstein o faz em sua teoria, então o movimento reduz-se, por ora, a um simples associativismo e a um reformismo social e leva, em última instância, por sua própria força de gravidade, ao abandono do ponto de vista da classe.

Essas consequências também se tornam claras quando se observa a teoria de Bernstein[141] de outro lado e se coloca a pergunta: qual é o caráter geral dessa concepção? Está claro que Bernstein[142] não se encontra no terreno das relações capitalistas e não nega suas contradições, juntamente com os economistas burgueses. Pelo contrário, em sua teoria ele parte, assim como a concepção de Marx, da existência dessas contradições como um pressuposto. Porém, por outro lado – e esse é tanto o núcleo de suas colocações[143] em geral quanto sua diferença fundamental diante da concepção social-democrata usual até hoje –, em sua teoria ele não se apoia numa *superação* dessas contradições por meio de seu desenvolvimento consequente.

Sua teoria encontra-se entre os dois extremos, ele não quer {deixar} que as contradições atinjam o máximo de sua maturidade e sejam

---

Oppenheim, logo em seguida fundaram a Associação de Reforma Social [*Verein für Sozialreform*]. Apenas alguns anos depois, quando a luta contra a social-democracia se intensificou, os luminares do 'socialismo de cátedra' votaram, como deputados no Reichstag, pela prorrogação da lei socialista. Afora isso, toda a atividade da associação consiste em assembleias anuais, nas quais são lidas algumas exposições professorais sobre diferentes temas, além da publicação, por parte da mesma associação, de mais de cem volumosos tomos sobre questões econômicas. Por fim, a associação também abriu mão até mesmo da reforma social, e ocupa-se do tema das crises, dos cartéis e similares".

140 2ª edição: o socialismo não decorre, portanto, por si próprio e sob quaisquer circunstâncias da luta cotidiana da classe trabalhadora. Ele apenas se origina das contradições cada vez mais acirradas da economia capitalista e do conhecimento da classe trabalhadora.
141 2ª edição: a teoria revisionista.
142 2ª edição: que o revisionismo.
143 2ª edição: concepção.

superadas[144] por uma transformação revolucionária em seu ápice, mas quer interrompê-las em seu ápice, *atenuá-las* [*abstumpfen*]. A ausência de crises e a organização patronal devem {de acordo com ele} atenuar a contradição entre a produção e a troca, a melhoria da condição do proletariado e a manutenção da camada média, a contradição entre o capital e o trabalho, o crescente controle e a democracia, e a contradição entre o Estado de classes e a sociedade.

De fato, também a usual tática social-democrata não consiste em que se desenvolvam as contradições capitalistas até o máximo para, apenas em seguida, *aguardar* a sua transformação. Pelo contrário, deve apenas ocorrer o apoio[145] sobre uma dada[146] *direção* do desenvolvimento, para em seguida mover[147] suas consequências ao extremo na luta política, {ela é antecipada, precipita-se por assim dizer o desenvolvimento objetivo posterior e coloca-se *sempre* sobre o terreno das contradições desenvolvidas até sua maturidade,} no que consiste a essência de toda tática revolucionária. Assim é que, por exemplo, a social-democracia combate os impostos e o militarismo até mesmo quando eles ainda cumprem um papel revolucionário no desenvolvimento capitalista.[148] Mas Bernstein não se apoia de modo algum na sua tática, na continuidade do desenvolvimento e no acirramento, mas na atenuação das contradições capitalistas. Ele mesmo a descreveu da melhor maneira, ao falar de uma "adaptação" da economia capitalista. Quando é que uma concepção dessas seria correta? Todas as contradições da sociedade atual são simples resultados do modo de produção capitalista. Se pressupusermos que esse modo de produção continuará a desenvolver-se na direção dada até hoje, logo com ele de modo também inseparável precisam desenvolver-se todas as suas consequências, acentuando e acirrando as contradições em vez de se atenuarem. Por-

---

144 2ª edição: sem itálico.
145 2ª edição: pelo contrário, apoiamo-nos.
146 2ª edição: reconhecida.
147 2ª edição: moverem.
148 2ª edição: militarismo em todas as épocas, e não apenas quando o seu caráter reacionário veio inteiramente à tona.

tanto, e pelo contrário, isso tem como condição que o modo capitalista de produção propriamente dito seja inibido em seu desenvolvimento. Em resumo, o pressuposto mais geral da teoria bernsteineana *é uma paralisia no desenvolvimento capitalista*.

Com isso, a teoria condena-se a si própria, e duplamente. Em primeiro lugar, ela expõe o caráter *utópico* com relação ao objetivo final socialista – está claro, desde o início, que um desenvolvimento capitalista estagnado não pode levar à transformação socialista – e, aqui, temos a confirmação de nossa exposição da consequência prática da teoria. Em segundo, ela revela o seu caráter *reacionário* com relação ao desenvolvimento capitalista que de fato transcorre aceleradamente. Assim, coloca-se a pergunta: como pode a concepção de Bernstein ser explicada ou, melhor dizendo, caracterizada diante desse desenvolvimento capitalista real?

Que os pressupostos econômicos dos quais Bernstein parte em sua análise das atuais condições sociais – sua teoria da "adaptação" capitalista – sejam insustentáveis, acreditamos ter mostrado na primeira parte. Vimos que nem o sistema de crédito, bem como os cartéis, podem ser entendidos como "meios de adaptação" da economia capitalista, nem a ausência de crises ou a manutenção das camadas médias podem ser entendidas como sintoma da adaptação capitalista. Pois a todos os detalhes da teoria da adaptação que foram elencados – descartada a sua incorreção evidente – subjaz mais um traço característico geral. Essa teoria compreende todos os fenômenos da vida econômica tratados não em sua ligação orgânica com o desenvolvimento capitalista como um conjunto e em seu nexo com todo o mecanismo econômico, mas, arrancados desse nexo, em sua existência autônoma, como *disjecta membra* (partes soltas) de uma máquina sem vida. Assim é, por exemplo, o efeito adaptativo do *crédito*. Quando se observa o crédito como um estágio superior, natural da troca e em conexão com todas as contradições inerentes à troca capitalista, de modo algum se pode enxergar nele qualquer "meio de adaptação" mecânico localizado fora do processo de troca, bem como não se pode enxergar o dinheiro propriamente dito, a mercadoria, o capital como "meio de adaptação" do capitalismo. O crédito não é nada menos do que uma parte orgânica da economia capitalista em um determinado estágio de seu desenvolvimento, assim como o são o dinheiro, a mercadoria e o capital, e constitui nesse estágio, assim como aqueles, não apenas um elo imprescindível de sua engrenagem, mas também um instrumento de destruição, ao aumentar e reproduzir as suas contradições internas.

Isso vale também para os cartéis e para os meios de comunicação aperfeiçoados.

A mesma concepção mecânica e não dialética encontra-se, ainda, no modo como Bernstein apreende a ausência de crises como um sintoma de "adaptação" da economia capitalista. Para ele, as crises são apenas interferências no mecanismo econômico, e quando essas[149] deixam de existir, então, ao que tudo indica, esse mecanismo consegue funcionar sem atritos. As crises, porém, não são de fato "interferências" no sentido original da palavra, pelo contrário, são interferências sem cuja existência a economia capitalista de modo geral não consegue passar. Se é fato que as crises, dito de maneira curta e grossa, são o único método possível de base capitalista, e por isso inteiramente normal, de solução periódica da cisão [*Zwiespalt*] entre a capacidade ilimitada de desenvolvimento das forças produtivas e as barreiras limitadas da valorização,[150] então as crises também são fenômenos orgânicos inseparáveis do todo da economia capitalista.

É antes num processo "livre de interferências" da produção capitalista que esta encontra perigos que são maiores do que as crises propriamente ditas. Trata-se da queda constante da taxa de lucro, que não se origina da contradição entre a produção e a troca, mas do desenvolvimento da produtividade do trabalho, que possui a tendência extremamente perigosa de impossibilitar a produção para todos os capitais menores e médios e, assim, coloca barreiras ao progresso das inversões de capital e à sua nova formação. Justamente as cri-

---

149 2ª edição: elas.
150 2ª edição: a capacidade ilimitada de expansão da produção e as barreiras limitadas do mercado de demanda.

ses, que se originam como a outra consequência do mesmo processo, provocam, ao mesmo tempo, por meio da *desvalorização* periódica do capital, do barateamento dos meios de produção e da paralisação de uma parte do capital ativo, a elevação dos lucros, dando, assim, lugar[151] a novas inversões e, desse modo, a novos avanços na produção. Dessa maneira, as crises aparecem como meios de acender e atiçar o fogo do desenvolvimento capitalista, e a sua ausência, não numa determinada fase[152] de formação do mercado mundial, como admitimos, mas por excelência, não levaria a economia capitalista, como Bernstein considera, ao florescimento, porém, afundá-la-ia. Segundo a concepção mecânica que marca toda a teoria da adaptação, Bernstein deixa de lado tanto os significados positivos das crises quanto, também, da tendência à descentralização do capital,[153] motivo pelo qual, entre outros, o constante renascimento do pequeno capital também é por ele tomado como um sinal da paralisia capitalista em vez de, como o é de fato, do desenvolvimento capitalista normal.

Há, certamente, um ponto de vista segundo o qual todos os fenômenos tratados são realmente apresentados como a teoria da adaptação os resume, a saber, o ponto de vista do capitalista *individual*, como lhe vêm à consciência os fatos da vida econômica, desfigurados pelas leis da concorrência. De fato, o capitalista individual vê, sobretudo, cada membro orgânico do todo econômico como algo autônomo, inteiro, e, além disso, apenas os vê pelo prisma em que agem sobre ele, sobre o capitalista individual, e, por isso, como meras "interferências" ou meros "meios de adaptação". De fato, para o capitalista individual as crises são meras interferências, e sua ausência lhe oferece uma expectativa de vida maior; para ele, o crédito é igualmente um meio de "adaptar" suas forças produtivas insuficientes às exigências do mercado; para ele, um cartel, do qual passe a fazer parte, também supera na realidade a anarquia da produção.

---

151 2ª edição: espaço.
152 2ª edição: não apenas em determinados momentos.
153 2ª edição: tanto a imprescindibilidade das crises quanto a imprescindibilidade das novas inversões de pequenos e médios capitais que sempre reaparecem periodicamente.

Em resumo, a teoria da adaptação bernsteineana nada mais é do que uma generalização teórica do modo de entendimento do capitalista individual. Mas no que esse modo de entendimento, em sua expressão teórica, difere do essencial e característico da economia vulgar burguesa? Todos os enganos econômicos dessa escola residem no mal-entendido de que ela toma os fenômenos da concorrência, vistos pelos olhos do capitalista individual, por fenômenos da economia capitalista como um todo. E como Bernstein faz em relação ao crédito, assim os economistas vulgares também entendem, por exemplo, o *dinheiro* como um inteligente "meio de adaptação" diante das necessidades da troca; ela também procura antídotos contra os males capitalistas *nos* fenômenos capitalistas propriamente ditos; ela acredita, em concordância com Bernstein, na *possibilidade* de regular a economia capitalista, e, por fim, sempre referindo-se à teoria bernsteineana, ela desemboca, em última instância, na atenuação das contradições capitalistas e no remendo das feridas capitalistas, isto é, em outras palavras, em um processo reacionário em vez de revolucionário e, com isso, em uma utopia.

A teoria bernsteineana[154] tomada como um todo pode ser, então, caracterizada da seguinte maneira: é *uma teoria do atolamento socialista* [*Versumpfung*], *fundamentada na economia vulgar por meio de uma teoria do atolamento capitalista*.

Segunda parte[155]

1. O desenvolvimento econômico e o socialismo

A maior conquista da luta de classes proletária em seu desenvolvimento foi a descoberta do ponto de partida para a realização do

---

[154] 2ª edição: revisionista.
[155] Resenha do livro de Eduard Bernstein, *Die Voraussetzungen des Sozialismus und die Aufgaben der Sozialdemokratie* [Os pressupostos do socialismo e as tarefas da social-democracia].

socialismo nas *relações econômicas* da sociedade capitalista. Com isso, o socialismo passou de um "ideal" que esteve à frente da humanidade durante séculos a uma *necessidade histórica*.

Bernstein contesta a existência desses pressupostos econômicos do socialismo na sociedade contemporânea. Com isso, sua argumentação passou por um desenvolvimento interessante. De início, na *Neue Zeit*, ele apenas contestava a rapidez da concentração na indústria apoiando-se numa comparação dos resultados das estatísticas industriais na Alemanha de 1895 e 1882. Para usar esses resultados com vista aos seus fins, ele precisava recorrer a um processo inteiramente sumário e mecânico. Mas também no caso mais favorável, Bernstein não podia, ao mostrar a persistência dos empreendimentos médios, debilitar minimamente a análise marxista. Essa análise não pressupõe um determinado *ritmo* de concentração da indústria, quer dizer, um determinado *prazo* para a realização do objetivo final socialista, nem como já mostramos, um *desaparecimento absoluto* dos pequenos capitais ou o desaparecimento da pequena burguesia como condição para a viabilidade do socialismo.

Num desenvolvimento ulterior de seus pontos de vista, Bernstein oferece agora um novo material comprobatório em seu livro, a saber, *a estatística das sociedades por ações*, que fundamenta que o número de acionistas está sempre aumentando, ou seja, que a classe capitalista não está encolhendo, pelo contrário, torna-se cada vez maior. É surpreendente como Bernstein pouco conhece o material existente, e quão pouco sabe usá-lo em seu benefício!

Se ele quisesse provar algo contra a lei marxista do desenvolvimento industrial por meio das sociedades por ações, deveria, então, ter apresentado números completamente diferentes. Qualquer um que conheça a história da fundação das sociedades anônimas na Alemanha sabe que o capital inicial médio de fundação de um empreendimento diminui quase constantemente. Assim, esse capital compreendia, antes de 1871, aproximadamente 10,8 milhões de marcos; em 1871, somente 4,01 milhões de marcos; em 1873, 3,8 milhões de marcos; entre 1883-1887, menos de 1 milhão de marcos; em 1891, apenas 0,56 milhão de marcos; em 1892, 0,62 milhão de marcos. Desde então, esses números variam em torno de 1 milhão de marcos, e voltaram a cair de 1,78 milhão de marcos no ano de 1895 para 1,19 milhão de marcos no primeiro semestre de 1897.[156]

Números surpreendentes! Com eles, talvez Bernstein construísse até mesmo toda uma tendência contramarxista da transição de grandes empreendimentos a pequenos empreendimentos. Nesse caso, qualquer um poderia responder-lhe: se o senhor quiser provar algo com essa estatística, então o senhor precisa provar, sobretudo, que elas se referem aos *mesmos* ramos industriais, que os empreendimentos menores agora aparecem *no lugar* dos antigos grandes, e não ali, onde até agora não havia nada[157] ou nem mesmo existia manufatura ou miniempresa. Porém, não lhe é possível trazer essa prova, pois a transição de grandes sociedades anônimas a empresas de porte médio e pequeno apenas pode ser explicada pelo fato de o sistema de ações adentrar sempre *novos* ramos, e se, de início, ele apenas era válido para alguns poucos empreendimentos gigantes, agora adequou-se cada vez mais aos empreendimentos médios e, aqui e ali, até mesmo aos pequenos empreendimentos. (Ocorre mesmo fundação de sociedades anônimas com um capital inferior a 1.000 M!)

Mas o que significa, do ponto de vista econômico, a disseminação cada vez maior das sociedades anônimas? Significa a *socialização progressiva da produção* na forma capitalista, ou seja, não apenas a socialização da grande produção, mas também a da produção média e pequena, ou seja, algo que não contradiz a teoria de Marx, mas a confirma da maneira mais brilhante concebível.

De fato! Em que consiste o fenômeno econômico da criação das sociedades anônimas? Por um lado, na unificação de muitas pequenas posses de dinheiro em *um* capital de produção, em *uma* unidade econômica, por outro, na separação entre a produção e a propriedade do

---

[156] Van der Borght, *Handwörterbuch der Staatswissenschaft*, I. [Dicionário de bolso da Ciência Política]
[157] 2ª edição: o capital individual.

capital, ou seja, numa dupla superação [*zweifachen Überwindung*] do modo de produção capitalista – sempre em base capitalista. O que significa, em vista disso, a estatística trazida por Bernstein acerca do grande número dos acionistas que participam de um empreendimento? Na verdade, nada além de que, agora, *um* empreendimento capitalista não corresponde, como era o caso, a *um* proprietário do capital, mas a todo um número, uma quantidade sempre crescente de proprietários do capital, de modo que o conceito econômico de "capitalista" não mais corresponde ao "ser humano",[158] que o capitalista[159] de hoje é uma pessoa coletiva [*Sammelperson*], composto de centenas e até mesmo de milhares de pessoas, que, no quadro da economia capitalista, a categoria de "capitalista" tornou-se ela própria social, que ela foi *socializada*.

Mas como se explica, diante disso, que Bernstein veja, de maneira inversa, os fenômenos das sociedades por ação como uma pulverização[160] e não como uma concentração do capital; que ali, onde Marx enxerga a "superação da propriedade do capital", ele veja a disseminação da propriedade do capital? Por meio de um engano muito simples da economia vulgar: pois, por capitalista, Bernstein não entende uma categoria da produção, mas do direito de propriedade; não uma unidade econômica, mas sim uma unidade político-fiscal; e, por fim, por capital, não um todo produtivo, mas uma simples riqueza financeira. Por isso, em seu truste de costura inglês, ele não vê a fundição de 12.300 pessoas em *uma*, mas logo 12.300 capitalistas e, por isso, também o engenheiro Schulze, que recebeu do rentista Müller "um maior número de ações" (p.54) como dote da mulher, é um capitalista, por isso é que, para ele, *todo o mundo está repleto de "capitalistas"*.[161]

---

158 2ª edição: cada um dos indivíduos [*das Einzelindividuum*].
159 2ª edição: incluído: "industrial".
160 2ª edição: estilhaçamento.
161 *Notabene*! Bernstein vê, evidentemente, na grande disseminação de pequenas ações, uma prova de que a riqueza social já teria começado a jogar sua bênção acionária sobre pessoas muito pequenas. De fato, quem mais compraria, como pequeno-burguês ou até trabalhador, ações pela bagatela de 1 libra ou de 20 marcos! Infelizmente, esse pressuposto reside num simples erro de cálculo: opera-se com o *valor nominal* das ações, em vez de com o seu *valor de mercado*, que são coisas diferentes. Um exemplo: no mercado mineiro são negociadas, entre outras, as *minas Rand* sul-africanas; as ações são, como a maioria dos valores de minas, papéis de 1 libra

Mas aqui, como ali, o erro da economia vulgar, em Bernstein, é simples terreno teórico para uma vulgarização do *socialismo*. Ao levar o conceito de capitalista, das relações de produção para as relações de propriedade, e ao "falar de seres humanos em vez de empreendedores" (p.53), ele também leva a questão do socialismo do domínio da produção para o domínio das relações de riqueza, da relação entre *capital e trabalho* para a relação entre *rico e pobre*.

Com isso, somos levados de volta, felizes, de Marx e Engels, para o autor do evangelho dos pobres pecadores, apenas com a diferença de que Weitling, com o seu instinto proletário correto, *reconheceu* nessa oposição entre pobre e rico as oposições de classes em forma primitiva, e queria torná-las uma alavanca do movimento socialista, enquanto Bernstein, inversamente, vê na transformação dos pobres em ricos, isto é, no embaçamento [*Verwischung*] da oposição de classes, ou seja, no processo pequeno-burguês, as possibilidades do socialismo.

De fato, Bernstein não se restringe à estatística das rendas. Ele também nos oferece a estatística de empresas de vários países: da Alemanha e da França, da Inglaterra e da Suíça, da Áustria e dos Estados Unidos. Mas de que estatística se trata? Não são dados comparativos de *momentos diferentes* em cada país, mas de um determinado momento em diferentes países. Ou seja, ele compara – excetuando-se a Alemanha, onde repete sua antiga contraposição de 1895 e 1882 – não a situação das empresas de um país em diferentes momentos, mas, apenas, os números *absolutos* para diferentes países (para a Alemanha do ano de 1891, a França de 1894, os Estados Unidos de 1890 etc.). A conclusão a que chega é "que se hoje a grande empresa de fato detém a supremacia na indústria, ela, ainda assim, contando as empresas que dela dependem, representa, até mesmo em um país tão avançado quanto a Prússia, no máximo *a metade da população ativa na produção*",

---

(= 20 marcos). O seu *preço*, porém, é atualmente de 43 libras (ver o câmbio de final de março), isto é, não 20, mas 860 marcos. E essa é a média por todo lado. As "pequenas" ações, portanto, ainda que tenham um tom tão democrático, de fato são, na maioria das vezes, burguesas, e de modo algum "bônus sobre a riqueza social" de tipo pequeno-burguês ou até proletário, pois são adquiridas pela menor parcela dos acionistas por seu valor nominal. (N. R. L.)

e similarmente em toda a Alemanha, Inglaterra, Bélgica e daí por diante (p.84).

O que ele comprova, dessa maneira, não é essa ou aquela *tendência do desenvolvimento econômico*, mas apenas a *relação de forças absoluta* das diferentes formas de empresa ou das diferentes classes profissionais. Se isso provar a falta de perspectiva do socialismo, então a essa argumentação está subjacente uma teoria de acordo com a qual o desfecho dos interesses sociais é decidido pela relação de forças física, quantitativa dos combatentes, ou seja, apenas pelo fator *da violência*. Aqui, para variar, aquele Bernstein que pressente o blanquismo em todo lugar cai ele próprio, no mais tosco mal-entendido blanquista. É verdade que com a diferença que os blanquistas, na qualidade de uma orientação socialista e revolucionária, pressupunham a realização econômica do socialismo como evidente e, sobre ela, fundamentavam as perspectivas da revolução violenta até de uma pequena minoria, enquanto Bernstein, inversamente, deduz da insuficiência numérica da maioria do povo {a favor do socialismo} a improbabilidade econômica do socialismo. A social-democracia tampouco deriva seu objetivo final da violência de uma minoria vencedora nem da superioridade numérica da maioria, mas sim da necessidade econômica e da compreensão dessa necessidade, que levaria à superação do capitalismo pela massa do povo e que se expressa, sobretudo, na *anarquia capitalista*.

No que diz respeito a essa última questão decisiva quanto à anarquia na economia capitalista, Bernstein apenas nega as grandes crises gerais, mas não as parciais e nacionais. Assim, coloca em questão a existência de muita anarquia, ao mesmo tempo que concede a existência de um pouco dela. Em Bernstein, na economia capitalista – para falar como Marx – dá-se o mesmo que com aquela virgem imprudente que teve uma criança que era "só muito pequena". Nesse ponto, o fatal é que em relação a coisas como a anarquia, muito e pouco são igualmente ruins. Se Bernstein concede um pouco de anarquia, então o próprio mecanismo da economia mercantil encarrega-se de elevá-la a níveis monstruosos – até o colapso. Se, porém, Bernstein espera – com a conservação simultânea da produção de mercadorias – também gradualmente dissolver aquele pouco de anarquia em ordem e harmonia, então ele, por sua vez, sucumbe a um erro fundamental da economia vulgar burguesa ao enxergar o modo de troca como independente do modo de produção. {[162]}

Não é esta a melhor oportunidade de mostrar, em toda a sua amplitude, a confusão surpreendente em relação aos fundamentos mais elementares da economia política que Bernstein trouxe à tona em seu livro. Mas um ponto ao qual a questão fundamental da anarquia capitalista nos leva deve ser brevemente iluminado.

Bernstein explica que a *lei do valor-trabalho* de Marx seria uma mera abstração, o que, para ele, obviamente é um palavrão em economia política. Mas se o valor-trabalho é apenas uma abstração, "uma

---

162 {Ainda que Bernstein responda longamente a alguns pontos de nossa primeira série de artigos na *Leipziger Volkszeitung*, ele o faz de um modo que apenas demonstra seu embaraço. Ele, por exemplo, simplifica a sua resposta à nossa crítica sobre o seu ceticismo em relação às crises ao colocar em nossa cabeça que teríamos tornado toda a teoria das crises de Marx apenas música do futuro. Isso, porém, é uma interpretação bastante livre de nossos termos, pois apenas explicamos a *periodicidade mecânica*, regular, das crises, mais exatamente: o ciclo de crises de uma década como um esquema que corresponde ao mercado mundial totalmente desenvolvido. No que se refere ao conteúdo da teoria das crises de Marx, nós o consideramos a única formulação científica do mecanismo, bem como a causa econômica interna de *todas* as crises até o momento. Ainda mais curiosas são as respostas de Bernstein a outros pontos de nossa crítica. Por exemplo, à indicação de que os cartéis não poderiam oferecer um meio contra a anarquia capitalista, pois eles – como mostra a indústria açucareira – apenas originam uma concorrência intensificada no mercado mundial. A esse apontamento Bernstein responde que seria correta, mas que a concorrência açucareira intensificada na Inglaterra teria trazido à vida uma fabricação poderosa de marmeladas e conservas (p.78). Uma resposta que nos lembrou os exercícios de conversação na primeira parte do método linguístico autodidático de Ollendorf: "A manga é curta, *mas* o sapato é apertado. O pai é grande, *mas* a mãe não foi deitar". Em um nexo lógico parecido, Bernstein responde à nossa argumentação de que também *o crédito* não poderia ser um "meio de adaptação" contra a anarquia capitalista, pois ele, ao contrário, aumentaria essa anarquia: ao lado da característica destruidora, o crédito também teria uma qualidade positiva, "produtivo-criativa", que também Marx teria reconhecido. Para aquele, que, baseando-se na teoria de Marx, vê na economia capitalista em geral todos os pontos de partida positivos para a futura transformação socialista da sociedade, essa indicação no que se refere ao crédito também não é nova. A questão tratada no debate era se essa característica positiva do crédito, que leva para além do capitalismo, também se expressaria positivamente na economia capitalista e se conseguiria domar a anarquia capitalista, como Bernstein o afirmava, ou, antes, reverter-se-ia em uma contradição apenas aumentando a anarquia, como mostramos. Por sua vez, o apontamento de Bernstein quanto à "capacidade produtivo-criativa do crédito", que constituía o ponto de partida de todo o debate, é, diante disso, apenas uma "fuga teórica para o além" – do campo de discussão.}

imagem do pensamento" (p.44), então todo cidadão honesto, que fez o serviço militar e pagou seus impostos, teria o mesmo direito que Karl Marx de produzir uma tal "imagem do pensamento", ou seja, a lei do valor, a partir de qualquer besteira aleatória. "Marx está tão autorizado a deixar de lado as qualidades das mercadorias até finalmente elas apenas permanecerem como corporificações de quantidades de trabalho humano simples, como está facultado à escola de Böhm-Jevons abstrair todas as qualidades da mercadoria a não ser a de sua utilidade" (p.41/42).

Ou seja, o trabalho social de Marx e a abstração da utilidade de Menger são feitas de gato e sapato: são apenas abstrações. Com isso, Bernstein esqueceu que a abstração de Marx não é uma invenção, mas uma descoberta, que ela não existe na cabeça de Marx, mas na economia mercantil, não tem uma existência imaginada, porém uma existência social real, uma existência tão real que ela é cortada e martelada, pesada e moldada. O trabalho humano abstrato descoberto por Marx é, pois, em sua forma desdobrada, nada mais do que – *o dinheiro*. E esta é exatamente uma das mais geniais descobertas econômicas de Marx, enquanto para toda a economia burguesa, desde o primeiro mercantilista até o último clássico, a essência mística do dinheiro permaneceu um livro fechado a sete chaves.

Em contrapartida, a utilidade abstrata de Böhm-Jevons é, de fato, apenas uma imagem do pensamento ou, antes, uma imagem da falta de pensamento, um besteirol privado [*Privatblödsinn*] pelo qual nem a sociedade capitalista nem qualquer outra sociedade humana pode ser responsabilizada, mas apenas e unicamente a economia vulgar burguesa. Com essa "imagem do pensamento" na cabeça, Bernstein e Böhm e Jevons, juntamente com toda a comunidade subjetiva, podem permanecer mais vinte anos diante do mistério do dinheiro, sem chegar a outra solução além daquela que todo sapateiro já sabia: que o dinheiro também é uma coisa "útil".

Com isso, Bernstein perdeu inteiramente a compreensão da lei do valor de Marx. Para aquele, porém, que estiver mais familiarizado com o sistema econômico de Marx, tornar-se-á claro, sem maiores dificuldades, que sem a lei do valor todo o sistema permanece inteiramente incompreensível ou, para dizê-lo mais concretamente, sem a compreensão da essência da mercadoria e de sua troca, toda a economia capitalista e os seus nexos devem permanecer um segredo.

Mas qual é a chave mágica de Marx que lhe abriu justamente os segredos mais íntimos de todos os fenômenos capitalistas, que o levou a solucionar, com uma facilidade lúdica, problemas de cuja existência os grandes espíritos da economia clássica burguesa, como Smith e Ricardo, sequer suspeitavam? Nada mais do que o entendimento de toda a economia capitalista como um *fenômeno histórico*, e não apenas para trás, como, no melhor dos casos, a economia clássica o entendia, mas também para a frente, não apenas com vistas ao passado econômico-natural,[163] mas, sobretudo, também com vistas ao *futuro socialista*. O segredo da teoria do valor de Marx, de sua análise do dinheiro, de sua teoria do capital[164] e, assim, de todo o sistema econômico – a transitoriedade da economia capitalista, o seu colapso, ou seja – e isso é apenas o outro lado – *o objetivo final socialista*. Justamente e apenas em virtude de Marx, desde o início, ter observado a economia capitalista como socialista, isto é, *do ponto de vista histórico* foi que ele pôde decifrar os seus hieróglifos; e por ele fazer da posição socialista o *ponto de partida* da análise científica da sociedade burguesa é que ele pôde, inversamente, fundamentar cientificamente o socialismo.

É diante disso que se devem medir as observações de Bernstein ao final de seu livro, quando ele reclama do "dualismo"[165] que "atravessa toda a monumental obra de Marx", "um dualismo que consiste em que a obra pretende ser uma investigação científica, porém pretende provar uma tese que está acabada muito antes de sua concepção, ou seja, subjaz a ela um esquema em que o resultado ao qual o desenvolvimento deveria levá-lo estava posto de antemão. O retorno ao

---

163 2ª edição: econômico-feudal.
164 2ª edição: incluído ", sua teoria da taxa de lucro".
165 2ª edição: incluído "(dicotomia)".

Manifesto Comunista (isto é {aqui} ao objetivo final socialista! – R. L.) aponta um efetivo resto de utopismo no sistema de Marx" (p.177).

O "dualismo" de Marx nada mais é do que o dualismo do futuro socialista e do presente capitalista, do capital e do trabalho, da burguesia e do proletariado, ele é o monumental espelhamento científico *do dualismo existente na sociedade burguesa, das oposições de classe burguesas*.

E quando Bernstein vê nesse dualismo teórico "um restante de utopismo" em Marx, trata-se apenas de uma confissão ingênua de que ele nega o dualismo histórico na sociedade burguesa, as contradições de classe capitalistas, que, para ele, o próprio socialismo tornou-se um "restante de utopismo". O monismo de Bernstein é o monismo[166] da ordem capitalista eternizada, o monismo[167] do socialista que deixou cair por terra seu objetivo final para, em compensação, ver na sociedade burguesa única e imutável o fim do desenvolvimento humano.

Se, porém, Bernstein não vê na própria estrutura econômica do capitalismo a cisão, o desenvolvimento para o socialismo, então ele precisa, para ao menos salvar o programa socialista em sua forma, buscar refúgio em uma construção idealista que se encontra fora do desenvolvimento econômico e transformar o próprio socialismo, de uma determinada fase histórica do desenvolvimento social que é, em um "princípio" abstrato.

O "princípio do cooperativismo" bernsteineano, com o qual a economia capitalista deve ser enfeitada, essa menor das "decantações" [*"Abkläricht"*] do objetivo final socialista, aparece diante disso não como uma concessão de sua teoria burguesa ao futuro socialista da sociedade, mas ao passado socialista – de Bernstein.

2. A democracia econômica e política[168]

Vimos que o socialismo bernsteineano planeja deixar que os trabalhadores participem da riqueza social, transformar os pobres

---

166 2ª edição: O "monismo", isto é, a unidade de Bernstein, é a unidade.
167 2ª edição: ", a unidade".
168 2ª edição: sindicatos, cooperativas e democracia política.

em ricos. Como isso deve ser levado a cabo? Em seus artigos "Problemas do socialismo" na *Neue Zeit*, Bernstein deixou entrever indicações quase que imperceptíveis, e em seu livro ele dá tratamento completo a essa questão: o seu socialismo deve ser realizado por dois caminhos, pelos sindicatos ou, como Bernstein os chama, pela democracia econômica, e pelas cooperativas. Por meio dos primeiros ele quer atacar o lucro industrial, por meio das últimas, o lucro comercial (p.118).

No que diz respeito às cooperativas, acima de tudo às cooperativas de produção, elas, de acordo com sua essência interna e sua posição em meio à sociedade capitalista, representam algo *híbrido*: uma pequena produção socializada sob troca capitalista. Na economia capitalista, porém, é a troca que domina a produção e, diante da concorrência, torna a exploração desleal, isto é, a dominação total do processo de produção por interesses internos do capital torna-se uma condição para a existência do empreendimento. Isso se expressa praticamente na necessidade de tornar o trabalho o mais intensivo possível, diminuí-lo ou prolongá-lo de acordo com a situação do mercado, atrair a força de trabalho de acordo com as exigências do mercado, ou repeli-la e colocá-la na rua; em suma, colocar em prática todos os métodos conhecidos de tornar competitivo um empreendimento capitalista. Na cooperativa de produção decorre daí a necessidade contraditória para o trabalhador de governar a si próprio com todo o absolutismo necessário, desempenhar diante de si próprio o papel de empreendedor capitalista. É com base nessa contradição que morre a cooperativa de produção, ao voltar a ser um empreendimento capitalista ou, caso os interesses dos trabalhadores sejam mais fortes, dissolve-se. Esses são os fatos que o próprio Bernstein constata, mas compreende de modo equivocado quando, seguindo a senhora Potter-Webb, vê a origem do declínio das cooperativas de produção[169] na falta de "disciplina". O que é, aqui, chamado sumária e superficialmente de "disciplina", nada

---

169 2ª edição: incluído "na Inglaterra".

mais é do que o regime natural absoluto do capital, que evidentemente os trabalhadores não conseguem pôr em prática contra si mesmos.[170]

Decorre daí que a cooperativa de produção apenas pode garantir sua existência em meio à economia capitalista quando supera, por meio de um atalho, a contradição oculta entre o modo de produção e o modo de troca, quando se retira artificialmente das leis da livre concorrência. Ela apenas consegue isso quando garante, desde o início, um mercado, um círculo permanente de consumidores. Como tal meio auxiliar é que lhe serve a *associação de consumo* [*Konsumverein*]. Novamente nisso, e não na diferença entre as cooperativas de compra e venda, ou seja lá como se denomine a ideia de Oppenheimer, reside o segredo tratado por Bernstein, do porquê de cooperativas de produção declinarem e apenas a associação de consumo ser capaz de lhes garantir a existência.

Mas se, assim, as condições de existência das cooperativas de produção na sociedade atual estão ligadas às condições de existência das associações de consumo, então disso decorre, por conseguinte, que as cooperativas de produção, no melhor dos casos, dependem de uma pequena demanda local e de poucos produtos de necessidade imediata, sobretudo de alimentos. Os ramos mais importantes da produção capitalista: a indústria têxtil, carvoeira, metalúrgica e petrolífera, bem como a construção de máquinas, locomotivas e navios estão excluídos de antemão da associação de consumo e, portanto, também da cooperativa de produção. Deixando de lado, então, o seu caráter híbrido, as cooperativas de produção, desde o seu princípio, não podem aparecer como uma reforma social universal, pois a sua realização universal pressupõe, primeiramente, a abolição do mercado mundial e a dissolução da economia mundial existente em pequenos grupos locais de produção e troca, ou seja, essencialmente um retorno da economia de mercado do grande capital para aquela da Idade Média.

---

170 2ª edição, nota de rodapé: "As fábricas cooperativas de trabalhadores são, no interior de sua forma antiga, a primeira quebra da forma antiga, ainda que em todo lugar, naturalmente, em sua organização real reproduzam e necessitem reproduzir todas as falhas do sistema existente". Marx, *Das Kapital*, v.3. In: Marx; Engels, *Werke*, v.25, p.456.

Mas também nos limites de sua possível realização, no terreno da sociedade contemporânea, as cooperativas de produção reduzem-se necessariamente a meros acessórios das associações de consumo, que, assim, projetam-se como as portadoras principais das reformas socialistas pretendidas. Toda reforma socialista por meio das cooperativas reduz-se, assim, da luta contra o capital de produção,[171] isto é, contra o tronco central da economia capitalista, a uma luta contra o capital comercial e, acima de tudo, contra o capital do pequeno comércio, do comércio intermediário, isto é, apenas contra pequenas *ramificações* do tronco capitalista.

No que diz respeito aos sindicatos, que, de acordo com Bernstein, devem, por sua vez, representar um meio contra a exploração do capital de produção,[172] já {na página 18 e seguintes} mostramos que os sindicatos não têm condições de garantir aos trabalhadores a influência sobre o processo de produção, nem em relação à *quantidade* da produção, nem ao procedimento *técnico*.

No que diz respeito, porém, ao lado puramente econômico, "à luta da taxa de salário contra a taxa de lucro", como Bernstein a denomina, essa luta não é levada a cabo, como também já foi mostrado, em um espaço aéreo azul e livre, mas nas fronteiras determinadas das leis do salário, que ela não é capaz de romper, mas apenas realizar. Isso também se torna claro quando se retoma a coisa de outro lado e se coloca a questão acerca das funções originais dos sindicatos.

Os sindicatos aos quais Bernstein atribui o papel de, na luta emancipatória da classe trabalhadora, realizar o verdadeiro ataque contra as taxas de lucro industriais, sequer estão em condições de dirigir uma política econômica de ataque contra o lucro, pois {justamente} eles nada são além da *defensiva* organizada da força de trabalho contra os ataques do lucro, ou seja, a defesa da classe trabalhadora contra as tendências degradantes da economia capitalista. Isso por dois motivos.

---

171 2ª edição: capital produtivo.
172 2ª edição: capital produtivo.

Primeiramente, os sindicatos têm como tarefa influenciar a situação de mercado da mercadoria força de trabalho por meio de sua organização; a organização, porém, é continuamente interrompida pelo processo de proletarização das camadas médias, que sempre leva novas mercadorias ao mercado de trabalho. Em segundo lugar, os sindicatos visam à elevação do modo de vida, ao aumento da parcela da classe trabalhadora na riqueza social; essa parcela, porém, é continuamente pressionada para baixo pelo crescimento da produtividade do trabalho, com a mesma fatalidade de um processo natural. Para reconhecer isso não é, de modo algum, necessário ser marxista, mas apenas ter tido em mãos, em algum momento, a obra de Rodbertus *Zur Beleuchtung der sozialen Frage* [Para iluminar a questão social].

Nas duas principais funções econômicas, a luta sindical transforma-se, portanto, por força dos processos objetivos na sociedade capitalista, em uma espécie de trabalho de Sísifo. Esse trabalho de Sísifo é, no entanto, indispensável para que o trabalhador ao menos possa alcançar a taxa de salário que lhe é devida de acordo com a situação do mercado a cada momento, caso a lei capitalista do salário seja paralisada em seu efeito ou, melhor dizendo, seja amortecida. Mas quando se pensa em transformar os sindicatos num meio para reduzir gradualmente o lucro em benefício do salário, então isso pressupõe uma condição social, sobretudo uma paralisação na proletarização das camadas médias e no crescimento da produtividade do trabalho, ou seja, nos dois casos – igual à realização da economia de consumo cooperativo – *pressupõe um retorno às condições anteriores ao grande capitalismo.*

Os dois meios bernsteineanos de reforma socialista, as cooperativas e os sindicatos mostram-se, assim, inteiramente incapazes de remodelar o *modo de produção* capitalista. No fundo, Bernstein também está ciente disso, e ele apenas entende a reforma como meio de tirar um pouco do *lucro* capitalista e de enriquecer os trabalhadores dessa maneira. Com isso, porém, ele próprio abre mão da luta contra a *produção capitalista*,[173] e direciona o movimento social-democrata para a

---

173 2ª edição: *modo de produção.*

luta contra a *distribuição capitalista*. Bernstein também formula, repetidamente, o seu socialismo como o anseio por uma distribuição "justa", "mais justa" (p.51 de seu livro), e até mesmo "ainda mais justa".[174]

O impulso direto para o movimento social-democrata, ao menos nas massas populares, consiste de fato também na distribuição "injusta" da ordem capitalista. E ao lutar pela socialização de toda a economia, a social-democracia também visa com isso, evidentemente, à distribuição "justa" da riqueza social. No entanto, ela dirige sua luta graças à visada que conseguiu de Marx, de que a respectiva distribuição apenas é uma consequência natural do respectivo modo de produção, não para a distribuição no *quadro* da produção capitalista, mas para a superação da produção de mercadorias propriamente dita. Em suma, a social-democracia quer provocar a *distribuição socialista* por meio da eliminação do *modo de produção capitalista*, enquanto o procedimento bernsteineano é diretamente inverso; ele quer combater a *distribuição capitalista* e espera, nesse caminho, trazer gradualmente à tona o *modo de produção socialista*.

Mas como pode a reforma socialista bernsteineana ser justificada nesse caso? Por meio de determinadas tendências da produção capitalista? De modo algum, pois, afinal de contas, primeiramente ele nega essas tendências e, em segundo lugar, de acordo com o que foi dito, para ele a configuração da produção tal como desejada, é o resultado e não a causa da distribuição. A fundamentação do *seu* socialismo não pode, então, ser econômica. Após ele ter colocado os fins e os meios do socialismo e, com isso, também as relações econômicas de ponta-cabeça, ele não *consegue* dar uma fundamentação materialista para o seu programa e, assim, *é obrigado* e recorrer a uma de cunho idealista.

"Por que derivar o socialismo do imperativo econômico?" ouvimo-lo dizer então. "Para que degradar o *discernimento*, a *consciência do direito*, a *vontade* dos seres humanos?"[175] A distribuição mais justa bernsteineana deve, então, ser realizada em virtude da vontade hu-

---

174 *Vorwärts*, 26 mar. 1899.
175 Idem.

mana soberana[176] que não age a serviço da necessidade econômica ou, melhor, dado que a própria vontade é apenas um instrumento, deve ser realizada em virtude do discernimento da justiça, em suma, em virtude da *ideia de justiça*.

Com isso chegamos felizes ao princípio da justiça, esse velho cavalo de batalha que há milhares de anos é a montaria de todos aqueles que desejam melhorar o mundo [*Weltverbesserern*] e que, em face da escassez de meios históricos de locomoção[177] mais seguros, chegam ao estafado Rocinante sobre o qual todos os Dom Quixotes da história cavalgaram rumo à grande reforma mundial para, afinal, nada trazerem para casa além de um olho roxo.

A relação de pobre e rico como fundamento social do socialismo, o "princípio" do cooperativismo como o seu conteúdo, a "distribuição mais justa" como o seu fim e a ideia de justiça como a sua única legitimação histórica – com quanto mais de força, com quanto mais de espírito, com quanto mais de brilho Weitling representava, há mais de cinquenta anos, *esse tipo* de socialismo! Na verdade, o alfaiate genial ainda não conhecia o socialismo científico. E se *hoje*, após meio século, {toda} a sua concepção despedaçada em pequenos retalhos por Marx e Engels, volta a ser remendada com sucesso e é oferecida ao proletariado alemão como a última palavra da ciência, então, para tanto, também é necessário um alfaiate, mas já sem nada de genial.

Assim como os sindicatos e as cooperativas são pontos de apoio econômico, também o pressuposto *político* mais importante da teoria de Bernstein[178] é um desenvolvimento sempre progressivo da *democracia*. As atuais ondas reacionárias para ele[179] são apenas "espasmos", que considera casuais e passageiros, e que não leva em conta[180] na elaboração das diretrizes gerais da luta dos trabalhadores. {Mas não importa o que Bernstein pensa com base nas garantias orais e escritas de seus

---

176 2ª edição: livre.
177 2ª edição: meios de transporte.
178 2ª edição: revisionista.
179 2ª edição: para o revisionismo.
180 2ª edição: poderia contar.

amigos quanto à durabilidade da reação, e sim quais nexos objetivos internos existem entre a democracia e o desenvolvimento social real.}

De acordo com Bernstein,[181] a democracia aparece como um estágio inevitável no desenvolvimento da sociedade moderna; aliás, a democracia é, para ele, igual ao que é para o teórico burguês do liberalismo, a grande lei fundamental do desenvolvimento histórico em geral, a cuja realização precisam servir todos os poderes ativos da vida política. Mas isso está fundamentalmente errado sob essa forma absoluta, e nada mais é do que a padronização superficial pequeno-burguesa dos resultados de uma pequena ponta do desenvolvimento burguês, talvez dos últimos 25-30 anos. Quando se olha mais detalhadamente para o desenvolvimento da democracia na história e, ao mesmo tempo, para a história política do capitalismo, então tem-se um resultado essencialmente diferente.

No que se refere ao primeiro, encontramos a democracia nas formações sociais mais diversificadas: nas sociedades comunistas originais, nos antigos estados escravistas, nas comunas urbanas da Idade Média. Do mesmo modo, encontramos o absolutismo e a monarquia restrita[182] nos contextos econômicos mais diversificados. Por outro lado, em seus primórdios, o capitalismo – como produção de mercadorias – dá origem a uma constituição democrática {pura} nas comunas urbanas; depois, em sua forma mais desenvolvida, como manufatura, ele encontra na monarquia absoluta sua forma política correspondente. Finalmente, como economia industrial desenvolvida, na França ele deu origem, alternadamente, à república democrática (1793), à monarquia absoluta de Napoleão I, à monarquia nobiliária do tempo da restauração (1815 a 1830), à monarquia constitucional burguesa de Louis-Philippe, novamente à república democrática, novamente à monarquia de Napoleão III, e, finalmente, pela terceira vez, à república {, que, por sua vez, parece estar em seus últimos dias}. Na Alemanha, a única instituição verdadeiramente democrática, o direito

---

181 2ª edição: incluído: "por exemplo".
182 2ª edição: constitucional.

de voto universal, não é uma conquista do liberalismo burguês, mas um instrumento da soldagem política dos pequenos Estados, e apenas nessa medida tem algum significado no desenvolvimento da burguesia alemã, que, afora isso, se satisfaz com uma monarquia constitucional semifeudal. Na Rússia, o capitalismo floresce[183] magnificamente[184] sob a autocracia oriental, sem que, por enquanto, a burguesia dê mostras de ansiar pela democracia. Na Áustria, o direito universal ao voto apareceu, em grande parte, como tábua de salvação da *monarquia* em decomposição {, e, quão pouco ele está ligado à verdadeira democracia, o prova o domínio do § 14[185]}. Na Bélgica, por fim, a conquista democrática do movimento operário – o direito de voto universal – tem um nexo indubitável com a fraqueza do militarismo, ou seja, com a condição político-geográfica particular da Bélgica, sendo, sobretudo, não um "pedaço de democracia" alcançado na luta *por meio*[186] da burguesia, mas *contra* a burguesia.

A ascensão ininterrupta da democracia, que parecia, a Bernstein e[187] ao liberalismo burguês, a grande lei fundamental da história humana, pelo menos da história moderna, é assim, após ser observada mais atentamente, uma invenção vazia. Entre o desenvolvimento capitalista e a democracia não se pode construir um nexo interno[188] absoluto. A forma política é, sempre, o resultado de toda a soma de fatores políticos – internos e externos – e admite, em seus domínios, todas as gradações, da monarquia absoluta à república democrática.[189]

Assim, se no quadro da sociedade moderna temos que abrir mão de uma lei histórica universal de desenvolvimento da democracia e voltar-nos apenas para a fase contemporânea da história burguesa,

---

183 2ª edição: florescia.
184 2ª edição: há muito.
185 O parágrafo 14 da Constituição austríaca concedia ao imperador o poder de, juntamente com todo o ministério, promulgar decretos na ausência do Conselho Imperial [Reichsrat] e sem a sua aprovação, com o objetivo de liquidar os levantes populares no Estado multiétnico.
186 2ª edição: sem itálico.
187 2ª edição: o nosso revisionismo.
188 2ª edição: universal.
189 2ª edição: república democrática.

também aqui observamos fatores, na situação política, que não levam à realização do esquema bernsteineano, mas, muito pelo contrário, conduzem ao abandono das conquistas anteriores por parte da sociedade burguesa.

Por um lado, as instituições democráticas, o que é muito importante, em grande medida já terminaram de desempenhar seu papel no desenvolvimento burguês. Foram necessárias para a soldagem dos pequenos Estados e a produção dos grandes Estados modernos (Alemanha, Itália), {tornaram-se dispensáveis;} entretanto, o desenvolvimento econômico produziu uma coesão orgânica interna {, e a bandagem da democracia política pode, nessa medida, ser retirada sem nenhum perigo para o organismo das sociedades burguesas}.

O mesmo vale em relação à remodelagem de toda a máquina estatal político-administrativa a partir de um mecanismo semi ou inteiramente feudal em um mecanismo capitalista. Essa remodelagem, que historicamente era inseparável da democracia, foi hoje igualmente alcançada em tal medida que os ingredientes puramente democráticos da sociedade, como o sufrágio universal e a forma republicana de Estado, podem sem risco[190] ser suprimidos sem que a administração, o sistema financeiro, o sistema de defesa etc. precisem voltar às formas anteriores a março {de 1848}.

Se, desse modo, o liberalismo é essencialmente supérfluo à sociedade burguesa, por outro lado, em importantes aspectos tornou-se um obstáculo direto. Aqui vale considerar dois fatores que praticamente dominam toda a vida política dos Estados atuais: a *política mundial* e o *movimento operário* – ambos são apenas lados diferentes da atual fase do desenvolvimento capitalista.

A formação da economia mundial e o acirramento e a generalização da luta concorrencial no mercado mundial transformaram o militarismo e as forças navais, como instrumentos da política mundial, em elementos norteadores tanto da vida externa quanto interna de {todos} os grandes Estados. Mas se a política mundial e o militarismo {sem

---

190 2ª edição: em si.

dúvida, por estarem em conexão com as necessidades econômicas e os anseios do capitalismo,} são uma tendência *crescente* da fase atual, então, por conseguinte, a democracia burguesa precisa mover-se em uma linha *decrescente*. {O exemplo mais flagrante: a união norte-americana desde a guerra espanhola. Na França, a república deve sua existência principalmente à situação política internacional, que por enquanto torna uma guerra impossível. Caso se chegasse a uma guerra e se a França, como aparentemente se pode assumir, não se mostrasse armada para a política mundial, então a resposta à primeira derrota francesa na praça de guerra – seria a proclamação da monarquia em Paris.} Na Alemanha, a {mais recente} era dos grandes armamentos (1893)[191] e a política mundial inaugurada com Kiautschou foi imediatamente paga com dois sacrifícios da democracia burguesa: a derrocada do liberalismo e o deslocamento do partido Zentrum.[192]

Se, com isso, a política externa joga a burguesia nos braços da reação, não o faz por menos a política interna – a classe trabalhadora ascendente. O próprio Bernstein reconhece isso, ao tornar a "lenda do devorador" [*Fresslegende*] social-democrata, isto é, as aspirações socialistas da classe trabalhadora, responsável pela deserção da burguesia liberal. Em seguida, aconselha o proletariado, a fim de atrair novamente o liberalismo assustado e temente por sua vida para fora do buraco de rato da reação, a deitar por terra o seu objetivo final socialista. Mas, ao fazer da supressão do movimento operário socialista a condição vital e o pressuposto social da democracia burguesa de hoje, ele prova de modo irrefutável que essa democracia contradiz, na mesma medida, as tendências internas de desenvolvimento da atual sociedade; ele prova como o movimento operário socialista é *um produto direto* dessa tendência.

Prova, com isso, algo mais. Ao fazer da renúncia ao objetivo final socialista por parte da classe trabalhadora o pressuposto e a con-

---

191 2ª edição: ", datada desde 1893".
192 2ª edição: O Zentrum passou de partido de oposição a partido governista. As recentes eleições de 1907 para o Reichstag, realizadas sob o signo da política colonial, são ao mesmo tempo o enterro histórico do liberalismo alemão.

dição do renascimento da democracia burguesa, ele mesmo mostra, em contrapartida, quão pouco a democracia burguesa pode ser um pressuposto e uma condição necessários da vitória socialista. Aqui, o raciocínio bernsteineano cai num círculo vicioso, pois a última conclusão "devora" sua primeira premissa {porque a conclusão destrói as premissas}.

A saída desse círculo é muito simples: do fato de o liberalismo burguês, por medo do movimento operário ascendente e de seus objetivos finais ter exalado o último suspiro decorre apenas que hoje, justamente, o movimento operário socialista é e pode ser o *único* suporte da democracia; não que os destinos do movimento socialista estão ligados aos da democracia burguesa, mas que inversamente os destinos do desenvolvimento democrático estejam ligados ao movimento socialista; que a democracia não se torna capaz de viver na medida em que a classe operária abandona sua luta emancipatória, mas, inversamente, na medida em que o movimento socialista se torna suficientemente forte para combater as consequências reacionárias da política mundial e da deserção burguesa; que quem deseja o fortalecimento da democracia também precisa desejar o fortalecimento e não o enfraquecimento do movimento socialista e que, com o abandono dos anseios socialistas, também são igualmente abandonados o movimento operário e a democracia.

{Bernstein explica, ao final de sua "resposta" a Kautsky publicada no "*Vorwärts*" de 26 de março de 1899, que concorda totalmente com a parte prática do programa da social-democracia, que apenas teria alguma ressalva contra sua parte teórica. Sem levar isso em conta, ele parece acreditar que ainda pode marchar de fato e de direito como integrante do partido, pois qual o "peso" que se deve conceder "se na (parte) teórica há uma frase que não está mais de acordo com meu entendimento do andar do desenvolvimento"? Essa explicação mostra, no melhor dos casos, como Bernstein perdeu completamente o tato para o nexo entre a atividade prática da social-democracia e os seus princípios gerais, como as mesmas palavras deixaram de expressar o mesmo para o partido e para Bernstein. De fato, como vimos, as próprias teorias de Bernstein, segundo o conhecimento social-democrata mais elementar, levam a que sem a base fundamental também toda a luta prática deixa de ter valor e fim, que com o abandono do *objetivo final* também o *movimento* propriamente dito deve ir a pique.}

3. A conquista do poder político

Os destinos da democracia estão, como vimos, ligados aos destinos do movimento operário. Mas será que o desenvolvimento da democracia também torna supérflua ou impossível, no melhor dos casos, uma revolução proletária no sentido da tomada do poder do Estado, da conquista do poder político?

Bernstein responde a essa pergunta pelo caminho de uma ponderação minuciosa quanto aos lados bons e ruins da reforma legal e da revolução, e o faz com uma facilidade que lembra como são pesadas a canela e a pimenta numa associação de consumo. Na marcha legal do desenvolvimento ele vê a influência do intelecto; na revolucionária, a do sentimento; no trabalho de reforma, um método lento do progresso histórico; no da revolução, um método rápido; na legislação, um poder planejado; na sublevação, um poder elementar (p.183).

Trata-se de uma antiga história que o reformador pequeno-burguês vê, em todas as coisas do mundo, um lado "bom" e um "ruim", e que ele colhe uma espiga em cada seara. Uma história igualmente antiga, porém, é que o verdadeiro andar das coisas se importa muito pouco com as combinações pequeno-burguesas, e acaba explodindo em um piscar de olhos [*mit einem Nasenstüber*] aquele montinho cuidadosamente reunido de "lados bons" de todas as coisas do mundo. De fato, vemos que, na história, a reforma legal e a revolução funcionam por motivos mais profundos do que as vantagens ou desvantagens desse ou daquele procedimento.

Afinal, no andamento da história,[193] a reforma legal sempre serviu ao fortalecimento gradual da classe ascendente, até que ela se sentisse

---

193 2ª edição: Na história da sociedade burguesa.

suficientemente madura para conquistar o poder político e derrubar o sistema jurídico vigente, construindo um novo. Bernstein protesta contra a conquista do poder político por vê-la como uma teoria blanquista da violência; infelizmente ele considera o que há séculos é a âncora e a força motriz da história humana um erro de cálculo blanquista. Desde que existem as sociedades de classes, e a luta de classes constitui o conteúdo essencial de sua história, a conquista do poder político foi[194] sempre tanto um objetivo de todas as classes ascendentes quanto o ponto de partida e de chegada de cada período histórico. Vemos isso nas longas lutas dos camponeses contra os capitalistas financeiros[195] na Roma antiga, nas lutas do patriciado contra os bispos e dos artesãos contra os patrícios nas cidades medievais, nas lutas da burguesia contra o feudalismo nos tempos modernos.

A legislação[196] e a revolução não são, portanto, métodos diferentes do progresso histórico, que podemos escolher como nos apetece no bufê da história, assim como escolhemos salsichas quentes ou frias, mas sim *fatores* diferentes no desenvolvimento da sociedade de classes, que condicionam e complementam um ao outro igualmente, porém, ao mesmo tempo, excluem-se, assim como, por exemplo, o Polo Sul e o Polo Norte, a burguesia e o proletariado.

De fato, qualquer constituição legal é apenas um *produto* da revolução. Enquanto a revolução é o ato político fundador da história de classes, a legislação é a continuidade do vegetar [*Fortvegetieren*] político da sociedade. O trabalho de reforma legal não tem, em si, uma força motriz própria, independente da revolução; em cada período histórico ele apenas se movimenta sobre a linha, e pelo tempo em que permanece o efeito do pontapé que lhe foi dado na última resolução ou, dito de maneira concreta, apenas *no quadro* da forma social que foi colocada no mundo pela última transformação. Esse é o ponto crucial da questão.

---

194 2ª edição: incluído: "pois".
195 2ª edição: incluído: "e a nobreza".
196 2ª edição: reforma legal.

É basicamente errado e inteiramente anistórico imaginar o trabalho legal de reforma apenas como a revolução estendida e a revolução como uma reforma condensada. Uma revolução social e uma reforma legal não são fatores diferentes por *sua duração*, mas pela *essência*. Todo o segredo das transformações históricas por meio do uso do poder político encontra-se justamente na reversão de mudanças apenas quantitativas em uma nova qualidade, dito de maneira concreta: na passagem de um período histórico, de uma ordem social a outra.

Quem, portanto, se manifesta pelo caminho da reforma legal *em vez de* e *em oposição* à conquista do poder político e à transformação da sociedade escolhe, de fato, não um caminho mais calmo, seguro e vagaroso para um *mesmo* fim, mas também um *outro* fim, a saber, em vez da realização de uma nova ordem social, opta apenas por mudanças quantitativas[197] na antiga. Assim é que, a partir das posições políticas de Bernstein,[198] chega-se à mesma conclusão se se tiver como base suas teorias econômicas: que elas, no fundo, não visam a realização da ordem *socialista*, mas apenas a reforma da ordem *capitalista*, não a superação do sistema salarial, mas a maior ou menor exploração, em suma, a eliminação dos abusos capitalistas, e não do capitalismo propriamente dito.

No entanto, será que as frases acima sobre a função da reforma legal e da revolução mantêm sua validade apenas no que diz respeito às lutas de classe anteriores? Talvez, graças ao aperfeiçoamento do sistema jurídico burguês, da reforma legal, também a passagem da sociedade de uma fase histórica a outra e a tomada do poder de Estado por parte do proletariado "tenham se tornado um chavão sem conteúdo" (p.183)?[199]

Mas trata-se justa e precisamente do contrário. O que diferencia a sociedade burguesa das sociedades de classes anteriores – da antiga e da medieval? Exatamente a condição de que a dominação de classes,

---

197 2ª edição: insignificantes.
198 2ª edição: do revisionismo.
199 2ª edição: ", como Bernstein afirma na p.183 de seu texto".

hoje, não se *assenta* em "direitos adquiridos", mas {sobre as} *relações econômicas verdadeiras*, de que o sistema salarial não é uma relação jurídica, mas puramente econômica. Em todo o nosso sistema jurídico não encontraremos nenhuma fórmula jurídica da atual dominação de classes. Se há traços dela, eles são restos das relações feudais, como o regulamento para os serviçais.

Como, então, superar a escravatura do salário gradualmente "pelo caminho legal" se ela sequer está expressa nas leis? Bernstein, que quer iniciar o trabalho legal de reforma para assim preparar o fim do capitalismo, cai na situação daquele policial russo que em Uspenski conta suas aventuras: "Eu rapidamente segurei o cara pelo colarinho, e o que descobri? Que o desgraçado não tinha colarinho!". É aí que a vaca vai pro brejo [*Da liegt eben der Hase im Pfeffer*].

"Toda a sociedade anterior assentava-se... sobre a oposição das classes oprimidas e opressoras."[200] Mas nas fases anteriores da sociedade moderna essa oposição estava expressa em determinadas relações jurídicas e, justamente por isso, podia conceder espaço até certo grau às novas relações que ainda ascendessem no quadro das antigas. "O servo conseguiu chegar a membro da comuna ainda na servidão."[201] De que modo? Por meio da superação gradual, nos arredores da cidade, de todos aqueles direitos estilhaçados: a corveia, o mortuário,[202] o *Gewandrecht*, *Besthaupt*,[203] imposto individual [*Kopfzins*], o casamento forçado, o direito à divisão da herança etc. etc., cuja totalidade compunha a servidão.

Similarmente, "o pequeno-burguês {elevou-se} a burguês sob o jugo do absolutismo feudal".[204] Por qual caminho? Por meio da supe-

---

200 Marx; Engels, *Manifest der Kommunistischen Partei*. In: Marx; Engels, *Werke*, v.4, p.473.
201 Ibid., p.17.
202 Tributo de troca da propriedade [*Besitzwechselabgabe*] que deveria ser pago ao senhor na morte de algum dependente material ou pessoal, em geral na forma da melhor cabeça de gado, do melhor traje ou algo similar, sendo que por vezes a escolha pertencia ao senhor.
203 Tanto o *Besthaupt* quanto o *Gewandrecht* são de tipo similar ao mortuário, o primeiro referindo-se àquele tipo de direito no caso da morte de um homem e o segundo, de uma mulher, em que seria recolhido algum bem pessoal de valor relevante sem que, no entanto, fosse um objeto do qual dependesse a sobrevivência familiar.
204 Ibid.

ração formal parcial ou pelo afrouxamento efetivo das amarras corporativas, pela remodelagem gradual da administração, dos sistemas financeiro e militar na medida indispensáveis.

Assim, quando se quer tratar a questão do ponto de vista abstrato em vez do histórico, pode-se, no tocante às relações de classe anteriores, ao menos *pensar* numa passagem puramente legal-reformista da sociedade feudal à burguesa. Mas o que vemos de fato? Que também ali as reformas legais não servem para tornar supérflua a tomada do poder político por parte da burguesia, mas que, ao contrário, ajudam a prepará-las e a realizá-las. Uma transformação sociopolítica formal foi indispensável tanto para a superação da servidão como para a abolição do feudalismo.

Hoje, porém, tudo está completamente diferente. O proletário não é obrigado por nenhuma lei a submeter-se ao jugo do capital, mas, antes, pela necessidade, pela carência de meios de produção. No entanto, nenhuma lei do mundo pode, no quadro da sociedade burguesa, dar-lhe esses meios por decreto, pois ele não foi espoliado pela lei, mas pelo desenvolvimento econômico.

Além disso, a exploração *no interior* das relações salariais também não está assentada em leis, pois o nível dos salários não é determinado pelo caminho legal, mas por fatores econômicos. E o próprio fato da exploração não reside em uma determinação legislativa, mas no fato puramente econômico de que a força de trabalho aparece como mercadoria que, entre outras, possui a agradável qualidade de produzir valor, a saber, *mais* valor, do que ela própria consome.[205] Em suma, todas as relações fundamentais da dominação de classe capitalista não se deixam mudar por reformas legais sobre a base burguesa, pois elas nem foram provocadas por leis burguesas nem assumiram a forma dessas leis. Bernstein não sabe disso quando ele planeja uma "reforma" socialista, mas o que ele não sabe, ele diz, ao escrever na p.10 de seu livro "que o motivo econômico, hoje, apresenta-se livremente onde,

---

205 2ª edição: incluído "nos alimentos do trabalhador".

antes, estava disfarçado por relações de dominação e ideologias dos mais variados tipos".

Mas a isso acrescenta-se, ainda, uma segunda questão. Outra particularidade da ordem capitalista é que, nela, todos os elementos da futura sociedade tomam primeiramente uma forma em seu desenvolvimento na qual não se aproximam do socialismo, mas dele se distanciam. Na produção, é o caráter social que se expressa cada vez mais. Mas sob que forma? De sociedade por ações,[206] {estatização,} cartel, em que as oposições capitalistas, a exploração, a subjugação da força de trabalho são elevadas ao máximo.

No sistema de defesa, o desenvolvimento provoca a disseminação do serviço militar obrigatório universal, o encurtamento do tempo de serviço e, portanto, a aproximação material do exército popular. Isso, porém, acontece sob a forma do militarismo moderno, em que a dominação do povo pelo Estado militar e o caráter de classe do Estado são expressos da forma mais gritante.

Nas relações políticas, o desenvolvimento da democracia, na medida em que ela tem terreno fértil, leva à participação de todas as camadas do povo na vida política, ou seja, de certo modo ao "Estado popular". Isso, porém, sob a forma do parlamentarismo burguês, em que as oposições de classe, a dominação de classe não foram superadas, mas, antes, desdobradas e expostas. Dado que todo o desenvolvimento capitalista apenas se movimenta em termos de contradições, então, para que seja possível extrair o núcleo da sociedade socialista a partir do invólucro capitalista que o contradiz, é necessário recorrer à conquista do poder político por parte do proletariado e à superação total do sistema capitalista.

Bernstein, evidentemente, tem outra ideia:[207] se o desenvolvimento da democracia leva[208] à intensificação, e não ao enfraquecimento das contradições capitalistas, então "a social-democracia precisaria",

---

206 2ª edição: incluído: "grande empreendimento,".
207 2ª edição: Bernstein, evidentemente, chega a outras conclusões.
208 2ª edição: levasse.

ele nos responde, "caso não queira dificultar seu próprio trabalho, fazer o possível para frustrar as reformas sociais e a ampliação das instituições democráticas" (p.71). No entanto, isso valeria para o caso de que a social-democracia, à maneira pequeno-burguesa, encontrasse gosto na tarefa onerosa da escolha de todos os lados bons e no descarte de todos os lados ruins da história. Mas ela também teria, por conseguinte, que "tentar frustrar" todo o capitalismo, pois *ele* ainda é, sem sombra de dúvidas, o principal vilão que lhe coloca todos os obstáculos a caminho do socialismo. De fato, o capitalismo fornece, paralela e simultaneamente aos *obstáculos*, também as únicas *possibilidades* de realizar o programa socialista. Mas o mesmo também vale, inteiramente, no que se refere à democracia.

Se a democracia {como mostramos} se tornou parcialmente supérflua e em parte um obstáculo para a burguesia, inversamente, para a classe trabalhadora, ela é necessária e indispensável. Primeiro, ela é necessária, pois cria formas políticas (auto-organização, direito de voto e similares) que servirão como pontos de partida e de apoio ao proletariado durante sua remodelagem da sociedade burguesa. Segundo, é indispensável, pois apenas nela, na luta pela democracia, no exercício de seus direitos, é que o proletariado pode chegar à consciência de seus interesses de classe e de suas tarefas históricas.

Em suma, a democracia é indispensável, não por tornar *supérflua* a conquista do poder político por parte do proletariado, mas, inversamente, por tornar essa conquista do poder *necessária* tanto quanto a única *possível*. Se Engels revisou a tática do atual movimento operário em seu prefácio às "Lutas de classe na França", e opunha a luta legal às barricadas, ele tratava – *o que está claro em cada linha do prefácio* – não da questão da conquista definitiva do poder político, mas da atual luta cotidiana; não do comportamento do proletariado *diante do*[209] Estado capitalista no momento da tomada do poder de Estado, mas de seu comportamento *no quadro* do Estado capitalista. Em suma, Engels deu a diretiva ao proletariado *dominado* e não ao proletariado vitorioso.

---

209 2ª edição: sem itálico.

Inversamente, a conhecida expressão de Marx sobre a questão das terras na Inglaterra, à qual Bernstein também recorre, "conseguiríamos nos sair melhor se comprássemos {a terra} dos *Landlords*",[210] não se refere ao comportamento do proletariado *antes* de sua vitória, mas *após* a vitória. Pois só se pode evidentemente falar de "compra" das {terras das} classes dominantes quando a classe trabalhadora está no comando. Ou seja, o que Marx, aqui, levava em consideração como uma alternativa possível era o *exercício pacífico da ditadura do proletariado*, e não a substituição da ditadura por reformas sociais capitalistas.

A própria necessidade da tomada do poder político pelo proletariado, tanto para Marx quanto para Engels, não gerava dúvida alguma. E, assim, coube a Bernstein considerar o galinheiro do parlamentarismo burguês o órgão destinado a levar a cabo a maior das mudanças histórico-mundiais: a passagem da sociedade das formas *capitalistas* para as *socialistas*.

Bernstein, porém, havia começado sua teoria com a suspeita, e o aviso, de que o proletariado não chegaria ao comando *cedo demais*! Pois, nesse caso, de acordo com Bernstein, o proletariado precisaria deixar as condições burguesas assim, do modo como são, e, com isso, sofreria uma terrível derrota. O que pode ser observado nessa suspeita é, sobretudo, que a teoria de Bernstein, caso a situação levasse o proletariado ao poder, teria apenas uma instrução "prática": pôr-se a dormir. Assim, ela própria se orienta pela concepção de que, nos casos mais importantes da luta, condenaria o proletariado à inércia, ou seja, à traição passiva de sua própria causa.

Na verdade, todo o nosso programa não passaria de um mero pedaço de papel, caso não nos servisse em *todas* as eventualidades e em *todos* os momentos da luta, e isso, por sua *aplicação* e não por sua não aplicação. {De fato!} Se o nosso programa é a formulação do desenvolvimento histórico que leva a sociedade do capitalismo ao

---

210 "De modo algum entendemos uma compensação como inadmissível; Marx me colocou – como tantas vezes! – seu ponto de vista, de que nos sairíamos melhor se pudéssemos adquirir o controle de todo o bando." (Engels, *Die Bauernfrage in Frankreich und Deutschland*. In: Marx; Engels, *Werke*, v.22, p.504).

socialismo, então ele precisa, evidentemente, formular também todas as fases transitórias desse desenvolvimento, cujos traços fundamentais estão nele contidos, ou seja, precisa poder indicar a *cada* momento[211] também o comportamento que lhe deve corresponder no sentido da aproximação do socialismo. Disso segue que, para o proletariado, não pode haver *nenhum momento* em que ele seja obrigado a abandonar o seu programa, ou em que ele possa ser abandonado por esse programa.

Na prática, isso se expressa no fato de que não pode haver nenhum momento em que o proletariado, levado ao poder pelo andar das coisas, não se encontre na situação e também não esteja comprometido a adotar quaisquer[212] medidas para a realização de seu programa, quaisquer[213] medidas de transição no sentido do socialismo. Por trás da afirmação de que o programa socialista poderia fracassar completamente em algum momento da dominação política do proletariado, e não oferecer nenhuma instrução para sua realização, encontra-se[214] outra afirmação: *o programa socialista é irrealizável em geral e a todo e qualquer momento.*

E se as medidas de transição fossem precipitadas? Essa questão esconde-se em um emaranhado de mal-entendidos no que se refere ao verdadeiro andar da transformação social.

Acima de tudo, a tomada do poder de Estado pelo proletariado, isto é, por uma grande classe popular, não se deixa fazer tão artificialmente. A não ser nos casos em que, como na Comuna de Paris, a dominação não recai sobre o proletariado como o resultado de sua luta com vistas a um fim, mas, excepcionalmente, como um objeto sem dono cai[215] no colo de alguém, essa dominação pressupõe um determinado grau de maturidade das relações político-econômicas. Aqui reside a principal diferença entre os golpes blanquistas de uma "minoria decidida" que sempre vêm como um tiro de pistola e, precisamente

---

211 2ª edição: incluído "ao proletariado".
212 2ª edição: determinadas.
213 2ª edição: determinadas.
214 2ª edição: incluído "inconsciente".
215 2ª edição: caiu.

por isso, de maneira intempestiva, e a conquista do poder de Estado pela grande massa popular {efetivamente} com consciência de classe, que apenas pode ser, ela própria, o produto de um colapso inicial da sociedade burguesa, motivo pelo qual traz em si mesma a legitimação político-econômica de seu aparecimento oportuno.

Se, com isso, a conquista do poder político pela classe trabalhadora, do ponto de vista dos *pressupostos* sociais, sequer pode acontecer "cedo demais", então, por outro lado, do ponto de vista do efeito político da *conservação* do poder, precisa necessariamente acontecer "cedo demais". A revolução precipitada, que não deixa Bernstein dormir, nos ameaça como a espada de Dâmocles, e contra isso não adianta pedir nem orar, temer nem alertar.[216] E, na verdade, por dois motivos simples.

Primeiro, uma transformação tão enorme quanto a passagem da sociedade da ordem capitalista para a socialista é completamente impensável que aconteça de *uma* só vez, por meio de *um* golpe vitorioso do proletariado. Pressupor isso como possível significaria, mais uma vez, adotar uma concepção verdadeiramente blanquista. A transformação socialista pressupõe uma luta longa e insistente, em que o proletariado, ao que tudo indica, será rebatido mais que uma vez, de modo que, do ponto de vista do resultado final de toda a luta, ele teria necessariamente chegado "cedo demais" ao comando. Segundo, essa tomada "precipitada" do poder de Estado também não se deixa evitar, pois esses ataques "precipitados" do proletariado criam um fator, e um fator muito importante, das condições *políticas* da vitória definitiva, que *elas*, assim, também[217] trariam e codecidiriam o *momento* da vitória definitiva. *Desse* ponto de vista, o conceito de uma conquista precipitada[218] do poder político pelo povo trabalhador soa como um

---

216 2ª edição: queixar-se.
217 2ª edição: na medida em que o proletariado apenas chegará ao grau necessário de maturidade política que o habilitará à grande transformação no decorrer daquela crise política, que acompanhará sua tomada de poder, apenas no fogo de lutas longas e insistentes. Assim é que aqueles ataques "precipitados" do proletariado ao poder de Estado político mostram-se, eles mesmos, como momentos políticos importantes.
218 2ª edição: a ideia de uma conquista "precipitada" parece.

contrassenso político, que parte de um desenvolvimento mecânico da sociedade e pressupõe um momento para a vitória da luta de classes que é determinado *fora* e *independentemente* da luta de classes.

Mas como o proletariado não está sequer em condições de conquistar o poder de Estado, a não ser que o faça "cedo demais" ou, em outras palavras, como ele precisa dominá-lo "cedo demais" ao menos uma vez[219] para, finalmente, poder conquistá-lo para sempre, então a oposição contra a tomada de poder "*precipitada*" nada mais é do que a oposição contra a *aspiração do proletariado, em geral, de apoderar-se do poder de Estado.*

Portanto, também desse lado {da teoria bernsteineana} chegamos, assim como todos os caminhos levam a Roma, ao resultado de que a instrução bernsteiniana[220] de deixar de lado o *objetivo final*[221] leva a outra, a de também desistir de todo o *movimento*[222] {que seu conselho para a social-democracia, de "pôr-se a dormir" no caso de uma conquista de poder, é idêntico a outro: *pôr-se a dormir agora e sempre*, isto é, abrir mão da luta de classes}.

4. O colapso

Bernstein iniciou sua revisão do programa social-democrata renunciando à teoria do colapso capitalista. Dado, porém, que o colapso da sociedade capitalista é uma pedra angular do socialismo científico, então a retirada dessa pedra angular precisaria, logicamente, levar ao colapso de toda a concepção socialista em Bernstein. No decorrer do debate, ele abdica, para conseguir manter sua afirmação inicial, de cada posição do socialismo, uma após outra.

Sem o colapso do capitalismo, a expropriação da classe capitalista é impossível – Bernstein renuncia à expropriação e coloca como

---

219 2ª edição: incluído "ou nunca mais".
220 2ª edição: revisionista.
221 2ª edição: incluído "socialista".
222 2ª edição: incluído "socialista".

objetivo do movimento operário a realização gradual do "princípio cooperativo" [*Genossenschaftlichkeitsprinzip*].

Mas a cooperação não se pode realizar em meio à produção capitalista – Bernstein renuncia à socialização da produção e chega à reforma do comércio, à associação de consumo.

Mas a remodelagem da sociedade por meio de associações de consumo, também com os sindicatos, não é compatível com o desenvolvimento material efetivo da sociedade capitalista – Bernstein desiste da concepção materialista da história.

O *seu* entendimento do andar do desenvolvimento econômico, porém, não se combina com a lei da mais-valia de Marx – Bernstein desiste da lei da mais-valia e da lei do valor e, assim, de toda a teoria econômica de Karl Marx.

Mas sem um determinado objetivo final e sem um terreno econômico na sociedade presente, a luta de classes proletária não pode ser levada adiante – Bernstein desiste da luta de classes e anuncia a conciliação com o liberalismo burguês.

Em uma sociedade de classes, porém, a luta de classes é um fenômeno completamente natural, inevitável – Bernstein desmente, em última consequência, até mesmo a existência das classes em nossa sociedade: a classe trabalhadora é, para ele, apenas um amontoado de indivíduos fragmentados, não apenas do ponto de vista político e espiritual, mas também econômico. E, de acordo com ele, também a burguesia não é politicamente unida por interesses econômicos internos, mas apenas por pressão exterior – de cima ou de baixo.

Mas se não há base econômica para a luta de classes e, no fundo, também não há classes, conclui-se que não apenas a futura luta do proletariado contra a burguesia parece impossível, mas também a anterior, de modo que a social-democracia propriamente dita e os seus sucessos parecem incompreensíveis. Ou, então, ela se torna compreensível apenas como resultado da pressão política do governo, não como resultado legítimo do desenvolvimento histórico, mas como produto casual da trajetória dos Hohenzollern, não como filha legítima da sociedade capitalista, mas como bastarda da reação. Assim, Bernstein passa, com uma lógica coercitiva, da concepção materialista da história à dos jornais *Frankfurter Zeitung* e *Vossische Zeitung*.

Depois de ter abjurado de qualquer crítica socialista da sociedade capitalista, resta apenas considerar o existente, de modo geral, como algo satisfatório. E também diante disso Bernstein não recua: agora, ele não considera a reação tão forte na Alemanha, "igualmente, nos Estados europeus ocidentais, a reação é pouco perceptível", "em quase todos os países do Ocidente, a postura das classes burguesas perante o movimento operário socialista é, no máximo, defensiva, e não opressora".[223] Os trabalhadores não estão pauperizados,[224] mas, pelo contrário, cada vez mais prósperos, a burguesia é politicamente progressista e até mesmo moralmente saudável; da reação e da opressão nada é visível – e tudo caminha para o melhor no melhor dos mundos.

Assim, Bernstein desce, lógica e consequentemente, de A a Z. Ele começou por abandonar o *objetivo final* em prol do movimento. Mas como, na verdade, não pode haver um movimento social-democrata sem o objetivo final socialista, então ele, necessariamente, acabou também por abandonar o *movimento* propriamente dito.

Com isso, toda a concepção socialista de Bernstein ruiu. A base orgulhosa, simétrica e admirável do sistema de Marx tornou-se, nele, um grande monte de escombros, no qual cacos de todos os sistemas, estilhaços de pensamento de todos os grandes e pequenos espíritos encontraram uma sepultura comum. Marx e Proudhon, Leo von Buch e Franz Oppenheimer, Friedrich Albert Lange e Kant, Senhor Prokopowitsch e Dr. Ritter von Neupater, Herkner e Schulze-Gävernitz, Lassalle e Prof. Julius Wolf – todos contribuíram um pedacinho para o sistema bernsteineano, com todos ele aprendeu um pouco. E não é surpresa! Com a renúncia do ponto de vista da classe, ele perdeu a bússola política, com o abandono do socialismo científico, perdeu o eixo intelectual de cristalização para conseguir agrupar os fatos isolados no todo orgânico de uma visão de mundo consequente.

---

223 *Vorwärts*, 26 mar. 1899.
224 2ª edição: miseráveis.

Essa teoria nascida da junção aleatória de diversos nacos de sistemas parece, à primeira vista, ser completamente livre de preconceitos. Bernstein também não quer ouvir falar de uma "ciência partidária" ou, mais corretamente, de uma ciência de classe, nem de um liberalismo de classe, de uma moral de classe. Ele considera representar uma ciência abstrata, comum a toda a humanidade [*allgemeinmenschlich*], um liberalismo abstrato, uma moral abstrata. Mas como a sociedade real é composta de classes, que têm interesses, anseios e concepções diametralmente opostas, então uma ciência comum a toda a humanidade em questões sociais, um liberalismo abstrato, uma moral abstrata são, por enquanto, uma fantasia, uma autoilusão. O que Bernstein considera como a sua democracia, moral e ciência comuns a toda a humanidade é apenas a ciência dominante, isto é, burguesa, a democracia burguesa, a moral burguesa.

De fato! Se ele abjura do sistema econômico de Marx para confiar cegamente nas doutrinas de Brentano, Böhm-Jevons, Say, Julius Wolf, o que ele faz além de trocar o fundamento científico da emancipação da classe trabalhadora pela apologética da burguesia? Quando fala do caráter humano geral do liberalismo, e transforma o socialismo em uma de suas variedades, o que ele faz além de retirar o caráter de classe, ou seja, o conteúdo histórico, ou seja, todo e qualquer conteúdo, do socialismo, e assim, inversamente, fazer da portadora histórica do liberalismo, a burguesia, a representante dos interesses comuns a toda a humanidade?

E se ele se posiciona contra "a elevação dos fatores materiais {à categoria de} forças onipotentes[225] do desenvolvimento", contra o "desprezo do ideal"[226] na social-democracia, quando ele protesta contra o idealismo, a moral, mas ao mesmo tempo contra a única fonte do renascimento moral do proletariado, contra a luta de classes revolucionária, – o que, então, ele no fundo faz de diferente do que pregar, para

---

225 2ª edição: incluído "(todo-poderoso)".
226 Bernstein, *Die Voraussetzungen des Sozialismus und die Aufgaben der Sozialdemokratie* [Os pressupostos do socialismo e as tarefas da social-democracia], p.187.

a classe trabalhadora, a quintessência da moral burguesa: a conciliação com a ordem vigente e a transmissão das esperanças para além do mundo das representações morais [*sittliche Vorstellungswelt*]?

Por fim, ao direcionar suas flechas mais afiadas contra a dialética, o que ele faz, além de lutar contra a forma específica de pensamento do proletariado ascendente, dotado de consciência de classe? Lutar contra a espada que ajudou o proletariado a atravessar a escuridão de seu futuro histórico, lutar contra a arma intelectual com a qual, materialmente ainda submetido, derrotou a burguesia, por tê-lo persuadido da efemeridade desta, comprovou-lhe a inevitabilidade de sua vitória, levou a cabo a revolução no reino do espírito! Ao decretar o fim da dialética[227] e apropriar-se do balanço do pensamento do "de um lado-de outro lado" [*Einerseits-Andererseits*], "entretanto-porém", "embora-contudo", "mais-menos", Bernstein sucumbe total e consequentemente ao modo de pensar historicamente condicionado da burguesia em declínio, um modo de pensar que é o retrato espiritual fiel de sua existência social e de sua atividade política. {Caprivi – Hohenlohe, Berlepsch – Posadowsky, Decretos de fevereiro[228] – *Zuchthausvorlage*[229]}, o "de um lado-de outro lado" político, "se e porém" da burguesia atual parece o modo de pensar de Bernstein, e o modo de pensar bernsteineano é o sintoma mais sutil e seguro de sua visão de mundo burguesa.

Mas para Bernstein, agora nem sequer a palavra "burguesa" é uma expressão de classe, mas um conceito comum a toda a sociedade. Isso significa, unicamente, que ele – consequente até o último pingo colocado sobre a letra "i" – junto com a ciência, a política, a moral e o modo de pensar, também trocou a linguagem histórica

---

227 2ª edição: despedir-se da dialética.
228 Referência a dois decretos de Guilherme II referentes à legislação de proteção ao trabalhador, de 4 de fevereiro de 1890, resultado do fracasso da política social de Bismarck e das lutas dos trabalhadores alemães. Guilherme II limitou-os ainda na mesma noite.
229 No dia 20 de junho de 1899, o governo apresentou ao Reichstag um projeto de lei "sobre a proteção das relações empresariais de trabalho", a assim chamada *Zuchthausvorlage*, que se dirigia contra o crescente movimento de greve e visava a eliminar o direito de coalizão e de greve dos trabalhadores. Ações de massa levaram à derrota dessa proposta no Parlamento, em 20 de novembro de 1899, contra os votos dos conservadores.

do proletariado por aquela da burguesia. Ao entender por "cidadão" ["*Bürger*"], de maneira indiscriminada, tanto o burguês quanto o proletário, ou seja, o ser humano em geral, para ele, o ser humano em geral tornou-se idêntico ao burguês, e a sociedade humana tornou-se idêntica à burguesa.

{Se ao início da discussão alguém, juntamente com Bernstein, ainda esperava convencê-lo por meio de argumentos do arsenal científico da social-democracia, conseguir devolvê-lo ao movimento, precisa deixar essa esperança inteiramente de lado. Pois, agora, essas mesmas palavras deixaram de expressar, para ambos os lados, os mesmos conceitos, especificamente os mesmos conceitos deixaram de expressar os mesmos fatos sociais. A discussão com Bernstein tornou-se o conflito entre duas visões de mundo, duas classes, duas formas de sociedade. Bernstein e a social-democracia encontram-se, agora, sobre um terreno inteiramente diverso.}

5. O oportunismo na teoria e na prática

O livro de Bernstein tem[230] um grande significado histórico para o movimento operário alemão e internacional: ele foi a primeira tentativa de fundamentar teoricamente as tendências oportunistas no partido.[231]

Se levarmos em conta suas manifestações esporádicas, como na conhecida questão da subvenção dos barcos a vapor, as tendências oportunistas em nosso movimento vêm de longa data. Mas, uma tendência claramente unificada nesse sentido data apenas dos anos 1890, desde o fim da lei contra os socialistas e com a reconquista da base legal {para socialistas}. O socialismo de Estado de Vollmar, a votação do orçamento bávaro, o socialismo agrário da Alemanha do sul, as propostas de compensação de Heine, por fim, o ponto de vista alfan-

---

230 2ª edição: teve.
231 2ª edição: na social-democracia.

degário e miliciano de Schippel,[232] são esses os pontos de referência no desenvolvimento da prática oportunista.

Sobretudo o que a caracteriza externamente? A hostilidade "à teoria". E isso é de todo evidente, pois a nossa "teoria", isto é, os fundamentos do socialismo científico, coloca limites muito firmes à atividade prática, tanto no que se refere aos *fins* visados quanto aos *meios* de luta a serem empregados como, por fim, até mesmo ao *modo* de luta. Por isso, mostra-se, naqueles que apenas querem perseguir o sucesso prático, o anseio natural para ficar de mãos livres, isto é, separar nossa prática da "teoria", torná-la independente dela.

Mas essa mesma teoria venceu-a em toda tentativa prática: o socialismo de Estado, o socialismo agrário, a política de compensação, a questão da milícia são igualmente derrotas para o oportunismo. Está claro que essa corrente, caso quisesse afirmar-se contra os nossos fundamentos, teria de atrever-se a aproximar-se dos fundamentos da teoria propriamente dita, em vez de ignorá-la, procurar abalá-la e elaborar uma teoria própria. Uma tentativa nesse sentido foi a teoria de Bernstein e por isso vimos na convenção partidária de Stuttgart[233] todos os elementos oportunistas agruparem-se imediatamente em torno da bandeira bernsteineana. Se, por um lado, as correntes oportunistas são, na prática, fenômenos completamente naturais, explicáveis a partir das condições de nossa luta e de seu crescimento, então, por outro lado, a teoria de Bernstein não é uma tentativa menos evidente de agrupar essas correntes em uma expressão teórica universal, encontrar seus próprios pressupostos teóricos e acertar as contas com o socialismo científico. A teoria bernsteineana era, por isso, desde o início, a prova de fogo teórica para o oportunismo, sua primeira legitimação científica.

232 Em seu artigo "War Friedrich Engels milizgläublisch?" [Friedrich Engels acreditava na milícia?], publicado sob o pseudônimo Isegrim nos *Sozialistische Monatshefte*, de novembro de 1898, Max Schippel tentou revisar a postura revolucionária antimilitarista da social--democracia. Ele defendeu a política protecionista, que fortalecia os grandes monopólios industriais e agrícolas, e aprofundava as oposições entre as nações.
233 A convenção partidária da social-democracia alemã ocorreu em Stuttgart, de 3 a 8 de outubro de 1898.

E qual foi o resultado dessa prova? Nós o vimos. O oportunismo não está, de forma alguma, em condições de construir uma teoria positiva que aguente a crítica.[234] Tudo o que pode fazer é: em primeiro lugar, combater o pensamento de Marx em diferentes princípios particulares e, por fim, visto que esse pensamento representa um edifício firmemente consolidado, destruir todo o sistema do andar mais alto até a sua fundação. Com isso, está provado que a prática oportunista, em sua essência, é irreconciliável, em suas bases, com o sistema marxista.

Com isso está provado, ainda, que o oportunismo também é irreconciliável com o socialismo em geral, que sua tendência interna vai na direção de empurrar o movimento operário para trajetórias burguesas, isto é, paralisar completamente a luta de classes proletária. De fato, a luta de classes proletária – tomada historicamente – não é idêntica ao sistema marxista. Também *antes* de Marx e independentemente dele houve um movimento operário e diferentes sistemas socialistas, os quais, cada um à sua maneira, eram uma expressão teórica das ambições emancipatórias da classe trabalhadora {completamente} correspondente às condições da época. A fundamentação do socialismo por conceitos morais de justiça, a luta contra o modo de distribuição em vez de contra o modo de produção, o entendimento das oposições de classe como a oposição de pobre e rico, o anseio de enxertar o "princípio corporativo" ["*Genossenschaftlichkeit*"] na economia capitalista, tudo isso que encontramos no sistema bernsteineano já existia anteriormente. E essas teorias eram, em *sua época*, malgrado todas as suas insuficiências, verdadeiras teorias da luta de classes proletária, eram enormes sapatos de criança, nos quais o proletariado aprendeu a marchar no palco da história.

Mas *depois* que o desenvolvimento da *própria* luta de classes e de suas condições sociais levou ao abandono dessas teorias e à formulação dos princípios do socialismo científico, não mais pôde – pelo menos na Alemanha – haver um socialismo exceto o de Marx, nem luta de

---

234 2ª edição: até certo grau.

classes socialista fora da social-democracia. A partir desse ponto, o socialismo e o marxismo, a luta proletária emancipatória e a social-democracia são idênticos. O retorno a teorias pré-marxistas do socialismo não significa hoje, portanto, nem mesmo uma volta àqueles enormes sapatos de criança do proletariado, não, ele é uma volta aos chinelos minúsculos e gastos da burguesia.

A teoria de Bernstein foi a *primeira*, mas, ao mesmo tempo, também a *última* tentativa de dar uma base teórica ao oportunismo. Dizemos a última porque no sistema bernsteineano ele foi tão longe do ponto de vista tanto negativo – na abnegação do socialismo científico – quanto positivo – na junção de toda a confusão teórica disponível –, que nada mais lhe restou a fazer. Com o livro de Bernstein, o oportunismo completou seu desenvolvimento na teoria {como pela tomada de posição de Schippel na questão do militarismo na prática}, tirou suas últimas consequências.

E o pensamento de Marx não está apenas em condições de refutá-lo teoricamente, mas somente ele é que está na situação de, também, *poder explicar* o oportunismo como fenômeno histórico na trajetória do partido. O avanço histórico-mundial do proletariado até a sua vitória, de fato, "não é uma coisa tão simples". Toda a particularidade desse movimento consiste em que, aqui, pela primeira vez na história, as massas populares impõem sua vontade *contra* todas as classes dominantes, porém, precisam situar essa vontade para além da sociedade atual. Essa *vontade*, por sua vez, só pode ser formada pelas massas na luta contínua com e nos quadros da ordem vigente. A unificação da grande massa popular com um objetivo que vá além da ordem vigente, da luta cotidiana com a grande reforma mundial, é o grande problema do movimento social-democrata, que precisa trabalhar consequentemente abrindo caminho entre dois obstáculos em toda a marcha do desenvolvimento: entre o abandono do caráter de massa e o abandono do objetivo final, entre a recaída na seita e o retorno ao movimento de reforma burguês, entre o anarquismo e o oportunismo.

De fato, o pensamento de Marx ofereceu já há meio século, em seu arsenal teórico, armas aniquiladoras tanto contra um quanto contra o outro extremo. Mas dado que o nosso movimento é um movimento de massas, e os perigos que o ameaçam não são oriundos de cabeças humanas, mas de condições sociais, os saltos anarquistas e oportunistas não podiam ser prevenidos de uma vez por todas com antecedência pela teoria marxista: eles primeiramente precisavam,[235] após terem se tornado vivos na prática, ser ultrapassados pelo movimento propriamente dito, mas tão somente com ajuda das armas fornecidas por Marx. O perigo menor, o sarampo infantil anarquista, já foi ultrapassado pela social-democracia com o "movimento dos independentes".[236] O perigo maior – a hidropisia oportunista – ela o está superando agora.

Com o enorme crescimento do movimento, durante os últimos anos, dada a complexidade das condições nas quais e das tarefas para as quais a luta há de ser conduzida, tinha de chegar o momento em que se mostraria algum ceticismo no movimento em relação ao alcance dos grandes objetivos finais, uma oscilação no que se refere ao elemento ideal do movimento. Assim, e não de outro modo, é que o grande movimento proletário pode e precisa caminhar, e os momentos de dúvida, de lamentações, longe de serem uma surpresa para o pensamento marxista são, pelo contrário, previstos e preditos por Marx. "As revoluções burguesas", escrevia Marx há meio século,[237] "como aquelas do século XVIII, avançam rapidamente de sucesso em sucesso, seus efeitos dramáticos se superam, seres humanos {pessoas} e coisas parecem presos em brilhantes de fogo, o êxtase é o espírito de cada dia; mas elas têm vida curta, logo atingem seu ápice, e uma longa lamúria toma conta da sociedade, antes que ela aprenda a se apropriar de maneira sóbria dos resultados de seu período de tormenta e ímpeto [*Drang- und Sturmperiode*]. As revoluções proletárias, por sua vez, como aquelas do século XIX, continuamente criticam a si mesmas, sempre interrompem seu próprio andar, retornam ao que aparentemente já fora cumprido para recomeçá-lo, menosprezam as meias-

---

235 2ª edição: precisam.
236 Rosa Luxemburgo refere-se à luta, por volta de 1890, contra um grupo de anarquistas dentro da social-democracia alemã, conhecido como "grupo dos jovens".
237 2ª edição: incluído "em seu *Dezoito Brumário*".

-verdades, fraquezas e lástimas de suas primeiras tentativas, parecem derrubar o adversário, para que ele possa novamente sugar suas forças da terra e se agigantar outra vez diante delas, e sempre voltam atrás diante das monstruosidades indeterminadas de seus próprios fins, até que esteja criada a situação em que qualquer retorno seja impossível e as próprias condições exclamem:

> Hic Rhodus, hic salta!
> Hier ist die Rose, hier tanze![238]

Isso permaneceu como lei mesmo depois que a teoria do socialismo científico foi elaborada. O movimento proletário não se tornou com isso, de uma hora para a outra, nem mesmo na Alemanha, social-democrata; ele *torna-se* social-democrata a cada dia, bem como ao ultrapassar continuamente os saltos extremos para o anarquismo e o oportunismo, ambos apenas momentos do movimento da social-democracia entendida como *processo*.

Tendo isso em vista, não é a origem da corrente oportunista, mas sim sua fraqueza que é surpreendente. Enquanto ela apenas se fazia presente em casos isolados da prática partidária, podia-se suspeitar de alguma base teórica séria atrás dela. Mas agora que se expressou inteiramente no livro de Bernstein, todo mundo precisa exclamar estupefato: Como? Isso é tudo o que vocês têm a dizer? Absolutamente nada de um pensamento novo! Nenhuma ideia que já não tenha sido esmagada, pisoteada, ridicularizada, transformada em nada há décadas pelo marxismo.

Bastaria que o oportunismo se pronunciasse para mostrar que ele nada tinha a dizer. E nisso é que reside o verdadeiro significado histórico-partidário do livro de Bernstein.

E é assim que Bernstein, até mesmo ao despedir-se do modo de pensar do proletariado revolucionário, da dialética e da concepção materialista da história, pode agradecer-lhes pelas condições atenuantes

---

238 Marx, *Der achtzehnte Brumaire des Louis Bonaparte*. In: Marx; Engels, *Werke*, v.8, p.118. [Do latim e do alemão: "Aqui está Rodes, Salte aqui! Aqui está rosa, dance aqui!" – N.E.]

que ofereceram à sua mudança. Pois apenas a dialética e a concepção materialista da história, generosas que são, deixam Bernstein aparecer como uma ferramenta predestinada mas inconsciente, com a qual o proletariado em ascensão expressa sua debilidade momentânea para, examinando-o sob a luz, jogá-lo longe de si com risadas de gozação e balançando a cabeça.

{Dissemos: O movimento *torna-se* social-democrata enquanto e na medida em que ultrapassa os saltos para o anarquismo e o oportunismo que necessariamente decorrem de seu crescimento. Mas ultrapassar não significa que tudo passará tranquilamente como Deus quer. *Ultrapassar a atual corrente oportunista quer dizer renegá-la.*

Bernstein deixa seu livro ressoar como um conselho para o partido, que ele queira arriscar parecer o que é: um partido de reforma democrático-socialista. O partido, isto é, seu órgão supremo, o congresso do partido, a nosso ver, teria que fugir desse conselho, fazendo que Bernstein, por sua vez, também apareça formalmente como aquilo que é: um progressista pequeno-burguês e democrata.}

Anexo[239]

Milícia e militarismo

I

Não é a primeira vez – e esperamos que não seja a última – que se levantam vozes críticas das fileiras do partido acerca de nossas reivindicações programáticas particulares e de nossa tática. Isso é muito bem-vindo. Entretanto, o mais importante é "como" a crítica é feita e, por isso, não queremos falar do "tom" espalhafatoso que infelizmente se tornou moda no partido em todas as ocasiões, mas de algo infinitamente mais importante: as bases universais da crítica, a visão de mundo determinada que se expressa na crítica.

De fato, à cruzada de *Isegrim-Schippel* contra a reivindicação da milícia e a favor do militarismo subjaz toda uma visão de mundo político-social coerente.

O ponto de vista mais geral do qual Schippel parte para sua defesa do militarismo é a convicção da *necessidade* desse sistema. Ele prova, com todos os argumentos possíveis de natureza técnico-bélica, social e econômica, a indispensabilidade dos exércitos permanentes. E, de fato, de um determinado ponto de vista ele está certo. O exército permanente, o militarismo é, de fato, indispensável – mas para quem? Para as atuais classes dominantes e os governos de hoje. Mas o que daí decorre se não que, para o atual governo e para as classes dominantes, de *seu ponto de vista de classe*, a abolição dos exércitos permanentes e a introdução da milícia, isto é, o armamento do povo, aparecerem como algo impossível, algo absurdo? E quando Schippel, por sua vez, também considera a milícia algo igualmente impossível e absurdo, apenas demonstra que em relação à questão do militarismo

---

[239] Título original: *Miliz und Militarismus*. Publicado originalmente em *Leipziger Volkszeitung*, n.42-44 e 47, 20-22 e 25 fev. 1899. Este anexo foi veiculado em resposta aos artigos de Max Schippel (que usava o pseudônimo Isegrim), publicados antes nos *Sozialistische Monatshefte* e na *Neue Zeit*.

ele próprio *ocupa a posição burguesa*, pois observa a questão com os olhos do governo capitalista ou das classes burguesas. Todos os seus argumentos também provam isso com clareza. Ele afirma que equipar todos os cidadãos com armas, um pilar do sistema de milícias, seria impossível, pois não teríamos dinheiro para isso; "as tarefas culturais já sofrem bastante". Nesse caso, ele simplesmente parte da *atual* economia financeira prusso-alemã, e sendo incapaz de imaginar, até mesmo no sistema de milícias, uma economia diferente da miquelina,[240] por exemplo, uma tributação crescente da classe capitalista.

Schippel considera indesejada a educação militar da juventude, outro pilar do sistema de milícias; indesejada, pois, de acordo com ele, como educadores militares os suboficiais exerceriam a influência mais nociva sobre os jovens. Nesse caso ele parte, naturalmente, do *atual* suboficial prussiano de caserna e simplesmente o transfere como educador da juventude para uma simulação do sistema de milícias. Com tal entendimento ele lembra vivamente o professor Julius Wolf, que vê uma objeção importante contra a ordem social socialista pois, de acordo com seus cálculos, sob o seu domínio ocorreria uma elevação geral da taxa de juros.

Schippel considera o militarismo atual economicamente indispensável, pois "desoneraria" a sociedade da pressão econômica. Kautsky dá-se todo o trabalho imaginável para adivinhar o que o social-democrata Schippel poderia ter pensado com essa "desoneração" por meio do militarismo, e acompanha cada possível interpretação com réplicas pertinentes. Ao que tudo indica, porém, Schippel aparentemente sequer abordou a questão como social-democrata, ou seja, do ponto de vista do povo trabalhador. Quando falava de "desoneração", é evidente que pensava *no capital*. E nisso está certo: para o capital, o militarismo é uma das formas de investimento mais importantes; do ponto de vista do capital, o militarismo é, de fato, uma *desoneração*.

---

240 2ª edição: essa. Johannes von Miquel, ministro das Finanças prussiano de 1890 a 1901, tornou o imposto de renda o centro do sistema tributário direto de sua reforma tributária de 1891, de acordo com o qual rendas de até 900 marcos permaneciam livres de impostos, enquanto as rendas mais elevadas poderiam ser taxadas até no máximo 4%.

Aqui revela-se que Schippel fala como verdadeiro representante dos interesses do capital porque, nesse ponto, encontrou um fiador.

Foi dito no Reichstag, na sessão de 12 de janeiro de 1899:

> Aliás, meus senhores, eu afirmo que também é completamente errado quando se diz que os 2 bilhões de dívidas do Reich se referem exclusivamente a gastos improdutivos, que de modo algum lhes corresponderiam receitas produtivas. *Eu afirmo: não há nenhum investimento mais produtivo do que gastos em prol do exército!*[241]

Nesse caso, por sinal, o estenograma informa "animação à esquerda". O orador era *Freiherr von Stumm*.[242]

É característico de todas as afirmações de Schippel não estarem *erradas* em si, mas terem como base o ponto de vista da sociedade burguesa; por isso, também em Schippel tudo parece invertido do ponto de vista da social-democracia: o exército permanente é indispensável; o militarismo, economicamente benéfico; a milícia, impraticável etc.

Chama a atenção como o ponto de vista de Schippel na questão do militarismo está de acordo, em todos os pontos principais, com o seu ponto de vista em outra das mais importantes questões da luta política – a política alfandegária.

Cá como lá, temos sobretudo a refutação decidida de ligar essa ou aquela tomada de posição à questão da democracia ou da reação. A afirmação de que o livre-cambismo seria[243] idêntico ao progresso e a proteção alfandegária, à reação, como dizia-se na apresentação[244] da convenção partidária de Stuttgart, seria errônea. Longas e detalhadas lembranças históricas deveriam provar que se pode[245] muito bem defender o livre-cambismo e, ao mesmo tempo, ser reacionário,

---

241 Relatos estenográficos sobre as negociações do Reichstag, X período legislativo, II sessão, 1898/1900, v.I, p.204. [Grifo de R. L.]
242 Deputado conservador, adversário da social-democracia.
243 2ª edição: fosse.
244 2ª edição: inserido "schippeleana".
245 2ª edição: poderia.

assim como, ao contrário, defender a proteção alfandegária e ser amigo ardente da democracia. Quase com as mesmas palavras, ouvimos hoje:

> Há *entusiastas da milícia* que importunam a atual vida profissional com perturbações e interrupções eternas e querem transplantar o espírito dos suboficiais para dentro de nossos jovens e garotos até as últimas classes da escola – *muito pior do que o militarismo atual*. Há *adversários* da milícia que são inimigos mortais de toda e qualquer fiscalização das intervenções e reivindicações militares.[246]

Do fato de que os políticos *burgueses* não assumem uma posição de *princípio* nessas como em todas as questões, de que cultivem uma política de oportunidades, o social-democrata Schippel também conclui, para si, o direito e a necessidade de recusar o núcleo reacionário interno protecionista e do militarismo diante do significado progressista do livre-cambismo e da milícia, isto é, *também não assume uma posição de princípio em relação a nenhuma das duas questões*.

Em segundo lugar, vemos ao mesmo tempo, cá como lá, junto à oposição contra o mal particular da política protecionista ou do militarismo, a recusa decidida em combater ambos os fenômenos como tais em sua totalidade. Ouvimos em Stuttgart, na apresentação de Schippel a respeito da necessidade de lutar contra algumas tarifas excessivas, mas, ao mesmo tempo, ouvimos a advertência se "responsabilizar", "amarrar as mãos", isto é, combater o protecionismo sempre e em todo lugar.[247] Agora, ouvimos que Schippel aceita "a luta parlamentar e a agitação por *reivindicações militares concretas*",[248] mas adverte para que não se "tome por sua essência e seu núcleo *coincidências puramente externas*, bem como *reações muito secundárias* {do militarismo – R. L.} e, de fato, também muito acentuadas nos outros domínios sociais".[249]

---

246 *Neue Zeit*, n.19, p.580-1.
247 2ª edição: não se "fixar", não "amarrar as mãos", isto é, nem sempre ou em todo lugar combater a proteção alfandegária.
248 *Sozialistische Monatshefte*, Novemberheft, p.495. [Grifo de R. L.]
249 *Neue Zeit*, n.19, p.581.

Finalmente, em terceiro lugar, e é essa a base das duas posições anteriores, a avaliação exclusiva do fenômeno do ponto de vista do desenvolvimento burguês *anterior*, isto é, do lado *progressista*, historicamente condicionado, e o desdém completo pelo desenvolvimento seguinte e, em conexão com isso, o desdém pelo lado *reacionário* dos fenômenos tratados. O protecionismo ainda é, para Schippel, aquilo que era nos tempos do falecido Friedrich List, há mais de meio século: o grande progresso para além da fragmentação econômica interna medieval-feudal da Alemanha. Que hoje o livre-cambismo generalizado já seja o passo necessário para além do isolamento econômico em relação à economia mundial unificada, que, por isso, as barreiras alfandegárias nacionais sejam hoje reacionárias, isso não existe para Schippel.

O mesmo é válido na questão do militarismo. Ele ainda o entende do ponto de vista do grande progresso que o exército permanente, em virtude do serviço militar obrigatório universal, significava diante dos antigos exércitos mercenários e dos exércitos feudais. Mas então o desenvolvimento cessa para Schippel: para ele, a história não vai além do exército permanente com a realização contínua do serviço militar obrigatório universal.

O que significam, porém, esses pontos de vista característicos que Schippel assume tanto na questão alfandegária quanto na militar? Significam, primeiramente, uma *política de caso a caso* em vez de uma tomada de posição por princípio e,[250] ligado a isso, um combate apenas *dos resultados*[251] dos sistemas alfandegário e militar, em vez do combate *ao sistema* propriamente dito. Mas no que essa política difere do nosso bom e velho conhecido dos tempos recentes da história partidária – *o oportunismo*?

É novamente a "política prática" que, na rejeição aberta de Isegrim-Schippel diante do postulado das milícias – um dos pontos fundamentais de todo o nosso programa político –, festeja seus

---

250 2ª edição: incluído "em segundo lugar".
251 2ª edição: sem itálico.

triunfos. E nisso reside, do ponto de vista político-partidário, o significado real da atuação de Schippel. Apenas em conexão com toda essa corrente, e do ponto de vista das bases e consequências universais do oportunismo, é que se pode julgar e estimar corretamente a mais recente manifestação social-democrata a favor do militarismo.

II

O atributo essencial da política oportunista é que ela sempre leva, de maneira consequente, a que os objetivos finais do movimento, os interesses da libertação da classe trabalhadora, tenham como vítima seu interesse imediato, que é ilusório. Que esse postulado caiba[252] na política de Schippel até os pingos nos "is" pode ser mostrado claramente a partir de um dos enunciados principais na questão do militarismo. O mais importante motivo econômico que – de acordo com Schippel – nos obriga a ficar agarrados ao sistema do militarismo é a "desoneração" econômica da sociedade por meio desse sistema. Aqui, não levamos em conta que essa estranha afirmativa ignora as tendências econômicas mais simples. Pelo contrário, queremos, por um momento, admitir que, para caracterizar essa concepção, tal afirmativa invertida seja verdade, que a "sociedade" seja de fato "desonerada" de suas forças produtivas supérfluas por meio do militarismo.

Como esse fenômeno pode expressar-se para a classe trabalhadora? Ao que tudo indica, de tal maneira que ela se livre de uma parte de seu exército de reserva, dos assalariados, por meio da manutenção do exército permanente e, assim, melhore suas condições de trabalho. O que isso significa? Apenas o seguinte: que o trabalhador, para diminuir a oferta no mercado de trabalho, para limitar a concorrência, em primeiro lugar abre mão de uma parte de seu salário na forma de impostos[253] para manter seus concorrentes como soldados; em segundo, a partir desse concorrente, ele cria uma ferramenta, com a qual o Estado

---

252 2ª edição: caiba exatamente.
253 2ª edição: incluído "indiretos".

capitalista pode conter cada um de seus movimentos, que tenham como fim o melhoramento de sua situação (interrupção do trabalho, coligação etc.), e, se necessário, suprimir de maneira sangrenta – ou seja, pode frustrar a mesma melhoria da situação do trabalhador para cujo fim o militarismo era necessário, de acordo com Schippel. Em terceiro, o trabalhador torna esse concorrente o pilar mais seguro da reação[254] em geral,[255] ou seja, da própria escravização social.

Em outras palavras: por meio do militarismo, o trabalhador evita uma redução imediata de seu salário a uma certa quantidade; em troca, porém, perde em grande medida a possibilidade de lutar *continuamente* pela elevação de seu salário e pela melhora de sua situação. Ele ganha como vendedor da força de trabalho, mas perde, simultaneamente, a liberdade política de movimento como cidadão para, em última instância, também perder como vendedor da força de trabalho. Elimina um concorrente do mercado de trabalho para ver nascer um protetor de sua escravização assalariada, e impede uma diminuição do salário para, logo em seguida, diminuir tanto a expectativa de uma melhora permanente de sua situação quanto sua libertação econômica, política e social definitiva. Esse é o verdadeiro significado da "desoneração" econômica da classe trabalhadora pelo militarismo. Aqui, como em todas as especulações da política oportunista, vemos os grandes objetivos da libertação socialista de classes sacrificados em prol de pequenos interesses práticos momentâneos; interesses que, ainda por cima, revelam-se essencialmente ilusórios após uma observação mais minuciosa.

Mas vale perguntar: como Schippel pôde chegar à ideia, que soa tão absurda, de também explicar o militarismo do ponto de vista da classe trabalhadora como uma "desoneração"? Lembremo-nos de como a mesma pergunta se apresenta do ponto de vista do *capital*. Explicamos que, para o capital, o militarismo cria a forma de investimento mais lucrativa e mais indispensável. {De fato!} Está claro

---

[254] 2ª edição: incluído "política".
[255] 2ª edição: incluído "no Estado".

que os mesmos meios que chegaram às mãos do governo por meio da tributação servem à manutenção do militarismo. Porém, se tivessem permanecido nas mãos da população, representariam uma demanda maior de alimentos {e objetos de conforto} ou, empregados pelo Estado em grau maior para fins culturais, criariam igualmente uma demanda correspondente de trabalho social. Está claro, por sua vez, que desse modo o militarismo de fato não é uma "desoneração" para a sociedade como um todo. A questão apenas se configura de outro modo, do ponto de vista do lucro capitalista, do ponto de vista do empreendedor. Para o capitalista não é indiferente que ele encontre determinada demanda de produtos do lado de compradores particulares dispersos ou do lado do Estado. A demanda do Estado caracteriza-se por uma segurança, uma larga escala e uma configuração favorável – na maioria das vezes, monopolista dos preços –, o que torna o Estado o comprador mais vantajoso e os fornecimentos a ele, o negócio mais brilhante para o capital.

Mas, em especial, o que se alcança como uma vantagem altamente importante nos fornecimentos militares diante, por exemplo, dos gastos estatais para fins culturais (escolas, estradas etc.) são as transformações técnicas e o crescimento ininterruptos dos gastos, de modo que o militarismo representa uma fonte cada vez mais fecunda de ganhos capitalistas e eleva o capital a um poder social; por exemplo, contrapõe-se ao trabalhador na forma dos empreendimentos de Krupp e Stumm. O militarismo, que representa um desperdício econômico totalmente absurdo de gigantescas forças produtivas para a sociedade como um todo, que, para a classe trabalhadora, significa um rebaixamento de sua escala econômica de vida[256] para fins de escravização social, constitui, para a *classe capitalista*, o tipo de investimento econômico mais brilhante e insubstituível, tanto social quanto politicamente; constitui o melhor suporte de sua dominação de classe. Quando, sem maior cerimônia, Schippel declara que o mesmo militarismo é uma "desoneração" econômica necessária, aparentemente confunde

---

256 2ª edição: seu sustento econômico.

não apenas o ponto de vista dos *interesses sociais* com o dos *interesses do capital*, colocando-se assim – como o havíamos dito inicialmente – do lado burguês, mas também, ao pressupor que cada vantagem econômica dos empreendedores seja necessariamente uma vantagem para a classe trabalhadora, parte *do princípio da harmonia de interesses entre capital e trabalho.*

Esse é, por sua vez, o mesmo ponto de vista de que antes já havíamos tomado conhecimento em Schippel – na questão alfandegária. E também, dado que queria proteger o trabalhador *como produtor* da concorrência nociva das indústrias estrangeiras, defendeu o protecionismo como princípio. Aqui, tal como no modelo militar, ele vê apenas interesses econômicos imediatos do trabalhador, e deixa de atentar aos seus outros interesses sociais, que estão ligados ao progresso social geral rumo ao livre-cambismo ou à eliminação dos exércitos permanentes. E, cá como lá, ele ainda toma por interesse econômico direto do trabalhador, de modo imediato,[257] aquilo que é o interesse do capital, ao acreditar que tudo o que é vantajoso para o empreendedor também o é para o trabalhador. O sacrifício dos objetivos finais do movimento em prol dos interesses práticos do ponto de vista da harmonia de interesses entre capital e trabalho forma dois princípios que encontram-se tanto em nexo harmônico quanto constituem o atributo essencial de toda a política oportunista.

Pode surpreender, em um primeiro momento, que um defensor *dessa* política encontre a possibilidade de se referir aos criadores do programa social-democrata e, com toda a seriedade, visto que sua fonte na questão militar é Freiherr v. Stumm, ter como fonte na mesma questão Friedrich Engels. É o olhar sobre a necessidade histórica e o desenvolvimento histórico do militarismo que Schippel afirma ter em comum com Engels. Tudo isso apenas prova, mais uma vez, que, assim como a dialética hegeliana outrora mal digerida, agora é a concepção de história de Marx mal digerida que leva à mais incurável confusão nas cabeças. Além disso, mostra-se também outra vez que

---

257 2ª edição: sem mais.

ambos, tanto o modo dialético de pensar em geral como a filosofia materialista da história, por mais revolucionárias que sejam em seu entendimento correto, originam consequências reacionárias perigosas quando entendidas de maneira incorreta. Quando, em Schippel, se leem citações de Engels, nomeadamente do *Anti-Dühring*, sobre o desenvolvimento do sistema militar rumo à sua própria superação e ao exército popular, então, à primeira vista, parece pouco claro no que quanto a essa questão reside, de fato, a diferença entre o entendimento de Schippel e aquele comum ao partido. Vemos o militarismo, da maneira como existe e vive, como uma flor[258] natural e inevitável do desenvolvimento social – Schippel também. Afirmamos que o desenvolvimento do militarismo leva ao exército popular – Schippel também. Então onde está a diferença que poderia levar Schippel à sua oposição reacionária contra a reivindicação da milícia? É muito simples: enquanto, com Engels, vemos no próprio desenvolvimento interno do militarismo em direção à milícia *apenas as condições* para sua superação, Schippel considera que o exército popular também pode futuramente nascer *por si próprio* a partir do atual sistema militar, "de dentro para fora". Enquanto nós, apoiados nessas condições materiais que nos são oferecidas pelo desenvolvimento objetivo – a disseminação do serviço militar obrigatório universal e o encurtamento do tempo de serviço –, queremos fazer valer, *por meio da luta política*, a realização do sistema de milícias, Schippel confia no próprio desenvolvimento do militarismo com seus corolários e carimba cada intervenção consciente para promover a milícia como fantasia e política de compadrio [*Bierbankpolitik*].

O que temos, dessa maneira, não é a concepção de história *engelseana*, mas a *bernsteineana*. Assim como em Bernstein, a economia capitalista gradativamente "torna-se", por si própria e sem saltos, socialista, em Schippel, o exército popular nasce do atual militarismo. Assim como Bernstein, no que se refere ao capitalismo como um todo, Schippel não entende, no que se refere ao militarismo, que o desenvol-

---

258 2ª edição: fruta.

vimento objetivo apenas nos fornece *as condições* para um estágio de desenvolvimento mais elevado, mas que sem nossa *intervenção consciente*, sem a *luta política* da classe trabalhadora pela transformação socialista ou pela milícia, nem uma nem outra serão realizadas. Mas dado que o confortável "tornar-se" é apenas uma quimera, uma saída oportunista para evitar a luta revolucionária resoluta, também a transformação social e política alcançável por *esse* caminho reduz-se a um mísero retalho burguês. Como, no final das contas, na teoria de Bernstein da "socialização gradual" desaparece tudo do conceito de socialismo (aquilo que por isso entendemos) e o socialismo torna-se "controle social", isto é, reformas sociais burguesas inócuas, assim é que na concepção de Schippel o "exército popular" transforma-se, do povo armado e livre que pode decidir ele próprio sobre a guerra e a paz, que é o nosso objetivo, em um serviço militar obrigatório universal estendido a todos os cidadãos capazes, de acordo com o atual sistema de exército permanente, com um curto tempo de serviço. Empregada em todos os objetivos de nossa luta política, a concepção de Schippel leva diretamente à rejeição de todo o programa social-democrata.

A defesa que Schippel faz do militarismo é uma elucidação convincente de toda a corrente oportunista[259] em nosso partido e, ao mesmo tempo, um passo importante em seu desenvolvimento. Antigamente também ouvíamos um parlamentar social-democrata do Reichstag, Heine, dizer que eventualmente se poderia autorizar as reivindicações militares do governo capitalista. Mas isso foi simplesmente pensado como uma concessão aos altos propósitos da democracia. Pelo menos em Heine, os canhões deveriam servir somente como objeto de troca por direitos populares. Agora, Schippel declara os canhões necessários como canhões. Ainda que o *resultado* seja o mesmo nos dois casos – a saber, o apoio ao militarismo –, pelo menos em Heine isso ainda residia numa concepção errônea do *modo de luta* social-democrata, enquanto em Schippel, simplesmente, origina-se do deslocamento do *objeto de luta*. Ali, apenas foi proposta a *tática*

---

[259] 2ª edição: revisionista.

burguesa em vez da social-democrata e, aqui, o *programa burguês* é descaradamente colocado no lugar do social-democrata.

No "ceticismo em relação às milícias" de Schippel, a "política prática" chegou às suas últimas consequências. Ela não pode avançar mais na direção da reação, restando-lhe apenas estender-se a outros pontos do programa, para descartar o resto do sobretudo social-democrata, com cujos retalhos se cobre, e aparecer em toda sua nudez clássica como o pastor Naumann.[260]

III

{Se a social-democracia fosse um clube de discussão de questões político-sociais, poderia dar o caso Schippel como encerrado após uma disputa teórica com ele. Mas dado que ela é um partido político de luta, então a verificação teórica da incorreção do ponto de vista de Schippel não resolveu a questão, mas apenas a colocou. A publicação schippeleana sobre a milícia não é apenas a expressão de certos pensamentos: é, ainda, uma ação política. Com isso, precisa ser respondida pelo partido não apenas por uma refutação das posições, mas, da mesma forma, por uma ação política. E a ação precisa corresponder ao impacto das declarações schippeleanas.

No decorrer do ano que passou, quase todos os postulados tidos como pedras fundamentais da social-democracia foram atingidos em sua validade incontestada por ataques de nossas próprias fileiras. Eduard Bernstein declarava que, para ele, *o objetivo final* do movimento proletário nada significava. Wolfgang Heine mostrou, por meio de suas sugestões de compensação, que a *tática* social-democrata trazida à frente não era nada para ele. Agora, Schippel prova que também ele está acima do *programa político* do partido. Quase nenhum princípio da luta proletária ficou preservado da dissolução por parte de repre-

---

260 Friedrich Naumann, teólogo evangélico, fundador da Nationalsozialer Verein [Associação Nacional-Social], tentou conciliar a classe trabalhadora com o Estado imperialista. Próximo do capital financeiro, tinha ligações com lideranças da social-democracia alemã.

sentantes isolados do partido. Em si, isso realmente não oferece uma imagem geral agradável. No entanto, é preciso distinguir entre essas manifestações tão significativas e o ponto de vista do interesse partidário. A crítica bernsteineana de nosso crédito *teórico* é, sem dúvida, um fenômeno altamente desastroso. Apenas o oportunismo *prático* é incomparavelmente mais perigoso para o movimento. Enquanto este for saudável e forte em sua luta prática, ainda pode varrer o ceticismo em relação ao *objetivo final*. Mas tão logo os objetivos *imediatos*, isto é, a luta prática propriamente dita, sejam colocados em questão, todo o partido, junto com o objetivo final e o movimento, tornar-se-ão, não apenas na representação subjetiva desse ou daquele filósofo de partido, mas também em todo o mundo dos fenômenos objetivos – "*nada*".

O ataque de Schippel visa apenas um ponto de nosso programa político. Mas esse único ponto é, em vista do significado fundamental do militarismo para o Estado atual, praticamente a renegação de *toda* a luta política da social-democracia.

No militarismo, cristalizam-se o poder e a dominação, tanto do Estado capitalista quanto da classe burguesa, e como a social-democracia é o único partido a combatê-lo *por princípio*, então, inversamente, também o combate ao militarismo por princípio faz parte da *essência* da social-democracia. A renúncia à luta contra o sistema militar leva, *praticamente*, à negação da luta contra a presente ordem social. Ao final do capítulo anterior, dissemos que apenas restaria ao oportunismo estender a tomada de posição schippeleana quanto à questão da milícia a outros pontos do programa para abjurar da social-democracia. Pensávamos apenas no desenvolvimento consciente, *subjetivo*, dos seguidores dessa política. *Objetivamente*, de acordo com a coisa, esse desenvolvimento já foi realizado na manifestação de Schippel.

Outra página nas manifestações oportunistas dos últimos tempos – e nomeadamente na atuação de Schippel – merece consideração, ao menos em vista de seu valor sintomático. Trata-se da facilidade lúdica, da calma inabalável ou até mesmo, como no último caso, da graciosidade alegre com que se sacudiram os princípios que deveriam ter penetrado na carne e no sangue de todo companheiro que não entendesse a causa partidária superficialmente, e cujo impacto deveria provocar no mínimo uma séria crise de consciência em qualquer social-democrata honesto. Esses são sinais inegáveis, sem contar todo o resto, como o rebaixamento do nível revolucionário, o embotamento do instinto revolucionário, fenômenos que, em si, podem ser inexplicáveis e sem importância, mas que sem dúvida são essenciais para um partido como a social-democracia, que, por ora, depende em sua maior parte não de sucessos práticos, mas de ideais, e que necessariamente coloca grandes exigências a seus integrantes, individualmente. Um complemento harmônico para o *modo de pensar* burguês do oportunismo é seu *modo de sentir* burguês.

O alcance da manifestação schippeleana em todas as direções torna necessária uma manifestação contrária correspondente do partido. No que pode e precisa consistir essa ação contrária? Primeiro, na *tomada de posição* clara e inequívoca de toda a *imprensa partidária* quanto à questão, bem como o debate do assunto nas assembleias partidárias. Se o partido como um todo não partilha da posição de Schippel, segundo a qual assembleias populares são apenas oportunidades em que se joga o osso das "palavras de ordem" à multidão para que, em dado momento, elejam uma "autoridade" política para o Reichstag, então ela também pode entender a discussão dos mais importantes princípios político-partidários não como um "jantar de gala" dirigido apenas aos selecionados, mas à grande massa dos companheiros. Só se a discussão for levada aos círculos mais amplos do partido é que se pode prevenir uma eventual disseminação das posições schippeleanas.

Segundo, e ainda mais importante: a *tomada de posição* da *bancada* social-democrata, que estava destinada, sobretudo, a dar a palavra decisiva no assunto schippeleano – por um lado, porque Schippel é deputado do Reichstag e membro da bancada, e, por outro, porque a questão por ele tratada é um dos objetos principais da luta parlamentar. Não sabemos se a bancada fez ou não algo em relação a essa causa. Dado que logo após o aparecimento do artigo de Isegrim era segredo público quem se encontrava por trás do pseudônimo, é muito provável que a bancada não tenha assistido de braços cruzados a um de seus membros ridicularizar sua própria atividade.

E se não o fez antes, então poderia correr atrás do prejuízo depois de Kautsky ter privado Schippel de sua pele de lobo. Independentemente de a bancada ter ou não tomado posição diante do caso Schippel, o resultado é quase o mesmo enquanto não for trazido ao conhecimento de todo o partido. Obrigada a movimentar-se sobre o assoalho do parlamentarismo burguês, que é estranho à sua essência, a social-democracia aparentemente também incorporou sem querer e de forma inconsciente alguns costumes desse parlamentarismo, embora um tanto quanto difíceis de ser harmonizados com o seu caráter democrático. A nosso ver, disso fazem parte, por exemplo, a atuação da bancada como uma corporação fechada não apenas diante dos partidos burgueses, o que é de fato necessário, mas também diante do próprio partido – o que pode levar a incompatibilidades. As bancadas dos partidos burgueses, nas quais a luta parlamentar costuma ser travada na figura insípida do comércio de vacas e da troca comercial, têm todos os motivos para evitar a luz da esfera pública. A bancada social-democrata, por sua vez, não tem nem necessidade nem motivo para tratar o resultado de suas negociações como algo interno, quando se trata de princípios partidários ou de questões táticas mais importantes. A resolução de uma questão dessas em uma única sessão secreta da bancada bastaria quando, entre nós, como nos partidos burgueses, desejasse-se chegar à realização definitiva de uma determinada votação por parte da bancada do Reichstag. Para os social-democratas, porém, para os quais a luta parlamentar de sua bancada é bem mais importante do ponto de vista de agitação do que do ponto de vista prático, dependendo do caso não se pode resumir a uma decisão majoritária e formal da bancada, mas à discussão propriamente dita, à clarificação da situação. Para o partido é, no mínimo, tão importante saber como os seus representantes *pensam* sobre as questões parlamentares quanto como eles, em sua totalidade, *votam* a respeito das mesmas no Reichstag. Em um partido democrático por princípio, a relação entre os eleitores e os deputados não pode, sob condição alguma, ser entendida como resolvida por meio do ato de votação e dos relatos sumários, externos e formais nas convenções partidárias. Pelo contrário, a bancada precisa permanecer no contato ininterrupto e mais vivo possível com a massa partidária, o que é um simples mandamento de autoconservação perante as correntes oportunistas, que recentemente apareceram justamente entre os parlamentares do partido. Uma tomada de posição pública da bancada diante das declarações de Schippel era e é necessária, dado que a massa do partido, por mais que possa desejá-lo, simplesmente não tem possibilidade *física* de atuar *como um todo* nessa questão. A bancada é uma representação política convocada de todo o partido e, por meio de sua atuação aberta, deveria ajudá-lo indiretamente a chegar à tomada de posição necessária.

Terceiro, por fim, o partido também tem, diretamente como tal, sua palavra a dizer sobre o caso Schippel, e isso na única forma que está à sua disposição – *no próximo congresso partidário*.

Na discussão de Stuttgart acerca do artigo de Bernstein, dizia-se que o congresso partidário não poderia votar questões teóricas. Agora temos, no caso Schippel, uma questão puramente prática. Afirmava-se que as propostas de compensação de Heine teriam sido apenas promessas futuras inadequadas, com as quais o partido não precisaria contar. Em Schippel, encontramos promessas atuais – a saber, na tomada de posição schippeleana quanto à questão da milícia, a política oportunista desenvolveu-se até suas últimas consequências, tornou-se atual. Para nós, surge como tarefa urgente do partido tirar as conclusões corretas desse desenvolvimento mediante {por meio de} uma tomada de posição clara e inequívoca.

Ele {o partido} tem todos os motivos para fazê-lo. Trata-se, nesse caso, de um homem de confiança, de um representante político do partido, que, de acordo com sua função, deveria servir-lhe como espada na luta, cuja ação deveria servir como dique contra os ataques do Estado burguês. Mas quando o dique, a qualquer momento, transforma-se em objeto de constituição pastosa, e quando a lâmina se rasga durante o combate como se fosse de papel, será que então o partido não poderia, por sua vez, aclamar *essa* política com:

Fora com o mingau –
Não preciso dele!
Com papelão não forjo uma espada!}

Com o pedido de publicação, a *Leipziger Volkszeitung* recebeu, em 24 de fevereiro de 1899, o seguinte adendo {após a leitura dos dois primeiros artigos} de autoria de Schippel:

Caro amigo Schoenlank!
Leio os artigos de "rl." no *Leipziger Volkszeitung* sempre com grande interesse, não por ser capaz de concordar com todos os pontos, mas por neles admirar a natureza combativa viva, a convicção sincera e a dialética cativante.

Também desta vez acompanhei, não sem surpresa, as conclusões, sempre mais abrangentes e que chegavam ao ápice de forma cada vez mais rápida com base em *um pressuposto*:

A razão econômica, que *nos* {de acordo com Schippel} *obriga* a sustentar o sistema do militarismo, é a desoneração econômica da sociedade por meio desse sistema. {Schippel declara que o militarismo é uma desoneração *também do ponto de vista da classe trabalhadora* [...], uma vez que parte do princípio da *harmonia* de interesses entre capital e trabalho.}

Guardadas as conclusões, a premissa é absolutamente equivocada e fraca! Eu apenas expus, na *Neue Zeit*, que os gigantescos gastos improdutivos – quer privados, para o luxo descabido e por mera cretinice, quer dos Estados para os militares, sinecuras e outras ninharias – enfraqueceriam a febre da crise, pela qual uma sociedade de "superprodução" seria quase que continuamente atingida, se o desperdício improdutivo não ocupasse um espaço cada vez maior ao lado da acumulação para fins produtivos. Com isso, evidentemente, não apoiei de modo algum o desperdício e os gastos improdutivos, e ainda menos os *reivindiquei no interesse da classe trabalhadora*. Apenas procurei apontar *outros* efeitos *reais*, além daqueles usualmente enfatizados, *"para a sociedade moderna"*.

De início, considerei como indubitável que ninguém fosse me classificar como um defensor "dessa sociedade moderna". No entanto, também tive algumas tantas experiências no que se refere a debates social-democratas; e assim, para prevenir quaisquer mal-entendidos, em seguida ainda inseri uma pequena frase na passagem da superprodução:

Naturalmente isso não torna o militarismo mais agradável *aos meus olhos*, mas *tanto mais desagradável.*

O sentido disso é: ainda mais desprezível. Mas também esse exagero no cuidado de minha parte de nada parece ter adiantado: "E nisso ficou" – justamente como se a discussão ocorresse com mulheres burguesas.

Entretanto, após essa indicação quanto à franqueza do colaborador – "rl.", do *Leipziger Volkszeitung* –, tenho a confiança de que ele reconhecerá ter ocorrido aqui uma largada completamente errada e que, por isso, a competição entre nós pela orientação mais revolucionária entre os proletários terá de recomeçar do início.

Seu
Max Schippel

IV

Quando o companheiro Schippel segue com surpresa "as conclusões cada vez mais abrangentes e que chegavam ao ápice de forma cada vez mais rápida", que partem do princípio de *um* ponto de vista enunciado por ele, isso apenas volta a provar que os pontos de vista têm a sua lógica, mesmo onde os seres humanos não a têm.

A réplica anterior de Schippel constitui, primeiramente, um complemento considerável aos pensamentos formulados na *Neue Zeit* sobre a "desoneração" econômica da sociedade capitalista pelo militarismo: ao lado do militarismo agora também aparecem, como meios econômicos de desoneração e prevenção contra as crises, "sinecuras e outras ninharias", bem como "o luxo descabido e a mera cretinice privados". A posição particular acerca da função econômica do militarismo se desdobra, assim, em uma teoria geral, de acordo com a qual o desperdício é um corretivo da economia capitalista, e prova que fomos injustos com Freiherr v. Stumm como economista político, na medida em que em nosso primeiro artigo o citamos como fonte de Schippel. Stumm pelo menos pensava, quando chamava os gastos para o exército de os mais produtivos, no significado do militarismo na luta por mercados e na defesa "da indústria pátria". Mas, como se mostra, Schippel desconsidera inteiramente a função específica do militarismo na sociedade capitalista, vendo nele apenas uma forma criativa de, a cada ano, torrar uma determinada quantidade de trabalho social; economicamente, o militarismo é, para ele, a mesma coisa que, por exemplo, os dezesseis cachorrinhos da baronesa d'Uzès,[261] que "desoneram" a economia capitalista na proporção de um apartamento inteiro, alguns criados e todo um guarda-roupa canino.

Pena que o companheiro Schippel, na alternância caleidoscópica de suas simpatias político-econômicas, rompa toda vez suas inclinações de ontem a tal ponto que não lhe reste a menor lembrança. Senão ele precisaria pensar, como um antigo rodbertusiano, nas páginas clássicas do *Vierten socialen Briefes an von Kirchmann*,[262] em que seu antigo mestre destrói[263] sua atual teoria de crise a partir do luxo. Mas essa teoria é muito mais antiga do que Rodbertus.

Se à ideia da desoneração econômica, em especial por meio do militarismo – pelo menos nas fileiras da social-democracia –, pudesse ter alguma pretensão à novidade, a teoria geral da função salvadora do desperdício para a sociedade capitalista é tão velha quanto a própria economia burguesa vulgar.

Ainda que a economia vulgar tenha, no decorrer de seu desenvolvimento errante, dado origem a muitas teorias das crises, somente aquela da qual o nosso Schippel se apropriou faz parte das mais triviais, encontrando-se mesmo – no que diz respeito à ótica sobre o

---

261 2ª edição: incluído "em Paris".
262 Jagetzow, *Vierten socialen Briefes an von Kirchmann* [Quarta carta social a von Kirchmann], p.32-4 et seq.
263 2ª edição: refuta.

mecanismo interno da economia capitalista – em um patamar pior que a teoria do piadista mais abominável de toda a economia vulgar, J. B. Say, de acordo com quem a superprodução seria, na realidade, subprodução.

Qual é o pressuposto mais geral da teoria schippeleana? As crises originam-se em virtude de que, em relação à quantidade de bens produzidos, pouco se consome, de modo que podem ser contidas pelo aumento do consumo no interior da sociedade. Aqui, portanto, a formação das crises capitalistas não é derivada da tendência interna da produção a ir além dos limites do mercado, e da falta de regras da produção, mas sim da desproporcionalidade absoluta entre produção e consumo. A massa de bens da sociedade capitalista é entendida aqui, por assim dizer, como um monte de arroz de determinada grandeza, que precisa ser comido pela sociedade. Quanto mais é consumido, tanto menos permanece como resto indigerível na consciência econômica da sociedade, e tanto maior é a "desoneração". Essa é uma teoria das crises *absoluta*, que se comporta em relação àquela de tipo relativo de Marx do mesmo modo que a teoria populacional de Malthus em relação à lei marxista da superpopulação relativa.

Mas para a sociedade não é[264] indiferente *quem* consome. Quando o consumo apenas serve para, simultaneamente, pôr a produção de novo em movimento, então o monte de arroz volta a crescer, e "a sociedade" nada ganhou, a febre da crise volta a afetá-la como antes. Apenas quando os bens foram absorvidos para nunca mais serem vistos, quando servem ao consumo de pessoas que, por sua vez, não produzem mais, só então é que a sociedade pode de fato respirar aliviada, {pois} a formação das crises foi contida.

O empresário Hinz não sabe para onde deve ir com as mercadorias produzidas por ele (isto é, por seus trabalhadores). Felizmente, o empresário Kunz pratica o luxo descabido e compra as mercadorias incômodas de seu acuado companheiro de classe. Porém, ele próprio, Kunz, também tem um superávit de bens produzidos que o "sobre-

---

264 2ª edição: incluído "de acordo com essa teoria criativa".

carregam"; ainda bem que o anteriormente citado Hinz também gasta bastante com "luxo e cretinice", e, por sua vez, oferece-se ao preocupado Kunz como o comprador desejado. Agora, depois de terem fechado o negócio bem-sucedido, os nossos dois empresários olham consternados um para o outro e têm vontade de dizer: você é que está louco, ou sou eu? De fato, ambos estão, pois o que foi que eles alcançaram pela operação que lhes fora sugerida por Schippel? Ambos, de fato, contribuíram diligentemente para a destruição completa de uma determinada quantidade de bens – não a destruição de bens materiais, e sim a realização da mais-valia em ouro vivo é o objetivo do empreendimento. E, nessa relação, o engraçado negócio dá no mesmo, como se cada um dos dois empreendedores tivesse engolido, consumido a sua própria mais-valia supérflua sem deixar restos. Esse é o método de Schippel para o enfraquecimento das crises. Os barões do carvão da Westfália sofrem com a superprodução do carvão? Esses cretinos! Basta que aqueçam mais os seus palácios, e o mercado de carvão estará "desonerado". Os proprietários das minas de mármore de Carrara reclamam da paralisação do comércio? Então devem erigir celeiros de mármore para seus cavalos, e a "febre da crise" no negócio de mármore será imediatamente contida. E se uma nuvem ameaçadora de crise geral do comércio se aproxima, Schippel grita para o capitalismo: "Mais ostras, mais champanhe, mais serviçais, mais bailarinas, e vocês estarão salvos!". Apenas tememos que os velhacos astutos lhe respondam: "Caríssimo, o senhor nos considera mais burros do que somos!".

Essa teoria econômica criativa, no entanto, ainda leva a conclusões políticas e sociais interessantes. Pois se o consumo improdutivo, isto é, o consumo do Estado e das classes burguesas, constitui uma desoneração econômica e um antídoto para enfraquecer as crises, então, no interesse da sociedade e do andamento tranquilo do ciclo de produção, o consumo improdutivo deve ser estendido ao máximo e o produtivo, limitado ao máximo; a parte da riqueza social apropriada pelos capitalistas e pelo Estado deve ser a maior possível, e a parte remanescente para o povo trabalhador, a menor possível; os lucros e os impostos, bastante elevados, e os salários, bastante baixos. O trabalhador é um "fardo" econômico para a sociedade, e os cachorrinhos da baronesa d'Uzès são uma âncora de salvamento econômico – essas são as consequências da teoria da "desoneração" de Schippel.

Dissemos que também entre as teorias da economia vulgar ela seria a mais trivial. Mas qual é a medida da trivialidade da economia vulgar? A essência da economia vulgar consiste em não observar os processos da economia capitalista em seu nexo objetivo[265] e em sua essência interna, mas na fragmentação superficial provocada pelas leis da concorrência; não pela luneta da ciência, mas pelas lentes do interesse individual da sociedade burguesa. Porém, dependendo do ponto de vista desse interesse, também aqui a imagem da sociedade desloca-se, e pode espelhar-se mais ou menos distorcida no cérebro do economista. Quanto mais próximo o ponto de vista estiver do processo de produção real, mais próxima estará a percepção da verdade. E quanto mais o pesquisador se aproximar do mercado de trocas, da região em que a concorrência domina totalmente, tanto mais estará invertida a imagem da sociedade vista daí.

A teoria das crises schippeleana é, como mostramos, absolutamente insustentável do ponto de vista dos capitalistas *como classe*: ela desemboca no conselho de que a classe capitalista deveria consumir ela própria seu superávit de produtos. Mas também um *industrial capitalista* individual irá aceitá-la dando de ombros. Um Freiherr v. Stumm[266] ou um v. Heyl são inteligentes demais para se renderem à loucura de que o seu próprio luxo e o de seus companheiros de classe poderiam remediar as crises de alguma maneira. Essa interpretação apenas pode impressionar um comerciante capitalista – melhor, um *merceeiro capitalista* – para quem os seus compradores imediatos, as "grandes autoridades" com o seu luxo, aparecem como o pilar de toda a economia. A teoria schippeleana nem sequer é uma paródia do entendimento do *empresário* capitalista; é uma expressão teórica direta da posição do *merceeiro* capitalista.

---

265 2ª edição: não em seu nexo profundo.
266 2ª edição: Um Krupp.

A ideia de Schippel acerca da "desoneração" da sociedade por meio do militarismo mostra novamente, como em sua época o fizeram os argumentos de Ed. Bernstein, que como da mesma forma que o oportunismo[267] leva, na política, à posição burguesa, ele também se liga à economia vulgar em seus pressupostos econômicos.

Mas Schippel nega nossas conclusões políticas da sua teoria da "desoneração". Ele apenas teria falado de uma desoneração *da sociedade*, e não da classe trabalhadora. Teria ainda incluído expressamente, para prevenir mal-entendidos, a garantia de que para ele "isso não tornaria o militarismo mais, e sim menos agradável". Poder-se-ia acreditar que Schippel considerasse o militarismo, do ponto de vista *da classe trabalhadora*, como economicamente maléfico.

Por que então indicou a desoneração econômica? Quais conclusões extrai dela para o comportamento da classe trabalhadora em relação ao militarismo? Ouçamos:

> Naturalmente, isso [a desoneração econômica – R. L.] não torna o militarismo mais e sim ainda menos agradável aos meus olhos. *Agora, desse ponto de vista eu também não consigo concordar com a gritaria pequeno-burguesa e dos liberais acerca da ruína econômica pelos gastos militares improdutivos.*[268]

Schippel, portanto, considera *pequeno-burguesa*, errada, a posição acerca do efeito econômico arruinador do militarismo. Para ele, portanto, o militarismo não é uma ruína; a "concordância com a gritaria pequeno-burguesa e liberal" contra o militarismo – isto é, a luta contra ele – é equivocada; aliás, todo o seu artigo está direcionado para comprovar à classe trabalhadora a indispensabilidade do militarismo. O que significa, diante disso, sua advertência de que por isso o militarismo não seria mais, e sim menos agradável? Ela é apenas uma garantia puramente psicológica de que Schippel não defende o militarismo

---

267 2ª edição: revisionismo.
268 *Neue Zeit*, n.20, p.617. [Grifo de R. L.]

com prazer, mas com aversão, que ele próprio não tem alegria em sua política oportunista, que seu coração seria melhor que sua cabeça.

Em vista desses fatos eu não poderia aceitar o convite de Schippel para uma competição "pela orientação mais revolucionária entre os proletários". A lealdade me impede de competir com alguém que, por estar de costas para a largada, adentra o local da competição na posição mais desvantajosa que se possa pensar.

Apenas uma vida humana![1]

Na Schönhauser Allee n.54, no dia 26 do mês anterior, o comerciante Wilhelm Histermann, de 38 anos, matou suas filhas, Margarete e Erna, de 8 e 6 anos de idade, e em seguida se enforcou. Em uma carta, que deixou sobre a mesa, afirma que a carestia e a invalidez em virtude da crescente cegueira o obrigariam a abrir mão deste mundo, que ele esperava encontrar um mundo melhor, e que levaria as crianças para um além melhor, para não impor a ninguém o fardo de seu sustento. – Os corpos foram levados do instituto médico-legal [*Schauhaus*], a carta passou da custódia policial para o tribunal.

Noticiário local berlinense

---

1 Título original: *Nur ein Menschenleben!*. Publicado originalmente em *Leipziger Volkszeitung*, n.101, 4 maio 1899, identificado com uma âncora. Em carta de 5 de maio de 1899 dirigida a Leo Jogiches, Rosa comenta que este artigo de sua autoria foi publicado com tal desenho (ver Luxemburgo, *Róza Luksemburg: Listy do Leona Jogichesa-Tyszki*, v.1, p.451).

Mais uma vez caiu um daqueles para quem vale o que reza um ditado polonês: até que o sol nasça, o orvalho nos come os olhos.

No momento em que ele lutava com a ideia da morte e do assassinato, chegava-lhe pela janela aberta um vivaz coro desencontrado de vozes humanas. Lá embaixo, no pátio, o moleque do senhor segundo-tenente batia o tapete enquanto flertava com a doméstica de bochechas vermelhas do senhor da casa. Na casa vizinha, o funileiro martelava, ritmado como um pica-pau, um claro som metálico. Um realejo iniciava a ária do brinde da *Traviata* e, de repente, interrompeu-a após uma advertência ríspida do porteiro. Da rua, entrava no quarto o barulho do bonde puxado por cavalos que passava. Em volta, a vida da cidade grande chiava e zumbia. Na mesma cidade, na mesma rua, na mesma casa, separadas pela mesma parede, apenas a um passo umas das outras, as pessoas passavam, ocupavam-se diligentemente de seus afazeres diários, cada uma seguindo seu caminho, e nenhuma alma se preocupava com essa vida humana que lutava com o crime, com a morte, ninguém lançava um olhar sobre a miséria, sobre a queda de três seres vivos. Apenas uma parede fina, apenas alguns passos separavam o infeliz de seus próximos e, no entanto, havia entre eles um abismo intransponível. Tratava-se das mesmas pessoas, falavam a mesma língua, eram do mesmo país e, ainda assim, se fossem de outra região do mundo, de outra raça, se viessem da Lua, ele não poderia ser-lhes mais estranho, mais indiferente, mais desconhecido. A "sociedade", a junção de indivíduos em uma "unidade superior", o "todo orgânico" era, naquele momento, uma mentira insolente, um fantasma, ela não existia, "a sociedade"; a vida humana que se extinguia com seu sacrifício terrível tremia sozinha, ligada a ninguém, sem estar compreendida em nenhum todo, articulada e associada a ninguém, separada e abandonada por todos, remetida a si mesma, em meio ao tumulto humano como alguém que se afoga no oceano distante, como o pó que voa no espaço. Um estilhaço separado de toda a humanidade, ele lutava na solidão, na escuridão espiritual e corporal, e morria desamparado em sua ilimitada "liberdade individual", caía, "um homem livre" na luta pela existência, sucumbia um grande senhor, um homem de cultura, em seu espaço miserável, como um cão renegado por todos morre jogado sobre um monte de lixo.

E só quando o terrível delito contra a natureza, quando o assassinato das crianças e o suicídio ocorreram – aí "sociedade" transformou-se em verdade, a ficção em realidade. Ela se aproximou com gravidade, a "sociedade", com sabre e uniforme policial, ela fez valer o seu direito como "todo", como "unidade superior": requisitou os cadáveres, protocolou o drama da vida apresentado em três vias e lançou uma investigação para proferir um veredito sobre o delito ocorrido.

Quando o antigo escravo, pregado na cruz pelo dono, contorcia-se num sacrifício indescritível, quando o servo desabava sob o chicote do capataz ou sob o fardo do trabalho e da miséria, pelo menos se escancarava o crime de um ser humano contra outro, da sociedade contra o indivíduo – indivíduo este exposto, terrível em sua nudez, clamando aos céus em sua brutalidade. O escravo crucificado, o servo torturado, morria com uma praga nos lábios, e seu olhar que se apagava, repleto de ódio, anunciando vingança, caía sobre seus opressores.

Foi somente a sociedade burguesa que espalhou o véu da invisibilidade sobre seus crimes. Somente ela implodiu todos os laços entre os seres humanos e deixou cada um ao seu destino, à sua miséria e à sua ruína, para somente depois de tê-lo desumanizado – espiritual ou corporalmente, pelo assassinato ou pelo suicídio – lembrar-se dele. Somente ela obrigou o ser humano a suicidar-se e a matar suas filhas – à clara luz do sol, em meio à barulhenta praça do mercado, em meio ao zunido e ao barulho monótono e letárgico do cotidiano, que não para um segundo sequer junto ao morto, que não digna um olhar que seja a seu corpo. Apenas a sociedade burguesa é que retirou o horror do genocídio por tê-lo tornado cotidiano, embrutecendo os sentidos tanto das vítimas quanto dos verdugos, cobrindo o drama da existência humana com a trivialidade, o grito de um náufrago com a ária do realejo, o corpo de um morto em combate com o pó da cidade grande.

E nós mesmos não sobrevoamos a cada dia "notícias várias" na penúltima página de nosso jornal diário com um olhar enfadonho, esse grande depósito de lixo, no qual os dejetos da sociedade burguesa –

roubo, assassinato, suicídio, acidente – são diariamente descarregados? Não nos dirigimos com uma calma letárgica ao trabalho e do trabalho para a cama? E intimamente não acreditamos – pois o cabeleireiro nos conta impassível, com voz anasalada, do assalto à casa em frente, pois os bondes passam com regularidade mecânica pela rua, as árvores dão frutas e florescem nos parques como se tudo estivesse na mais bela ordem, a cada noite na ópera o espetáculo inicia calmamente –, ora, não acreditamos nós mesmos intimamente que a história ainda poderia continuar por algum tempo nesse ritmo, que nada excepcional aconteceria e que, em todo caso, nós ainda poderíamos terminar de beber a nossa caneca com toda a calma?

E, ainda assim, a todo momento, em algum lugar perto de nós, cai uma vítima inocente, impotente, abandonada, guardando um horrendo enigma no coração, com uma pergunta terrível nos lábios, com um olhar surpreso, desesperançoso, dirigido a essa entidade de milhões de cabeças que, ainda assim, não tem cabeça, com milhões de corações batendo e, ainda assim, sem coração, compreendendo milhões de pessoas e, ainda assim, um monstro desumano, surdo, cego – a sociedade burguesa!

Há uma sinistra saga popular eslava a respeito de Wij, que diz o seguinte: era uma vez um lugar habitado por seres humanos, em que maus espíritos haviam se infiltrado. Invisíveis, eles apenas deslizavam como sombras leves entre os humanos, pregavam suas peças, violavam, matavam e bebiam sangue humano. Incontáveis e horrendos eram os seus delitos, tão horrendos, que ninguém ousava contá-los, e a quem aos cochichos se relatassem os feitos, os cabelos embranqueciam de pavor, e eles mesmos ficavam velhos. E não havia nenhuma medida, nenhuma salvação contra os maus espíritos, visto que não se podia vê-los nem encontrá-los – ainda que fosse possível senti-los em volta, bem como seu voo medonho, seu toque terrível. Então foi anunciado que apenas uma coisa poderia bater o poder dos maus espíritos: quando Wij, o *homem de ferro* que vivia escondido na terra mais profunda, com pálpebras compridas que iam até o chão, enxergasse e mostrasse os maus espíritos. Foi-se procurar Wij, encontraram-no e levaram o homem implacável com passos pesados e olhos fechados até a moradia do mal. "Levantem minhas pálpebras", disse Wij, e a sua voz era como o rangido de metal enferrujado. Com esforço levantaram-lhe as pálpebras de ferro, que chegavam até os pés, ele olhou e apontou, com os dedos de ferro, para o bando de maus espíritos, que se tornaram visíveis no mesmo momento e caíram partidos no chão, batendo desesperadamente as asas.

O "homem de ferro", o homem dos músculos férreos, do arado de ferro, da roda de ferro – *o homem do trabalho* foi encontrado, ele veio da terra escura, onde a sociedade o baniu, para a superfície ensolarada. Basta apenas levantar-lhe as pálpebras pesadas, de modo que ele *veja* e estique sua mão de ferro, para que os maus espíritos invisíveis, que há milhares de anos atormentam a humanidade, caiam desmaiados no chão.

Leipzig, 4 de maio

O próprio filho![1]

Quando forem concluídos os registros da história sobre a sociedade capitalista, quando todos os seus crimes forem expostos aos olhos de todos e quando vigorar o veredicto definitivo de uma humanidade tardia, acreditamos que, entre esses crimes, aqueles referentes aos maus-tratos das crianças proletárias terão o maior peso diante da história julgadora. Sugar a seiva vital desses seres sem capacidade de defesa, destruir a alegria de viver logo no umbral da vida, consumir a semente da humanidade ainda no pé, vai além de todos os pecados da terrível dominação do capital no presente: são intervenções de uma mão assassina sobre o futuro. "Eu acuso", gritava Friedrich Engels em seus clássicos escritos de juventude de 1845 no que se refere à sorte das crianças proletárias, "eu acuso a burguesia de *morte social*!"[2]

Mas a burguesia, tanto na Inglaterra quanto na Alemanha como em todo lugar, preocupava-se muito pouco com essas acusações pú-

---

[1] Título original: *Das eigene Kind!*. Publicado originalmente em *Leipziger Volkszeitung*, n.97, 29 abr. 1902.
[2] Ver Engels, *Die Lage der arbeitenden Klasse in England*. In: Marx; Engels, *Werke*, v.2, p.338.

blicas, com essas chibatadas na cara. A exploração capitalista do trabalho infantil desenvolve-se e floresce até hoje, e, no início do século XX, a resistência da burguesia contra os primeiros mandamentos do humanitarismo e do dever social, contra as crianças do povo trabalhador, é tão insistente, tão fechada, como no início do século anterior. Só que, agora, não há mais nenhum Leonhard Horner que responda à resistência ferrenha do capital com as marteladas férreas de fôlego, de uma energia inquebrantável, pela implantação das leis escolares.

E mais uma coisa: agora há uma *moderna indústria doméstica*; o capital agora inventou um meio muito esperto de fazer com que as crianças proletárias sejam exploradas por seus próprios pais proletários. Após décadas de pressão da social-democracia, eis que finalmente a legislação alemã tomou distância para dar o primeiro passo no intuito de proteger as crianças também da exploração da indústria doméstica.[3] E qual a cara desse fruto do mais elevado esforço político-social do governo e dos partidos burgueses? A mesma colcha de retalhos, a mesma falsidade, o mesmo vazio de toda a reforma social alemã até hoje! A crítica de nossa bancada no Reichstag já a descobriu por inteiro e, logo no seu nascimento, deu o nome correto à mais nova filha da política social de Posadowsky.

Mas *um* traço de caráter do projeto sobre a proteção infantil merece atenção especial pelo seu significado típico para toda a política social burguesa. Na exploração profissional, o filho *dos outros* é mais protegido do que o *próprio* filho do dono da indústria caseira e do empreendedor. Por mais fraca, mais débil que seja a proteção para as crianças exploradas em geral, a proteção para os próprios filhos é ainda mais fraca, mais nula, mais hipócrita.

---

3   Em 10 de abril de 1902, Arthur Graf von Posadowsky-Wehner entregou ao Reichstag um projeto de lei sobre trabalho infantil em empresas industriais. De acordo com o autor, o trabalho infantil deveria ser ainda mais restrito e, pela primeira vez, certos limites deveriam ser impostos à exploração descontrolada de crianças em empreendimentos domésticos. Após uma primeira sessão no Reichstag, em abril de 1902, a lei foi transferida a uma comissão e só foi aprovada em março de 1903.

Onde os filhos dos outros apenas podem ser industrialmente empregados a partir do *12º* ano de vida, a exploração dos próprios filhos já está liberada no *décimo*. E se para os filhos dos outros o tempo de trabalho está estipulado pela legislação, para os próprios filhos ele é ilimitado. Para as crianças alheias, a lei tem validade imediata e total após entrar em vigor; para as próprias, seu emprego dependerá, em cada caso, da decisão do Conselho Federal [Bundesrat] em até cinco anos. Aos filhos dos outros garante-se, pelo menos, um domingo livre, enquanto aos próprios filhos, apenas em casos isolados.

O próprio filho! A legislação burguesa procura por saídas para manter uma porta lateral à livre exploração capitalista em cada lei, em cada regra limitada; procura por desculpas e não percebe o desdém sangrento que traz consigo, ou em quais paradoxos gritantes se enreda.

O próprio filho! Já não ouvimos milhares de vezes que a família – a família atual, baseada na economia e na educação privada, fundada no direito civil – é a pedra angular da ordem burguesa? Não ouvimos que essa família precisa ser salva como o bem maior, como o trono e o altar, a ser protegida da mão criminosa da social-democracia?

Ora, também sabemos que a sociedade burguesa, aqui como alhures, quando tenta nos atacar, apenas acerta em si mesma. Não nós, mas sua própria economia, seu próprio movimento, é que destrói, enterra, esmaga a santa instituição da família. Não nós, mas ela própria empurra a mãe de família para o mercado – o mercado das forças de trabalho bem como dos corpos das mulheres. Não nós, mas ela própria arranca as crianças da casa de sua família e as atrela à roda do trabalho.

Mas, agora, o disparate do disparates, a piada-mor colocada de ponta-cabeça. A sociedade burguesa assusta-se diante de sua própria obra, recorre a regras para extinguir os frutos de sua própria ação: as crianças devem ser protegidas e, em meio a essa proteção, o poder parental deve ser honrado, o amor dos pais deve ser levado em conta. E no que isso se expressa? *Na maior liberdade de exploração dos próprios filhos pelos pais do que dos filhos dos outros!* A própria casa da família deve tornar-se, *de direito*, um círculo mais profundo do inferno capitalista para a criança proletária do que a casa alheia! Os próprios pais devem tornar-se, *de direito*, exploradores mais cruéis do que os alheios! O próprio seio familiar deve significar, *de direito*, para a criança proletária, trabalho mais longo, maior falta de proteção e de defesa diante do sofrimento do trabalho precoce [*Früherwerb*].

O próprio filho! Os sábios representantes da sociedade burguesa não sentiam, não percebiam que golpe aplicavam aos seus "maiores bens", à família, ao amor infantil, ao lar, na medida em que declaravam aos pais proletários: para a proteção de seu poder parental colocado em questão, de seu trabalho familiar arruinado, nada mais podemos garantir-lhes além da liberdade de explorarem mais seus próprios filhos para o santo capital do que os filhos dos outros; e, às crianças proletárias: para a proteção de sua infância dilapidada, de sua vida familiar destruída, de seu amor infantil abalado, nada mais podemos oferecer-lhes que a possibilidade de serem acorrentados da maneira mais impiedosa ao trabalho árduo por seus pais do que por estranhos!

Os salvadores político-sociais dos santuários burgueses agem como alguém que está preso no pântano e procura desesperadamente sair dele: a cada movimento apenas afunda mais um pouco. Tudo em que pensam para frear, para encobrir o trabalho desintegrador de sua terrível economia, carrega na testa o marco da destruição capitalista.

Paralisia e progresso no marxismo[1]

Em sua discussão superficial, mas por vezes interessante, sobre as condições sociais na França e na Bélgica, Karl Grün[2] faz, entre outras, a observação acertada de que as teorias de Fourier e Saint-Simon atuam de maneira bastante diferente sobre seus seguidores: enquanto o último é o pai de toda uma geração de brilhantes talentos nos mais variados domínios do espírito, o primeiro, salvo algumas poucas exceções, apenas gerou um séquito rígido de imitadores [*Nachbetern*], que não se destacaram em nenhum sentido. Grün explica essa diferença a partir do fato de que Fourier teria apresentado um sistema pronto, trabalhado até os mínimos detalhes, enquanto Saint-Simon apenas teria jogado um conjunto solto de grandes ideias aos seus estudantes. Ainda que Grün, no caso em questão, pareça ter levado pouco em conta a diferença interna, *de conteúdo*, entre as teorias dos dois clássicos do socialismo utópico, sua observação está, em geral, correta. Não há

---

1 Título original: *Stillstand und Fortschritt im Marxismus*. Publicado originalmente em *Vorwärts*, n.62, 14 mar. 1903.
2 Grün, *Die soziale Bewegung in Belgien und Frankreich: Briefe und Studien*.

dúvida de que um sistema de ideias desenvolvido apenas em seus traços principais tem um efeito muito mais atraente do que uma construção simétrica acabada, na qual nada mais se pode fazer, na qual um espírito livre não consegue exercitar-se de forma autônoma.

Seria esse o motivo pelo qual, na teoria de Marx, há anos sentimos uma paralisia semelhante? Pois, de fato, se desconsiderarmos algumas contribuições autônomas, que podem ser entendidas como avanços teóricos, desde o aparecimento dos últimos volumes do *Capital* e dos últimos trabalhos de Engels, podemos bem ter ganhado algumas belas popularizações e comentários da teoria marxista, mas, no fundo, do ponto de vista teórico, nos encontramos no mesmo lugar em que havíamos sido deixados pelos dois criadores do socialismo científico.

Será que o sistema de Marx colocou os estímulos autônomos do espírito em um quadro demasiadamente rígido? Sem dúvida, não se pode negar certa influência opressora de Marx sobre a liberdade de movimento teórico de alguns de seus alunos. Afinal, Marx e Engels já haviam recusado a responsabilidade pelas revelações intelectuais de certos "marxistas". O medo constrangedor de se desviar "do terreno do marxismo" durante o pensamento pode, em alguns casos, ter sido tão desastroso para o trabalho intelectual quanto o outro extremo – o esforço constrangedor de, justamente por meio do abandono completo do modo de pensar de Marx, provar a qualquer custo a "autonomia do próprio pensamento".

Apenas no domínio econômico é que se pode falar, em Marx, de um edifício teórico mais ou menos desenvolvido. Por outro lado, no que se refere à parte mais importante de seus ensinamentos, a concepção dialético-materialista da história, esta permanece apenas como um *método de pesquisa*; alguns pensamentos orientadores geniais, que permitem olhar para um mundo inteiramente novo, que abrem perspectivas infinitas de participação autônoma, que dão asas ao espírito para que realize as viagens mais audazes para domínios desconhecidos.

Contudo, também nesse domínio, salvo algumas pequenas contribuições, a herança de Marx permanece não desenvolvida. A arma sensacional encontra-se ociosa, e a teoria do materialismo histórico propriamente dita é hoje tão pouco desenvolvida e esquemática, como a deixou a mão de seu criador.

Portanto, se o edifício teórico de Marx não se desenvolve, isso não se deve à sua rigidez e completude.

Frequentemente ocorrem reclamações sobre a carência de forças intelectuais em nosso movimento que poderiam dar continuidade às teorias de Marx. De fato, uma carência desse tipo há muito teve início, mas ela mesma é um fenômeno que precisa de explicação, incapaz de esclarecer a outra questão. Cada época forma o seu próprio material humano, e se existe uma necessidade verdadeira de trabalho teórico, então nossa época criará as forças para sua satisfação.

Mas será que temos uma *necessidade verdadeira* de continuação teórica para além de Marx?

Em um artigo sobre a controvérsia entre a escola de Marx e a de Jevons, na Inglaterra, Bernard Shaw, o representante criativo do semissocialismo fabiano, debocha de Hyndman por este afirmar entender Marx "por completo" com base no primeiro volume do *Capital*, sem detectar nenhuma brecha nessa teoria, ao passo que depois Friedrich Engels, em seu prefácio ao segundo volume, afirmou que o primeiro volume, com sua teoria do valor, havia apresentado um enigma econômico fundamental, cuja solução seria trazida apenas pelo terceiro volume. Shaw havia aqui, de fato, apanhado Hyndman em uma situação um tanto quanto curiosa, mas deve ter bastado de consolo a este último que quase a totalidade dos socialistas partilhavam a mesma posição.

De fato! O terceiro volume do *Capital*, com a solução do problema da taxa de lucro – o problema fundamental do edifício econômico de Marx –, apenas apareceu no ano de 1893. No entanto, antes disso, a teoria marxista já provocava agitação e era popularizada e aceita, tanto na Alemanha como em outros países, com base no material inacabado do primeiro volume; aliás, essa agitação pautada no primeiro volume atingiu enorme sucesso sem que em lugar algum percebesse-se uma brecha teórica. E mais: quando o terceiro volume finalmente apareceu, gerou a princípio algum alvoroço em círculos mais restritos de especialistas, provocando alguns comentários e glosas marginais, mas, no que se refere ao movimento socialista como um todo, esse volume quase não encontrou ressonância nos amplos círculos em que predominava o ideário do primeiro volume. Enquanto as resoluções teóricas do terceiro volume não encontraram até hoje uma única tentativa de popularização e nem adentraram os círculos mais amplos, em contrapartida, podia-se recentemente ouvir vozes isoladas no interior da social-democracia que repetiam fielmente a "decepção" dos economistas burgueses com esse volume, apenas demonstrando com isso o quanto estavam habituados à exposição "inacabada" da teoria do valor, como oferecida pelo primeiro volume.

Como explicar um fenômeno tão estranho?

Shaw, que, de acordo com suas próprias palavras, gostava de "debochar" dos outros, teria aqui motivo para tirar sarro de todo o movimento socialista, na medida em que este se apoiava em Marx – aliás, estaria "debochando" de um fenômeno muito sério de nossa vida social. A estranha questão envolvendo o primeiro e o terceiro volume nos parece ser uma comprovação drástica do destino da pesquisa teórica no nosso movimento.

Sem dúvida, do ponto de vista *científico*, o terceiro volume do *Capital* deve ser visto como a finalização da crítica do capitalismo de Marx. Sem ele não se pode entender a decisiva lei da taxa de lucro, nem a divisão da mais-valia em lucro, juro e renda, nem o efeito da lei do valor no interior *da concorrência*. Mas – e isso é o principal –, todos esses problemas, por mais importantes que sejam do ponto de vista teórico, não têm tanta relevância do ponto de vista prático da luta de classes. Para esta, o maior problema teórico era: *a origem da mais-valia*, isto é, a explicação científica da *exploração*, bem como a tendência à socialização do processo de produção – a explicação científica dos *fundamentos objetivos da revolução socialista*.

Ambos os problemas já são respondidos pelo primeiro volume, que entende a "expropriação dos expropriadores" como o resultado final inevitável da produção de mais-valia e da progressiva concentração do capital. Com isso, a principal necessidade teórica do movimento operário estava, de maneira geral, satisfeita. Como a mais-valia se distribui entre os diferentes grupos exploradores e que deslocamentos a concorrência traz à tona nessa distribuição da produção, essas eram questões que não tinham interesse imediato para a luta de classes do proletariado.

Este é o motivo pelo qual o terceiro volume de *Capital* permaneceu até hoje como um capítulo não lido pelo socialismo.

Mas, para o nosso movimento, o que se aplica à teoria econômica de Marx também vale para a pesquisa teórica em geral. É nada mais do que uma ilusão pensar que a classe trabalhadora ascendente poderia, pelo conteúdo de sua luta de classes, exercer ao infinito sua atividade criadora no domínio teórico. É apenas ela que, como disse Engels, preservou o sentido e o interesse pela teoria. A sede de saber da classe trabalhadora é um dos fenômenos culturais mais importantes da contemporaneidade. E, do ponto de vista dos costumes, a luta dos trabalhadores significa a renovação cultural da sociedade. Mas o efeito *ativo* da luta proletária sobre o progresso da ciência está ligado a determinadas condições sociais.

Em toda sociedade de classes a cultura intelectual – a ciência, a arte – é uma criação da classe *dominante*, e têm o objetivo de satisfazer, em parte, as necessidades do processo social e as necessidades intelectuais dos membros da classe dominante.

Na história das lutas de classes até hoje, também as classes *ascendentes* – como o terceiro estado na modernidade – foram capazes de *antecipar* sua dominação intelectual em relação à dominação política ao opor uma ciência e uma arte novas à cultura obsoleta do período decadente.

O proletariado, por sua vez, encontra-se numa situação inteiramente diferente. Como classe *despossuída*, é incapaz, até mesmo em sua ascensão, de criar livremente uma outra cultura intelectual enquanto permanecer no quadro da sociedade burguesa. No interior dessa sociedade, e enquanto seus fundamentos econômicos persistirem, não pode haver outra cultura a não ser a *burguesa*. A classe trabalhadora como tal encontra-se *fora* da cultura atual, ainda que diferentes acadêmicos "sociais" já sejam capazes de admirar o uso de gravatas, cartões de visita e bicicletas entre os proletários como uma participação proeminente no avanço cultural. Apesar dos proletários criarem o conteúdo material, bem como toda a base social dessa cultura, com suas próprias mãos, só lhes é permitido usufruí-la na medida em que seja necessária para a realização satisfatória de suas funções no processo econômico e social da sociedade burguesa.

A classe trabalhadora apenas estará em condições de criar uma ciência e uma arte próprias após ter realizado a total emancipação de sua atual situação de classe.

Tudo que ela é capaz de fazer hoje é proteger a cultura da burguesia, do vandalismo da reação burguesa, e criar as *condições* sociais para o desenvolvimento cultural livre. Na sociedade atual, ela mesma pode atuar apenas nesse domínio na medida em que crie, para si, *as armas intelectuais para sua luta de libertação.*

Com isso, porém, desde o início estão demarcadas limitações muito estreitas à atividade intelectual da classe trabalhadora, isto é, a suas lideranças ideológicas intelectuais. A área de sua atuação criadora apenas pode ser uma determinada parte da ciência – a ciência da sociedade. Visto que, mediante "o nexo particular da ideia de quarto estado com o nosso período histórico", o esclarecimento das leis do desenvolvimento social era necessário à luta de classes proletária, esse nexo acabou por atuar frutiferamente na ciência social, e o monumento dessa cultura intelectual proletária é a doutrina de Marx.

Mas também a criação de Marx – que como trabalho científico é, em si próprio, um todo grandioso – ultrapassa as exigências diretas da luta de classes proletária, em virtude da qual foi criada. Tanto na análise detalhada e acabada da economia capitalista quanto no método de pesquisa histórico, com o seu imensurável domínio de aplicação, Marx ofereceu muito mais do que era imediatamente necessário para a luta de classes prática.

Somente na medida em que nosso movimento adentra os estágios mais avançados e arrola novas questões práticas é que voltamos a recorrer ao depósito de pensamentos de Marx, a fim de aperfeiçoar partes específicas de seu pensamento e utilizá-las. Mas dado que nosso movimento – como toda luta prática – tende a permanecer trabalhando com antigos pensamentos orientadores, após eles já terem perdido a sua validade, a utilização teórica dos esforços de Marx avança lentamente.

Portanto, quando agora percebemos uma paralisia teórica no movimento, isto não ocorre pelo fato de a teoria de Marx, da qual bebemos, ser incapaz de desenvolver-se ou ter se tornado antiquada, mas, ao contrário, por termos nos apropriado das mais importantes armas intelectuais do arsenal de Marx que nos eram necessárias no estágio atual da luta sem, com isso, as termos esgotado. Nós não "ultrapassamos" Marx na luta prática, mas, inversamente, foi ele que, em sua criação científica, já havia ultrapassado de antemão nosso partido da luta prática. Marx não se tornou insuficiente para as nossas necessidades; nossas necessidades é que ainda não bastam para o aproveitamento de suas ideias.

Assim, as condições de existência do proletariado, teoricamente descobertas por Marx na sociedade atual, se vingam do destino da própria teoria marxista. Instrumento incomparável da cultura intelectual, permanece inútil por ser imprestável para a cultura de classe burguesa, porém, excede em muito as necessidades de armas da classe trabalhadora para sua luta. Apenas com a libertação da classe trabalhadora de suas condições atuais de existência é que o método de pesquisa de Marx poderá ser também socializado, junto a outros meios de produção, para ser desdobrado em prol do bem-estar de toda a humanidade em seu uso e desempenho completos, totais.

Karl Marx[1]

> Os filósofos apenas *interpretaram* o mundo de maneiras diferentes; trata-se, porém, de *transformá-lo*.
>
> 11ª tese de Marx sobre Feuerbach[2]

Há vinte anos, Marx descansou sua poderosa cabeça. E, embora tenhamos vivenciado há apenas poucos anos o que na linguagem dos acadêmicos alemães se denominou "a crise do marxismo", basta olhar para as massas que hoje seguem o socialismo somente na própria Alemanha, olhar para o seu significado na vida pública dos assim chamados países civilizados, para compreender a obra do pensamento de Marx em toda sua grandeza.

Se fosse o caso de formular, em poucas palavras, aquilo que Marx fez pelo atual movimento operário, poder-se-ia afirmar: foi Marx quem, por assim dizer, descobriu a moderna classe traba-

---

1 Título original: *Karl Marx*. Publicado originalmente publicado em *Vorwärts*, n.62, 14 mar. 1903. Este artigo não foi assinado. A partir de uma carta de Rosa Luxemburgo a Clara Zetkin, depreende-se que ela é a autora (ver IML, ZPA, NL 5/45, fl.47).
2 Marx, *Thesen über Feuerbach*. In: Marx; Engels, *Werke*, v.3, p.535.

lhadora como uma categoria histórica, isto é, como uma classe com determinadas condições de existência e leis de movimento históricas. Claro que nos países capitalistas existia, antes de Marx, uma massa de trabalhadores assalariados, que, guiados rumo à solidariedade graças à homogeneidade de sua existência social no interior da sociedade burguesa, tateando para encontrar uma saída para sua situação, procuravam em parte uma ponte para a terra santa do socialismo. Mas foi somente Marx quem os elevou a uma *classe*, ao associá-los por meio de uma tarefa histórica particular: a conquista do poder político para a transformação socialista.

A ponte que Marx erigiu entre o movimento proletário (que cresce de maneira elementar a partir do terreno da sociedade atual) e o socialismo era, portanto: *luta de classes para a tomada política do poder.*

Desde então, a burguesia mostrou um instinto seguro quando acompanhava com ódio e medo os anseios *políticos* do proletariado em especial. Já em novembro de 1831, quando Casimir Perier relatava perante a Câmara dos deputados francesa acerca da primeira movimentação da classe trabalhadora no continente – a revolta dos tecelões de Lyon –, ele dizia: "Meus senhores, podemos ficar tranquilos! No movimento dos trabalhadores de Lyon não apareceu *nada de política*". A saber, para as classes dominantes, cada movimentação política do proletariado era um sinal de que se aproximava a emancipação dos trabalhadores da tutela política burguesa.

Mas apenas Marx conseguiu colocar a política da classe trabalhadora sobre o terreno da luta de classes consciente e, assim, forjá-la como uma arma mortal contra a ordem social estabelecida. A base da atual política operária social-democrata é, a saber, a *concepção materialista da história*, em geral, e a *teoria do desenvolvimento capitalista* de Marx, em particular. Somente aquele que vê como iguais enigmas a essência da política social-democrata e a essência do marxismo é que pode conceber a social-democracia – aliás, a política dos trabalhadores com consciência de classe em geral – fora da teoria de Marx.

Em seu *Feuerbach*, Friedrich Engels formulou a essência da filosofia como a eterna pergunta quanto à relação entre ser e pensamento, quanto à consciência humana no mundo material objetivo. Se transpusermos os conceitos de *ser* e *pensar* do mundo natural abstrato e da especulação individual na qual os filósofos profissionais navegam com seu bastão para o domínio da vida social, então de certo modo pode-se dizer o mesmo do *socialismo*. Ele foi desde sempre o tatear, a procura de meios e caminhos para harmonizar o ser com o pensar – a saber, as formas históricas de existência com a consciência social.

Foi reservado a Marx e seu amigo Engels encontrar a solução da tarefa, na qual séculos haviam se empenhado. Pela descoberta de que a história de todas as sociedades até hoje é, *em última instância*, a história de suas relações de produção e de troca, e que o desenvolvimento das mesmas se dá como luta de classes sob a dominação da propriedade privada nas instituições políticas e sociais, Marx expôs a mola propulsora mais importante da história. Só assim é que se obtêve uma explicação para o desacordo necessário entre consciência e ser, entre o querer humano e a ação social, entre as intenções e os resultados nas formas sociais anteriores.

Por meio do pensamento de Marx, então, é que a humanidade primeiramente descobriu o segredo de seu próprio processo social. Além disso, pela descoberta das leis do desenvolvimento capitalista foi mostrado o caminho que a sociedade percorre de seu estágio natural e inconsciente, em que fazia sua história como as abelhas fazem seus favos, para o estágio da história consciente, desejada, verdadeiramente *humana*, em que a vontade da sociedade e sua ação chegam à harmonia mútua, em que o ser humano social, pela primeira vez em milhares de anos, fará *aquilo* que *quer*.

Para falar com Engels, esse "salto definitivo do reino animal para a liberdade humana",[3] que irá primeiramente realizar a transformação socialista para toda a sociedade, ocorre já *no interior da ordem atual* –

---

3 "Apenas assim é que o ser humano, em certo sentido, deixa em definitivo o reino animal, passa das condições de existência animais para aquelas verdadeiramente humanas [...]. É o salto da humanidade do reino da necessidade para o reino da liberdade." Engels, *Herrn Eugen Dührings Umwälzung der Wissenschaft* [*Anti-Dühring*]. In: Marx; Engels, *Werke*, v.20, p.264.

na *política social-democrata*. Com o fio de Ariadne da teoria de Marx na mão, o partido operário é, hoje, o único que, do ponto de vista histórico, *sabe o que faz*, e, por isso, *faz o que quer*. Nisso reside todo o segredo da força social-democrata.

O mundo burguês há muito estranha a durabilidade surpreendente e o progresso contínuo da social-democracia. De tempos em tempos encontram-se velhas crianças isoladas, que, cegas pelos sucessos morais de nossa política, aconselham a burguesia a nos tomar como "um exemplo", a beber da misteriosa sabedoria e do idealismo da social-democracia. Não entendem que aquilo que é a fonte da vida para a política da classe trabalhadora ascendente e a fonte da juventude de sua força é um veneno mortal para os partidos burgueses.

Pois o que é, de fato, que nos fornece a força moral interior que nos leva a suportar e a livrar-nos, com essa coragem alegre, das maiores repressões, como uma década de leis antissocialistas? Seria a obstinação dos deserdados na perseguição a uma pequena melhoria material de sua situação? O proletariado moderno não é o filisteu, não é o pequeno-burguês, que deseja tornar-se herói pelo conforto cotidiano. O quão pouco a mera expectativa com vistas a reduzidas vantagens materiais é capaz de provocar na classe trabalhadora uma elevação moral é mostrado pela falta de fôlego tosca e sóbria do mundo inglês das *trade-unions*.

Será, como entre os antigos cristãos, o estoicismo ascético de uma seita, que sempre volta a flamejar com intensidade cada vez maior em relação direta com as perseguições? O proletariado moderno, como herdeiro e cria da sociedade burguesa, é um materialista demasiadamente natural, um ser humano de carne e osso demasiadamente saudável e sensível, para que, de acordo com a moral dos escravos, extraia apenas dos mártires o amor e a força para suas ideias.

Será, por fim, a "justiça" da questão que defendemos que nos torna tão invencíveis? A causa dos cartistas e dos weitlinguianos, a causa das escolas utópico-socialistas não era menos "justa" e, ainda assim, todas elas logo sucumbiram às resistências da sociedade estabelecida.

Se o atual movimento operário, desafiando todos os golpes violentos do mundo adversário, balança vitoriosamente a juba, é devido sobretudo à calma compreensão da regularidade do desenvolvimento histórico objetivo, o discernimento do fato de que "a produção capitalista dá origem [...] com a necessidade de um processo natural à sua própria negação"[4] – a saber: a expropriação dos expropriadores, a transformação socialista. É nesse discernimento que enxerga a garantia da vitória final, e dela extrai não apenas a impetuosidade, mas também a paciência, a força para agir e a coragem para resistir.

A primeira condição de uma luta política bem-sucedida é a compreensão das movimentações do adversário. Mas o que nos dá a chave para a compreensão da política burguesa em suas menores ramificações, até as armadilhas da política diária, compreensão esta que nos protege igualmente de surpresas bem como de ilusões? Nada a não ser o reconhecimento de que é necessário explicar todas as formas de consciência social. Ou seja, explicar também a política burguesa, em sua desarmonia interna a partir dos interesses de classes e de grupos, das contradições da vida material e, em última instância, "do conflito existente entre as forças produtivas e as relações de produção sociais".

E, da mesma forma, o que será que nos dá a capacidade de adaptar a nossa política a novos fenômenos da vida política como, por exemplo, da política mundial e, sobretudo, até mesmo sem um talento ou profundidade de pensamento particular, nos capacita a avaliá-la com a profundeza do veredito que atinge o núcleo propriamente dito do fenômeno, enquanto os críticos mais talentosos da burguesia apenas tateiam sua superfície ou, a cada olhar para as profundezas, emaranham-se em contradições sem saída? Novamente, nada além da visão geral do desenvolvimento histórico com base na lei de que é "o modo de produção da vida material" que "condiciona o processo da vida social, política e espiritual".

Porém, o que antes de qualquer coisa nos oferece uma medida na escolha dos meios e caminhos individuais na luta, para evitar

---

4   Marx, *Das Kapital*, v.1. In: Marx; Engels, *Werke*, v.23, p.791.

a experimentação desregrada e os saltos utópicos que desperdiçam nossas energias? Uma vez reconhecida a direção do processo político e econômico da sociedade atual, podemos medir, a partir dela, não apenas nosso plano de batalha em suas linhas gerais, mas também cada detalhe de nossas ambições políticas. Graças a esse fio condutor é que a classe trabalhadora conseguiu, pela primeira vez, transformar a grande ideia do objetivo final socialista em moeda de troca da política diária, e elevar o pequeno trabalho político cotidiano a uma ferramenta para realizar a grande ideia. Antes de Marx havia uma política burguesa conduzida por trabalhadores, e havia o socialismo revolucionário. Apenas desde Marx e por meio de Marx é que existe a *política socialista dos trabalhadores*, que é, ao mesmo tempo e no sentido mais completo de ambas as palavras, *Realpolitik revolucionária*.

Pois quando reconhecemos como *Realpolitik* uma política que apenas se coloca objetivos alcançáveis e sabe persegui-los com os meios mais eficazes pelo caminho mais curto, então a política de classes proletária, no espírito de Marx, distingue-se da política burguesa, pois esta é real do ponto de vista dos *sucessos diários materiais*, enquanto a política socialista o é do ponto de vista da *tendência histórica de desenvolvimento*. É exatamente a mesma diferença que existe entre uma teoria do valor da economia vulgar, que entende o valor como um fenômeno objetivo [*dinglich*] do ponto de vista do mercado, e a teoria de Marx, que o entende como uma relação social de determinada época histórica.

Mas a *Realpolitik* proletária também é revolucionária ao extrapolar em sua totalidade, por meio de todas as suas ambições parciais, o quadro da ordem estabelecida na qual ela trabalha, ao apenas enxergar-se a si própria, de maneira consciente, como o estágio anterior ao ato que a tornará a política do proletariado dominante e transformador.

Desse modo, tudo o que vem a seguir – a energia moral, com a qual superamos as adversidades, nossa tática de luta em seus mínimos detalhes, a crítica que fazemos aos adversários, nossa agitação diária que ganha as massas –, toda a nossa ação até a ponta dos dedos estão permeadas e marcadas pela teoria que Marx criou. E quando aqui e ali sucumbimos à ilusão de que nossa política atual, com toda sua força intrínseca, seria independente da teoria de Marx, isso apenas mostra que, em nossa prática, falamos em Marx mesmo sem o sabermos, tal qual o burguês de Molière falava em prosa.

Basta colocar à nossa frente o que foi realizado por Marx para entender que, por meio da transformação que provocou tanto na política dos trabalhadores quanto no socialismo, ele tinha de tornar-se o inimigo mortal da sociedade burguesa. Para as classes dominantes estava claro: vencer o movimento operário moderno significaria vencer Marx. Os vinte anos desde sua morte são uma série ininterrupta de tentativas de destruir, do ponto de vista prático e teórico, o espírito de Marx no movimento operário.

A história do movimento operário luta, desde o início, entre o utopismo revolucionário-socialista e a *Realpolitik* burguesa. A sociedade pré-burguesa, totalmente absolutista ou semiabsolutista, constituía o solo histórico do primeiro. O capítulo revolucionário-utópico do socialismo na Europa Ocidental termina, de modo geral – ainda que observemos recaídas isoladas até a época mais recente –, com o desdobramento da dominação burguesa de classes. O outro perigo – o naufrágio num remendo da *Realpolitik* burguesa – apenas nasce com o fortalecimento do movimento operário no solo do parlamentarismo.

Do parlamentarismo burguês deveriam ser extraídas as armas para a superação *prática* da política revolucionária do proletariado, a junção democrática das classes e a paz social da reforma deveriam substituir a luta de classes.

E o que se alcançou? Aqui e ali, a ilusão pode ter durado algum tempo, mas a invalidez dos métodos burgueses da *Realpolitik* para a classe trabalhadora ficou logo evidente. O fiasco do ministerialismo na França,[5] a traição do liberalismo na Bélgica,[6] o colapso do par-

---

5 Em 28 de maio de 1902, o governo Waldeck-Rousseau, no qual Alexandre-Étienne Millerand era ministro do Comércio desde junho de 1899, teve de renunciar.
6 Em abril de 1902, na Bélgica, apesar da aliança com o partido operário na luta pelo direito universal de voto, a burguesia liberal se comportou de maneira abertamente hostil aos trabalhadores.

lamentarismo na Alemanha – golpe após golpe, o curto sonho do "desenvolvimento tranquilo" foi despedaçado. A lei de Marx quanto ao acirramento tendencial das oposições sociais como base da luta de classes ganhou espaço de forma vitoriosa, e cada dia traz novos sinais e milagres. Na Holanda, 24 horas de greve dos ferroviários, como um terremoto na calada da noite, abriram uma enorme fenda na sociedade, da qual flamejava a luta de classes, e a Holanda encontra-se em chamas.[7]

Assim é que, num país depois do outro, sob a "pressão das massas de batalhões de trabalhadores", o terreno da democracia burguesa, da legalidade burguesa, parte-se como uma fina camada de gelo, para trazer novamente à consciência da classe trabalhadora que suas aspirações finais *não* podem ser levadas a cabo nesse terreno. É esse o resultado das muitas tentativas de tentar superar Marx na "prática".

A superação *teórica* do marxismo tornou-se uma missão de vida para centenas de apologetas da burguesia, o trampolim de sua carreira. O que alcançaram? Conseguiram, nos círculos da *intelligentsia* crédula, trazer à tona a convicção quanto à "parcialidade" e aos "exageros" de Marx. Mas mesmo os ideólogos burgueses mais sérios, como Stammler, reconheceram que, "diante de um pensamento tão bem fundamentado" nada poderia ser alcançado com aquelas "meias-verdades, com 'algo mais ou algo menos'". Sozinha, o que a ciência burguesa é capaz de contrapor à teoria de Marx *como um todo*?

Desde que Marx fez valer o ponto de vista histórico da classe trabalhadora nos domínios da filosofia, da história e da economia cortou-se o fio da pesquisa burguesa nesses domínios. A filosofia da natureza no sentido clássico chegou ao fim. A filosofia da história burguesa chegou ao fim. A economia política científica chegou ao fim. Na pesquisa histórica, em que não predomina o materialismo inconsciente ou inconsequente, o lugar de toda teoria unificada foi

---

[7] O governo havia tomado uma greve dos portuários e dos ferroviários de Amsterdã e Roterdã, no final de janeiro de 1903, como motivo para apresentar ao parlamento projetos de lei contra o direito de greve dos trabalhadores. Contra os modelos de locaute fizeram-se muitas reuniões de protesto entre o operariado.

ocupado por um ecleticismo que brilha em todas as cores, ou seja, a recusa de uma explicação unificada do processo histórico, isto é, da filosofia da história de modo geral. A economia balança entre duas escolas, a "histórica" e a "subjetiva", das quais uma protesta contra a outra, e ambas contra Marx, sendo que uma, para negar Marx, nega a teoria econômica, isto é, o conhecimento nesse domínio como princípio; a outra, porém, nega o único e objetivo método de pesquisa que primeiramente fez da economia política uma ciência.

De fato, a feira do livro das Ciências Sociais continua trazendo, todo mês, montanhas de resultados da dedicação burguesa. Por parte de acadêmicos modernos e ambiciosos são jogados no mercado os volumes mais grossos, à velocidade do grande capitalismo, equivalente à das máquinas. Mas monografias laboriosas, em que a pesquisa enterra a cabeça na areia dos pequenos fenômenos dispersos como um avestruz, a fim de trabalhar apenas para as necessidades diárias e não ter de ver os nexos maiores, ou nas quais simulam-se pensamentos e "teorias sociais", visto que, ao final, apenas escondem um reflexo do pensamento de Marx sob enfeites adornados ao gosto da "moderna" mercadoria de bazar. Um pensamento autônomo, um olhar atrevido para o longe, uma dedução inspiradora não se encontra em lugar algum.

E se o progresso social voltou a colocar uma série de novos problemas científicos que ainda aguardam solução, então mais uma vez é apenas o método *de Marx* que oferece um tratamento para essa solução.

Assim, de modo geral, é apenas falta de teoria o que a ciência social burguesa é capaz de contrapor à teoria marxista; ceticismo gnoseológico o que é capaz de contrapor ao conhecimento marxista. A doutrina de Marx é filha da ciência burguesa, mas o nascimento desta criança custou a vida da mãe.

Por isso, na teoria como na prática, justamente a ascensão do movimento operário é que tirou das mãos da burguesia aquelas armas com as quais ela queria ir a campo contra o socialismo de Marx. E hoje, vinte anos após sua morte, está ainda mais impotente diante dele, ao passo que Marx está mais vivo do que nunca.

De fato, ainda resta um consolo à sociedade atual. Enquanto ela se esforça em vão para encontrar um meio de superar a teoria de Marx, não percebe que o único e verdadeiro meio para tanto está oculto nessa teoria propriamente dita. Inteiramente histórica, ela apenas reivindica uma validade temporalmente limitada. Inteiramente dialética, ela porta, em si própria, a semente garantida de seu declínio.

Quando deixamos de lado sua parte permanente, a saber, o método de pesquisa histórico, a teoria de Marx, em seus contornos mais gerais, consiste no conhecimento do caminho histórico, que leva da última forma social, baseada em contradições de classe, "antagônica", à sociedade comunista construída sobre a solidariedade de interesses de todos os seus membros.

Como também as antigas teorias clássicas da economia política, ela é, sobretudo, o reflexo intelectual de um determinado período do desenvolvimento político e econômico – a saber, da passagem da fase capitalista à fase socialista da história. Mas ela é mais do que apenas reflexo. Pois a passagem histórica reconhecida por Marx sequer pode ser realizada sem que o conhecimento de Marx tenha se tornado o conhecimento social de uma determinada classe social, do proletariado moderno. A transformação histórica formulada pela teoria marxista tem *como pressuposto* que a teoria de Marx se torne a forma de consciência da classe trabalhadora e, como tal, *um elemento* da própria história.

Assim é que a teoria de Marx se confirma de forma progressiva, com cada novo proletário que se torna portador da luta de classes. A teoria de Marx é, portanto, ao mesmo tempo, uma parte do processo histórico – ou seja, ela própria também um processo, e a revolução social será o capítulo final do Manifesto Comunista.

Desse modo, mais cedo ou mais tarde, a teoria de Marx será "superada" em sua parte mais perigosa para a ordem social estabelecida. Porém, apenas *junto* com a ordem social estabelecida.

Expectativas frustradas[1]

O comportamento de toda a imprensa burguesa diante dos acontecimentos em nosso partido[2] mostra, mais uma vez, como é certo que o instinto de classe triunfa sobre todas as diferenças externas dos partidos burgueses. Estão novamente unidos os nacional-liberais e o centro, Knuten-Oertel[3] e os herdeiros do *Vossen*,[4] unidos pela ruidosa alegria e pela gritaria triunfal sobre a miséria estado lastimado da social-democracia. Os primeiros alegram-se com a "rixa mútua" que finalmente se iniciara, começando a se concretizar a bela expectativa de que a social-democracia, contra quem não havia qualquer remédio burguês, iria autodestruir-se. Os segundos triunfam sobre o infortúnio de alguns acadêmicos da social-democracia, prova de

---

1   Título original: *Geknickte Hoffnungen*. Publicado originalmente em *Die Neue Zeit*, ano 22, v.I, 1903/04, p.33-9.
2   Rosa Luxemburgo refere-se ao Congresso do SPD em Dresden, de 13 a 20 de setembro de 1903, quando o embate com os chamados oportunistas atingiu o ápice.
3   Rosa Luxemburgo refere-se ao deputado conservador Georg Oertel, redator-chefe do *Deutschen Tageszeitung*.
4   Referência ao Partido Popular Liberal, sob a liderança de Eugen Richter, muito próximo do jornal liberal *Vossische Zeitung*.

que haveria um abismo insuperável entre o "homem culto" e a "massa cega", e que "se quebraria o pescoço" na tentativa de ultrapassá-lo. Os terceiros exultam, pois agora a social-democracia não poderia mais olhar de cabeça erguida para o mundo burguês, uma vez que também ela teria o esqueleto da corrupção na própria casa – *tout comme chez nous*.[5] E todos cantam, em uníssono, a canção de que o prestígio, o poder fascinante da social-democracia estaria eliminado! Para todo o sempre!

A alegria é bem fingida. Tão bem que um jornal partidário até mesmo a apreendeu como "exultação" sincera, de modo que acreditava precisar jogá-la na cara do partido com um suspiro patético de alerta e desilusão.

Entretanto, basta apenas um ouvido um pouco mais acurado para discernir, em meio a esse concerto estridente de alegria e triunfo, a frustração e o ranger de dentes, o ódio contido. Justamente essa compaixão geral e essa simpatia da imprensa burguesa pelos poucos "homens cultos" supostamente maltratados pela horda bárbara que uiva, os insultos à "massa cega" com seu "levante contra os acadêmicos" mostram, nitidamente, onde está a ferida na qual agora, os dedos do partido são colocados de maneira irrefletida.

No entanto, esse grande barulho que é feito na social-democracia por algumas "bagatelas", e que em qualquer partido burguês seria absorvido com uma indiferença calada, pode parecer até certo ponto, no atual ambiente burguês, ridículo e bárbaro. Grotesca é a imagem de um partido composto por três milhões de homens maduros, que se exalta e faz de algumas "falsidades" ação estatal e diretriz; falsidades que, ao lado da soma de mentiras oferecida por um dos heróis da maioria protecionista em uma única sessão do Reichstag, ou por um conservador em um único discurso eleitoral, desaparecem como uma pobre luz de velas ao sol do meio-dia.

Puramente pessoal, vergonhosamente "pessoal", também se tornou, de fato, o enfrentamento com o revisionismo – o que precisa ser

---

5   Do francês: "Assim como na nossa casa". (N. E.)

admitido por nós com sentimento de pesar. Justamente nós é que não estamos na situação confortável dos nacional-liberais ou do centro, dos *junkers* ou dos liberais, que permite tornar a corrupção política e a fraude das massas um princípio da existência partidária propriamente dita, em que todo e qualquer esquema aviltante se desfaz sem deixar pistas, como uma gota no mar.

Quando, por sinal, o levante da massa proletária em nosso partido contra os fenômenos isolados de corrupção entre os "acadêmicos" irrita a burguesia, deve-se conceder-lhe que ela soube, com instinto preciso, perceber entre nós, nos processos atuais, justamente aquele lado do movimento operário moderno que se tornou tão fatídico para ela nos últimos cinquenta anos – a guinada radical na relação entre "massa" e "líder" provocada pela social-democracia.

A expressão de Goethe acerca da "maioria repugnante", que seria constituída por poucos e fortes antecessores, "por velhacos, que se acomodam, por fracos, que se assimilam, e pela massa, que apenas acompanha, sem a menor ideia do que quer",[6] essa expressão, com a qual os escribas burgueses querem identificar a massa *social-democrata*, nada mais é do que o esquema clássico das "maiorias" nos partidos burgueses. Em todas as lutas de classes anteriores, que foram travadas no interesse de minorias – ou, como dizia Marx, onde todo o desenvolvimento histórico ocorrera em oposição à grande massa popular –, a falta de clareza da massa sobre os verdadeiros objetivos, o conteúdo material e os limites da ação histórica formava a própria condição prévia dessa ação. Esse mal-entendido também foi a base histórica específica da "liderança" por parte da burguesia "culta", ao que correspondia o "acompanhamento" da massa.

Mas já em 1845 Marx escrevia que "com a profundidade da ação histórica aumenta a dimensão da massa, cuja ação ela é".[7] A luta de classes proletária é a ação histórica mais "profunda" entre todas; compreende todas as camadas populares inferiores e é a *primeira* ação que,

---

6 Heinemann, *Goethes Werke. Unter Mitwirkung mehrerer Fachgelehrter*, 24 v., s. d., p.265-6.
7 Engels; Marx, *Die heilige Familie oder Kritik der kritischen Kritik*. In: *Werke*, v.2, p.86.

desde a existência da sociedade de classes, corresponde aos interesses *próprios* da massa.

A *própria* compreensão da massa de suas tarefas e caminhos é, por isso, uma pré-condição histórica tão indispensável da ação social-democrática, como antes sua falta de compreensão era a pré-condição das ações da classe dominante.

Com isso, porém, está superada a oposição entre "liderança" e maioria "que acompanha"; a relação da massa com os líderes é colocada de ponta-cabeça. O único papel dos assim chamados "líderes" na social-democracia consiste em esclarecer a massa acerca de suas tarefas históricas. O prestígio, a influência dos "líderes" na social-democracia só cresce em relação com o tanto de esclarecimento que oferecem nesse sentido, ou seja, justamente quando destroem a base anterior de toda liderança, a cegueira da massa, no modo, em suma, como a própria massa se *aliena* da liderança deles, como transformam a massa em liderança e a si mesmos em realizadores, em instrumentos da ação de massas consciente. A "ditadura" de um Bebel, isto é, seu enorme prestígio e sua influência, residem apenas em seu enorme trabalho de esclarecimento da massa visando a maioridade política; hoje ele colhe os frutos desse trabalho, quando a massa o segue entusiasmada, na medida em que ele, como neste momento, dá palavras aos desejos e ao pensamento da massa. E enquanto o aprimoramento da liderança clara, consciente e espiritual que é a massa, da associação da ciência com os trabalhadores de que fala Lassalle, for e permanecer apenas um processo dialético, visto que novos elementos oriundos dos círculos de trabalhadores e de seguidores de outras camadas são sempre incluídos, nessa medida a *tendência* dominante do movimento social-democrata consiste e consistirá na abolição dos "líderes" e das massas "lideradas" no sentido burguês, essa base histórica de toda dominação de classes.

No entanto, isso significaria ultrajar a sombra dos burgueses que antigamente lutaram pela libertação, caso se quisesse colocá-los no mesmo nível dos atuais "líderes" burgueses. A ascensão da social-democracia também teve efeitos profundos sobre a relação da massa com os líderes *fora* da luta de classes proletária, no meio burguês propriamente dito. Os movimentos de classes da burguesia *ascendente* assentaram-se apenas na falta de clareza das massas populares sobre os verdadeiros objetivos de cada ação, mas também em grande medida na falta de clareza dos próprios líderes. Agora que os interesses de classe específicos da massa popular foram descobertos, a burguesia só é capaz de manter seus partidários mascarando de forma intencional seus próprios anseios de classe, bem como os interesses populares contrários. Os precursores revolucionários da burguesia eram líderes populares em virtude de um *autoengano histórico*. – Os Bachem, Bassermann, Richter, cujos serviçais clamam contra a "ditadura" de Bebel, são representantes populares com base em uma *fraude política*.

Agora, justamente quando entre os partidos fundados sobre essa enganação profissional das massas o liberalismo está à frente de todos no que se refere às ofensas à "massa cega" da social-democracia e à "indignação do punho calejado" contra o "espírito sagrado da formação cultural [*Bildung*]", isso apenas mostra, de maneira drástica, quão profundamente o cenário histórico e o "espírito" desses senhores se alterou durante o último meio século.

Foi o hegeliano Bruno Bauer quem, após sua renúncia ao movimento radical do início dos anos 1840, polemizou com os "porta-vozes liberais da massa", para esclarecer-lhes que era justo "na massa, *não em outro lugar*" que se deveria procurar o "verdadeiro inimigo do espírito". Os "porta-vozes liberais" daquela época ainda procuravam o "verdadeiro inimigo do espírito" *não* na "massa", que levava a sério seus chavões liberais, mas "em outro lugar", a saber, no Estado prussiano reacionário. Hoje, entretanto, depois que os "porta-vozes liberais" há muito se uniram à reação do Estado prussiano contra a "massa", eles mesmos enxergam nela "o verdadeiro inimigo do espírito". A saber, *naquela* massa que lhes voltou as costas com desprezo, para lutar por conta própria tanto contra a reação como contra o liberalismo burguês, e que em 16 de junho[8] voltou a deixar seus "porta-vozes" um tanto mais perto da cova.

---

8   Em 16 de junho de 1903, nas eleições para o Reichstag, a social-democracia obteve 3 milhões de votos, aumentando o número de deputados de 25 (1898) para 81.

É a velha fábula das uvas que estavam azedas. Depois de, dia após dia, perder para a social-democracia seus próprios seguidores nas amplas camadas populares, restou à burguesia a única esperança de, por meio do revisionismo, pelo menos empurrar o operariado social-democrata para as trilhas da política burguesa, de quebrar as pernas da luta de classes proletária e, assim, por desvios, precariamente vingar-se das perdas no jogo histórico.

Enquanto durava essa esperança, a massa social-democrata parecia revelar o grande sentido da "cultura" e da "formação cultural", e gradualmente prometia tornar-se um poder "civilizado". Agora, depois de ter sido tão rude e tão inimiga da cultura, de ter pisoteado em Dresden, com suas grosseiras botas proletárias, todos os ovos que lhe haviam sido oferecidos pela burguesia, é evidente que não resta dúvida tratar-se de um rebanho cego, que se deixou instigar por seus líderes e ditadores para uma ação tão incivilizada.

A imagem não dispensa certa comicidade, só que, desta vez, pode-se admitir que a dor dos fraudadores fraudados tinha motivos especialmente sérios. Se os congressos partidários anteriores condenaram as declarações isoladas da prática e da teoria revisionistas, em Dresden e depois de Dresden o partido não apenas repetiu aquele veredito de maneira reforçada, mas, ao mesmo tempo, julgou um outro lado do revisionismo – sua ética política e a ligação pessoal com a burguesia daí decorrente.

Para qualquer um que procure dar conta dos acontecimentos dos últimos dias em seu nexo interno, não pode haver dúvida de que o tão debatido artigo sobre a "moral partidária",[9] por mais casual que possa ser sua origem e por menos que caracterize o verdadeiro modo de ação de todos os companheiros revisionistas, pode ainda assim ser enxergado como expressão adequada da ética do revisionismo, na medida em que ela corresponde aos seus processos de pensamento com uma lógica coercitiva. A massa, que precisa ser educada como uma criança, à qual não se pode dizer tudo, que até se pode enganar e a quem se pode,

---

9 Bernhard, Parteimoral, *Die Zukunft* (Berlin), ano 11, n.15, 1903, p.79-81.

para o seu próprio bem, mentir, e os "líderes", que como estadistas de visão profunda, com esse tom suave, formam o templo do futuro a partir de seus próprios grandes planos, essa é a ética política tanto dos partidos burgueses como do socialismo revisionista, ainda que as intenções perseguidas possam diferir aqui e ali.

Essa relação da massa e dos líderes em sua aplicação prática, nós a vemos ocupando espaço no jauresismo na França e nos preparativos da direção de Turati na Itália. As "federações" "autônomas", desconexas, heterogêneas do partido de Jaurès, a solicitação de Turati em Ímola quanto à abolição do comitê central do partido, nada mais são do que a dissolução da massa partidária robustamente organizada, para que ela se transforme de líder autônoma em uma ferramenta passiva de seus parlamentares, naquela "massa cega" que precisa "acompanhar", pois "nem sequer sabe o que quer" – ou, quando o sabe, como no congresso de Bordeaux,[10] não tem a força de fazer valer a sua vontade. Isso, bem como o anseio dos deputados jauresistas de até mesmo libertar-se da influência e do controle das organizações partidárias que os haviam enviado para o parlamento, e sobre cujas cabeças pretendiam apelar diretamente à massa eleitoral desorganizada, amorfa, compõe as condições prévias de organização da relação recíproca de líder e massa, que no artigo da *Zukunft* são apresentadas como necessidade psicológica e como norma de *todo* movimento de massas.

A essa indefinição de fronteiras no lado de baixo entre a resoluta tropa central proletária e a massa popular desorganizada corresponde, de maneira harmônica, no lado de cima, a indefinição das fronteiras entre a "liderança" do partido e o meio burguês – a aproximação do parlamentar socialista do literato burguês no terreno da "formação geral humana".

Sob a proteção da "formação cultural" e da "cultura geral humana", parlamentares social-democratas e jornalistas burgueses encontraram-se, durante as belas noites de inverno, para recuperar-se "dos fardos da profissão" e da "conversa política informal". Tal qual,

---

10   O congresso do Partido Socialista Francês ocorreu de 12 a 14 de abril de 1903 em Bordeaux.

no declínio do período de esplendor da Grécia antiga, estadistas, filósofos, políticos e artistas se reuniam em volta de Péricles, para, em uma livre troca de ideias, escalar os picos mais elevados do espírito humano e experimentar as nuanças mais sutis da cultura, os estadistas social-democratas reuniram-se em um boteco berlinense em torno de Péricles-Harden, para, na companhia de simpáticas mulheres e jornalistas espirituosos, longe do tumulto grosseiro da luta de classes e do cheiro de suor das massas, conversar sobre política e arte, assuntos elevados e divertidos. Ainda que faltassem as coroas de louros sobre as cabeças dos reunidos – e, talvez, a Pschorrbräu[11] comum substituísse o nobre suco da vinícola tessalônica –, pairava ali o verdadeiro espírito da antiga amizade, da formação mais fina; e, com a verdadeira tolerância dos espíritos superiores, trocavam-se e comparavam-se reciprocamente os mais variados pontos de vista e opiniões – além de algum eventual material detetivesco contra companheiros desagradáveis. "Como entre os cultos", afirma o companheiro Heine.

E, agora, o grosseiro punho socialista, que não tem compreensão pela fina formação e pela época de Péricles, intervém para destruir, de maneira bárbara, todos os "bandos delicados do humanismo livre". Os tentáculos da sociedade burguesa, que foram esticadas até o fundo de nossas tocas, voltam a recolher-se rapidamente, contraindo-se dolorosos. O ser ofendido do senhor Jastrow, os brigalhões do *Vossische*, as ofensas do Mosse-liberal passam recibo das expectativas frustradas. A neblina revisionista recuou, e ante os olhares de ódio da burguesia se levanta o íngreme e escarpado rochedo dos bastiões proletários em sua antiga distância, em sua antiga rudeza. Entre ele e o mundo burguês mais uma vez se abre, de maneira intransponível, a fenda profunda, e o que há pouco ainda parecia aos pilhadores burgueses como um passeio de lá pra cá é, agora, um salto, "em que se quebra o pescoço", caso não se empenhe toda a personalidade na empreitada.

---

11   Pschorrbräu é uma das cervejas de uma tradicional cervejaria alemã, fundada no início do século XV. (N. T.)

Agora está claro o nexo dos fenômenos éticos dos últimos dias com os métodos revisionistas. Justamente aquele alegre ir e vir por sobre o abismo, que separa o espaço de luta do proletariado dos inimigos burgueses, que fora produzido pela "crítica livre", pela "livre expressão de opinião" e pela "livre colaboração" revisionista na imprensa burguesa, esse era o terreno no qual floresciam aqueles fenômenos, cuja flor mais bela é representada pela conspiração contra Mehring.[12] Entre a social-democracia e o mundo burguês se produzira uma endosmose espiritual, através da qual os venenos da decomposição burguesa podiam adentrar livremente na circulação sanguínea do corpo partidário proletário.

Hinc illae lacrimae![13] Por isso as caretas da imprensa burguesa e as ameaças, de que agora perderíamos nossos "seguidores" e teríamos impedido o afluxo dos acadêmicos. Um periódico dos liberais considera que, agora, o companheiro Göhre, após se ver obrigado a abrir mão de seu mandato, teria entendido "que erro cometeu" ao se associar à social-democracia.[14] Essa confissão inocente de uma bela alma liberal mostra como naquele espaço se pensa sobre a filiação partidária de cada um. O nobre liberalismo entende a entrada na social-democracia como "um erro", assim como se comete um erro quando, dependendo do andamento dos negócios, se "faz" café em vez de algodão. E nisso sequer lhe ocorreu que, com essa apreciação de especialista dos acontecimentos na social-democracia, ele degradasse a política em sua própria casa, rebaixando-a à prostituição.

Ora, aqueles acadêmicos que, partindo *desses* pontos de vista, não mais viriam a nós, ou enfim nos deixariam, nós tranquilamente os cedemos aos abraços enamorados do liberalismo. *Similia similibus* –

---

12 Antes do Congresso do SPD em Dresden, Franz Mehring criticou a colaboração de social--democratas na imprensa burguesa, o que provocou uma campanha dos revisionistas contra ele.
13 Do latim: "Por isso aquelas lágrimas!" (N. T.)
14 Paul Göhre, cofundador da Associação Nacional-Social e, até 1899, seu segundo presidente, havia migrado em 1900 para a social-democracia, adotando posições revisionistas. Em 1º de outubro de 1903 Göhre abdicou de seu mandato de junho de 1903 no Reichstag, sem antes comunicar à direção do partido ou aos seus eleitores.

que os iguais façam companhia um ao outro. Apenas receamos que o coitado do liberalismo nem mesmo feche negócio nessa aguardada liquidação parcial "da concorrência", pois justamente os "acadêmicos" que lhe são espiritualmente próximos de certo não cometeriam "o erro" de aceitar trabalho em uma firma falida.

Mas no que se refere à nossa missão cultural, em relação à qual, após o "levante dos punhos calejados" contra os "acadêmicos" o *Junkertum* parece estar especialmente preocupado, também os amigos da cultura a leste do Elba logo precisarão saber, com grande dor, que a ação da social-democracia para salvar a cultura contra a reação burguesa apenas aparecerá com potência ainda maior após o acerto de contas com o revisionismo. Pois também o nexo interno da social-democracia com a cultura espiritual não reside nos elementos que passaram da burguesia para nós, mas, antes, na massa proletária ascendente. Não advém do parentesco de nosso movimento com a sociedade burguesa, porém de sua *oposição* a essa sociedade. Sua fonte é o *objetivo final* socialista, que significa a devolução de toda a cultura humana à totalidade humana. E quanto mais agudamente o caráter proletário da social-democracia e o seu objetivo final tomarem a frente do movimento, tanto mais seguramente a cultura espiritual da Alemanha estará preservada de seus amigos a leste do Elba e da própria Alemanha, preservada da decadência rumo à chinesice [*Chinesentum*] conservadora.

Tanto mais urgente é, porém, a limpeza do partido no que diz respeito aos fenômenos desagregadores que tiveram início como consequência do último quinquênio de sua história. Pois "com a profundidade" dessa "ação histórica", em certo sentido, também aumentará "o alcance da massa" que, com confiança, segue para o nosso campo, como o único campo político em que seus puros interesses de classe são defendidos com um escudo puro.

Questões de organização da social-democracia russa[1]

É uma verdade corrente e respeitável que o movimento social-democrata dos países atrasados deve aprender com o movimento mais antigo dos países desenvolvidos. Ousamos acrescentar a essa tese a tese oposta: os partidos social-democratas mais antigos e avançados podem e devem igualmente aprender com seus partidos irmãos mais jovens, conhecendo-os melhor. Para os economistas marxistas – diferentemente dos economistas clássicos burgueses e, com maior razão, dos economistas vulgares – todos os estágios econômicos que precedem a ordem econômica capitalista não são simplesmente meras formas de "subdesenvolvimento" em relação ao coroamento da criação, o capitalismo, mas sim diferentes tipos de economia, com igual status *histórico*. Assim, também para os políticos marxistas, os movimentos socialistas, diferentemente desenvolvidos, são em si indivíduos his-

---

1 Título original: *Organisationsfragen der russischen Sozialdemodratie*. Publicado originalmente em *Die Neue Zeit*, ano 22, 1903/1904, v.2, p.484-492; 529-535. Tradução de Isabel Loureiro.

tóricos determinados. E quanto mais conhecemos as características da social-democracia em toda a variedade de seus diferentes meios sociais, tanto mais nos tornamos conscientes do essencial, do fundamental, dos *princípios* do movimento social-democrata, e tanto mais recua a estreiteza de horizontes condicionada pelo localismo. Não por acaso vibra tão fortemente no marxismo revolucionário o tom internacional; não por acaso a maneira oportunista de pensar acaba sempre no isolamento nacional. O artigo que segue, escrito a pedido da *Iskra*, o órgão do partido social-democrata russo, deve também ter algum interesse para o público alemão.[2]

I

Coube à social-democracia russa uma tarefa singular e sem precedentes na história do socialismo: criar, num Estado absolutista, uma tática social-democrata, baseada na luta de classes proletária. A costumeira comparação que se faz entre a atual situação na Rússia e a situação alemã na época das leis antissocialistas[3] é infundada, pois encara a situação russa de um ponto de vista policial e não político. Os *obstáculos* postos no caminho do movimento de massas pela ausência de liberdades democráticas têm importância relativamente secundária: também na Rússia, o movimento de massas soube derrubar as barreiras da "Constituição" absolutista e criou para si uma "Constituição", ainda que atrofiada, das "desordens de rua". O que o movimento doravante também saberá fazer, até a vitória completa sobre o absolutismo. A principal dificuldade da luta social-democrata na Rússia consiste na dissimulação da dominação burguesa de classe pela dominação do

---

2   O presente trabalho refere-se à situação russa. Porém, as questões de organização de que trata são importantes também para a social-democracia alemã, não apenas em virtude do enorme significado internacional alcançado atualmente pelo nosso partido irmão russo, mas também porque semelhantes problemas de organização ocupam vivamente, no momento, nosso próprio partido. Consequentemente, levamos ao conhecimento dos nossos leitores este artigo da *Iskra* (Nota do original da *Die Neue Zeit*).
3   Leis votadas em 1878, sob a instigação de Bismarck, obrigando o Partido Social-Democrata Alemão (SPD) à semiclandestinidade.

poder absoluto; isto dá necessariamente à própria teoria socialista da luta de classes um caráter abstrato e propagandístico e à agitação política imediata um caráter sobretudo revolucionário-democrático. As leis antissocialistas procuravam pôr apenas a classe operária fora da Constituição, e isso numa sociedade burguesa altamente desenvolvida, com antagonismos de classe plenamente desnudados, desenvolvidos no parlamentarismo. Aí justamente residiam a insanidade e o absurdo do empreendimento bismarckiano. Na Rússia deve-se realizar o experimento contrário: criar uma social-democracia sem a dominação política direta da burguesia.

Isso moldou, de modo particular, não apenas a questão da transplantação da doutrina socialista para solo russo, não apenas a questão da *agitação*, como também a da *organização*. No movimento social-democrata, diferentemente dos antigos experimentos utópicos do socialismo, a *organização* não é um produto artificial da propaganda, mas um produto histórico da luta de classes, no qual a social-democracia simplesmente introduz a consciência política. Em condições normais, ou seja, em que a dominação política de classe da burguesia, já desenvolvida, precede o movimento socialista, foi a própria burguesia quem criou, em larga medida, o início da coesão política dos operários. "Nesta fase", diz o Manifesto Comunista, "o agrupamento de operários em grandes massas ainda não é o resultado da sua própria união, mas o resultado da união da burguesia".[4] Na Rússia, coube à social-democracia, por sua intervenção consciente, a tarefa de suprir um período do processo histórico e conduzir o proletariado, diretamente da atomização política, que constitui o fundamento do regime absolutista, à mais alta forma de organização – a de uma classe combativa e consciente de seus objetivos. A questão da organização é, por conseguinte, particularmente difícil para a social-democracia russa, não apenas porque deve fazê-la surgir sem todos os auxílios formais da democracia burguesa, mas sobretudo, porque deve criá-la, por assim dizer, como o amado Deus Pai, "do nada", no ar rarefeito,

---

4   Marx; Engels. *Manifest der Kommunistischen Partei*. In: *Werke*, v.4, p.470.

sem a matéria-prima política que, de outra maneira, é preparada pela sociedade burguesa.

O problema em que a social-democracia russa trabalha há alguns anos consiste justamente na transição do tipo de organização correspondente à fase preparatória do movimento, preponderantemente propagandística, em que cenáculos e organizações locais mantinham-se dispersos e totalmente independentes, para a organização exigida por uma ação política de massa centralizada, em todo o Estado. Porém, como o traço mais pronunciado das antigas formas de organização, intolerável e politicamente ultrapassado, consistia na dispersão e na completa autonomia, na soberania das organizações locais, era natural que o lema da nova fase, que o lema do grande trabalho preparatório de organização, fosse o *centralismo*. A ênfase na ideia do centralismo constituiu o tema dominante da brilhante campanha conduzida durante três anos pela *Iskra* como preparação para o último congresso, de fato o congresso constituinte.[5] E a mesma ideia dominava toda a jovem-guarda da social-democracia na Rússia. Contudo, logo ficou claro no próprio congresso e ainda mais *após* o congresso que o centralismo é uma palavra de ordem que nem de longe esgota o conteúdo histórico e a peculiaridade do tipo de organização social-democrata. Verificou-se, mais uma vez, que em nenhum campo a concepção marxista do socialismo se deixa imobilizar em fórmulas rígidas, nem mesmo na questão da organização.

O livro em questão do camarada Lênin,[6] um dos mais destacados dirigentes e militantes da *Iskra*, na sua campanha preparatória antes do congresso russo, é a exposição sistemática do ponto de vista da tendência *ultracentralista* do partido russo. A concepção que aqui se expressa de maneira penetrante e exaustiva é a de um implacável centralismo. O princípio vital deste centralismo consiste, por um lado, em salientar fortemente a separação entre os grupos organi-

---

[5] De 30 de julho a 23 de agosto de 1903, realizou-se em Bruxelas o II Congresso do Partido Operário Social-Democrata Russo (POSDR), no qual ocorreu a cisão entre bolcheviques e mencheviques.

[6] Rosa refere-se a *Um passo à frente, dois passos atrás*, escrito por Lênin em 1904.

zados de revolucionários declarados, ativos, e o meio desorganizado – ainda que revolucionário e ativo – que os cerca. Por outro lado, consiste na rigorosa disciplina e na interferência direta, decisiva e determinante das autoridades centrais em todas as manifestações vitais das organizações locais do partido. Basta observar que, segundo esta concepção o comitê central tem, por exemplo, o direito de organizar todos os comitês locais do partido e, por conseguinte, também o de determinar a composição pessoal de cada uma das organizações locais russas, de Genebra a Liège e de Tomski a Irkutsk;[7] ele pode dar-lhes estatutos locais inteiramente prontos, pode dissolvê-las e reconstituí-las totalmente por decreto e, por fim, desta maneira, influenciar indiretamente na composição da mais alta instância partidária, o congresso. Assim, o Comitê central aparece como o verdadeiro núcleo ativo do partido, e todas as demais organizações apenas como seus instrumentos executivos.

Lênin vê justamente na união do mais rigoroso centralismo organizativo com o movimento de massas social-democrata um princípio específico do marxismo revolucionário e traz uma série de fatos em apoio à sua concepção. Mas examinemos isto mais de perto.

Não há dúvida de que, em geral, uma forte inclinação para o centralismo é inerente à social-democracia. Tendo crescido sobre o solo econômico do capitalismo, de tendência centralizadora, e dependendo, na sua luta, dos parâmetros políticos do grande Estado burguês centralizado, a social-democracia é, desde as suas origens, adversária declarada de todo particularismo e federalismo nacionais. Destinada a representar, nos limites de um dado Estado, a totalidade dos interesses do proletariado como classe, em oposição a todos os interesses parciais e de grupo do proletariado, a social-democracia esforça-se naturalmente, em toda parte, por unir todos os grupos nacionais, religiosos e profissionais da classe operária num partido comum, unificado. Apenas em circunstâncias especiais, anormais,

---

7 Os social-democratas russos no exílio viviam em diferentes cidades europeias onde estavam politicamente organizados. Donde a referência de Rosa Luxemburgo a Genebra e Liège.

como por exemplo, na Áustria, é forçada a fazer uma exceção a favor do princípio federativo.[8]

Neste contexto, não há dúvida de que também a social-democracia russa não deve formar um conglomerado federativo das inúmeras organizações particulares nacionais e da província, mas um partido operário centralizado, compacto, para todo o império russo. Porém, é uma questão totalmente diferente a do maior ou menor grau de centralização e da *natureza* particular desta centralização no interior de uma social-democracia russa unificada e centralizada.

Do ponto de vista das tarefas formais da social-democracia como partido de luta, o centralismo organizativo aparece desde o início como uma condição de cuja realização dependem, numa relação direta, a capacidade de luta e a energia do partido. Entretanto, as condições históricas específicas da luta proletária são aqui muito mais importantes que o ponto de vista das exigências formais de qualquer organização de luta.

Na história das sociedades de classe, o movimento social-democrata foi o primeiro que sempre contou, em todos os seus momentos e em todo o seu percurso, com a organização e a ação autônoma e direta da massa.

Assim sendo, a social-democracia cria um tipo de organização totalmente diferente dos anteriores movimentos socialistas, como os de tipo jacobino-blanquista.

Lênin parece subestimar isso quando, no seu livro (p.140), exprime a opinião de que o revolucionário social-democrata nada mais é que "um jacobino indissoluvelmente ligado à *organização* do proletariado com *consciência de classe*". Para Lênin, toda a diferença entre a social-democracia e o blanquismo consiste na organização e na consciência de classe do proletariado, em lugar da conspiração de uma pequena minoria. Esquece que com isso produz-se uma completa reavaliação

---

[8] O Império Austro-Húngaro era composto de várias nações. A social-democracia austríaca, dirigida por Victor Adler, estabeleceu uma relação federativa com os grupos nacionais dentro do Império.

do conceito de organização, um conteúdo inteiramente novo para o conceito de centralismo, uma concepção inteiramente nova da relação recíproca entre a organização e a luta.

O blanquismo não levava em consideração a ação direta da massa operária e, portanto, também não precisava de uma organização de massa. Ao contrário, como a grande massa popular só devia aparecer no campo de batalha no momento da revolução, e a ação temporária consistia na preparação de um golpe revolucionário, dado por uma pequena minoria, o sucesso da tarefa exigia diretamente a clara demarcação entre as pessoas encarregadas dessa ação determinada e a massa popular. Mas isso era igualmente possível e realizável porque não existia nenhuma ligação interna entre a atividade conspirativa de uma organização blanquista e a vida quotidiana da massa popular.

Ao mesmo tempo, a tática, bem como as tarefas detalhadas da ação, já que sem ligação com o solo da luta de classes elementar, eram livremente improvisadas, elaboradas em detalhe, fixadas e prescritas de antemão, como um plano determinado. Assim, os membros ativos da organização transformavam-se naturalmente em simples órgãos executivos de uma vontade predeterminada fora de seu próprio campo de ação, em *instrumentos* de um comitê central. Com isso estava dado também o segundo momento do centralismo conspirador: a submissão absoluta e cega das células do partido às autoridades centrais e a extensão do poder decisivo destas últimas até a mais extrema periferia da organização partidária.

Radicalmente diversas são as condições da ação social-democrata. Esta nasce historicamente da luta de classes elementar. E move-se na contradição dialética de que só na própria luta é recrutado o exército do proletariado e de que também, só na luta, as tarefas da luta se tornam claras. Organização, esclarecimento e luta não são aqui momentos separados, mecânica e temporalmente distintos, como num movimento blanquista, mas são apenas diferentes aspectos do mesmo processo. Por um lado, exceto quanto aos princípios gerais da luta, não existe um conjunto detalhado de táticas, já pronto, preestabelecido, que um comitê central possa ensinar aos membros da social-democracia, como se estes fossem recrutas. Por outro lado, o processo de luta que cria a organização conduz a uma constante flutuação da esfera de influência da social-democracia.

Disso resulta que a centralização social-democrata não pode fundar-se na obediência cega, na subordinação mecânica dos militantes a um poder central. E, por outro lado, nunca se pode erguer uma parede divisória absoluta entre o núcleo do proletariado com consciência de classe, solidamente organizado no partido, e as camadas circundantes, já atingidas pela luta de classes, que se encontram em processo de esclarecimento de classe. O estabelecimento da centralização na social-democracia sobre estes dois princípios – a cega subordinação, até nos menores detalhes, da atividade de todas as organizações partidárias a um poder central, que sozinho pensa, cria e decide por todos, assim como a rigorosa separação entre o núcleo organizado do partido e o meio revolucionário que o cerca, tal como é defendido por Lênin – parece-nos uma transposição mecânica dos princípios organizativos do movimento blanquista de círculos de conspiradores para o movimento social-democrata das massas operárias. Talvez Lênin tenha caracterizado mais penetrantemente seu ponto de vista do que qualquer dos seus adversários, ao definir seus "revolucionários social--democratas" como "jacobinos *ligados à* organização dos operários com consciência de classe". Porém de fato, a social-democracia não está *ligada* à organização da classe operária, ela é o *próprio movimento* da classe operária. O centralismo social-democrata precisa, pois, ser de natureza essencialmente diferente do centralismo blanquista. Ele só pode ser a concentração imperiosa da vontade da vanguarda esclarecida e militante do operariado perante seus diferentes grupos e indivíduos. É, por assim dizer, um "autocentralismo" da camada dirigente do proletariado, é o domínio da maioria no interior da sua própria organização partidária.

Essa análise do conteúdo próprio do centralismo social-democrata mostra claramente que não podem ainda hoje existir plenamente na Rússia as condições necessárias para ele. Essas condições são: a existência de uma importante camada de proletários já educados na luta política e a possibilidade de exprimirem sua capacidade de ação por meio da influência direta exercida sobre os congressos públicos do partido, a imprensa partidária etc.

Na Rússia, a última condição só poderá ser evidentemente criada com o advento da liberdade política; quanto à primeira – a formação de uma vanguarda proletária com consciência de classe e capacidade de julgamento – está apenas em vias de aparecer e precisa ser considerada como objetivo condutor do próximo trabalho, tanto de organização quanto de agitação.

Tanto mais surpreendente é a certeza oposta de Lênin de que todas as precondições para a constituição de um grande partido operário, fortemente centralizado, já existem na Rússia. Ele mostra novamente uma concepção demasiado mecânica da organização social-democrata quando proclama, com otimismo, que agora já "não é o proletariado, mas certos intelectuais, na social-democracia russa, que carecem de autoeducação, no sentido da organização e da disciplina" (p.145), e quando glorifica o valor educativo da fábrica para o proletariado, a qual o tornaria maduro, desde o início, para a "disciplina e a organização" (p.147). A disciplina que Lênin tem em vista não é, de forma alguma, inculcada no proletariado apenas pela fábrica, mas também pela *caserna* e pelo moderno burocratismo, numa palavra, por todo o mecanismo do Estado burguês centralizado. É apenas fazer mau uso dessa palavra de ordem designar-se igualmente por "disciplina" dois conceitos tão opostos quanto a ausência de vontade e de pensamento numa massa de carne de muitas pernas e braços, que executa movimentos mecânicos de acordo com uma batuta, e a coordenação voluntária de ações políticas conscientes de uma camada social, dois conceitos tão opostos quanto a obediência cadavérica [*Kadavergehorsam*] de uma classe dominada e a rebelião organizada de uma classe, combatendo pela sua libertação. Não é partindo da disciplina nele inculcada pelo Estado capitalista, com a mera transferência da batuta da mão da burguesia para a de um comitê central social-democrata, mas pela quebra, pelo extirpamento desse espírito de disciplina servil, que o proletariado pode ser educado para a nova disciplina, a autodisciplina voluntária da social-democracia.

Além disso, dessa mesma reflexão, resulta que o centralismo no sentido social-democrata não é, de maneira nenhuma, um conceito absoluto, aplicável em igual medida a qualquer fase do movimento operário. Deve, pelo contrário, ser compreendido como uma *tendência*, cuja realização progride proporcionalmente ao esclarecimento e à educação política das massas operárias no decorrer de sua luta.

É certo que a presença insuficiente dos mais importantes pressupostos para a completa realização do centralismo no atual movimento russo pode atrapalhar em alto grau. Porém, a nosso ver, significa inverter as coisas pensar que o domínio da maioria do operariado esclarecido, ainda irrealizável no interior da organização partidária, pode ser substituído "provisoriamente" pela autocracia "delegada" [*"übertragene" Alleinherrschaft*] do poder central do partido, assim como pensar que a ausência de controle público por parte das massas operárias sobre a conduta dos órgãos partidários poderia ser substituída pelo controle inverso, o do comitê central sobre a atividade do operariado revolucionário.

A própria história do movimento russo oferece-nos muitas provas do valor problemático de semelhante centralismo. Um centro todo-poderoso, com seus direitos quase ilimitados de ingerência e controle, segundo o ideal de Lênin, seria evidentemente um absurdo, se tivesse que limitar sua autoridade apenas a meros aspectos *técnicos* da atividade social-democrata, ao controle dos meios externos e às tarefas de agitação, tais como difusão das publicações partidárias e adequada distribuição das forças de agitação e financeiras. O centralismo de Lênin só teria um objetivo político claro se usasse o seu poder para a criação de uma tática comum de luta, para o desencadeamento de uma grande ação política na Rússia. O que vemos, porém, nas transformações do movimento russo até hoje? As mais importantes e fecundas mudanças táticas dos últimos dez anos não foram "inventadas" por determinados dirigentes do movimento e, muito menos, por organizações dirigentes, mas foram sempre o produto espontâneo do próprio movimento desencadeado. Assim ocorreu na Rússia, na primeira etapa do movimento proletário propriamente dito, iniciada no ano de 1896 com a explosão elementar da gigantesca greve de São Petersburgo,[9] que inaugurou a ação econômica de massas do proletariado russo. Do mesmo modo foi aberta a segunda fase, totalmente espontânea, a das manifestações políticas de rua, pela agitação dos estudantes de São Petersburgo em março de 1901.[10] A significativa mudança de tática que veio a seguir, abrindo novos horizontes, foi a greve de massas em Rostov sobre o Don,[11] que rebentou "por si mesma", com suas improvisadas agitações de rua *ad hoc*, comícios populares ao ar livre, discursos públicos que, poucos anos antes, o mais audacioso e temerário social-democrata, vendo nisso uma quimera, não teria ousado imaginar. Em todos estes casos, no começo era "a ação".[12] A *iniciativa* e a direção consciente das organizações social-democratas representaram aí um papel extremamente insignificante. Contudo, isto não residia tanto na insuficiente preparação destas organizações específicas para o seu papel – mesmo que tal fator possa ter contribuído em considerável medida – e, ainda menos, na ausência, nesse tempo, na social-democracia russa, de um onipotente poder central, segundo o plano desenvolvido por Lênin. Ao contrário, tal poder teria muito provavelmente atuado de modo a aumentar a indecisão das células do partido e a causar uma divisão entre a massa revolta e a social-democracia vacilante. O mesmo fenômeno – o insignificante papel da iniciativa consciente da direção partidária na configuração da tática –, contudo, observa-se

---

9 No verão de 1896, 30 mil trabalhadores da indústria têxtil de São Petersburgo entraram em greve, exigindo pagamento dos feriados quando da coroação de Nicolau II, diminuição das horas de trabalho e aumento de salário. As reivindicações foram em parte atendidas e a greve acabou após três semanas.

10 Em 4 de março de 1901, realizou-se em São Petersburgo uma grande manifestação de operários e estudantes contra a política estudantil do governo tsarista. A polícia e o exército atacaram brutalmente os manifestantes.

11 Em novembro de 1902, começou em Rostov sobre o Don uma greve dos ferroviários que rapidamente atingiu todos os trabalhadores da cidade. Essa greve representou uma contribuição fundamental para o desenvolvimento do movimento operário na Rússia.

12 Referência ao monólogo do Fausto, de Goethe. Rosa Luxemburgo cita frequentemente essa passagem.

também na Alemanha, assim como em toda parte. Em suas grandes linhas, a tática de luta da social-democracia não é de modo algum "inventada", mas é o resultado de uma série ininterrupta de grandes atos criadores da luta de classes experimental, frequentemente elementar. Também aqui o inconsciente precede o consciente, a lógica do processo histórico objetivo precede a lógica subjetiva dos seus portadores. O papel da direção social-democrata é, portanto, de *caráter* essencialmente *conservador*, como o demonstra a experiência: cada vez que um novo terreno de luta é conquistado e levado até às últimas consequências, é logo transformado num baluarte contra posteriores inovações em maior escala. A atual tática da social-democracia alemã, por exemplo, é universalmente admirada em virtude da sua notável multiformidade, flexibilidade e, ao mesmo tempo, firmeza. Porém, isso apenas significa que o nosso partido, na sua luta quotidiana, adaptou-se admiravelmente, até nos menores detalhes, ao atual terreno parlamentar, que sabe explorar todo o terreno de luta oferecido pelo parlamentarismo, fazendo-o de acordo com seus princípios. Mas ao mesmo tempo, esta forma tática encobre a tal ponto os horizontes mais além que, em grande medida, aparece a tendência a eternizar e a considerar a tática parlamentar como pura e simplesmente a *tática* da luta social-democrata. Observa-se essa mentalidade, por exemplo, no esforço infrutífero de *Parvus* que, há anos, tenta instaurar o debate na imprensa partidária sobre uma eventual mudança de tática no caso da revogação do sufrágio universal, eventualidade que é seriamente considerada pelos dirigentes do partido. Essa inércia, entretanto, pode ser explicada em grande parte pelo fato de que é muito difícil expor, no ar rarefeito da especulação abstrata, os contornos e as formas claras de uma situação política ainda inexistente e, portanto, imaginária. É igualmente importante para a social-democracia, não a previsão nem a construção prévia de uma receita pronta para a tática futura, mas manter viva, no partido, a avaliação histórica correta das formas de luta vigentes, manter vivo o sentimento da relatividade da atual fase da luta e da necessária intensificação dos momentos revolucionários, a partir do ponto de vista do objetivo final da luta de classes proletária.

Porém, atribuir à direção partidária tais poderes absolutos de caráter *negativo*, como faz Lênin, é fortalecer artificialmente, e em perigosíssimo grau, o conservadorismo inerente à essência de qualquer direção partidária. Se a tática social-democrata for criada, não por um comitê central, mas pelo conjunto do partido ou, melhor ainda, pelo conjunto do movimento, então é evidente que, para as células do partido, a liberdade de movimento é necessária. Apenas ela possibilita a utilização de todos os meios oferecidos em cada situação para fortalecer a luta, tanto quanto o desenvolvimento da iniciativa revolucionária. Porém, o ultracentralismo preconizado por Lênin parece-nos, em toda a sua essência, ser portador, não de um espírito positivo e criador, mas do espírito estéril do guarda-noturno. Sua preocupação consiste, sobretudo, em *controlar* a atividade partidária e não em *fecundá-la*, em *restringir* o movimento e não em desenvolvê-lo, em *importuná-lo* e não em *unificá-lo*.

Tal experimento parece duplamente arriscado para a social-democracia russa no atual momento. Encontra-se ela às vésperas de grandes lutas revolucionárias pela derrubada do absolutismo. Ela se encontra diante de um período, ou melhor, já entrou num período da mais intensa e criadora atividade no plano da tática e – como é natural em épocas revolucionárias – suas esferas de influência se alargarão e deslocarão de maneira febril e aos saltos. Querer justamente em semelhantes tempos pôr obstáculos à iniciativa intelectual do partido e restringir sua intermitente capacidade de expansão com uma cerca de arame farpado, equivaleria a tornar a social-democracia incapaz, de antemão e em alto grau, para as grandes tarefas do momento.

Das considerações gerais acima sobre o conteúdo próprio do centralismo social-democrata ainda não se pode certamente deduzir a formulação concreta dos parágrafos do estatuto do partido russo. Como se trata, na Rússia, da primeira tentativa de organizar um grande partido proletário, essa formulação depende naturalmente, em última instância, da situação concreta em que se realiza a atividade em cada período e não pode, antecipadamente, pretender à infalibilidade; ela precisa, antes de mais nada, passar pela prova de fogo da vida prática.

Entretanto, o que se pode deduzir da concepção geral do tipo de organização social-democrata são os princípios fundamentais, o *espírito* da organização, o qual exige principalmente, sobretudo no início do movimento de massas, que o socialismo social-democrata tenha um caráter coordenador, unificador, e não um caráter regulamentador e fechado. Porém, se este espírito de liberdade política do movimento, ligado a uma penetrante visão da unidade do movimento e da fidelidade aos princípios, tiver tomado lugar nas fileiras do partido, então os defeitos de qualquer estatuto, mesmo o mais ineptamente concebido, experimentarão, em breve, eficaz correção através da própria práxis. Não é a letra do estatuto, mas o sentido e o espírito nela introduzidos pelos militantes ativos que determinam o valor de uma forma de organização.

II

Até agora consideramos a questão do centralismo, tanto do ponto de vista dos princípios gerais da social-democracia quanto, em parte, sob o aspecto da situação atual na Rússia. Porém, o espírito de guarda-noturno do ultracentralismo preconizado por Lênin e seus amigos não é o produto acidental de equívocos, mas está ligado à campanha contra o *oportunismo*, levada até aos menores detalhes das questões de organização.

"Trata-se de forjar, *mediante os parágrafos do estatuto*" pensa Lênin (p.52), "*uma arma mais, ou menos afiada contra o oportunismo*. Quanto mais profundas forem as origens do oportunismo, tanto mais afiada essa arma precisa ser".

Lênin vê também no poder absoluto do comitê central e na estrita cerca estatutária em torno do partido o dique mais eficaz contra a corrente oportunista. Ele designa como as marcas específicas desta corrente a predileção inata do intelectual pela autonomia, pela desorganização, a aversão à disciplina partidária rigorosa, a todo "burocratismo" na vida partidária. Na opinião de Lênin, apenas o "literato" socialista, em virtude da sua inata dispersão e individualismo, pode opor-se a tão ilimitada autoridade do comitê central. Em contrapartida, um proletário autêntico, em razão de seu instinto de classe revolucionário, deve mesmo sentir uma certa volúpia no rigor, severidade e energia dos seus superiores no partido, e submeter-se, feliz e de olhos fechados, a todas as duras operações da "disciplina partidária". "O *burocratismo* em oposição ao democratismo", diz Lênin "é justamente o *princípio organizativo da social-democracia revolucionária* em oposição ao princípio organizativo dos oportunistas" (p.151). Lênin enfatiza que a mesma oposição entre as concepções centralista e autonomista na social-democracia de todos os países manifesta-se ali onde se opõem tendências revolucionárias e reformistas, ou revisionistas. Ele exemplifica, em especial, com os recentes acontecimentos no partido alemão e com a discussão iniciada com a questão da autonomia dos distritos eleitorais.[13] Por esta razão, um exame dos paralelos estabelecidos por Lênin não pode deixar de ter interesse e utilidade.

Observemos, antes de mais nada, que a glorificação das capacidades inatas do proletário para a organização social-democrata e a desconfiança em relação aos elementos "intelectuais" do movimento social-democrata ainda não é, em si, um sinal "marxista-revolucionário"; ao contrário, pode-se demonstrar facilmente o parentesco entre isso e o ponto de vista do oportunismo. O antagonismo entre o elemento puramente proletário e a *intelligentsia* socialista não-proletária é, de fato, o escudo ideológico comum sob o qual ficam de mãos dadas o semianarquismo dos sindicalistas puros na França, com sua velha palavra de ordem "Méfiez-vous des politiciens!",[14] a desconfiança do sindicalismo inglês em relação aos "visionários" socialistas e, por fim – se nossas informações são corretas – também o puro "economicismo" do antigo *Rabotschaya Mysl* (jornal *Pensamento*

---

13 Os revisionistas argumentavam que "condições especiais" exigiam estratégias especiais, tais como votar o orçamento local, coalizões eleitorais locais ou uma política agrícola diferente. A ala revisionista lutou durante anos contra o "centralismo de Berlim".
14 Do francês: "Desconfiai dos políticos!". (N. E)

Operário) de São Petersburgo, com sua transposição da estreiteza mental sindicalista para a Rússia absolutista.[15]

Contudo, pode-se observar na prática da social-democracia da Europa Ocidental, até hoje, uma inegável relação entre o oportunismo e o elemento intelectual, tanto quanto, por outro lado, entre o oportunismo e as tendências descentralizadoras nas questões organizativas. Porém, separar de seu contexto tais fenômenos, nascidos num solo histórico concreto, para transformá-los em modelos abstratos de validade geral e absoluta, é o maior pecado contra o "espírito santo" do marxismo, contra o seu método de pensamento histórico-dialético.

Considerando abstratamente, pode-se constatar que o "intelectual" oriundo da burguesia e, portanto, estranho ao proletariado, pode chegar ao socialismo, não em termos do seu próprio sentimento de classe, mas apenas pela superação deste, por meio do desenvolvimento *ideológico*. Por isso mesmo, o intelectual está mais predisposto a desvios oportunistas do que o proletário esclarecido, a quem o instinto de classe espontâneo dá um seguro apoio revolucionário, desde que não tenha perdido o contato vivo com sua base social, com a *massa* proletária. Porém, a forma concreta em que aparece esta disposição do intelectual para o oportunismo, a configuração palpável que ela adquire depende sempre, sobretudo no tocante às questões organizativas, do meio social concreto a que se refere.

Os fenômenos apontados por Lênin na vida da social-democracia alemã, francesa e italiana cresceram sobre uma base social claramente determinada, a saber, sobre o *parlamentarismo burguês*. Aliás, assim como o parlamentarismo é o viveiro específico da atual corrente oportunista no movimento socialista da Europa ocidental, dele provêm igualmente as tendências particulares do oportunismo para a desorganização.

---

15 *Rabotschaya Mysl* (outubro de 1897 – dezembro de 1902): jornal dos "economicistas", cujas posições Lênin criticou em uma série de obras, entre elas o *Que fazer?*, como uma variação russa do oportunismo internacional.

O parlamentarismo não apenas mantém todas as notórias ilusões do atual oportunismo, tais como as conhecemos na França, Itália e Alemanha: a supervalorização do trabalho de reformas, a colaboração das classes e dos partidos, o desenvolvimento pacífico etc. Ao separar, também na social-democracia, o intelectual como parlamentar e a grande massa operária, e ao elevá-lo, em certa medida, acima daquela, o parlamentarismo forma, ao mesmo tempo, o solo sobre o qual essas ilusões podem atuar na prática. Enfim, o mesmo parlamentarismo, com o crescimento do movimento operário, faz deste um trampolim para o carreirismo político; eis porque existências burguesas, ambiciosas e fracassadas, facilmente encontram abrigo no referido movimento.

Por todas estas razões existe uma clara inclinação do intelectual oportunista da social-democracia da Europa Ocidental para a desorganização e a indisciplina. O segundo pressuposto específico da atual corrente oportunista consiste na existência de um movimento social-democrata já altamente desenvolvido e, portanto, também de uma organização partidária social-democrata de considerável influência. Esta última aparece como o baluarte do movimento de classe revolucionário contra as tendências burguesas-parlamentares que querem esfacelá-lo, dividi-lo, de tal maneira que o núcleo compacto e ativo do proletariado se dissolva novamente na massa eleitoral amorfa. Assim nascem as tendências "autonomistas" e descentralizadoras do oportunismo moderno. Elas não são provenientes do desregramento inato e da pusilanimidade do "intelectual", como Lênin supõe, mas têm objetivos políticos, historicamente justificados e determinados, aos quais estão bem adaptadas, cuja origem se encontra nas necessidades do parlamentar burguês. Elas não se explicam pela *psicologia* do intelectual, mas pela *política* do oportunista.

Porém, na Rússia absolutista, todas estas circunstâncias parecem ter outro significado: ali o oportunismo no movimento operário não é, de forma alguma, produto do intenso crescimento da social-democracia, da decomposição da sociedade burguesa, como no Ocidente, mas é, pelo contrário, produto do seu atraso político.

A *intelligentsia* russa, de onde é recrutado o intelectual socialista, tem um caráter de classe fortemente indeterminado, é muito mais desclassificada, no sentido preciso do termo, que a *intelligentsia* da Europa Ocidental. Disso e da juventude do movimento proletário na Rússia segue-se, em geral, que existe um espaço bem mais amplo para a inconstância teórica e a vagabundagem oportunista. Esta, ora se perde numa completa negação do aspecto político do movimento operário, ora na crença oposta na onipotência do terrorismo para, enfim, descansar politicamente nos pântanos do liberalismo ou "filosoficamente" nos do idealismo kantiano.[16]

Contudo, não apenas o parlamentarismo burguês, que seria o sustentáculo positivo da tendência *ativa* do intelectual russo social-democrata para a desorganização, mas também o meio psicossocial correspondente não existem na Rússia. O moderno literato da Europa Ocidental, que se dedica ao culto de seu pretenso "eu" e que leva esta "moral do homem superior" também para o mundo da luta e do pensamento socialistas, é típico, não da intelectualidade burguesa em geral, mas de uma fase determinada da sua existência: ou seja, é o produto de uma burguesia decadente, corrompida, presa no círculo vicioso da sua dominação de classe. Por razões compreensíveis, os caprichos utópicos e oportunistas do intelectual socialista russo tendem, em contrapartida, a assumir a forma teórica oposta – a do autossacrifício e da autoflagelação. Tal como o antigo "ir ao povo", quer dizer, o obrigatório mascaramento do intelectual em camponês, defendido pelos velhos "populistas",[17] era justamente uma criação desesperada

---

16 É provável que Rosa Luxemburgo tenha em mente o "marxismo legal" (1894-1901), denominação dada à atividade política e cultural de um pequeno grupo de intelectuais russos, cujas publicações não eram clandestinas: Petr Struve, Mikhail Tugan-Baranóvski, Sergei Bulgakof, Nicolai Berdiaev e Semen Frank. O "marxismo legal" está para o marxismo russo assim como o revisionismo de Bernstein para o marxismo alemão. No plano político, passa do socialismo ao liberalismo ou do "socialismo científico" ao "socialismo utópico" ou ético e, no plano filosófico, abandona a dialética hegeliana para aderir ao kantismo (cf. Strada, O "marxismo legal" na Rússia. In: Hobsbawm (org.), *História do marxismo*, v.3, Rio de Janeiro, Paz e Terra, 1984).

17 Populistas: nome dado aos grupos revolucionários na Rússia no período de 1870 a 1881. O primeiro grupo, *Narodniki*, nome derivado de *hozhdenie v narod* ("ir ao povo"), recrutava seus

desse mesmo intelectual, assim ocorre agora com o culto grosseiro da "mão calosa", estabelecido pelos adeptos do puro "economicismo".

Se, em vez de tentar resolver o problema das formas de organização por uma transposição mecânica de modelos rígidos da Europa Ocidental para a Rússia, examinássemos a situação concretamente dada na própria Rússia, chegaríamos a um resultado completamente diferente. Atribuir ao oportunismo, como fez Lênin, uma tendência a preferir uma determinada forma de organização – digamos para a descentralização – é não compreender sua natureza íntima. Oportunista como é, o oportunismo tem um único princípio também nas questões de organização: a falta de princípios. Escolhe seus meios sempre de acordo com as circunstâncias, desde que correspondam aos seus objetivos. Se no entanto, como Lênin, definirmos o oportunismo como a tentativa de paralisar o movimento de classe revolucionário e autônomo do proletariado para sujeitá-lo à sede de poder da intelectualidade burguesa, veremos que tal fim é mais facilmente alcançável nas *fases iniciais* do movimento operário, não pela descentralização, mas justamente por um forte *centralismo*, que entrega totalmente o movimento proletário ainda confuso a um punhado de dirigentes intelectuais. É característico que também na Alemanha, no *início* do movimento, quando ainda faltavam um núcleo proletário sólido e esclarecido e uma tática social-democrata experimentada, ambas as tendências se encontrassem representadas, a saber, o centralismo extremado representado pela Associação Geral dos Trabalhadores Alemães, de Lassalle e, contra ele, o "autonomismo" representado pelos eisenachianos.[18]

primeiros membros entre os estudantes universitários que, vestidos de camponeses, tentavam, sem sucesso, conquistar os camponeses para o socialismo. Impotentes para mobilizar pela palavra o camponês russo, impacientes para derrubar o tsarismo, passaram a exaltar a ação individual, o papel do gesto exemplar, o sacrifício dos heróis. Em 1877, quando muitos *Narodniki* foram presos, os populistas organizaram uma sociedade terrorista, "Terra e Liberdade". Em 1880, essa organização cindiu-se em dois grupos, um deles "A Vontade do Povo", a que Rosa Luxemburgo faz referência no final do texto.

18 Em 1863, dois partidos operários surgem na Alemanha: a Associação Geral dos Trabalhadores Alemães, dirigida por F. Lassalle, e a União das Associações de Trabalhadores Alemães, de A. Bebel e W. Liebknecht, que, em 1869, depois de aderir à I Internacional, torna-se, no Congresso de Eisenach, o SPD. Os eisenachianos eram socialistas, internacionalistas,

Apesar de seus princípios confusos, a tática dos eisenachianos criou uma participação ativa significativamente maior dos elementos proletários na vida intelectual do partido, um maior espírito de iniciativa no próprio operariado (como foi demonstrado, entre outras coisas, pelo rápido desenvolvimento, nas províncias, de um número notável de jornais de trabalhadores por parte dessa facção), e, em geral, uma forte e saudável expansão do movimento. Já os lassallianos, com seus "ditadores", sempre tiveram naturalmente tristes experiências.

Em geral, pode-se demonstrar com facilidade que, em certas circunstâncias, quando a parte revolucionária da massa operária ainda está desorganizada e o próprio movimento hesita, numa palavra, quando se encontra em condições semelhantes às da Rússia atual, a tendência organizativa adequada aos intelectuais oportunistas é justamente o centralismo rígido, despótico. Tal como, em contrapartida, numa fase posterior – na situação parlamentar e perante um partido operário forte, solidamente constituído –, a *descentralização* torna-se a tendência apropriada ao intelectual oportunista.

Assim, é justamente do ponto de vista dos temores de Lênin no tocante à perigosa influência da *intelligentsia* sobre o movimento proletário, que a sua própria concepção organizativa constitui o maior perigo para a social-democracia russa.

De fato, nada entrega mais segura e facilmente um movimento operário ainda jovem à sede de poder dos intelectuais do que confiná-lo na couraça de um centralismo burocrático[19] que degrada o operário

---

criticavam os métodos ultracentralistas do Estado prussiano e defendiam a organização política descentralizada. Já os lassallianos preconizavam a intervenção do Estado no campo social, defendiam a unificação alemã sob a direção da Prússia e uma organização operária centralizada. Em 1875, no Congresso de Gotha, estas duas tendências se unem. O programa, para grande aborrecimento de Marx, era reformista, centrado nas reivindicações imediatas: sufrágio universal, voto secreto, liberdades democráticas, melhoria das condições de vida dos trabalhadores através do Parlamento. Só em 1891, no Congresso de Erfurt, o marxismo se torna a doutrina do partido. Entretanto, persiste a contradição entre o objetivo final, revolucionário, e as reivindicações imediatas que, na prática, fazem avançar o movimento operário. Esta contradição que o acompanha desde as origens marcará toda a história do SPD.

19 Na Inglaterra são justamente os fabianos os mais ardorosos defensores da centralização burocrática e os adversários das formas de organização democráticas. Sobretudo os Webb (*Die Neue Zeit*). Fabianos: membros da Sociedade Fabiana, movimento de classe média intelec-

combativo a instrumento dócil de um "comitê". E, em contrapartida, nada preserva de maneira mais segura o movimento operário de todos os abusos oportunistas por parte de uma *intelligentsia* ambiciosa quanto a atividade revolucionária autônoma do operariado, quanto o fortalecimento do seu sentimento de responsabilidade política.

Na verdade, o que hoje Lênin vê como fantasma pode muito facilmente amanhã tornar-se realidade concreta.

Não nos esqueçamos de que a revolução, às vésperas da qual nos encontramos na Rússia, não é uma revolução proletária mas burguesa, que mudará profundamente todo o cenário da luta social-democrata. Então, também a *intelligentsia* russa ficará rapidamente imbuída de um conteúdo de classe burguês fortemente pronunciado. Se hoje a social-democracia constitui o único dirigente da massa operária russa, amanhã, após a revolução, a burguesia e, em primeiro lugar, a sua *intelligentsia*, vai querer naturalmente formar com essa massa o pedestal de sua dominação parlamentar. Ora, no atual período, quanto menos livres forem a atividade autônoma, a livre iniciativa, o senso político da camada mais inteligente do operariado, quanto mais ele for bloqueado e disciplinado por um comitê central social-democrata, tanto mais fácil será o jogo dos demagogos burgueses na Rússia renovada, tanto mais a colheita dos atuais esforços da social-democracia passará para os celeiros da burguesia.

Porém, acima de tudo, é errada a ideia fundamental da concepção ultracentralista, que culmina na noção de que se pode manter o oportunismo afastado do movimento operário por meio de um estatuto. Sob a influência direta dos mais recentes acontecimentos na social-democracia francesa, italiana e alemã, os social-democratas russos obviamente tendem a considerar o oportunismo em geral

tual, fundado na Inglaterra em janeiro de 1884. Entre os antigos membros da sociedade encontravam-se Bernard Shaw (1856-1950) e Sidney e Beatrice Webb (1859-1947, 1858-1943). Os fabianos rejeitavam o marxismo, acreditando que o socialismo poderia ser implantado através do sufrágio universal, como ápice de um longo período de evolução política. Em 1900, a Sociedade Fabiana ingressou no Comitê de Representação Trabalhista, posteriormente Partido Trabalhista.

como um acréscimo, estranho ao próprio movimento proletário, de elementos da democracia burguesa, introduzidos de fora no movimento operário. Se isso fosse correto, os limites estatutários, em si, seriam totalmente impotentes contra a intrusão dos elementos oportunistas. O afluxo em massa de elementos não proletários para a social-democracia é resultado de causas sociais profundamente enraizadas, tais como o rápido colapso econômico da pequena burguesia, o colapso ainda mais rápido do liberalismo burguês e o esgotamento da democracia burguesa. Portanto, não passa de ilusão ingênua imaginar que esta onda tempestuosa poderia ser contida por essa ou aquela formulação dos parágrafos do estatuto do partido. Parágrafos regem apenas a existência de pequenas seitas ou sociedades privadas; correntes históricas sempre souberam passar por cima dos parágrafos mais sutis. Aliás, é completamente errado pensar ser do interesse do movimento operário repelir o afluxo em massa dos elementos dispersos em consequência da progressiva dissolução da sociedade burguesa. A proposição segundo a qual a social-democracia representa os interesses de classe do proletariado e, por conseguinte, o conjunto dos interesses progressistas da sociedade e de todas as vítimas oprimidas pela ordem social burguesa não é para ser meramente interpretada no sentido de que no programa da social-democracia todos esses interesses estão idealmente sintetizados. Essa proposição torna-se verdadeira por meio do processo de desenvolvimento histórico, em virtude do qual a social-democracia, também como *partido político*, gradualmente torna-se o abrigo dos elementos mais variados e mais insatisfeitos da sociedade, transformando-se realmente no partido do povo contra uma ínfima minoria da burguesia dominante. É necessário apenas que a social-democracia saiba subordinar permanentemente ao objetivo final da classe operária os atuais sofrimentos dessa variegada multidão de seguidores, que saiba como integrar o espírito não-proletário de oposição à ação proletária revolucionária, numa palavra, que saiba como assimilar e digerir os elementos que vão a ela. Entretanto, isso só é possível onde, como até agora na Alemanha, um núcleo social-democrata proletário, forte e educado, dá o tom e é lúcido o suficiente para arrastar consigo seguidores desclassificados e pequeno-burgueses. Neste caso, uma aplicação mais rigorosa da ideia do centralismo ao estatuto, e a estrita paragrafação da disciplina partidária podem ser muito úteis como dique contra a corrente oportunista. Nessas circunstâncias, o estatuto pode, sem dúvida, servir de auxílio na luta contra o oportunismo, tal como de fato serviu para a social-democracia francesa revolucionária contra a investida da confusão jaurèsiana[20] e, tal como agora, uma revisão dos estatutos do partido alemão, nesse sentido, tornou-se uma necessidade. Contudo, também neste caso, o estatuto do partido não deve ser visto, em si, como uma arma para defender-se do oportunismo, mas simplesmente como um meio externo, por meio do qual a decisiva influência da presente maioria proletária revolucionária do partido pode ser exercida. Quando tal maioria falta, ela não pode ser substituída pelos parágrafos mais rigorosamente escritos.

Entretanto, o afluxo de elementos burgueses, como dissemos, está longe de ser a única fonte da corrente oportunista na social-democracia. A outra fonte reside na essência da própria luta social-democrata, nas suas contradições internas. O avanço histórico-mundial do proletariado até a vitória consiste num processo cuja particularidade reside no fato de que aqui, pela primeira vez na história, as próprias massas populares, contra todas as classes dominantes, impõem sua vontade. Porém, esta vontade só pode ser realizada fora e além da atual sociedade. Mas, por outro lado, as massas só podem formar essa *vontade* na luta quotidiana contra a ordem estabelecida, portanto dentro dos seus limites. A unificação da grande massa do povo com um objetivo que vai além de toda a ordem estabelecida, da luta quotidiana com a transformação revolucionária, nisto consiste a contradição dialética

---

20 Jean Jaurès (1859-1914): líder socialista francês. Deputado em 1885-1886, 1893-1898 e 1902-1914. Grande orador, em 1894, defendeu Dreyfus (1859-1935), conquistando grande número de pessoas para o socialismo. Em 1904, fundou o jornal *L'Humanité*. Formou um bloco parlamentar entre socialistas e radicais em apoio ao governo burguês de Millerand. É ao que Rosa Luxemburgo se refere quando menciona a "confusão jaurèsiana". Opôs-se violentamente ao militarismo e à guerra. Foi assassinado em 31 de julho de 1914 por um nacionalista francês fanático. Seu assassino foi absolvido.

do movimento social-democrata, que, de acordo com o processo de desenvolvimento como um todo, precisa avançar entre dois obstáculos: entre a perda do seu caráter de massa e o abandono do objetivo final, entre a recaída no estado de seita e a queda no movimento de reformas burguês.

Por isso é uma ilusão totalmente a-histórica pensar que a tática social-democrata em sentido revolucionário possa ser garantida, previamente e de uma vez por todas; que o movimento operário possa, de uma vez por todas, ser defendido contra desvios oportunistas. É certo que a doutrina marxista nos dá uma arma devastadora contra todos os tipos fundamentais de pensamento oportunista. Como, porém, o movimento social-democrata é um movimento de massa e os obstáculos que o ameaçam não vêm da cabeça dos homens, mas sim das condições sociais, os erros oportunistas não podem ser impedidos de antemão; apenas quando, na prática, adquirirem forma tangível, podem ser superados por meio do próprio movimento – evidentemente com a ajuda das armas oferecidas pelo marxismo. Encarado deste ponto de vista, o oportunismo aparece também como um produto do próprio movimento operário, como um momento inevitável do seu desenvolvimento histórico. Precisamente na Rússia, onde a social-democracia ainda é jovem e as condições políticas do movimento operário são anormais, é provável que o oportunismo resulte, em grande medida, dos inevitáveis ensaio e experimentação da tática, da necessidade de sintonizar a luta presente, em todas as suas peculiaridades, com os princípios socialistas.

Nesse caso, a ideia de que se possa impedir, já no começo de um movimento operário, o aparecimento de correntes oportunistas por meio desta ou daquela formulação de um estatuto partidário, é ainda mais espantosa. A tentativa de se defender contra o oportunismo por meio de um pedaço de papel pode, de fato, prejudicar apenas a própria social-democracia, bloqueando nela a pulsação de uma vida sadia e enfraquecendo-lhe a capacidade de resistência, não só na luta contra as correntes oportunistas, como também, o que é igualmente importante, contra a ordem estabelecida. Os meios voltam-se contra os fins.

Nesse esforço ansioso de uma parte dos social-democratas russos para, mediante a tutela de um onisciente e onipresente comitê central, livrar o movimento operário russo ascendente, promissor e cheio de vida, dos passos em falso, parece, aliás, intrometer-se o mesmo *subjetivismo* que já pregou mais de uma peça ao pensamento socialista na Rússia. São deveras cômicas as cabriolas que o respeitável sujeito humano da história, em seu próprio processo histórico, gosta às vezes de executar. O *eu*, esmagado, pulverizado pelo absolutismo russo, vai à desforra quando, no seu revolucionário mundo de pensamentos, senta-se no trono, declarando-se a si mesmo todo-poderoso – sob a forma de um comitê de conspiradores agindo em nome de uma inexistente "vontade do povo".[21] Porém, o "objeto" mostra-se mais forte, o chicote logo triunfa, mostrando-se a si *mesmo* como a "legítima" expressão da atual fase do processo histórico. Finalmente, surge na tela um filho ainda mais legítimo do processo histórico: o movimento operário russo, que começa da mais bela maneira, criando, pela primeira vez na história russa, uma verdadeira vontade do povo. Porém, agora o "eu" do revolucionário russo põe-se rapidamente de ponta-cabeça, declarando-se, mais uma vez, o todo poderoso dirigente da história – desta vez como Sua Majestade, o comitê central do movimento operário social-democrata. O audaz acrobata não vê que o único sujeito a que cabe agora o papel de dirigente é o *eu-massa* [*Massen-Ich*] da classe operária, que em todo lugar insiste em poder fazer os seus próprios erros e aprender por si mesmo a dialética histórica. E, por fim, precisamos admitir francamente: os erros cometidos por um movimento operário verdadeiramente revolucionário são, do ponto de vista histórico, infinitamente mais fecundos e valiosos que a infalibilidade do melhor "comitê central".

---

21 Jogo de palavras como *Narodnaya Volya* (A vontade do povo), organização política secreta dos populistas-terroristas, surgida em agosto de 1879, ao cindir-se a organização populista "Terra e Liberdade". Grupo responsável pelo assassinato do tsar Alexandre II, em 1881.

A Igreja e o socialismo[1]

I

Desde o momento em que no nosso país – assim como na Rússia – os trabalhadores começaram uma luta incansável contra o governo tsarista e os exploradores capitalistas, escutamos, com cada vez mais frequência, que os padres durante os seus sermões se posicionam contra os trabalhadores em luta. O nosso clero combate os socialistas com uma agressividade particular, procurando com todas as forças torná--los odiados aos olhos dos trabalhadores. Acontece de modo cada vez mais assíduo de os fiéis, que vão à igreja aos domingos e dias santos para escutar o sermão e obter consolo religioso, serem obrigados a escutar, em vez disto, um forte, algumas vezes violento, discurso sobre política, sobre os socialistas. Em vez de confortarem as pessoas aflitas e em condições difíceis, que com fé vão à igreja, os padres fulminam

---

1   Título original: *Kościół a socjalizm*. Publicado originalmente pela Wydawnictwa Socjaldemokracji Królestwa Polskiego e Litwa [Editora da Social-Democracia do Reino da Polônia e Lituânia], em 1905. Tradução de Pedro Costa e Grazyna Costa.

os trabalhadores grevistas ou aqueles que lutam contra o governo; e ainda mais, os persuadem a suportar com humildade e paciência a opressão e a miséria, fazendo geralmente da igreja e do púlpito um lugar de agitação política.

Cada trabalhador deve reconhecer por meio de sua própria experiência que essas iniciativas do clero de lutar contra os social-democratas não são de maneira alguma provocadas por estes. Os social-democratas nunca iniciaram a luta contra a Igreja e o clero. Eles procuram atrair e organizar os trabalhadores na luta contra o capital, isto é, contra os patrões exploradores que lhes sugam o sangue, e na luta contra o governo tsarista, que sufoca o povo a cada passo; mas esses militantes nunca tentam convencer os trabalhadores a lutar contra o clero ou condenam a sua fé religiosa. Ao contrário! Os social-democratas no nosso próprio país, assim como no mundo, defendem o princípio de que a consciência e as opiniões das pessoas são coisas sagradas e intocáveis. Cada um é livre para ter sua fé e opinião, que lhe dê tranquilidade de espírito; e a ninguém é dada a liberdade para perseguir ou ofender a convicção religiosa das outras pessoas. É isto que defendem os social-democratas. E é por isso, entre outras razões, que convocam todo o povo a lutar contra o regime tsarista, que violenta a consciência das pessoas, perseguindo católicos, unitas, judeus, heréticos e ateus.

Os social-democratas, portanto, permanecem da maneira mais decidida na defesa da liberdade de consciência e confissão de cada pessoa. Por esse motivo, poder-se-ia acreditar que o clero deveria ajudá-los e apoiá-los, uma vez que trazem educação ao povo trabalhador.

Mas isto não é tudo. Se refletirmos a respeito do objetivo perseguido pelos social-democratas e dos ensinamentos que pregam à classe trabalhadora, esse ódio do clero contra eles torna-se ainda menos compreensível.

Os social-democratas têm por objetivo abolir a dominação dos ricos esfoladores e exploradores do povo trabalhador pobre. Nesse sentido, assim se poderia pensar, os servidores da Igreja cristã deveriam ser os primeiros a apoiar os social-democratas e lhes estender a mão, pois o ensinamento de Cristo, de quem os padres são servidores, proclama: "É mais fácil um camelo passar pelo fundo de uma agulha do que um rico entrar no reino de Deus"![2]

Os social-democratas têm por objetivo instaurar em todos os países uma ordem social baseada na igualdade, liberdade e fraternidade de todos os seres humanos. Novamente, o clero deveria receber com alegria a mobilização dos social-democratas, se ele for sincero em defender que seja aplicado na vida humana o princípio cristão: "Amarás o teu próximo como a ti mesmo".[3]

Os social-democratas procuram, por meio de uma luta incansável de educação e organização, elevar o povo trabalhador da humilhação e da miséria, de modo a lhe garantir uma vida melhor e um futuro melhor para seus filhos. Quanto a isto, todos devem reconhecer, o padre deveria abençoar os social-democratas, pois Cristo, do qual o clero é o servidor, anunciou: "Todas as vezes que fizestes isto a um destes meus irmãos mais pequeninos, foi a mim mesmo que o fizestes".[4]

Em vez disso, vemos que o clero execra e persegue os social-democratas e incentiva os trabalhadores a suportarem pacientemente o seu destino, isto é, a permitir pacientemente que os ricos – capitalistas – os explorem. O clero pragueja contra os social-democratas e prega aos trabalhadores que eles não devem se "rebelar" contra o poder dominante, isto é, os incentiva a se submeterem à opressão do governo, que mata o povo indefeso, que envia milhares de pessoas para a guerra (ou seja, para o cruel abate), que persegue católicos, unitas e "cristãos-velhos" em função de sua fé.

Desta maneira, o clero se põe em defesa dos ricos, da exploração e opressão, em flagrante contradição com a doutrina cristã. Os bispos e os padres se apresentam não como sacerdotes dos ensinamentos de Cristo, mas como sacerdotes do Bezerro de Ouro e do chicote que açoita os pobres e indefesos.

---

2   Mateus 19, 24.
3   Levítico 19, 18; Mateus 19, 19; 22, 39; Marcos 12, 31; entre outras passagens.
4   Mateus 26, 40.

Além disso, cada um sabe, por experiência própria, como os próprios padres com frequência esfolam o povo trabalhador, arrancando-lhe o último centavo para a realização de casamentos, batismos e funerais. Quantas vezes aconteceu de um padre declarar, ao ser chamado para um funeral, que não se moveria de casa se antecipadamente não fossem colocados na mesa tantos e tantos rublos, e o trabalhador se afastar com desespero no coração, obrigado rapidamente a vender ou hipotecar os últimos bens de sua casa para comprar o consolo religioso ao seu próximo!

É verdade que existem outros tipos de sacerdotes, aqueles que, cheios de bondade e misericórdia, não buscam ganhos e estão prontos a ajudar, eles mesmos, onde quer que enxerguem a miséria. Mas todos reconhecem que são exceções, corvos brancos. A maioria dos padres tem uma face sorridente e saúdam com bajulação os ricos e poderosos, perdoando silenciosamente toda ilegalidade e depravação. Para os trabalhadores, o clero oferece, na maioria das vezes, apenas exploração e sermões ríspidos, condenando sua "cobiça" quando eles querem apenas se defender um pouco da insolente exploração dos capitalistas.

Essa clara contradição entre os procedimentos do clero e os ensinamentos do cristianismo há de surpreender todo trabalhador consciente, de modo que ele involuntariamente pergunta: por que a classe trabalhadora, com todo seu anseio de libertação, encontra nos servidores da Igreja não amigos, mas inimigos? Por que a Igreja não é hoje refúgio para os explorados e oprimidos, mas apenas uma fortaleza e defesa para a riqueza e a opressão sangrenta?

Para compreender esse surpreendente fenômeno, é necessário conhecer, ainda que rapidamente, a história da Igreja, de maneira a examinar como ela era antigamente e o que se tornou com o decorrer do tempo.

II

Uma das objeções mais frequentes que o clero faz aos social--democratas é que eles querem implantar o "comunismo", ou seja, a propriedade comum de todos os bens terrenos. Antes de tudo é curioso observar, que praguejando contra o "comunismo", os padres de hoje na realidade o fazem contra os primeiros apóstolos do cristianismo. Estes eram então os mais ardentes comunistas.

A religião cristã surgiu, como é conhecido, na Roma Antiga, no período do maior declínio desse Estado outrora rico e poderoso, que então compreendia a totalidade dos territórios que formam hoje a Itália, a Espanha, parte da França, parte da Turquia, a Palestina e outras diferentes áreas. As relações sociais dominantes em Roma, na época do nascimento de Cristo, eram muito semelhantes às da Rússia de hoje. Por um lado, um punhado de ricos, consumindo no ócio os ilimitados luxos e prazeres e, por outro, a imensa massa do povo agonizando em uma terrível miséria; acima de tudo, um governo de déspotas, baseado na violência e degenerescência moral, promovia uma inexprimível opressão e sugava o sangue da população. Em toda a extensão do Estado pairava a desagregação, inimigos externos ameaçando o Estado de diferentes lados; a soldadesca dominando com uma bárbara lascívia a população pobre; o campo abandonado e desabitado, com a agricultura cada vez mais improdutiva; já as cidades, especialmente a capital, Roma, estava lotada de um povo miserável, que mirava com ódio os palácios dos ricos; o povo sem pão, sem teto, sem roupa, sem esperança e sem horizonte para sair de sua desgraça.

Apenas em um aspecto existe uma grande diferença entre a Roma decadente e o atual Estado do tsar. Em Roma não existia então capitalismo, isto é, não existia a grande indústria fabril produzindo mercadorias para a venda por meio do trabalho assalariado dos operários. Dominava naquele tempo a escravidão, e as famílias nobres, assim como os ricos e os financistas, satisfaziam todas as suas necessidades com o trabalho das mãos dos escravos aprisionados nas guerras. Esses ricos tomaram gradualmente a posse de quase todas as terras da Itália, expulsando os camponeses romanos da terra. Uma vez que os cereais eram tomados sem pagamento das províncias conquistadas como tributo, eles transformaram suas próprias terras em imensas plantações, vinhedos, pastagens, pomares e ricos jardins cultivados por um grande exército de escravos, impelidos ao trabalho pelo chicote do capataz. Privados de terra e pão, a população rural de todas as províncias fluiu para a capital, Roma, mas lá não encontraram nenhum ganho, uma vez que todo o trabalho artesanal era realizado pelos escravos para seus senhores. Desta maneira, se formou gradualmente em Roma uma grande massa de pessoas sem propriedade – um proletariado que sequer podia vender sua força de trabalho, pois ninguém necessitava dela. Esse proletariado vindo do campo, não sendo absorvido nas cidades pela indústria fabril, como ocorre hoje, tinha de cair em uma miséria sem esperanças, na mendicância. Uma vez que essa imensa massa popular sem pão e sem teto, que enchia os subúrbios, as ruas e as praças de Roma, era um perigo permanente para o governo e para os ricos dominantes, o Estado precisou, contra a sua vontade, aliviar a pobreza. De tempos em tempos eram distribuídos cereais dos celeiros estatais, ou até mesmo comida, ao proletariado, para diminuir por algum tempo o seu perigoso murmúrio; também eram organizados espetáculos gratuitos no circo para ocupar a mente e os sentimentos do povo revoltado. Dessa maneira, o imenso proletariado de Roma viveu propriamente de esmola, ao contrário de hoje, quando o proletariado mantém toda a sociedade com o seu trabalho. Naquele tempo, em Roma, todo o trabalho para a sociedade se fundava nos ombros dos infelizes escravos, tratados como animais de carga. E no meio desse mar de miséria e degradação humana, um pequeno número de magnatas romanos organizava orgias de consumo louco e devasso.

Não havia saída dessas monstruosas relações sociais. O proletariado, é verdade, de vez em quando murmurava e ameaçava com uma revolta, mas a classe de mendigos, sem trabalho e vivendo somente dos ossos jogados da mesa dos senhores e do Estado, não podia criar uma nova ordem social. Os escravos, essa classe do povo que com o seu trabalho mantinha toda a sociedade, estavam degradados demais, dispersos, subjugados; além disso, estavam fora da sociedade, separados dela, como hoje os animais de carga estão das pessoas, para serem capazes de reformar o conjunto da sociedade. Os escravos, é verdade, de vez em quando organizavam revoltas contra os seus senhores, tentavam se libertar do jugo com fogo e espada, mas o Exército romano no fim sufocava essas revoltas de escravos, que depois eram pregados na cruz e dizimados aos milhares.

Nessas horríveis condições de uma sociedade decadente, em que não existia, para a imensa massa do povo, nenhuma saída visível, nenhuma esperança em um futuro melhor na terra, os infelizes começaram a procurar esperança no céu. A religião cristã apareceu a esses desprezados e miseráveis como a última tábua de salvação, como consolo e alívio, e desde o primeiro momento tornou-se a religião do proletariado romano. De acordo com a condição material dessa classe de homens, os primeiros cristãos começaram a proclamar a reivindicação da propriedade comum – o comunismo. Coisa natural: o povo não tinha meios de subsistência e morria na miséria, por isso a religião que o defendia proclamava que os ricos deveriam dividir com os pobres, que as riquezas deveriam pertencer a todos e não a um punhado de privilegiados, que entre as pessoas deveria reinar a igualdade. No entanto, não era a mesma reivindicação que levantam hoje os social-democratas, de que os instrumentos e os meios de trabalho em geral deveriam ser de todos, para que todos possam trabalhar coletivamente e viver do trabalho de suas mãos. O proletariado daquela época, como vimos, não vivia de seu trabalho, mas somente das esmolas do governo. Assim, a exigência da propriedade comum proclamada pelos cristãos não se referia aos meios de produção, mas apenas aos bens de consumo, isto é, eles não reivindicavam que a terra e os instrumentos de trabalho pertencessem a todos, mas apenas que todos repartissem entre si casas, roupas, alimentos e produtos para o consumo humano. De onde surgiam essas riquezas, os comunistas cristãos não se preocupavam. O trabalho continuava a ser obrigação dos escravos. O povo cristão reivindicava apenas que os que possuíam riqueza a distribuíssem para uso comum, aderindo assim à religião cristã, e que todos desfrutassem dela fraternamente e em igualdade.

Foi dessa maneira que se organizaram as primeiras comunidades cristãs. "Essas pessoas", descreveu um contemporâneo, não se importam com a riqueza, mas glorificam a propriedade comum e não há ninguém entre eles que seja mais rico do que o outro. Eles obedecem a regra de que todos que desejarem entrar em sua ordem precisam entregar toda sua riqueza para o uso comum de todos, por isso não se encontra entre eles nem necessidade nem luxo, todos possuem tudo em comum, como irmãos... Eles não moram em uma cidade à parte, mas têm em cada cidade suas próprias casas. Se chegam do exterior membros de sua religião, dividem com eles sua riqueza, a qual estes podem usar como se fosse sua. Essas pessoas se hospedam uns aos outros, mesmo que não tenham se conhecido antes, e vivem entre si como se fossem amigos desde sempre. Quando viajam pelo país, não levam nada, senão armas contra os ladrões. Em cada cidade possuem o seu próprio anfitrião, que distribui roupa e alimento entre os viajantes. [...] Não praticam o comércio entre si, mas se alguém dá a outrem algo de que este necessita, ele recebe por isso algo que também necessita. Mas mesmo quando alguém não puder oferecer nada em retribuição, pode pedir sem constrangimento ao outrem aquilo de que necessita.

Nos Atos dos Apóstolos (4, 32-34-35) lemos a seguinte descrição da primeira comunidade cristã de Jerusalém:

> Ninguém dizia que eram suas as coisas que possuíam, mas tudo entre eles era comum. [...] Nem havia entre eles alguém necessitado, pois todos os que possuíam terras e casas vendiam-nas, traziam o pagamento que tinham recebido e depositavam-no aos pés dos apóstolos. Repartia-se então conforme a necessidade de cada um.

O mesmo escreve, em 1780, um certo historiador alemão Vogel sobre os primeiros cristãos:

> De acordo com a regra, cada cristão tinha direito à propriedade de todos os membros da comunidade e podia, em caso de necessidade, pedir aos membros mais ricos o quanto fosse necessário de suas posses. Todo cristão poderia usar a propriedade dos seus irmãos, e aqueles

que possuíssem alguma coisa não poderiam recusar aos seus irmãos necessitados que dispusessem de seus bens. Por exemplo, o cristão que não tivesse casa poderia exigir de outro cristão proprietário de duas ou três casas que lhe fornecesse uma delas; entretanto, a propriedade das casas era conservada pelo dono. Mas segundo a comunhão do uso dos bens, a casa tinha de ser dada àquele que dela necessitasse.

A riqueza mobiliária e o dinheiro eram colocados em uma caixa comunitária e um funcionário, escolhido especialmente entre os irmãos cristãos, dividia a riqueza comum entre todos.

Mas isso não era tudo. A comunhão de uso era levada tão longe, que entre as primeiras comunidades cristãs as refeições eram realizadas comunitariamente, segundo narração nos Atos dos Apóstolos. Dessa maneira, a vida familiar dos primeiros cristãos foi propriamente abolida; todas as famílias cristãs de uma cidade viviam juntas como uma grande família. Para concluir, é preciso acrescentar que aquilo que certos padres tentam em sua ignorância ou ódio atribuir aos social-democratas, ou seja, a vontade de introduzir a comunhão de esposas, o que estes naturalmente nem sonham, pois acham uma vergonhosa e bestial distorção do casamento, era realmente praticado em parte pelos primeiros cristãos. A ideia da propriedade comum, o comunismo, o quanto possa parecer impudica e nojenta para o clero atual, era tão agradável para os primeiros cristãos que algumas seitas, como, por exemplo, os gnósticos, cuja seita era conhecida sob o nome de Adamita, pregavam, no século II depois do nascimento de Cristo, que todos os homens e mulheres deveriam relacionar-se mutuamente, sem diferenças, e viviam segundo esse ensinamento.

III

Assim, no primeiro e no segundo século, os cristãos foram fervorosos adeptos do comunismo. Mas esse comunismo do consumo de produtos, não baseado no comunismo do trabalho, não podia reformar a sociedade de então, não podia acabar com as desigualdades entre as pessoas, com o abismo entre os ricos e o povo pobre. Uma vez que os meios de produção, em particular a terra, continuavam sendo propriedade privada, e uma vez que o trabalho para a sociedade era ainda baseado na escravidão, a riqueza fornecida pelo trabalho fluía para poucos proprietários, e o povo continuava desprovido dos meios de subsistência, que recebiam apenas como graça dos ricos, como esmola.

Se apenas algumas pessoas, proporcionalmente um pequeno punhado, possuíam como propriedade privada e exclusiva todas as terras cultiváveis, florestas e pastagens, todos os animais de criação e os imóveis destinados à atividade econômica, todas as oficinas, ferramentas e matérias para a produção, enquanto outras pessoas – a imensa maioria do povo – não possuíam absolutamente nada com que pudessem trabalhar para si, não poderia surgir dessas relações sociais qualquer espécie de igualdade entre os homens, e inevitavelmente deveriam existir ricos e pobres, luxo e miséria. Suponhamos, por exemplo, que hoje os ricos proprietários, arrependidos em função dos ensinamentos da doutrina cristã, oferecessem todo o seu dinheiro e suas riquezas que possuem em cereais, frutas, vestuário e animais reservados para alimentação etc., para o consumo comum do povo e para a divisão entre todos os necessitados. Qual seria o resultado disso? Somente que por algumas semanas a miséria desapareceria e o povo se alimentaria e se vestiria. Mas esses objetos são rapidamente consumidos. Após um curto período de tempo, o povo que nada possui, tendo consumido as riquezas distribuídas, estaria novamente com as mãos vazias e os proprietários da terra e dos instrumentos de trabalho poderiam, graças à ajuda das mãos dos trabalhadores – então escravos –, continuar a produzir à vontade e, assim, tudo continuaria como dantes. Por isso, os social-democratas têm hoje ideias diferentes dos comunistas-cristãos, e dizem: nós não queremos que os ricos repartam com os proletários, nós não queremos nenhuma caridade, nem esmolas, pois isso não eliminaria a desigualdade entre os homens. Nós queremos não que os ricos dividam com os pobres, mas que deixem de existir ricos e pobres. E isso somente é possível quando a fonte de toda a riqueza, a terra e todos os outros meios e instrumentos de trabalho, for propriedade coletiva de todo o povo trabalhador, que irá produzir para si próprio os objetos indispensáveis segundo as necessidades de todos. Por sua vez, os primeiros cristãos queriam solucionar a penúria do imenso proletariado que não trabalhava com a contínua divisão das riquezas, dadas pelos ricos. Mas isso significava o mesmo que pegar água com uma peneira.

Mas isso não era tudo. O comunismo cristão não só não consegue mudar e melhorar as relações sociais, como nem mesmo consegue se sustentar.

No início, quando os seguidores do novo evangelho eram poucos, enquanto formavam apenas uma pequena seita de entusiastas no interior da sociedade romana, era então possível a reunião da riqueza para a divisão coletiva, as refeições em comum e, frequentemente, a moradia sob um mesmo teto.

Mas, à medida que cada vez mais pessoas aderiam ao cristianismo, que a comunidade se expandia para todo o país, essa vida em comum dos adeptos tornou-se cada vez mais difícil. O costume das refeições comunitárias logo desapareceu totalmente e, ao mesmo tempo, o oferecimento da riqueza para o uso comum assumiu [um] outro caráter. Uma vez que os cristãos não viviam mais como uma única família, e que cada um precisava cuidar da sua, a riqueza também não era mais entregue para o uso comum dos irmãos cristãos, mas apenas o supérfluo, o que sobrava após a satisfação das necessidades da própria família. O que agora os mais ricos ofereciam à sociedade cristã não era mais participação na convivência comunista, mas apenas uma oferta para os outros irmãos mais pobres; era *caridade*, esmola. E desde que os cristãos ricos deixaram eles mesmos de usar a riqueza comum e davam apenas uma parte aos *outros*, essa parte ofertada aos irmãos pobres passou a variar, sendo maior ou menor dependendo da vontade e da natureza de cada um dos fiéis. Dessa maneira, apareceu gradualmente no interior da comunidade cristã a mesma diferença entre ricos e pobres que existia ao seu redor, na sociedade romana, e contra a qual os primeiros cristãos tinham lutado. Agora, apenas os cristãos pobres – os proletários – recebiam refeições comuns da sua comunidade de fiéis, enquanto os ricos mantinham-se longe dessas refeições e ofereciam parte de seus bens para isso. Foi, portanto, verdadeiramente uma repetição entre os cristãos da mesma relação social que reinava na sociedade romana: o povo que vivia de esmola, e uma minoria de ricos atirando esmolas. Contra esse dilaceramento interno da comunidade cristã, resultante da penetração da desigualdade social, os pais da Igreja lutaram ainda por um longo tempo com palavras incandescentes, flagelando os ricos e exortando-os constantemente a voltarem ao comunismo dos primeiros apóstolos.

Por exemplo, São Basílio, no século IV depois de Cristo, assim atacava os ricos:

> Oh miseráveis, como quereis vos justificar diante do juiz celeste? Vós me respondeis: qual é a nossa culpa, quando guardamos para nós somente aquilo que nos pertence? Eu vos pergunto: o que chamais de vossa propriedade? De quem a receberam? [...] Como é que se enriquecem os ricos, senão tomando as coisas que pertencem a todos? Se cada um tomasse para si apenas o suficiente para as suas necessidades, então não haveria nem ricos e nem pobres.

São João Crisóstomo, patriarca de Constantinopla, nascido em Antioquia no ano 347 e falecido no exílio na Armênia no ano 407, se dirigia ainda mais fervorosamente aos cristãos para regressarem ao comunismo primitivo dos apóstolos. Na sua 11ª homilia sobre os Atos dos Apóstolos, esse célebre pregador dizia:

> Havia uma grande graça entre todos eles [os apóstolos]; e não havia entre eles quem sofresse penúria. E isso se originava de que ninguém falava de sua riqueza, que era sua, mas que tudo entre eles era de pertencimento comum.
>
> A graça existia entre eles porque ninguém sofria penúria, isto é, porque eles davam com tanto fervor que ninguém permanecia po-

bre. Porque davam não apenas uma parte, guardando outra para si; tampouco o que se dava era visto como propriedade individual. Eles aboliram a desigualdade e viviam em grande abundância, e faziam isso do modo mais respeitoso. Não se atreviam a dar oferendas nas mãos dos necessitados, também não as davam com orgulhosa ostentação; somente as traziam aos pés dos apóstolos e os tornavam senhores e controladores dos donativos. O que era necessário era retirado das reservas sociais, e não da propriedade individual. Por esse meio foi alcançado o objetivo de os doadores não ficarem cheios de orgulho.

Se hoje fizéssemos isso igualmente, viveríamos em grande felicidade: os ricos como os pobres, e os pobres não teriam por isso mais felicidade que os ricos, porque aqueles que oferecessem não se tornariam pobres eles próprios, mas fariam dos pobres, ricos.

Imaginemos essas coisas: todos dão o que possuem para a propriedade comum. Que com isso ninguém se preocupe, nem pobres nem ricos. Imaginem quanto dinheiro se reuniria desse modo? Eu julgo que – pois com toda certeza não se pode afirmar – se cada pessoa desse todo o seu dinheiro, todas as terras, todos os bens, suas casas (sobre os escravos não vou nem falar, pois os primeiros cristãos com certeza não os possuíam, pois provavelmente os libertaram), com certeza se acumularia tudo reunindo um milhão de libras de ouro, ou mesmo duas ou três vezes isso. Pois digam-me, quantas pessoas moram na nossa cidade [Constantinopla]? Quantos cristãos? Não serão uns 100 mil? E quantos pagãos e judeus! Quantos milhares de libras de ouro não seriam juntadas! E quantos pobres temos? Julgo que não sejam mais que 50 mil. Quanto seria necessário para alimentá-los a cada dia? Se eles tomassem refeições em uma mesma mesa, os custos não seriam grandes. Então o que fazemos com os nossos imensos tesouros? Vocês acreditam que algum dia eles podem se esgotar? E a benção de Deus não cairá sobre nós mil vezes mais abundante? Nós não faríamos da terra o céu? Se isso se realizou tão bem entre 3 ou 5 mil fiéis [os primeiros cristãos] e nenhum deles sofria penúria, quantas vezes mais se confirmará em uma grande quantidade de pessoas? Será que cada novo fiel não acrescentará alguma coisa?

A dispersão da riqueza provoca maiores gastos e, por isso, a pobreza. Tomemos como exemplo uma casa com o marido, a esposa e dez filhos. Ela se ocupa da fiação, ele procura sustento no mercado. Irão eles necessitar mais, morando juntos em uma casa, ou vivendo cada um separadamente? Obviamente, se vivessem separados; quando os dez filhos se encaminham para dez diferentes lados, eles precisarão de dez casas, dez mesas, dez criados e tudo o mais aumentado na mesma proporção. E como a questão se relaciona com a quantidade de escravos? Não se deve alimentá-los todos em uma mesa comum, reduzindo os custos? A dispersão leva frequentemente ao desperdício, a comunhão à poupança da riqueza. Assim se vive agora nos mosteiros e assim viveram antigamente os fiéis. Quem então morreu de fome? Quem não estava plenamente satisfeito? Entretanto, os homens temem essa ordem mais do que saltar no mar aberto! Por que é que não fazemos uma tentativa e pomos decididamente as mãos à obra? Que grandes dádivas obteríamos disso! Pois então quando o número de fiéis era tão pequeno, apenas uns 3 a 5 mil, quando todo o mundo era nosso inimigo, quando de todos os lados não havia consolo, nossos antepassados tão decididamente se dedicaram a isso, quanta maior certeza deveríamos ter agora, quando pela graça divina existem fieis por todos os lados! Quem então gostaria de permanecer pagão? Ninguém, penso eu. Nós atrairíamos e ganharíamos todos.

Essas ardentes exortações e sermões de São João Crisóstomo permaneceram sem efeito. Nenhuma tentativa de estabelecer o comunismo, nem em Constantinopla nem em outra parte, foi posta em prática. Ao mesmo tempo que o cristianismo se expandiu, que desde o século IV já era a religião dominante em Roma, os fiéis não se voltaram ao exemplo dos primeiros apóstolos, da propriedade comum, mas, pelo contrário, se distanciaram cada vez mais dele.

Ainda no século VI, isto é, passados quinhentos anos do nascimento de Cristo, escutamos o apelo de Gregório, o Grande:

Não é o bastante não tomar a propriedade dos outros, vós não estais sem culpa, enquanto conservardes para vós a riqueza que Deus criou para todos. Aquele que não dá aos outros o que possui é um bandido e assassino; pois quando guarda para si o que serviria de sustento aos pobres, pode-se dizer que a cada dia assassina tantos quantos podiam viver dessa riqueza. Quando dividimos com os que estão na penúria, então nós não damos o que nos pertence, mas o que lhes pertence. Isto não é um ato de misericórdia, mas o pagamento de uma dívida.

Mas esses apelos foram em vão, consequência da insensibilidade dos cristãos daquela época, que ainda eram mais sensíveis aos sermões dos pais da Igreja do que os cristãos de hoje. Mas não foi a primeira vez na história da humanidade que se mostrou que as condições econômicas são mais fortes do que os mais belos sermões. Esse comunismo, essa comunhão de consumo proclamada pelos primeiros cristãos, não podia se conservar de nenhum modo sem o trabalho em comum de todo o povo, na terra comum e nas oficinas comuns; e esse trabalho coletivo com os meios de produção coletivos era então impossível, uma vez que o trabalho, como já dissemos, era coisa dos escravos, e não dos homens livres. O cristianismo desde o início não tentou, e não tinha como, realizar a abolição da desigualdade no trabalho e na propriedade dos meios de trabalho; por isso, não havia esperança em forçar uma abolição da distribuição desigual das riquezas. Pelo mesmo motivo, as vozes dos pais da Igreja, procurando a conversão ao comunismo, necessariamente permaneciam apelos no deserto. Mas em pouco tempo essas vozes tornaram-se cada vez menos frequentes, até finalmente silenciarem por completo. Os próprios pais da Igreja cessaram de pregar a comunhão e a distribuição das riquezas, pois com o crescimento da comunidade de fiéis a própria Igreja se modificou fundamentalmente.

IV

No princípio, quando o número de cristãos ainda era pequeno, não existia propriamente o clero. Em cada cidade os fiéis se reuniam, formando uma comunidade religiosa autônoma, e cada vez escolhiam um entre seus membros como responsável para dirigir o serviço de Deus e a realização dos atos religiosos. Todo cristão podia, então, tornar-se bispo ou prelado; tratava-se de ofícios temporários, que não davam nenhum poder ao responsável além daquele que a comunidade lhe conferia livremente, e tampouco eram remunerados. Entretanto, à medida que o número de fiéis crescia e as comunidades se tornavam mais numerosas e mais ricas, o controle das questões da comunidade e a realização dos cultos tornou-se uma ocupação que exigia muito tempo e dedicação total. Uma vez que os irmãos cristãos não poderiam mais executar essas tarefas paralelamente às suas ocupações privadas, assim se iniciou a escolha dos membros da comunidade para o ofício espiritual como atividade exclusiva. Consequentemente, esses funcionários precisavam, em função de sua dedicação às questões da Igreja e da comunidade, receber algum pagamento que fosse suficiente para viver. Desse modo, no interior da comunidade cristã surgiu uma nova divisão: do conjunto de fiéis se separou um corpo especial de funcionários da Igreja, o clero. Ao lado da desigualdade entre ricos e pobres, surgiu uma nova desigualdade, entre o clero e o povo. No início escolhidos entre os fiéis iguais entre si para dedicar-se temporariamente ao serviço da Igreja, os clérigos em breve se elevaram a uma espécie de casta de pessoas que se situava acima do povo. Quanto mais comunidades cristãs se constituíam em todas as cidades do grande Estado romano, tanto mais os cristãos, perseguidos pelo governo e pelos seguidores de outras crenças, sentiam a necessidade de se unirem entre si para aumentar suas forças. As comunidades espalhadas começaram a organizar-se em uma única Igreja, em todo o território do Estado; essa unificação, contudo, já não é uma unificação do povo, mas somente do clero. No século IV depois de Cristo, os clérigos de comunidades individuais começaram a encontrar-se nos concílios; o primeiro realizou-se em Niceia, no ano 325. Por esse caminho estabeleceu-se uma estreita ligação dos clérigos em uma ordem separada do povo. Ao mesmo tempo, no interior do clero, naturalmente lideravam os bispos das comunidades mais fortes e ricas, e por essa razão o bispo da comunidade cristã da cidade de Roma logo ficou à frente de todo o cristianismo, como a cabeça da Igreja, como papa. Por esse percurso surgiu toda a *hierarquia* do clero, que cada vez mais se separava do povo e se elevava sobre ele.

Ao mesmo tempo, se modificaram também as relações econômicas entre o povo e o clero. Antes de tudo isso, o que os membros ricos da Igreja ofereciam para a sociedade era entendido unicamente como um fundo para os pobres. Depois, desse mesmo fundo começou a sair uma parte cada vez maior como pagamento ao clero, e também destinado às necessidades da Igreja. Quando, no início do século IV, o cristianismo foi declarado em Roma como a religião dominante, ou seja, a única reconhecida e apoiada pelo governo, e terminaram as perseguições aos cristãos, os cultos não eram mais realizados nas catacumbas ou em locais modestos, mas iniciou-se a construção de igrejas, cada vez mais maravilhosas. Os gastos com isso diminuíram ainda mais os fundos para os pobres. Já no século V depois de Cristo, os rendimentos da Igreja eram divididos em quatro partes iguais: uma era destinada ao bispo, outra ao clero menor, uma terceira ia para a construção e manutenção das igrejas e apenas uma parte era destinada ao apoio do povo pobre. Toda a população pobre cristã reunida recebia agora somente uma parte equivalente à de um bispo sozinho. E com o passar do tempo, em geral, deixou-se de destinar uma determinada parte aos pobres. Quanto mais o alto clero se elevava e seu poder crescia, tanto mais os fiéis perdiam o controle sobre a riqueza e os rendimentos da Igreja. Os bispos davam para os pobres segundo sua caridade. O povo agora só recebia esmolas de seu próprio clero.

E não é só isso. Se, nos primórdios, todas as ofertas dos fiéis para a comunidade cristã eram voluntárias, com o tempo, particularmente desde que o cristianismo se tornou a religião oficial do Estado, o clero passou a exigir as ofertas coercitivamente e de todos os fiéis, ricos ou pobres. No século VI foi implantado pelo clero um imposto especial destinado à Igreja, o dízimo (isto é, a décima parte dos grãos de cereais, dos rebanhos etc.). Esse imposto caiu como um novo peso nos ombros do povo e tornou-se depois, durante a Idade Média, um flagelo divino para os pobres camponeses sugados pela servidão. O dízimo era um imposto que incidia sobre qualquer porção de terra e sobre todos os bens, e os servos camponeses tinham de dar o sangue e o suor de sua fronte pelo Senhor em seu trabalho. Agora não era apenas o povo pobre que não tinha o apoio e a ajuda da Igreja, mas, ao contrário, a Igreja se uniu aos outros exploradores e esfoladores do povo: os príncipes, a nobreza agrária e os agiotas.

Enquanto na Idade Média, graças à servidão, o povo trabalhador caía na mais profunda miséria, o clero enriquecia cada vez mais. Além dos rendimentos do dízimo e de outros impostos e taxas, a Igreja recebia naqueles tempos imensas doações e legados feitos por ricos piedosos ou libertinos de ambos os sexos, que por meio de seus generosos legados desejavam se redimir, no último momento, de sua vida de pecado. Deram e transmitiram para a Igreja dinheiro, casas, aldeias inteiras com os seus servos camponeses e, algumas vezes, rendas e prestações resultantes da terra. Desse modo, acumulou-se uma enorme riqueza nas mãos do clero. E, assim, o clero deixou de figurar apenas como o administrador da riqueza da Igreja, isto é, da comunidade de fiéis, pelo menos dos irmãos pobres. No século XII, o clero já declarava abertamente e formulou como lei, dizendo que eram palavras da sagrada escritura, que toda a riqueza da Igreja não era propriedade social dos fiéis, mas apenas propriedade privada do clero e, sobretudo, de seu representante máximo – o papa. Os cargos eclesiásticos tornaram-se, deste modo, a melhor maneira de obter grandes rendimentos e riqueza, e cada eclesiástico, dispondo da propriedade da Igreja como sua propriedade, dotava um punhado de seus parentes, filhos e netos. Dado que os bens da Igreja se dispersavam e desapareciam nas mãos das famílias dos membros do clero, os papas, então, passaram a cuidar da conservação dessa riqueza como um todo e se declararam proprietários soberanos da fortuna eclesiástica; também ordenaram o celibato, ou seja, a proibição do casamento do clero, para evitar a dispersão da riqueza através da herança. O celibato foi instituído inicialmente já no século XI, mas devido a uma forte resistência dos padres em geral, foi de fato aceito apenas no final do século XIII. Para que nenhuma parte da riqueza saísse das mãos da Igreja, o papa Bonifácio VIII, em 1297, baixou um decreto proibindo aos sacerdotes fazer qualquer doação dos seus rendimentos aos leigos sem a permissão do papa.

Assim, a Igreja reuniu em suas mãos uma riqueza imensurável, especialmente em terras. Em todos os países cristãos, o clero tornou-se o maior proprietário de terras. Geralmente, ele possuía um terço de todo o território do Estado, algumas vezes ainda mais. Portanto, não apenas em todas as possessões dos reis, dos príncipes e dos nobres, os camponeses precisavam, além de seu trabalho servil aos senhores, dedicar o dízimo à Igreja, mas também nas imensas possessões da Igreja milhões de camponeses e centenas de milhares de artesãos serviam diretamente aos bispos, arcebispos, cânones, padres e conventos. Entre todos os senhores feudais exploradores do povo na Idade Média, durante o domínio feudal, a Igreja foi o mais poderoso senhor e explorador. Por exemplo, na França, antes da Grande Revolução, isto é, em fins do século XVIII, o clero era proprietário de um quinto de todas as terras da França, o que lhe dava um rendimento anual de cerca de 100 milhões de francos.

Os dízimos recolhidos nas possessões privadas somavam 23 milhões. Desta soma viviam e engordavam 2.800 prelados e vigários-gerais, 5.600 abades e priores, 60 mil padres e vigários e, nos conventos, 24 mil monges e 36 mil freiras. Todo esse imenso exército de padres estava livre de todos os impostos e das obrigações militares, e somente nos anos de calamidade geral – como no caso de guerras, más colheitas e epidemias – davam um "imposto voluntário" para o tesouro do Estado, que entretanto nunca ultrapassou 16 milhões de francos.

Esse clero tão próspero constituiu, junto com a nobreza feudal, um estamento [*stan*] que dominava o povo pobre e vivia de seu suor e sangue. Os altos cargos da Igreja, aqueles com as maiores rendas, sempre foram distribuídos aos nobres e permaneciam em suas famílias. Por isso o clero, no período da servidão, estava sempre junto à nobreza, apoiando seu domínio; e juntos arrancavam o couro do povo, incentivavam a sua submissão e a suportar a miséria e a humilhação sem murmúrio ou resistência. O clero também era um inimigo aguerrido do povo citadino e camponês quando estes enfim se levantavam para, através da revolução, abolir a exploração servil e conquistar os direitos humanos. É também verdade que mesmo no interior da hierarquia da Igreja existiam duas classes: o alto clero, que tomava toda a riqueza para si, e a massa dos padres rurais, que recebiam apenas paróquias miseráveis (por exemplo, na França, paróquias cuja renda anual alcançava de 500 a 2 mil francos). Essa depreciada classe inferior do clero também se revoltava contra o alto clero, e durante a Grande Revolução, que explodiu em 1789, uniu-se ao povo combatente contra a dominação da nobreza leiga e eclesiástica.

V

Foi dessa maneira que, com o correr do tempo, as relações entre a Igreja e o povo foram viradas de ponta cabeça. O cristianismo surgiu como um evangelho de consolação aos deserdados e pobres. No princípio, foi um ensinamento contra a desigualdade social e pregava a comunhão de riquezas para a eliminação das desigualdades entre ricos e pobres. Mas, gradualmente, a Igreja transformou-se de um tabernáculo da igualdade e da fraternidade em uma propagadora da desigualdade e da injustiça. Abandonando a luta contra a propriedade privada que os primeiros apóstolos do cristianismo conduziram, o clero começou, ele mesmo, a juntar e a se apoderar de riquezas e aliou-se à classe proprietária, ou seja, àqueles que viviam da exploração do trabalho e da dominação sobre o povo. Na Idade Média, quando dominava a nobreza feudal sobre o campesinato servil, a Igreja pertencia ao estamento dominante da nobreza e defendeu com todas as forças o seu domínio em oposição à revolução. Posteriormente, no final do século XVIII na França e na metade do século XIX em toda a Europa Central, quando o povo com a revolução varreu a servidão e os privilégios da nobreza e teve início a dominação do capitalismo moderno, então a Igreja aliou-se novamente à classe dominante – à burguesia industrial e comercial. Hoje, com a mudança dos tempos, o clero já não possui tantas terras como antigamente, mas em seu lugar possui capital e procura especular com ele para, através da exploração industrial e comercial do trabalho do povo realizada pelos capitalistas, tomar a maior parte para si. Assim, por exemplo, a Igreja católica na Áustria possuía, de acordo com as próprias estatísticas eclesiásticas (de cinco anos atrás), um capital de mais de 813 milhões de coroas, dos quais aproximadamente 300 milhões eram em terras e riquezas imobiliárias, 387 milhões em obrigações, isto é, em diferentes papéis da bolsa – que dão juros – e 70 milhões emprestados, por meio de agiotagem privada, aos donos de fábricas e aplicadores da bolsa. Desse modo, a Igreja passou de senhor feudal na Idade Média a moderno capitalista industrial e financeiro; e da mesma maneira que antes, pertencia à classe que sugava o sangue e o suor do camponês; agora também pertence à classe que enriquece explorando os trabalhadores fabris e agrícolas – explorando o proletariado.

Essa mudança é ainda mais nítida nos conventos. Em certos países, como na Alemanha e na Rússia, os conventos desde há muito tempo foram proibidos e suprimidos. Mas lá, onde ainda permaneceram, na França, na Itália, na Espanha, também se evidencia como a Igreja tornou-se participante da dominação capitalista sobre o povo.

Na Idade Média, os conventos eram ainda o último refúgio do povo. Era lá que se protegia o povo oprimido diante da severidade dos príncipes e senhores leigos, dos horrores da guerra, ali ele procurava alimento e teto no caso de extrema miséria. Os conventos, então, não negavam um pedaço de pão e um pouco de comida aos necessitados. Pois não se pode esquecer que na Idade Média, quando não havia ainda esse comércio geral de mercadorias de hoje, cada senhor feudal, cada convento, produzia quase tudo para si com as mãos dos servos camponeses e dos artesãos, não havendo demanda para as provisões que sobravam. Quando os cereais, legumes, madeira, laticínios se acumulavam em quantidade maior do que os monges podiam usar para si, esse excedente não possuía quase nenhum valor. Não havia para quem vender, e guardar como provisões nem sempre e nem para todo produto era possível. Portanto, os conventos com boa vontade alimentavam e abrigavam o povo pobre, oferecendo-lhe uma pequena parte do que tinha sido extraído dos servos camponeses em seus domínios, ainda mais que, naquela época, isso era feito em qualquer mansão de um nobre respeitado. Mas, particularmente para os conventos, essa caridade era vantajosa, pois justamente por serem conhecidos como abrigo para os pobres recebiam grandes ofertas e legados dos ricos e poderosos.

Quando, entretanto, com o aparecimento da produção mercantil e da indústria capitalista, cada objeto na economia adquiriu um preço e tornou-se objeto de troca, os conventos e as casas dos senhores eclesiásticos cessaram toda a sua caridade e fecharam seus portões aos pobres. Então o povo pobre nunca mais encontrou refúgio e apoio. Por isso, entre outras razões, no começo da dominação capitalista no século XVIII, quando os trabalhadores ainda não estavam organizados para se defender contra a exploração, sobretudo nos principais países industriais (Inglaterra e França), teve origem uma miséria tão aterrorizadora entre o povo, comparável apenas com a que a humanidade tinha sofrido dezoito séculos antes, durante a decadência do Estado romano.

Mas, enquanto naquele momento, a Igreja católica saiu propriamente em socorro do proletariado, que morria na miséria em Roma, com o evangelho do comunismo, propriedade comum, igualdade e fraternidade, agora, durante o domínio do capital, a Igreja se comportou de um modo completamente diferente. Ela mesma procurou rapidamente se beneficiar dessa miséria na qual caiu o povo simples, para pôr essa mão de obra barata a trabalhar para ela e para o seu enriquecimento. Os conventos tornaram-se cavernas da exploração capitalista – e da forma mais horrorosa, pois exploravam o trabalho de mulheres e crianças. Um grande exemplo dessa exploração impiedosa de crianças, que persiste até hoje, foi revelado ao mundo pelo processo realizado contra o Convento Bom Pastor, na França, em 1903, onde meninas de 12, 10 e 9 anos eram submetidas a um trabalho pesado e sem descanso durante todo o dia, no qual arruinavam os olhos e a saúde, sendo alimentadas do modo mais miserável e mantidas como em uma rigorosa prisão.

Hoje os conventos estão quase abolidos, inclusive na França, e com isso a Igreja perde a oportunidade de uma exploração capitalista direta. O dízimo, essa praga do camponês servo, foi igualmente abolido já há muito tempo em todos os lugares. Mas, mesmo hoje, o clero tem ainda muitas formas diferentes de esfolar o povo trabalhador pelo pagamento de missas, casamentos, funerais, batismos e diferentes despesas. O governo, aliando-se ao clero, obriga o povo a expiar seus pecados a cada passo e, além disso – com exceção dos EUA e da Suíça, onde a religião é um assunto privado –, a Igreja recebe do Estado enormes contribuições, em função das quais o povo trabalha com o suor de sua fronte. Por exemplo, na França, o clero católico recebe até hoje 40 milhões de francos de pensão do governo. Tomando tudo em conjunto, a Igreja vive hoje, assim como o governo e a classe dos capitalistas, da exploração do trabalho pesado de milhões de pessoas. O rendimento atual da Igreja, que foi outrora refúgio dos pequenos e deserdados, é mostrado, por exemplo, pela estatística dos rendimentos do clero católico na Áustria. Há cinco anos as receitas anuais da Igreja em toda a Áustria eram de, pelo menos, 60 milhões de coroas. As despesas somavam apenas 35 milhões; portanto, a Igreja em um único ano "economizou" 25 milhões à custa de sangue e suor do povo trabalhador. Analisando detalhadamente se tem:

- o arcebispo de *Viena* tem um rendimento anual de 300 mil coroas e despesas menores que a metade disso; portanto, uma "poupança" anual de 150 mil; o patrimônio fixo desse arcebispado chegava a aproximadamente 7 milhões;
- o arcebispo de *Praga* tem um rendimento que ultrapassa meio milhão e tem cerca de 300 mil de despesas; o seu patrimônio chega a quase 11 milhões;
- o arcebispado de *Olomouc* tem rendimentos que ultrapassam meio milhão e despesas de aproximadamente 400 mil; o seu patrimônio chega a mais de 14 milhões.

O clero inferior não saqueia menos a população, com frequência alegando para tanto a sua pobreza e a insensibilidade do povo. Os rendimentos anuais das paróquias da Áustria chegam a pouco mais de 35 milhões de coroas, as despesas chegam apenas a 21 milhões, com o que a "poupança" dos párocos atinge em seu total 14 milhões. Por sua vez, o patrimônio de todas as paróquias na Áustria ultrapassa 450 milhões. Finalmente, os conventos tiveram na Áustria uma "renda líquida", isto é, após a dedução de todas as despesas, de 5 milhões por ano – e essas riquezas crescem a cada ano, enquanto, entre o povo explorado pelo capitalismo e pelo Estado, a miséria cresce cada vez mais. E, assim como na Áustria, o mesmo acontece em nosso país e em toda parte.

VI

Uma vez conhecida rapidamente a história da Igreja e do clero, não deveria mais nos surpreender que hoje, em nosso país, o clero tenha se posicionado ao lado do governo tsarista e dos capitalistas, praguejando contra os trabalhadores revolucionários que lutam por uma condição melhor.

O trabalhador social-democrata consciente tem por objetivo realizar na sociedade as ideias de igualdade social e fraternidade entre os homens, que eram os fundamentos da própria Igreja cristã em seus primórdios. A igualdade, que não foi possível naquele tempo, em uma sociedade baseada na escravidão, nem depois, sob o domínio da servidão, torna-se possível agora, depois da dominação da indústria capitalista no mundo inteiro. O que não conseguiram realizar os apóstolos cristãos com os seus mais ardentes sermões contra o egoísmo dos ricos podem alcançar em um futuro próximo os proletários modernos, a classe dos trabalhadores conscientes, conquistando o poder político em todos os países e tomando dos capitalistas – exploradores – as fábricas, a terra e todos os meios de trabalho para torná-los propriedade comum de todos os trabalhadores. O comunismo, que os social-democratas têm por objetivo, não é mais aquela comunhão de consumo dos mendigos ociosos, com os quais os ricos dividem seus bens, mas a comunhão do trabalho honesto e o consumo justo do fruto desse trabalho. O socialismo não é mais a divisão da riqueza entre ricos e pobres, mas a total abolição da própria diferença entre ricos e pobres pelo estabelecimento da igualdade de obrigações de trabalho para todos aqueles capazes de trabalhar e a abolição da própria exploração de uns pelos outros.

Para estabelecer essa ordem socialista, os trabalhadores de todos os países precisam se organizar no partido operário social-democrata, que persegue esse fim. É propriamente por isso que a social-democracia, a consciência dos trabalhadores e o movimento operário representam as coisas mais odiosas para as classes proprietárias que vivem hoje da exploração do trabalho operário. Mas o clero, e a própria Igreja, pertencem igualmente a essas classes dominantes. Todas essas enormes riquezas acumuladas pela Igreja são originadas – obtidas sem trabalho – da exploração injusta do povo trabalhador. O patrimônio dos arcebispos e bispos, dos conventos e paróquias, é obtido através do mesmo sangue e suor do trabalhador, assim como o patrimônio dos donos das fábricas, dos comerciantes e dos magnatas de terras. Pois qual é a origem das doações e dos legados que os homens ricos fazem à Igreja? Obviamente, não é do próprio trabalho desses ricos devotos, mas exclusivamente da exploração dos trabalhadores, que laboram por eles: antigamente, essas doações de riquezas ao clero eram originadas da exploração do camponês servo; hoje, da exploração do trabalhador assalariado. Quanto às pensões pagas hoje pelos governos ao clero, é claro, elas são originadas em geral do tesouro do Estado, que é inflado pelos impostos arrancados da massa das pessoas simples. O clero, portanto, se mantém do mesmo modo apoiado nos ombros do povo e vive de sua humilhação, opressão e ignorância, como toda a classe dos capitalistas. O povo consciente, lutando por seus direitos e pela igualdade entre as pessoas é tão odiado pelos padres, assim como por todos capitalistas parasitas, porque hoje o estabelecimento da igualdade e a abolição da exploração seria um golpe mortal para o próprio clero, que vive da exploração e da desigualdade.

Mas o que é mais importante: o socialismo tem por objetivo oferecer à humanidade a felicidade honesta e verdadeira na terra, dar a todo o povo a melhor educação, ciência e domínio na sociedade, e essa própria felicidade na terra e a ilustração intelectual de todos é o que temem, como um fantasma, os atuais servidores da Igreja. Como os capitalistas acorrentaram o corpo do povo às correntes da miséria e da servidão, também o clero, ajudando os capitalistas e em prol da própria dominação, acorrentou o *espírito* do povo à servidão, temendo que o povo ilustrado, racional, olhando para o mundo e a natureza com os olhos abertos pela ciência, se libertasse do domínio dos padres e não os aceitasse mais como o poder supremo e origem de toda a graça na terra. *Portanto, modificando e falsificando o ensinamento do cristianismo primitivo, que tinha por objetivo a felicidade terrena dos pequeninos*, o clero de hoje persuade o povo de que a miséria e a humilhação que sofrem não é consequência das relações sociais desprezíveis, mas sim de uma ordem do céu, ocasionada pela "Providência". Dessa maneira, a Igreja mata o espírito do povo trabalhador, mata nele a vontade e a esperança em um futuro melhor, mata nele a fé em si mesmo e em sua própria força, mata nele o respeito por sua própria dignidade humana. Os padres de hoje, com seus ensinamentos falsos e envenenadores do espírito, sustentam-se na ignorância e na humilhação do povo e querem que essas condições se mantenham eternamente. Existem algumas provas irrefutáveis disto. Nos países onde o clero católico domina de maneira absoluta o pensamento do povo, como na Espanha e na Itália, reinam a maior ignorância, a maior embriaguez e os maiores crimes entre o povo. Como exemplo, tomemos para comparação duas regiões da Alemanha: Baviera e Saxônia. A Baviera é uma região principalmente agrícola, onde o clero católico tem ainda grande influência sobre o povo. A Saxônia, por sua vez, é uma região altamente industrializada, onde os social-democratas, há muitos anos, exercem influência sobre os trabalhadores. Em quase todas as circunscrições eleitorais da Saxônia são eleitos muitos social-democratas, e por isso essa região é odiada e proclamada pela burguesia como "vermelha", social-democrata. E o que é que se evidencia? As estatísticas oficiais mostram, se compararmos o número de crimes cometidos ao longo de um ano na católica e clerical Baviera e na Saxônia "vermelha", que (no ano de 1898) para cada 100 mil habitantes ocorreram – roubos violentos: na Baviera 204, na Saxônia 185; lesões corporais: na Baviera 296, na Saxônia 72; perjúrio: na Baviera 4 casos, na Saxônia 1. O mesmo acontece se compararmos a quantidade de crimes cometidos na região de Poznan, onde domina o clero católico, e em Berlim, onde a influência da social-democracia é a maior: na região de Poznan, no mesmo ano, vemos para cada 100 mil habitantes, 232 lesões corporais, e em Berlim, 172. Em Roma, sede do papa, no ano de 1869, isto é, no penúltimo ano da existência do poder temporal do papa, durante um único mês 279 pessoas foram condenadas por assassinato, 728 por lesões corporais, 297 por roubo e 21 por incêndio criminoso. Estes foram os frutos da dominação absoluta do clero sobre o pensamento do povo empobrecido.

Isso não significa, naturalmente, que o clero incite o povo ao crime. Muito pelo contrário, os padres frequentemente, por meio de palavras, condenam o roubo, as brigas, a bebedeira. Mas, como se sabe, os homens roubam, brigam e bebem não por obstinação ou porque gostem, mas apenas por duas razões: por causa da miséria e da ignorância. Portanto, quem mantém o povo na miséria e na ignorância, como faz o clero, quem mata no povo a vontade e a energia para sair da miséria e da ignorância, quem cria obstáculos de todos os tipos para os que querem se educar e se livrar da miséria, é tão responsável pela difusão dos crimes e da embriaguês como se os incentivasse.

E o mesmo ocorria até recentemente nas áreas mineiras da clerical Bélgica, até a chegada dos social-democratas que vigorosamente apelaram aos infelizes e humilhados trabalhadores belgas: levante-se, trabalhador, saia da sua humilhação, não roube, não beba álcool, não abaixe a cabeça por desespero, apenas leia, ilustre-se, junte-se aos seus irmãos, lute contra os exploradores que o sugam, eleve-se da miséria, e se tornará um ser humano!

Assim, em todo lado os social-democratas levam a ressurreição ao povo, fortalecem os desesperados, reúnem os fracos em uma força, abrem os olhos dos ignorantes e mostram o caminho da libertação, convocam o povo para a construção na terra do reino da igualdade, da liberdade e do amor ao próximo. Por sua vez, a todos os lugares os servidores da Igreja levam ao povo apenas o apelo à humildade, o desencorajamento e a morte espiritual. Se Cristo aparecesse hoje na terra, com certeza faria com esses padres, bispos e arcebispos – defensores dos ricos, que vivem do suor sangrento de milhões – o mesmo que fez outrora com os negociantes, os quais Ele expulsou do vestíbulo do templo com uma vara, para que não maculassem a casa de Deus com sua vergonha.

É por isso que entre o clero, que quer eternizar a miséria e a opressão do povo, e os social-democratas, que levam ao povo o evangelho da libertação, tinha que resultar uma luta de vida e morte, como entre a noite escura e o sol nascente. Assim como a escuridão da noite – que com má vontade e resistência cede lugar à aurora –, os morcegos da Igreja gostariam agora de encobrir com suas batinas pretas a cabeça das pessoas, para que os seus olhos não mirassem a beleza do nascer do sol, da salvação socialista. Uma vez que não são capazes de combater o socialismo com o espírito e a verdade, recorrem à violência e à ilegalidade. Na mesma língua de Judas, eles semeiam calúnias sobre aqueles que abrem os olhos do povo, e com mentira e difamação tentam tornar odiados aqueles que dedicam o seu sangue e a sua vida ao povo. Enfim, esses padres – servidores do Bezerro de Ouro – santificam e apoiam os crimes do governo tsarista e dão a benção aos assassinos do povo, se põem em defesa do trono do último tsar-déspota, que oprime o povo a ferro e fogo, como outrora Nero em Roma perseguiu os primeiros cristãos!

Mas são em vão esses esforços! Em vão vocês se debatem, degenerados servidores do cristianismo, que agora são servidores de Nero. Em vão vocês ajudaram os nossos assassinos e carrascos, em vão protegeram sob o sinal da cruz os ricos e exploradores do povo. Como outrora, nenhuma maldade e difamação impediu a vitória da ideia do cristianismo, aquela ideia que vocês macularam em seu serviço ao Bezerro de Ouro; também hoje, nenhum dos seus esforços impedirá à vitória do socialismo. Hoje vocês são, por causa de seus ensinamentos e de suas vidas, os próprios pagãos; enquanto nós, que levamos aos pobres, aos explorados, aos oprimidos o evangelho da fraternidade e da igualdade, somos quem conquistamos o mundo, como outrora aqueles que proclamavam: "Em verdade vos digo: [...] é mais fácil um camelo passar pelo fundo de uma agulha do que um rico entrar no reino de Deus".[5]

VII

Por fim, ainda algumas palavras. O clero tem dois modos de combater a social-democracia. Onde o movimento da classe trabalhadora ainda inicia a conquista do direito de cidadania, exatamente como no caso do nosso país, e onde as classes dominantes ainda se iludem de que conseguem por meio da força esmagá-lo, lá o clero age apenas com sermões ameaçadores, caluniando os socialistas, com ameaças sobre a "cobiça" dos trabalhadores. Mas onde já existe liberdade política e o partido operário é poderoso, como, por exemplo, na Alemanha, na França e na Holanda, lá o clero utiliza outros métodos. Esconde as suas garras e dentes de lobo sob a pele de raposa, e de um inimigo declarado dos trabalhadores torna-se um falso amigo. Os próprios padres passam a organizar os trabalhadores, a fundar federações profissionais cristãs. Tentam dessa maneira apanhar o peixe em sua rede, isto é, pegar os trabalhadores nas malhas desses falsos sindicatos, onde ensinam aos trabalhadores humildade, antes que esses entrem nos sindicatos social-democratas, que lhes ensinam a luta e a defesa contra a exploração.

Quando o governo tsarista finalmente cair sob os golpes do proletariado revolucionário da Polônia e da Rússia e tiver início a aurora da liberdade política, com certeza vivenciaremos esse mesmo arcebispo Popiel e os mesmos padres, que agora praguejam pelas igrejas contra os operários combativos, começarem repentinamente a organizar os trabalhadores em sindicatos "cristãos" e "nacionais", para bestializá-los de um novo modo. Agora já temos um começo desse trabalho

[5] Mateus 19, 24.

de solapamento nos sindicatos da Democracia Nacional, que será a futura sócia dos padres e já os ajuda a difamar os social-democratas. Por isso, os trabalhadores precisam estar preparados para amanhã, após a vitória da revolução e a instauração da liberdade política, não se deixarem enganar com palavras doces desses que hoje se atrevem a defender do púlpito o governo tsarista, que mata os trabalhadores, e a dominação do capital, que conduz à miséria do povo. Para se defender perante o antagonismo do clero hoje, durante a revolução e contra sua falsa amizade de amanhã após a revolução, os trabalhadores deveriam rapidamente organizar-se em seu partido operário, aderir à social-democracia. E em cada ataque dos padres contra os operários conscientes, estes deveriam ter uma única resposta:

A social-democracia não retira a fé de ninguém e não combate a religião. Ao contrário, exige a completa liberdade de consciência para cada um e o respeito a qualquer confissão e convicção.

Mas se os padres se aproveitam do púlpito como meio de luta política contra a classe trabalhadora, os trabalhadores devem se voltar contra eles, como contra todos os inimigos de seus direitos e de sua libertação.

Porque quem defende os exploradores e opressores e deseja eternizar esta ordem social abjeta é propriamente o inimigo mortal do povo, quer vista uma batina de padre ou um uniforme de polícia.

O que queremos?[1]
Comentários sobre o programa da Social-Democracia do Reino da Polônia e Lituânia (SDKPiL)

I

A Social-Democracia do Reino da Polônia e Lituânia procura, em conjunto com as social-democracias de outros países capitalistas, a materialização do sistema socialista. Ou seja, ela quer abolir a exploração da classe trabalhadora pelos proprietários da terra, fábricas, oficinas, minas e entregar todos esses meios de produção ao povo trabalhador como uma propriedade comum.

---

1 Título original: *Czego Chcemy*. Publicado originalmente pela Wydawnictwa Socjaldemokracji Królestwa Polskiego e Litwa [Editora da Social-Democracia do Reino da Polônia e Lituânia], em 1906. Tradução de Bogna Thereza Pierzynski.

Já no início do desenvolvimento industrial, que começou na Inglaterra e na França, ainda no final do século XVIII e no início do século passado, e na Alemanha, por volta da terceira e quarta décadas do século XIX, os trabalhadores desses países foram empurrados para a luta por causa da exploração e da miséria. No início do movimento, os trabalhadores ingleses destruíam fábricas e quebravam máquinas, pois acreditavam que eram as culpadas por sua miséria. Em 1831, na França, os tecelões de Lyon organizam movimentos por causa da fome; em 1844, levantam-se também os tecelões domésticos silesianos na Alemanha e na Boêmia, levados aos limites pela exploração dos fabricantes. Todos esses movimentos foram rapidamente abafados com a violência brutal da burguesia dominante. Esses eram os sintomas espontâneos dos sofrimentos da massa dos trabalhadores e de sua rebelião.

Os trabalhadores rebelados não compreendiam qual era a fonte de sua miséria, nem onde se deveria procurar mudança para uma situação melhor. O pensamento de que o único remédio básico para os sofrimentos dos milhões de trabalhadores era a derrubada da propriedade privada e a introdução do sistema socialista brilhava apenas na cabeça de poucos pensadores geniais. Estes eram Robert Owen, na Inglaterra, Charles Fourier e Saint-Simon, na França. As diferenças grosseiras entre os desocupados e os excessos da pequena quantidade de ricos, a terrível miséria de toda a enorme massa do povo trabalhador, a deterioração moral aumentada pelo capitalismo nas esferas afluentes e o embrutecimento intelectual nas esferas dos trabalhadores – tudo isso os enchia de repulsa em relação à ordem vigente e obrigava-os a buscar uma saída para uma completa mudança de sistema. Os três chegaram, embora por caminhos diferentes, à conclusão de que o presente sistema se baseia em uma gritante injustiça e em prejuízos à maioria dos trabalhadores. Os três também concluíram, por meio de suas ponderações, que a fonte da miséria dos trabalhadores é a propriedade privada dos capitalistas e proprietários de terras, e o resgate para a população sofredora é *o sistema socialista*.

Entretanto, nenhum desses geniais defensores da classe trabalhadora estava em condições, no início do século passado, de indicar o caminho para a concretização do ideal socialista. Eles se voltavam para elementos mais nobres da burguesia, buscavam filantropos ricos, benfeitores, os quais, por piedade pela miséria das massas populares, pudessem empreender uma grande reforma social. Mas não foi possível encontrar estes benfeitores e, mesmo se os tivessem encontrado, seus esforços, isolados, não dariam em nada. Contudo, a nenhum desses homens geniais veio à mente que essa mesma mísera, humilhada e ignorante massa de trabalhadores será chamada e, com o tempo, será capaz de reformar toda a sociedade. Por isso, as grandes ideias de Owen, Saint-Simon e Fourier permaneceram sonhos nobres, utopias, e por isso nós os chamamos de *socialistas utópicos*.

Somente Karl Marx e Friedrich Engels colocaram os ideais socialistas em uma nova base, esclarecendo que o povo trabalhador não pode ser ajudado por nenhuma filantropia de benfeitores burgueses e que *a libertação da classe trabalhadora deveria ser um ato da própria classe trabalhadora*. Esse pensamento, explicado aos trabalhadores de todos os países já no Manifesto Comunista, editado no ano 1847, foi esclarecido por Marx e Engels, como também por Ferdinand Lassalle, após vários anos de pesquisas científicas, concluindo que a introdução do sistema socialista é não somente uma ideia bela e justa, mas uma *necessidade histórica*.

O desenvolvimento da produção mecânica e da grande indústria leva, em todos os países, cada vez maiores massas de pessoas à miséria e a uma completa dependência dos capitalistas. O pagamento recebido pela maioria dos trabalhadores só é suficiente para protegê-los da morte pela fome, e frequentemente não lhes permite manter suas famílias. E a mulher e os filhos menores do trabalhador são obrigados a se submeter ao jugo do capitalista. Portanto, a vida familiar do trabalhador é destruída, e sua saúde, desde tenra juventude, é enfraquecida pelo trabalho pesado. As crises industriais que se repetem periodicamente causam uma paralisação na indústria, e como os produtos não são comprados, elas tiram a ocupação e o pão de milhares de trabalhadores diligentes, adicionando aos sofrimentos da população trabalhadora a terrível incerteza quanto ao amanhã.

No entanto, por outro lado, esse mesmo desenvolvimento da grande indústria concentra e aumenta cada vez mais a classe trabalhadora, quer dizer, o Exército de insatisfeitos com o *status quo*. A concorrência com uma fábrica, com uma propriedade maior, arruína tanto o pequeno mestre de ofício quanto o camponês em um pequeno pedaço de terra. Perdendo a oficina ou a terra, os mestres de ofício e camponeses migram cada vez mais numerosamente para as cidades e vilas fabris. Por isso, cada vez mais as massas do proletariado roubadas de suas propriedades se concentram nos centros industriais e dessa forma, convencem-se de que são a grande maioria da sociedade, conhecem a exploração, de que são vítimas, e a sua força reside na união e na unidade.

Ao mesmo tempo, cada vez mais se concentra a propriedade dos exploradores, enquanto a quantidade deles em relação à população diminui. Como consequência da concorrência industrial, no lugar de dezenas de pequenos e médios empresários e fábricas, crescem incontáveis gigantes fabris com milhares de trabalhadores e uma produção milionária. No lugar de vários empreendimentos privados surge a sociedade anônima, na qual os capitalistas individuais são somente proprietários de cotas, ações, cada um proporcionalmente ao capital investido na empresa. A produção ocorre aqui totalmente sem a participação dos capitalistas, sob a direção de um diretor pago, enquanto os lucros do trabalho do grande exército de trabalhadores fluem para os bolsos dos capitalistas sem nenhuma contribuição de sua parte só porque eles são os proprietários das máquinas, da terra, dos edifícios. Desta forma, torna-se cada vez mais claro para todos que o capitalista é somente um parasita dispensável na produção.

Assim, o desenvolvimento da indústria demonstra cada vez mais que toda a riqueza da burguesia, bem como a própria miséria dos trabalhadores, provém do fato de as fontes da produção se encontrarem nas mãos de capitalistas privados e lhes servirem para a exploração dos trabalhadores, que não possuem nada, a não ser a sua força de trabalho para vender. A tomada de fábricas, terras e minas destes exploradores privados e sua devolução para uso comum de toda a sociedade trabalhadora está se tornando cada vez mais possível, uma vez que, proporcionalmente, menos proprietários possuem em suas mãos uma porção maior da produção.

Mesmo que o número de capitalistas aumente, o número de trabalhadores cresce mais rapidamente, tornando-se, assim, a classe mais numerosa na sociedade.

Ao mesmo tempo, torna-se cada vez mais evidente que o desenvolvimento subsequente da economia capitalista, com as suas crises, a incerteza da existência e a miséria das amplas massas, a prostituição e o militarismo levariam a uma completa degeneração física e espiritual da população, caso a luta do proletariado, hoje, já não lhe opusesse uma certa barreira. A sociedade humana, depois de certo tempo, com a continuidade do reinado irrestrito do capital cairia em uma selvageria geral. Consequentemente, a eliminação do sistema capitalista se torna uma necessidade tão premente para o desenvolvimento da sociedade quanto foi, em seu tempo, a derrubada da escravidão.

Para realizar a sublevação, é necessário hoje apenas uma coisa: que a classe trabalhadora *entenda* que a derrubada do capitalismo é seu objetivo e que se deve juntar para a luta em uma organização compacta. Essa compreensão e tal organização avançam e irão avançar juntamente com o desenvolvimento da economia capitalista e das relações do Estado capitalista.

O desenvolvimento industrial colocou sob seu domínio praticamente todos os países da Europa, a América do Norte e a Austrália, e penetrou na Ásia e no interior da África. Ele também aumenta a miséria e a insatisfação das classes trabalhadoras em todo o mundo, entre todas as nações. O capitalismo é uma praga internacional da humanidade e, também por isso, os trabalhadores devem agir em conjunto e da mesma forma contra o lucro. Não será possível lograr a dominação do capitalismo e a derrubada da propriedade privada apenas num país qualquer, independentemente de outros. Somente ao mesmo tempo em todos os países onde funcionam as chaminés fabris, onde a miséria vive na casa dos trabalhadores, é que estes podem, em conjunto, concretizar a sublevação socialista. Karl Marx e Friedrich Engels encerraram, em 1847, o seu Manifesto Comunista, com o brado: *"Proletários de todos os países, uni-vos!"* Com isso em mente, a social-democracia é um partido *internacional*. Seu objetivo é a união dos trabalhadores de todas as nacionalidades e países em um Exército, que luta por um futuro melhor para a humanidade.

O sistema socialista será uma verdadeira liberação da coletividade humana da desigualdade entre as pessoas, da exploração de algumas pessoas por outras, da dominação de uns sobre os outros, da opressão das nações derrotadas pelas imperialistas, da humilhação do sexo feminino, da libertação de perseguições pela fé, religião, crença. Não é possível imaginar em todos os detalhes como seria este futuro sistema socialista, e todas as tentativas nesse sentido dependem da imaginação. Contudo, é possível, de forma totalmente clara, e com toda a certeza, reconhecer as *bases gerais* do futuro sistema. Basta, conforme sabemos, que o sistema se baseie na propriedade de todas as fontes de produção pela sociedade, e não cada produtor individual, por conta própria, mas toda a sociedade e seus representantes escolhidos dirijam a produção. Então, pode-se concluir que o sistema futuro não conhecerá escassez, nem desperdício vão, nem crises e inseguranças quanto ao dia de amanhã. Com a eliminação da venda da força de trabalho aos exploradores privados, desaparecerá a fonte de qualquer desigualdade social hoje existente.

O socialismo, então, concretiza esse estado da sociedade ao qual a humanidade aspira há milhares de anos. Ainda antes de Fourier, Owen e outros socialistas utópicos, que surgiram no início da produção capitalista, o ideal socialista já despontava na história da sociedade humana de forma indistinta há muito tempo. Há dois mil anos, o cristianismo inicial dos primeiros apóstolos estava ligado à propaganda da propriedade comum e da equalização dos destinos de ricos e pobres. No século XVI, quando na Alemanha aconteciam as sangrentas "guerras camponesas", ou seja, quando os homens escravizados, rebelados contra seu jugo levantaram-se para a luta, um de seus líderes principais, o nobre Thomas Münzer, pregava o evangelho da propriedade comum.

Mas a concretização desse ideal ainda não foi possível, e tornou-se uma possibilidade apenas com o desenvolvimento da grande indústria mecânica. Com o capitalismo, o rendimento do trabalho humano desenvolveu-se a tal ponto que, com a tecnologia produtiva atual, já é suficiente um trabalho diário de seis horas de todos os adultos da sociedade para criar recursos para uma vida abundante para todos. Só o capitalismo criou uma classe social que é capaz de fazer uma grande sublevação, ou seja, o proletariado industrial e agrário de hoje. O escravo infeliz da antiga Grécia e de Roma somente tinha condições de provocar, de vez em quando, uma insurreição infrutífera e desesperada, e depois morrer sob tortura nas mãos de seus vingativos senhores. O camponês escravizado da Idade Média não podia fazer nada, a não ser provocar rebeliões espontâneas, incendiar os solares senhoriais, para depois voltar, esmagado, para o jugo anterior. A classe trabalhadora moderna é a primeira classe explorada e oprimida na história da humanidade capaz de libertar a si mesma e a toda a humanidade do horror da dominação do homem sobre o homem. Ficamos acostumados a contar a nova era da história da humanidade desde o nascimento de Cristo. Mas o cristianismo não diminuiu em absolutamente nada os sofrimentos das massas exploradas. A verdadeira nova era da humanidade surgirá apenas a partir da sublevação socialista.

Na verdade, mesmo hoje, as pessoas chamadas "ajuizadas" consideram o socialismo uma quimera, uma escapadela de uma imaginação doente. Mas, em todos os tempos, encontram-se pessoas que não sabem olhar o futuro além do próprio nariz, e têm medo de tudo que é novo. Quando, no passado, anunciou-se na Alemanha a derrubada das leis das corporações medievais, os mestres dessas corporações declararam que, com a queda das artes e ofícios, certamente o mundo sairia dos trilhos. E quando no início de século passado, na Baviera, pela primeira vez seria implantada uma linha férrea, o Conselho Municipal de uma das cidades bávaras decidiu que a viagem de trem é contrária à saúde humana, à razão e à segurança, portanto, ferrovias são coisas impossíveis. Mas a história e o desenvolvimento sempre caminharam calmamente para a frente, sem considerar os avisos e receios dos pequenos de espírito, ou das pessoas que tremem de medo ante a perda de seus privilégios.

Hoje a sublevação socialista é aquele objetivo luminoso, para o qual se dirige o progresso social com uma força implacável. E a aceleração desse momento depende somente de a classe trabalhadora de todos os países se conscientizar completamente de que forma e por quais caminhos vai atingir esse objetivo.

II

A classe proletária é chamada a suprimir o sistema capitalista, ou seja, a tirar as fábricas e as terras da classe capitalista e dos proprietários de terras. Mas a concretização dessa tarefa não é tão simples. É claro que se os trabalhadores de alguma fábrica tentassem "tirar" a propriedade de um fabricante, o resultado seria simplesmente que a polícia os prenderia, responderiam a um processo perante um tribunal e, no final, seriam presos por infringir a propriedade alheia. Por outro lado, se uma massa maior de trabalhadores de alguma cidade tentasse em conjunto tomar os bens dos fabricantes locais, surgiria no lugar o Exército, que esclareceria aos trabalhadores, na base da baioneta e das balas de rifles, que a propriedade do capitalista é santa e intocável.

Esses exemplos já demonstram que, na guarda da propriedade e do lucro dos capitalistas, existem forças inimigas da classe trabalhadora: o Exército, a polícia e os tribunais. Não termina aí. As leis, segundo as quais os tribunais condenam trabalhadores por qualquer atentado contra a propriedade do capitalista, são feitas por pessoas que zelam pelos interesses capitalistas. Os impostos, que fornecem recursos para a manutenção do Exército, da polícia, dos tribunais e prisões são organizados de tal forma que quase todo o seu peso recai sobre os trabalhadores, enquanto a classe dos capitalistas fica quase livre de seu peso. As escolas e a educação, pagas pelo dinheiro do governo, servem principalmente para a educação da burguesia rica, enquanto, para o povo trabalhador, a educação é praticamente inatingível, e a ignorância o mantém em passividade servil em relação aos capitalistas. Mesmo na igreja, mantida pelas doações da população trabalhadora, os padres pregam aos trabalhadores humildade perante a exploração dos capitalistas, respeito às propriedades deles e aceitação de sua própria miséria e humilhação.

Deste modo, todas as instituições no país, Exército, administração, legislação, judiciário, sistema tributário, escola e igreja estão a serviço da classe dos capitalistas, são suas ferramentas contra a classe do proletariado. Todo o poder do país é uma ferramenta da exploração capitalista. Os capitalistas possuem não somente as ferramentas da produção, mas também têm o poder do país em suas mãos. Não só cada capitalista tem poder econômico sobre seus trabalhadores e sua fábrica, como também toda a classe capitalista exerce o poder político no país sobre a população trabalhadora.

Em função disso, retirar os instrumentos de produção dos capitalistas é impraticável, se os trabalhadores não lhes retirarem, em primeiro lugar, o poder político: Exército, legislação, administração. Enquanto todos esses meios de poder e violência sobre a população estiverem em mãos dos capitalistas, a propriedade privada e a exploração têm bons vigias, e os trabalhadores não podem sonhar em derrubá-los. A primeira condição para a socialização dos instrumentos de produção é, portanto, que a classe operária tome o poder do país: o governo, a legislação, o Exército e a máquina tributária em suas mãos.

A tomada do governo na sublevação socialista é também necessária devido a outro aspecto. Hoje, cada capitalista privado dirige a produção em sua fábrica, e cada proprietário de terras em sua propriedade, conforme seus caprichos. A administração socialista deve depender da junção de todas essas administrações privadas em uma única, e uma organização da produção de forma totalmente diferente, ou seja, para toda a sociedade, de acordo com um plano geral único. Igualmente, o judiciário, as escolas e o Exército de hoje estão moldados para a direção de uma classe social sobre outra, o que os torna fundamentalmente distorcidos, e serão completamente inúteis para a sociedade socialista. Só será possível realizar essa reforma geral a partir de um centro único de poder, detentor de força e meios adequados em sua organização. Essas mudanças, como a tomada de todos os privilégios de exploração e opressão dos atuais detentores, não acontecerão sem uma resistência violenta da parte deles. A classe trabalhadora, para concretizar a sublevação socialista, necessita ter em mãos os meios para forçar os resistentes à obediência, meios para concretizar as mudanças necessárias nos processos de produção e troca, meios para uma completa reforma das instituições do país. Em outras palavras, é essencial, como início da concretização do socialismo, uma conquista total da classe trabalhadora por um tempo determinado no país, ou seja, uma *ditadura da classe operária*.

Além disso, a luta, com o objetivo da libertação do proletariado do jugo capitalista, deve ser, acima de tudo, uma *luta política*, uma luta com toda a burguesia como classe, pelo governo do país.

A burguesia dominante hoje na Europa Ocidental não chegou ao poder de forma diferente. Antes do desenvolvimento industrial, na Idade Média, e até o final do século XVIII, a burguesia não significava nada no país, enquanto a nobreza feudal, apoiada na exploração do camponês, era tudo. Os comerciantes, capitalistas empreendedores, mestres artesãos ricos, como não pertencentes à nobreza, também possuíam pouca influência sobre o governo, legislação, finanças, assim como os camponeses e trabalhadores. Tinham apenas que carregar o peso dos impostos, a nobreza pilhava os artesãos e comerciantes, não lhes dando nada em troca a não ser desprezo e humilhação. Esse estado perdurou até que a burguesia cresceu e se fortaleceu o suficiente para derrubar o jugo do poder da nobreza. Então ocorreu uma série de levantes revolucionários nos principais países da Europa Ocidental. No ano de 1789 explodiu a Grande Revolução Francesa, a burguesia levou consigo o povo parisiense e, apoiada por seus punhos, expulsou a nobreza do poder governamental, abolindo todos os privilégios aristocráticos e do sangue nobre, vigentes desde a Idade Média. A luta revolucionária durou ainda muitos anos, até que se iniciou na

França a completa dominação do "saco de dinheiro", a dominação da burguesia, que permanece até hoje. O mesmo se repetiu na Alemanha e na Áustria, em 1848.

Naqueles tempos, a classe capitalista não renegava a revolução, o derramamento de sangue e a violência. O que importava era a sua dominação, e as vítimas destas revoluções, que estavam a serviço principalmente da burguesia, eram o povo trabalhador que morria nas barricadas. Hoje é a vez da classe operária, que deve buscar o poder para si mesma.

Quando a burguesia roubou o poder político das mãos da nobreza medieval, para o povo, a resultante foi somente uma nova forma de exploração e opressão. No lugar do chicote do senhor, entrou o chicote da fome para o "trabalhador livre"; no lugar da escravidão sob o cetro da nobreza, chegou o inferno do trabalho fabril. A classe trabalhadora busca o poder político não para criar uma nova forma de poder e opressão, mas sim para derrubar de uma vez por todas qualquer opressão e dominação. Para a concretização do socialismo, é necessário que o proletariado tome o poder do país e, com mão firme, use-o para desenraizar as instituições sociais de hoje. Mas a ditadura do proletariado será o *último* caso do uso da força na história geral dos homens, e o primeiro caso de uso dela para benefício de uma ampla massa de deserdados.

A classe trabalhadora no seu estado atual não está ainda preparada para executar as grandes tarefas que a esperam. Ela precisa assumir antes, em todos os países capitalistas, a aspiração pelo socialismo, e uma enorme massa popular ainda necessita se conscientizar dos seus interesses de classe.

Para a tomada do poder político, o proletariado deve enfrentar uma luta diária infatigável contra a exploração capitalista e contra o poder burguês. A luta sindical é imprescindível para levantar pelo menos parte da população operária das profundidades da miséria para a qual a exploração a empurra. A luta política serve para a defesa dos interesses do proletariado, e para exercer uma influência gradual sobre a legislação e sobre a política nacional. Trabalhadores isolados, como unidades ou grupos soltos, não podem conduzir uma luta para a melhoria de sua existência, nem progredir em direção à tomada do poder no país. Para isso, é necessário que eles se organizem em um *partido político*. Tal partido classista do proletariado é a *social-democracia*, que defende a cada passo os interesses materiais e espirituais da população trabalhadora, que a junta em um exército de luta, e trata de conseguir influência sobre as instituições nacionais. Quando, em todos os países principais, a social-democracia conseguir uma maioria na população trabalhadora, então terá chegado a última hora do capitalismo.

III

O socialismo é uma aspiração internacional. Ele une os trabalhadores franceses e poloneses, alemães e espanhóis, russos e ingleses, italianos e americanos em uma irmandade de todos os seres humanos, indicando-lhes um único objetivo: a derrubada do capitalismo. A internacionalidade da questão operária hoje já se expressa em cada grande greve, como também nas lutas eleitorais, por meio da ajuda de organizações operárias irmãs de diversos países e partes do mundo.

Contudo, para a luta diária, os trabalhadores dos países não podem constituir um partido político comum e necessitam se organizar em cada país separadamente. A classe operária deve defender os seus interesses no país por meio da luta política, e procurar gradualmente adaptar os sistemas existentes no país às suas necessidades. Entretanto, em cada um dos países existentes os sistemas e condições políticas são diferentes. Na Suíça, existe uma república democrática, na qual a população masculina adulta escolhe não só os deputados para o parlamento, como também ministros, ou seja, membros do governo em uma eleição geral. Na Alemanha, o parlamento se apoia, na verdade, em uma lei eleitoral geral, mas a monarquia tem o direito, garantido pela Constituição, de influir no governo e na legislação. Na Áustria e Bélgica não existe ainda um direito de votar comum a todos para o parlamento, uma vez que a legislação é um privilégio da nobreza e da burguesia rica. Entretanto, especialmente em cada país a burguesia domina com a ajuda de um governo *separado*, de um parlamento separado, de um Exército separado. De acordo com estas diferentes condições nacionais, a classe operária em cada país conduz uma luta separada com *seu* governo e burguesia, procurando exercer influência sobre as instituições de *seu* país.

O proletariado do Reino da Polônia e Lituânia é uma parte do proletariado do Estado russo. Por dezenas de anos, os trabalhadores poloneses e russos sofreram, juntos, o jugo do despotismo. O governo do tsar estrangulava material e moralmente não somente o povo polonês, mas também o russo. O despotismo, como também qualquer governo de hoje, diferenciava de modo particular não a nacionalidade de seus indivíduos, mas a que classe eles pertenciam na sociedade. Os exploradores poloneses encontravam apoio e defesa de seus interesses sob suas asas, assim como os russos, enquanto o chicote se mostrava para ambos os trabalhadores, o russo e o polonês. Na verdade, o trabalhador polonês suportava, além da opressão política, a opressão nacional, a perseguição ao idioma polonês. Mas o governo do tsar oprimia também os seus próprios cidadãos – os "*doukhobor*" [guerreiros do espírito] e outras seitas – e a violência contra a sua liberdade de consciência por centenas de anos, com não menos crueldade que com o povo polonês. E dos camponeses russos ele cobrava os impostos com tortura, com chicotes, com muito mais barbárie do que fazia com o camponês polonês.

Essa comunhão de ilegalidade e opressão das classes criou uma comunhão de interesses para a classe trabalhadora de todas as nacionalidades do império russo. A derrubada do tsarismo e a obtenção das liberdades políticas é igualmente a principal necessidade tanto para o proletariado polonês quanto para o russo. Na luta política, os trabalhadores poloneses constituem, com os russos, uma unidade, uma única classe política com um único programa político.

O povo polonês no império russo está, na verdade, em outra posição, pois se encontra sob o governo de outra nacionalidade. Mas o proletariado polonês não deixaria de ser uma classe explorada e oprimida caso possuísse seu próprio governo nacional, tanto quanto não deixa de ser explorado e oprimido o proletário russo por seu governo russo, e o povo trabalhador polonês na Galícia, por governos autônomos de sua própria nobreza polonesa. Se o trabalhador francês, inglês ou alemão se encontra em melhores condições políticas que o polonês, não é absolutamente porque vive sob um governo nacional próprio em vez de um estrangeiro, mas porque o desenvolvimento e progresso sociais na França, na Inglaterra e na Alemanha havia muito tempo já removeram os governos absolutistas, e os trabalhadores ali se aproveitam da liberdade política, a qual ainda precisa ser conseguida por eles na Rússia. A burguesia e a nobreza dominantes não fazem a menor diferença, em termos de exploração, entre o trabalhador da própria nação e o trabalhador estrangeiro. O capitalista não reconhece a nacionalidade do trabalhador, apenas observa cada proletário como uma força de trabalho, da qual pode obter lucros para si. E os governos dos países atuais, que são um instrumento da burguesia dominante, consideram a classe operária sem distinção de nacionalidade, somente para prestação de serviço militar, para cobrança de impostos e para exploração pelo capital. Enquanto existir o sistema capitalista, o estado nacional não pode ser a salvação do proletariado. Portanto, caso o proletariado polonês não fosse hoje subordinado ao governo russo, mas morasse em uma Polônia independente, o estado polonês seria para ele o mesmo inferno capitalista, da mesma forma que hoje é qualquer outro país para a classe trabalhadora.

Por isso, a reconstrução do Estado polonês não pode ser uma tarefa do proletariado polonês. A classe trabalhadora deve buscar não a construção de novos países e governos burgueses, mas a sua derrubada, e particularmente buscar o aumento das liberdades políticas nos países onde vive. É por isso que a questão dos trabalhadores exige não a que a Polônia se separe da Rússia para a construção de um país independente, mas a derrubada do absolutismo na Rússia, e conseguir a liberdade política para o povo trabalhador polonês e russo.

A reconstrução da Polônia hoje é por si só uma fantasia. A Polônia independente era um país da nobreza, e foi dividida pela Rússia, Prússia e Áustria ainda antes que se iniciassem na Polônia os primeiros sinais da moderna produção capitalista. Quando se desenvolveu a indústria no Reino da Polônia, e com ela cresceu a classe capitalista, era, desde o início, inimiga dos levantes nacionais e das aspirações de independência. A burguesia polonesa encontrou na Rússia um campo lucrativo para seus produtos, e no governo tsarista ajuda e proteção fortes contra a classe trabalhadora polonesa. A nobreza polonesa igualmente se aproveita hoje do desenvolvimento industrial no país, e do apoio que garante o governo russo às classes exploradoras, e há muito desistiu de qualquer pensamento de um levante. A burguesia e a nobreza polonesas são hoje apoios da dominação russa, e não existe nenhuma classe na sociedade polonesa que sonhe com a independência da Polônia, a não ser um punhado da frágil "inteligência" da pequena burguesia.

Desde que se iniciou a revolução na Rússia e na Polônia, aqueles que inicialmente enganavam os trabalhadores com a fantasia da reconstrução da Polônia não só não ousaram defender o levante nacional, como também foram forçados a esconder o seu patriotismo, e reconhecer, dessa forma, a sua falência. A burguesia e a nobreza polonesas, bem como a pequena burguesia polonesa, não só não iniciaram a reconstrução da Polônia, como desde o início ajudaram o tsar a reprimir o proletariado polonês revolucionário.

O proletariado polonês não tem condições agora de tomar a responsabilidade de reconstrução da Polônia, ideia que a nobreza abandonou há tempo e pela qual a burguesia polonesa nunca se interessou. Para conseguir a independência da Polônia, a classe trabalhadora deveria superar a resistência não só das três potências ocupantes, mas toda a dominação econômica da burguesia polonesa, que cresceu já na premissa de pertencer à Rússia, e com ela se fundiu. Em outras palavras, para a reconstrução da Polônia, a classe trabalhadora deveria conseguir primeiramente o domínio político em nosso país. Mas, assim que surgir o momento do exercício do poder político pela classe trabalhadora, seu objetivo será não a reconstrução do Estado polonês, mas a introdução de um sistema socialista, que assegure aos poloneses, assim como a qualquer outra nacionalidade, completa liberdade e igualdade. A opressão nacional, que a população polonesa vem sofrendo do poder tsarista, não deve ser indiferente à classe operária. Ao caminhar no sentido de eliminar toda forma de opressão e dominação do homem pelo homem, a classe operária deve também buscar eliminar a opressão nacional. Mas esse objetivo não é um objetivo nacional separado do proletariado polonês. A desnacionalização dos poloneses foi sempre apenas uma das violências e danos causados por um governo despótico, que não era menos inimigo mortal do povo trabalhador russo que do polonês. E o proletariado russo consciente deve caminhar juntamente com o polonês na defesa de seu interesse de eliminar qualquer opressão nacional no Estado russo. Além disso, também a luta pela liberdade da cultura nacional não é um objetivo isolado do trabalhador polonês, mas um objetivo comum de classe do proletariado polonês e russo.

A Social-Democracia do Reino da Polônia e Lituânia faz as seguintes reivindicações *principais*:

1. Proclamação da República em todo o império russo

Por três quartos de século dominou em nosso país, assim como em toda a Rússia, o absolutismo generalizado, ou seja, o despótico governo tsarista. Neste governo, a vontade de um déspota no trono, ainda que um tanto trêmulo, era lei para cento e trinta milhões de pessoas. Um tsar déspota governava, através de seus funcionários e com a ajuda do chicote cossaco, os bens, a liberdade e a vida da população. O tsar, juntamente com seus auxiliares, definia arbitrariamente os impostos e decidia sobre o dinheiro, saqueado da população, para o Exército, funcionários e sacerdotes; arbitrariamente envolvia o país em guerras criminosas, nas quais centenas de milhares de pessoas, principalmente a flor da população masculina, morria miseravelmente. Toda a população, por centenas de anos, foi despojada de todos os seus direitos políticos e da liberdade, e era escrava do governo tsarista.

Esse tipo de arranjo já não existe há sessenta anos nos países civilizados. Em todos os lugares os governos tsaristas ou reais foram limitados pela *Constituição*, ou seja, pelos direitos políticos da população. Em uma verdadeira Constituição, não é o monarca sozinho com os seus ministros que define as leis, e sim o *parlamento*, ou seja, um conjunto de representantes, escolhidos pela população. Da mesma forma, uma Constituição verdadeira garante à população, sobretudo a liberdade de palavra, de imprensa, de associação etc., o que também limita o arbítrio do governo.

Essa ordem política se chama *monarquia constitucional*; ela existe atualmente na Alemanha, na Inglaterra, na Itália, na Holanda, no Japão e na maioria dos países civilizados.

Mas a forma mais vantajosa de governo para a classe operária é a *república*, ou seja, um sistema em que não há um imperador nem rei, e no poder está um *presidente*, que é um funcionário comum, eleito por alguns anos. O poder imperial ou real, mesmo com uma Constituição, é sempre inimigo da classe trabalhadora. O monarca constitucional normalmente tem importantes direitos políticos: confirma as leis, emitidas pelo parlamento; é o chefe supremo do Exército; indica, como na Alemanha, os ministros e funcionários conforme a sua vontade; pode levar o país à guerra de acordo com seus caprichos etc. E este monarca reinante usa este poder sempre a favor da burguesia e da nobreza, e contra o povo trabalhador. Além disso, esse sistema imperial ou real é prejudicial à classe trabalhadora, pois ele é uma extravagância cara, uma vez que, para manter a corte e os numerosos empregados inúteis – os piores inimigos do trabalhador –, o povo precisa em todos os países produzir milhões, obtidos à base de trabalho sangrento. É por isso que os trabalhadores conscientes da social-democracia em todos os países exigem a derrubada do poder real ou imperial, e a implantação da *república*. Na verdade, mesmo na república, o povo trabalhador não para de ser explorado e oprimido. Enquanto existir o trabalho assalariado e o capitalismo, existirá a burguesia – a classe dos exploradores –, que será dominadora e tratará de oprimir o proletariado tanto quanto possa. Na França, onde domina a república, os trabalhadores também sofrem de miséria, e a burguesia francesa chega às vezes a usar o Exército contra os trabalhadores grevistas, para abafar a sua luta. Da mesma forma acontece nos Estados Unidos da América, assim como na Suíça, onde também existe a república. Mas nestes países os trabalhadores possuem, graças à república, uma possibilidade ilimitada de luta política contra a dominação da burguesia, podendo ter voz ativa para condenar as suas ações e se organizar e educar sem impedimentos. Levando-se em conta que em uma república tanto o presidente como os ministros, ou seja, todo o governo, depende da escolha do povo, é fato que os trabalhadores conscientes têm, neste sistema, maior possibilidade de exercer influência sobre os sistemas existentes no país.

A aspiração pela república é comum ao povo trabalhador da Polônia e Rússia. O povo trabalhador polonês não pode, sozinho, conseguir a mínima liberdade, caso não exista liberdade em todo o país. O sistema republicano não pode surgir nem se manter em nosso país, caso não se instale em toda a Rússia. É por isso que o bem comum de milhões de trabalhadores na Polônia e na Rússia exige que se instale em todo o país uma forma de governo republicana.

2. Igualdade de todas as nacionalidades que habitam o império russo, com a garantia de liberdade de seu desenvolvimento cultural: escola nacional, e liberdade de uso da língua materna; autogoverno nacional, ou seja, autonomia para a Polônia

Uma das mais antigas fontes de dominação de governos despóticos na nação russa era a chamada ao ódio e à luta entre as diferentes nacionalidades, submetidas ao tsarismo. Esse governo perseguiu por séculos, por meio de várias leis de exceção, através de seus funcionários-servos e de seus escribas venais, todas as nacionalidades estrangeiras: poloneses, lituanos, judeus, finlandeses e rutenos. Através de todo o sistema de leis de exceção, a vida espiritual e a cultura, ou seja, o idioma, a literatura, a arte das nacionalidades subordinadas ao tsar estavam condenadas à aniquilação. Com este objetivo de semear o ódio nacional, o governo tsarista até organizava, por meio da polícia, roubos e assassinatos, instigando a ralé contra os judeus no sul da Rússia, na Polônia e na Lituânia, e contra os armênios no Cáucaso. Através da promoção da luta fratricida entre os inúmeros grupos da população subordinada a ele, o governo do chicote retirava dele a atenção e o ódio do povo oprimido, e assim controlava mais tranquilamente as pessoas de todas as nacionalidades.

A social-democracia considera a dominação moderna de algumas nações sobre outras o mesmo tipo de consequência do sistema capitalista que a dominação de uma classe social sobre outra e a exploração de certas pessoas por outras. Só é possível que algumas nações se libertem da dominação de outras com a abolição do capitalismo e com a introdução do sistema socialista, apoiado pela solidariedade de todas as pessoas e nações, e não pela luta e desigualdade entre elas. Mas no que tange ao sistema burguês, a social-democracia luta contra a opressão nacional com toda firmeza. O único caminho eficaz para a vitória sobre a opressão nacional na Rússia de hoje é a remoção de quaisquer traços do governo despótico e a introdução, juntamente com a república, de instituições tais que assegurem a liberdade da existência espiritual e o desenvolvimento cultural de todas as nações. Isto será indicado principalmente pela eliminação de todas as leis de exceção visando a oprimir qualquer nacionalidade em particular, e depois pela garantia para cada nação que habite o país russo, da possibilidade de usar o seu idioma na vida pública e privada, bem como a educação da juventude em seu próprio idioma, e também garantir abertamente a qualquer cidadão, sem consideração de sua nacionalidade, o acesso a todas as profissões, funções e dignidade.

Como o nosso país, no interior da nação russa, constitui-se em uma certa totalidade separada, diferenciando-se em sua vida cultural, e em parte na questão socioeconômica do restante da nação, então a Social-Democracia do Reino da Polônia e Lituânia exige, ao lado da igualdade civil a ser dada a todas as nações, *um autogoverno do país, ou seja, autonomia para a Polônia*. Isto significa que ela exige que as questões, especificamente ligadas ao nosso país, sejam tratadas pelas pessoas de nossa nação, com a ajuda de funcionários próprios e de um parlamento nacional próprio, escolhido por toda a população adulta do país através de eleições gerais, iguais, secretas e diretas, e que sejam introduzidas aqui escolas, tribunais e outras instituições polonesas necessárias, que tenham sua atividade subordinada ao parlamento.

A autogestão do país é também essencial para garantir a necessária liberdade do desenvolvimento cultural de nossa nacionalidade, como também para a defesa eficaz dos interesses classistas do proletariado polonês. Apesar das diferenças nacionais, sendo apenas uma parte componente da classe trabalhadora no império russo, o proletariado polonês deve particularmente exigir, juntamente com os trabalhadores russos, direitos políticos comuns e liberdade republicana em todo o país, de forma a se aproveitar deles para a luta infatigável de classe contra a exploração e a dominação das burguesias unidas, polonesa e russa. Mas em sua luta econômica diária e nas questões diárias que lhe tocam diretamente, como as questões de educação, leis, administração, apoio hospitalar e economia local (impostos e gastos para as necessidades da nação), o proletariado polonês tem e terá a ver, a cada passo, particularmente com o elemento local, com sua burguesia, nobreza e pequena burguesia nativas. Por isso mesmo, ele tem de ter também direitos e liberdade, essenciais para defender os seus interesses de classe, e ao mesmo tempo os interesses de todo o povo e do progresso na luta contra a sua própria burguesia polonesa.

3. Direito de voto universal, igual, direto e secreto

Em uma república, assim como em uma monarquia constitucional, as leis são emitidas pelo *parlamento*, que é um grupo de representantes eleitos pela população, ou seja, *deputados*. O parlamento define os impostos e taxas que devem ser cobrados. Sem um acordo do parlamento, o governo não pode gastar nenhum centavo do caixa público. O parlamento define o salário dos ministros, funcionários de maior e menor hierarquia. O parlamento decide quantos recrutas devem ser tomados a cada ano para o Exército e qual é o tamanho do Exército existente em terra e mar, e que deve ser mantido. O parlamento promulga todas as leis a serem seguidas pela população. Por último, o parlamento tem o poder de chamar os ministros à responsabilidade, no caso de estes exorbitarem a lei ou o desejo do parlamento. Em uma monarquia constitucional, ao lado do parlamento decide o monarca – rei, imperador ou príncipe; somente depois de sua confirmação é que a decisão do parlamento tem força de lei. Em uma república, o parlamento é composto por representantes eleitos pelo povo, tem muito maior impacto e poder. Mas, assim como na monarquia constitucional, na república, a competência legislativa – sem a qual nenhuma lei pode ser decidida – é o parlamento.

Em função disso, tanto para a classe trabalhadora como para qualquer outra camada da população, é incrivelmente importante possuir a maior influência possível sobre o parlamento, ter nele o maior número possível de representantes. O meio para isso são as eleições para o parlamento. É por isso que o *direito de voto* é a base de qualquer liberdade política.

A social-democracia exige que o direito de voto para o parlamento geral do país, como também para a câmara de deputados do país, seja *universal*, ou seja, que o direito para votar em uma eleição seja de todos, desde o 21º ano de vida. Toda pessoa adulta suporta os encargos da nação, e cada um, mesmo o mais pobre, paga impostos, incluídos no preço de cada item comprado e usado. Todo homem adulto deve servir ao Exército e, em caso de necessidade, entregar ao país o seu sangue e sua vida. Por isso, cada pessoa adulta, seja pobre ou rica, deve ter o direito de usar a sua voz nas eleições para o parlamento e câmara de deputados, e com isso ter influência sobre os arranjos definidos no país. Não deve haver deveres sem direitos, assim como não deve haver direitos sem deveres. Como todas as pessoas possuem deveres perante a nação, então também devem possuir os seus direitos, sendo o direito principal a eleição para o parlamento e câmara dos deputados.

Este direito pertence particularmente à classe trabalhadora, que com seu trabalho mantém toda a sociedade, em cujas costas se apoia todo o sistema nacional. As mulheres também não devem ser excluídas do direito de voto. A grande maioria das mulheres, pertencentes ao povo, trabalha pesado, da mesma forma que os homens, e suporta cargas pela sociedade. As mulheres são as que dão à luz, as que educam as novas gerações da sociedade. Por isso, elas também devem, igualmente aos homens, ter o direito de fazer ouvir a sua voz lá onde se discute o destino e o bem-estar de toda a população, ou seja, das próprias mulheres, seus maridos e filhos.

Um tema importante para a classe trabalhadora é sobre a partir de que ano de vida se deve ter o direito de votar, quando das eleições para o parlamento e câmara dos deputados. As classes dominantes procuram prejudicar os trabalhadores, em todos os países, procuram tirar o direito de voto da juventude e permitir que os cidadãos votem somente após o 25º ano de vida, ou até mais tarde. A social-democracia exige que cada cidadão, sem diferenciação de gênero, credo e nacionalidade, ao completar *20 anos* deve ter o direito de verbalizar nas eleições e também ser votado para deputado.

Todos os governos atuais reconhecem que um homem é maduro e capaz para o serviço mais pesado em geral – e para o serviço militar – aos 21 anos. O acordo quanto aos direitos civis em todos os países também reconhece a pessoa que completou 20 anos como madura e podendo decidir sobre sua pessoa e propriedades conforme sua vontade. Na realidade, para um indivíduo da classe trabalhadora, a maturidade e independência na vida começam muito antes, devido aos arranjos do sistema capitalista, do que para um membro das classes mais ricas. Uma criança do povo, proletária, é forçada a trabalhar desde cedo, a caminhar com os próprios pés. Como adolescente, na idade em que os filhos da burguesia passam seu tempo entre o banco da escola e as brincadeiras, o trabalhador muitas vezes já sai da dura escola da vida, como uma pessoa madura, ganhando o seu pão, e frequentemente também o dos pais mais idosos e dos irmãos, com o próprio trabalho pesado. Por isso é justo que cada cidadão, principalmente cada pessoa do povo, tenha pelo menos, aos 21 anos, o direito à palavra nas eleições para o parlamento e a câmara dos deputados, ou seja, direito à palavra em temas relativos ao sistema e necessidades da nação e do país.

O capitalismo dominante, com a miséria e trabalho imenso, empurram o trabalhador cedo demais para o túmulo. A classe trabalhadora vive, conforme confirmaram os estudiosos, bem menos que as classes abonadas. Além disso, durante a sua vida, o trabalhador aproveita muito menos tempo de seus direitos que o capitalista, o nobre ou o padre (o clero vive, em média, mais tempo que todos). Em vista disso, os interesses da classe trabalhadora exigem que comecem a aproveitar do direito de voto *o mais cedo possível*, e quaisquer atrasos neste direito em alguns anos representam um dano para o povo trabalhador e um privilégio para seus inimigos – as classes abonadas.

O direito de eleição para o parlamento geral, assim como para a câmara dos deputados, deveria ser igual, ou seja, servir a todos igualmente, sejam ricos ou pobres, tenham uma alta posição ou sejam pessoas simples. Todos deveriam ter direito a um voto, nem mais, nem menos. As classes dominantes, em vez de dar ao povo o direito de voto, tentam diminuir a influência deste, aumentando, assim, a influência dos membros da burguesia. Com este objetivo, definem que aquele que é proprietário de terra ou de algum capital, ou que paga um imposto de certo valor, têm direito a mais votos durante as eleições que aqueles que não possuem nada, ou seja, os trabalhadores. Então, por exemplo, na Bélgica, existe uma lei eleitoral em que os proprietários de terra ou os capitalistas ricos detentores de um título universitário têm direito a até três votos em cada eleição. O eleitor do povo simples, por outro lado, tem direito a apenas um voto. Na Áustria, as classes dominantes criaram outra forma de ter vantagem sobre os trabalhadores nas eleições: o conjunto da população masculina não vota junto, e cada grupo vota separado, estabelecendo a chamada "cúria eleitoral". Assim, os proprietários de terras formam uma cúria, os industriais ricos e comerciantes outra, a pequena burguesia uma terceira, os camponeses uma quarta, enquanto a massa do povo trabalhador, dos trabalhadores da cidade e do campo forma a quinta cúria. Nesta última, entretanto, juntamente com o proletariado, votam *outra vez* todos os outros eleitores das cúrias mais privilegiadas. Com isso, as cúrias dos grupos ricos escolhem quase todo o parlamento, enquanto a quinta cúria, na qual votam os trabalhadores, pode apenas escolher um punhado de deputados. Então a massa dos trabalhadores está condenada a isso logo de início: que seus representantes sejam uma pequena parcela no parlamento e que não tenham nenhuma influência nas leis.[2] É um dano e uma injustiça gritante em relação ao povo trabalhador. Se existe alguém que merece a perda do tratamento igualitário, seria antes a classe dos parasitas ricos – a nobreza e os capitalistas – que vivem do trabalho alheio e nas costas do povo. Contudo, como a social-democracia tem como base a completa igualdade entre as pessoas, não exige mais direitos para a classe trabalhadora que para os outros, e exige apenas que todos, sem exceção, tenham direitos iguais nas eleições, e que o voto dado pelo mais pobre tenha o mesmo valor que o do mais rico.

A votação nas eleições deve ser direta, ou seja, cada pessoa dá o seu voto diretamente para aquele que gostaria de ver como seu representante no parlamento. As classes dominantes introduziram em alguns países, como na Prússia, para o prejuízo da classe trabalhadora, eleições *indiretas*, em que o povo não escolhe diretamente os representantes, mas sim intermediários, e estes então, pessoalmente, elegem os representantes. Essa é uma das formas de enganar o povo e de falsear a sua vontade. Isso porque, nas eleições intermediárias, geralmente só pode ser escolhido aquele que paga um imposto definido, é requerido que tenha algumas propriedades e, como intermediários em geral so-

---

[2] Na primeira cúria, 5.431 *grandes proprietários de terras* elegem 35 representantes ao parlamento; na segunda cúria, 591 *comerciantes e industriais* escolhem 21 representantes; na terceira cúria, 93.804 eleitores da *população da cidade* elegem 118 representantes; na quarta cúria, 1.595.406 eleitores *camponeses* elegem 129 representantes; na quinta cúria, de *votação geral*, 5.004.222 eleitores escolhem 72 representantes. Desta forma, *6.022* eleitores da nobreza e burguesia ricas escolhem juntos (nas duas primeiras cúrias) *106* representantes, enquanto mais que *5 milhões* de eleitores da quinta cúria, cuja maioria é composta por trabalhadores, elege *72* representantes. As primeiras quatro cúrias juntas, compostas por 2.085.232 eleitores abonados, elege *353* representantes, enquanto 5 milhões de eleitores na quinta cúria, somente *72*! De qualquer forma, a lei eleitoral austríaca, na qual se baseou principalmente o governo tsarista no projeto de Bulygin, tanto o original quanto o melhorado, logo vai passar por mudanças. Com a pressão das numerosas manifestações de trabalhadores em toda a Áustria e com a ameaça de uma revolução no tsarismo, o governo anunciou, em novembro de 1905, a introdução de uma lei eleitoral universal e igualitária.

mente podem ser escolhidos membros da burguesia ou da burguesia média. Ademais, neste sistema de lei eleitoral, os intermediários normalmente devem declarar publicamente seus votos nos representantes, ou seja, arriscam-se a uma perseguição dos capitalistas e do governo, caso votem na social-democracia ou em partidos da oposição. Com tudo isso, as eleições indiretas são um meio conhecido de impedir que o proletariado escolha seus legítimos representantes ao parlamento. Por isso, a exigência da social-democracia é que, além do direito de voto igualitário e universal, ele seja também *direto*.

A social-democracia exige que as eleições sejam *secretas*, ou seja, cada pessoa dá seu voto de uma forma que ninguém possa controlar quem vota no candidato de qual partido. Com esse objetivo, os eleitores devem jogar na urna cartões com o nome do candidato que querem escolher, cada um em um envelope fechado, de forma que somente no final da eleição os envelopes sejam abertos e os votos computados pela administração eleitoral. Já há alguns anos esse tipo de sistema existe, na Alemanha, por exemplo, e, além disso, os trabalhadores têm o direito de indicar, para cada local de votação, um representante à administração eleitoral que vigia durante todo o período eleitoral que o funcionário do governo ou que os representantes dos partidos burgueses não tentem, de forma indevida, descobrir para quem o eleitor deu o seu voto. Isso é essencial para os interesses da classe trabalhadora. No sistema atual, onde o trabalhador depende do capitalista, estaria arriscado a sofrer uma vingança do "doador de seu pão" e a perder o emprego, caso ele se convencesse de que o trabalhador votou em um verdadeiro defensor do povo, em um social-democrata, e não em um candidato que lhe indicou o empregador. É particularmente importante o segredo eleitoral para o proletariado camponês, que se encontra em uma maior escravidão junto a seus senhores, e nunca ousaria contrariar o desejo de seus opressores em uma eleição aberta e seguir a própria consciência, ou seja, votar no candidato da social-democracia.

4. Governo municipal e comunal; eleições para os conselhos municipais e comunais com base no direito de voto universal, igualitário, secreto e direto

Além dos temas que são de interesse de toda a população de uma nação ou especialmente de todo o nosso país e sujeitos ao parlamento geral do país ou à sua câmara, existe em cada cidade e em cada comunidade uma variedade de temas públicos, importantes apenas para os moradores daquela cidade e daquela comunidade. Entre estes temas estão: impostos locais que vão para o caixa da cidade ou comunidade, a manutenção das escolas locais, a manutenção dos hospitais, a iluminação da cidade e município, a manutenção das ruas, caminhos e pontes, o abastecimento de água para a cidade e comunidade, além das prefeituras, comunicações municipais, ou seja, bondes, ônibus, táxis, embelezamento da cidade, manutenção de escritórios administrativos e de jardins, teatros municipais, instituições de caridade pública, como abrigos, albergues noturnos, orfanatos, estabelecimentos de ensino público, como bibliotecas e salas de leitura no campo ou municipais, corpo de bombeiros e assim por diante. Todos esses temas numerosos e variados constituem, juntos, a chamada administração comunal ou municipal, e todos eles têm a ver com a saúde, vida e bem-estar físico e espiritual de toda a população de certa cidade ou aldeia. Em particular, esta administração local ou municipal impacta a cada passo os interesses materiais e espirituais mais vitais da população trabalhadora. Por exemplo, à classe trabalhadora interessa que impostos da cidade ou da comunidade não sejam arrancados das esferas trabalhadoras pobres, e sim da população rica e, na aldeia, dos ricos proprietários de terra. Indo além, a eles interessa também que durante a construção e manutenção de caminhos e ruas não sejam incluídas somente aquelas partes da cidade onde mora a burguesia rica. Agora, as ruas, habitadas pelas esferas operárias e pela pobreza urbana, são geralmente estreitas, escuras, com calçamento ruim, e estão cheias de lixo e fedor. Por isso, esta população é a primeira a cair em casos de epidemias e doenças infecciosas. Os trabalhadores, com cujas mãos são construídas todas as cidades, casas e ruas, devem exigir que também sejam construídas para eles, onde mora o grande formigueiro trabalhador do proletariado (e não somente onde vivem os parasitas burgueses), ruas largas e confortáveis, que sejam criados nas redondezas jardins públicos, praças para as crianças, que seja mantida a limpeza nas ruas e casas, que se faça uma canalização, aquedutos com água saudável etc.

Também é igualmente importante para a classe trabalhadora, sejam operários, trabalhando para a cidade ou o município, sejam funcionários administrativos da cidade e municipalidade, bem como pessoal do serviço público (operadores de bondes, guardas noturnos, bombeiros, funcionários de hospitais municipais), que os representantes locais tenham garantidos honorários mínimos definidos, um período de trabalho regulamentado, e também certa aposentadoria para a velhice, invalidez ou doença, dada pela cidade. A população trabalhadora também exige que o fornecimento de luz, gás, eletricidade, água, além de bondes elétricos e puxados por cavalos não sejam entregues nas mãos de empreendedores privados capitalistas, que ganhariam milhões com a população municipal, mas de uma forma que os lucros de todos estes ramos da administração pública sigam para o caixa da cidade e da comunidade, para benefício da população. Igualmente, deve interessar aos trabalhadores que a cidade ou a comunidade não entreguem as terras locais a especuladores privados, que por habitações miseráveis e apertadas explorariam a população pobre com um aluguel altíssimo, mas, ao contrário, que a cidade compre terrenos adequados e construa a expensas próprias, de acordo com um plano adequado, moradias boas e baratas para a população trabalhadora. Na sequência, é especialmente importante que hospitais e escolas locais e municipais sejam mantidos em número suficiente e abertos sem custo para a população trabalhadora, e que suas necessidades mentais sejam atendidas por bibliotecas e salas de leitura, organizadas pela cidade ou comunidade. Também, que sejam disponibilizados para toda a massa da população, mesmo para os mais pobres, templos da arte: teatro, música, exposições de quadros etc. A classe trabalhadora deve zelar também para que os mais pobres e carentes de meios de subsistência, deficientes, órfãos, idosos, sem casa, estas vítimas dos sistemas sociais atuais, recebam da cidade ou município uma assistência digna, mas sem um rebaixamento da dignidade humana, com a qual geralmente está interligada a caridade burguesa.

Por último, mesmo a decoração das cidades e municípios, com obras de arte, bens, estátuas etc., não é indiferente à classe trabalhadora, a qual deve exigir que aqui também ela seja feita com os seus objetos de adoração e com a alma da parte esclarecida do povo trabalhador, e não com a alma e tradições de um punhado da burguesia e nobreza rica.

Portanto, não existe um único tema da administração de uma cidade ou comunidade no qual os interesses da classe trabalhadora não sejam diferentes ou até contrários aos interesses das classes burguesas. Mas, enquanto a administração da cidade estiver a cargo dos caprichosos burocratas do tsar, ou dos representantes da burguesia média rica, a administração sempre será conduzida para a proteção da minoria burguesa e dos proprietários de terras, e não para o povo trabalhador. Para a defesa dos interesses da classe trabalhadora, a social-democracia exige:

1) Que toda a administração local e comunal seja dependente dos conselhos da cidade e da comunidade;
2) Que os vereadores a serem selecionados para o conselho local e comunal sejam escolhidos por toda a população adulta da cidade ou comunidade, sem diferenciação de sexo, credo e nacionalidade, em eleições universais, iguais, secretas e diretas.

5. Elegibilidade dos funcionários e juízes pela população e sua responsabilidade ao descumprir a lei

O parlamento e a câmara do país definem as leis que são válidas para a população, mas o cumprimento destas leis é realizado por funcionários e juízes. O bem-estar de toda a população depende do cumprimento das leis, bem como do funcionamento do judiciário. Até mesmo boas leis podem ser mal cumpridas, ou nem serem cumpridas.

Portanto, é importante para a classe trabalhadora como os funcionários e juízes aplicam as leis. Qualquer pessoa do povo trabalhador sabe por experiência própria que, quando uma pessoa simples, trabalhador ou camponês tem um assunto nos escritórios ou em juizados, ele é tratado de forma totalmente diferente que os senhores da burguesia ou nobreza. Nos tribunais e escritórios de hoje existem dois pesos e duas medidas – uma para a classe burguesa, outra para a classe trabalhadora. Cada lei é usualmente distorcida pelos funcionários ou juízes em benefício da opressão e pressão vigentes, e em prejuízo do povo trabalhador. Assim se comportaram por décadas os funcionários do tsar e os seus tribunais. Igualmente nos países constitucionalistas, com liberdade política, como a Alemanha e até em países republicanos, como a França, os funcionários tratam hostilmente a população trabalhadora, e os tribunais a prejudicam em cada oportunidade. Isso advém do fato de que os funcionários e juízes são geralmente nomeados pelo próprio governo, que distribui os cargos para pessoas pertencentes à classe burguesa, e os empregos menores para a média burguesia. Desta forma, os funcionários, dependentes do governo que lhes dá seu ganha-pão, e também por suas convicções interiores e parentescos, eles mesmos pertencentes à classe dos exploradores, são naturalmente inimigos dos trabalhadores, e maltratam o povo trabalhador. Somente quando estes senhores souberem que não dependem do governo ou da burguesia, e sim da massa do povo, e que, caso infrinjam a lei em prejuízo do povo, os espera um justo castigo, só então os trabalhadores saberão usar as leis que conseguiram para si. Assim, na defesa dos interesses da classe trabalhadora, a social-democracia exige:

1) Que todos os funcionários mais altos e juízes, que definem as diretrizes para a condução das questões nos escritórios e tribunais, sejam escolhidos pela própria população adulta, em eleições universais, iguais, secretas e diretas;
2) Que cada funcionário e juiz, do mais alto ao mais baixo, possam ser acusados em um tribunal especial por qualquer pessoa que tenha constatado uma violação das leis por parte deles.

6. Igualdade de todos perante a lei

A existência de uma igualdade verdadeira e real entre as pessoas é impossível enquanto houver o sistema capitalista. Enquanto todos os meios de produção e fontes de riqueza (terras, fábricas, máquinas e assim por diante) forem propriedade privada de um punhado de titulares, e toda a massa do povo viver do aluguel de suas mãos trabalhadoras, toda a humanidade estará dividida entre exploradores e explorados, ricos e pobres, senhores e oprimidos, os que usufruem da educação e aqueles privados da possibilidade de crescimento pessoal. Somente a abolição da exploração, do trabalho assalariado e da dominação de classes concretizará a verdadeira igualdade na sociedade humana.

Mas caso o povo trabalhador seja condenado no sistema atual à desigualdade *social*, da qual somente o sistema socialista o libertará, então ele pode, no atual Estado burguês, exigir pelo menos *uma igualdade formal perante a lei*. Como a dominação do capital prejudica a classe trabalhadora econômica, política e espiritualmente, então pelo menos as leis e os tribunais deveriam ser idênticos para todos. A desigualdade formal perante a lei é um resquício da época medieval, da época da dominação da nobreza e da servidão. Na Idade Média, a sociedade se dividia legalmente em vários "estados": nobreza, clero, burguesia e servos, e cada estado tinha direitos e tribunais diferentes. Por exemplo, quando se matava uma pessoa, existia diferença de pena entre matar um nobre ou um camponês, portanto era natural que a vida e os direitos dos senhores ou citadinos fossem muito mais prezados, e infringi-los resultava em um castigado mais duro, o que não ocorria com os direitos e a vida de camponeses e servos.

Nas revoluções do século XIX, na Europa Ocidental, ficaram abalados os governos da nobreza e foram introduzidos governos modernos da burguesia, com liberdade política, e então foram também abolidas essas distinções formais de estado perante a lei. A dominação do absolutismo russo combinava dentro de si, nas últimas décadas, todos os recursos de um governo capitalista, ou seja, a dominação da classe dos exploradores industriais, com os resíduos dos tempos da Idade Média, da dominação da nobreza. Apesar da abolição dos senhores, a desigualdade dos diversos estados perante a lei permaneceu. O senhor, pertencente à nobreza, é tratado de forma diferente pela lei tsarista, em relação ao camponês ou trabalhador, e esta diferença aparece em todos os lugares – desde a definição pela municipalidade quanto ao peso dos impostos, do serviço militar, até o cumprimento de uma pena na prisão. O camponês, durante o tsarismo, pagava impostos especiais, dos quais a nobreza era liberada, e poderia ser legalmente castigado (nos tribunais ou no serviço militar) com chicotadas corporais, enquanto o nobre era legalmente protegido disso. Mesmo na cadeia, segundo o direito tsarista, o membro do estado nobre era tratado e alimentado de forma diferente que o homem "comum". Esta desigualdade de direitos e de julgamento para os "senhores" e para o povo trabalhador é mais um modo de opressão e atraso das classes trabalhadoras e de lhes dificultar a luta pela libertação total.

A social-democracia exige, em nome dos interesses da classe trabalhadora, uma completa igualdade de todos os cidadãos no país em relação à lei e a abolição de quaisquer privilégios de estado e de propriedade. Ou seja, que o direito civil e criminal, os tribunais, a obrigatoriedade do serviço militar e os direitos políticos não devem diferenciar a classe nobre do povo comum, os ricos dos pobres, mas serem idênticos para todos os cidadãos.

7. Inviolabilidade da pessoa e da habitação

Uma das primeiras condições de liberdade política em todo o mundo é a liberdade pessoal dos cidadãos. É legalmente assegurada a cada pessoa a segurança contra qualquer violência e excessos por parte do governo, executada sobre a sua pessoa e em sua habitação particular. Para que se sinta verdadeiramente um cidadão do Estado e do país, cada pessoa deve ter a certeza de que pode tranquilamente entregar-se a seu trabalho ou descanso, a sua vida privada ou a sua atividade política, não temendo que o poder do governo ou policial possa prendê-lo e mantê-lo na prisão sem julgamento, ou que possa invadir sua morada particular e vasculhar todos os cantos. Sob o governo despótico do tsar, nenhuma pessoa pode estar completamente segura de que inesperadamente algum brutal lacaio da polícia ou da polícia militar o prenda por algum fato banal, ou que sua casa não seja invadida por uma horda policial, de dia ou de noite, para fazer alguma investigação. Este tipo de violência em relação às liberdades pessoais e inviolabilidade do lar era particularmente praticado pelo governo tsarista contra trabalhadores e camponeses dedicados à luta política, não somente prendendo milhares sem qualquer julgamento e direitos, mas que também humilhava, pisando da forma mais bárbara sobre sua inviolabilidade pessoal.

A social-democracia exige que, assim como já ocorre em todos os países civilizados, a pessoa e o lar do cidadão sejam intocáveis para os órgãos do governo. Violar a liberdade individual do cidadão, ou seja, prendê-lo, só será possível aos órgãos governamentais por força de mandato judicial, com o qual qualquer pessoa pode imediatamente saber qual é a culpa e por que razão está indo para a cadeia. A desconsideração do cidadão pela palavra ou ação deve ser proibida aos órgãos do governo através de várias medidas legais e severamente punida. Aos representantes do poder também deve ser legalmente proibido entrar nas casas particulares dos cidadãos, a não ser com permissão judicial formal.

8. Liberdade de expressão e imprensa, de associação e reunião

A necessidade mais urgente da classe trabalhadora consiste na possibilidade de se instruir e se organizar, ou seja, de se unir em defesa mútua de seus interesses. O trabalhador individual é completamente impotente perante a opressão do capitalista explorador, assim como diante da dominação política da burguesia. Somente por meio da união com seus irmãos, em massa, em uma organização, o trabalhador encontra força para a luta contra a exploração e o reconhecimento de seus interesses. Da mesma forma, apenas por meio da organização política – em seu partido de classe os trabalhadores ficam sabendo de sua decisiva tarefa histórica: a libertação da humanidade do inferno do capitalismo; somente em seu partido de classe os trabalhadores organizados tornam-se uma força, a qual pode buscar esse objetivo e lutar por sua materialização. Igualmente a luta, tanto econômica quanto política, da classe trabalhadora na defesa de seus interesses e com o objetivo de sua libertação final, exige a mais ampla possibilidade de união via associações, e de esclarecimento pela palavra viva e escrita. Ou seja, o direito às eleições para o parlamento seria algo ilusório, caso a lei não garantisse a possibilidade da mais ampla agitação pré-eleitoral – em encontros públicos, pela distribuição de panfletos e livros, pela discussão aberta e livre sobre todos os aspectos da vida social; seria algo ilusório se o povo não tivesse essa permanente possibilidade de participação na vida política do país, e de criticar as atitudes do parlamento e do governo em reuniões e escritos, assim como a possibilidade de verbalizar as suas exigências e de se unir em associações e partidos para a sua defesa. É por isso que a social-democracia exige, para o povo, uma completa e irrestrita liberdade da possibilidade de esclarecimento comum através de folhetos e livros, com a ajuda de encontros populares e de palestras neles proferidas, e também uma completa liberdade de associação de grupos profissionais e políticos, e do que vem como consequência da completa liberdade de greves. Já há muito e muito tempo, no tempo da dominação do despotismo tsarista, os mais prejudicados em seus direitos eram os trabalhadores. Os capitalistas e a nobreza têm e tinham sempre a possibilidade de se unir em associações para defesa de seus interesses, ou seja, para a exploração dos trabalhadores e a pilhagem do público. As associações industriais, associações comerciais e agrícolas, as associações de mineração sempre deliberavam debaixo dos olhos da polícia do tsar. Quando os proprietários das minas de carvão, ou os produtores de açúcar se uniam em um sindicato e faziam acordos para pilhar todo o público através do aumento do carvão ou do açúcar, o governo tsarista não lhes colocava nenhuma dificuldade. Da mesma forma, os jornais e livros, inimigos do povo trabalhador, ampliadores da ignorância e da desmoralização, semeadores de ódio aos poloneses, insufladores contra os judeus, não foram nunca proibidos. Mas quando os trabalhadores se uniam em associações com o fim de melhorar o seu bem-estar, então as polícias os farejavam e caçavam, como a terríveis bandidos. Também os folhetos e brochuras, que trazem esclarecimento aos trabalhadores, que anunciam o ensino do socialismo e da liberdade política, tiveram de ser impressos e distribuídos secretamente por décadas, uma vez que imprimir e distribuí-los podia resultar em prisão, Sibéria ou escravidão. Mas não somente no absolutismo, até nos países com liberdade política, como a Alemanha, as classes dominantes tentam, tanto quanto possam, diminuir a liberdade dos trabalhadores de se organizar em associações, e tentam dificultar de diversas formas o crescimento da conscientização entre os trabalhadores por meio de escritos e livros. Por exemplo, na Prússia, todo o proletariado camponês é excluído do direito de criar associações profissionais, e as mulheres não têm o direito de participar de associações políticas. O que a burguesia mais teme é o trabalhador conscientizado e organizado, e tenta lhe tomar, de todas as formas, a fonte de sua força: o conhecimento e a organização. Por isso, uma das principais exigências de trabalhadores conscientizados em cada país é, juntamente com o direito de voto universal e igual, uma liberdade completa e ilimitada de palavra e imprensa, de associação e reunião, tanto para a população da cidade, quanto para a população camponesa, tanto para homens quanto para mulheres.

9. Liberdade de consciência

O governo tsarista sempre perseguiu seus "súditos", não só por qualquer desejo de liberdade e conhecimento, mas também pela fé. No tsarismo, a religião dominante era a ortodoxa, e todos os de outras religiões – católicos, uniatas, judeus, dissidentes eram, de uma forma ou de outra, perseguidos. O governo tsarista também considerava traição e castigava com a Sibéria e a escravidão quando a pessoa não reconhecia nenhuma religião nem o poder eclesiástico. A social--democracia considera que perseguição pela fé ou pela falta dela é uma barbaridade, indigna da liberdade cidadã e da civilização. A opressão da consciência é a pior forma de opressão. E, além disso, caso alguns tipos de fé no Estado sejam perseguidos, isso sempre ocorre com danos ao povo trabalhador e só traz vantagens para a classe dominante dos exploradores. O incitamento de algumas partes do povo contra outras, e o aumento do ódio entre as pessoas é uma das formas que utilizam os inimigos da classe trabalhadora para aumentar sua ignorância e distrair sua atenção da luta contra a exploração e a opressão. É por isso que trabalhadores conscientizados sempre surgem com toda a energia contra os perseguidores da religião. Cada pessoa adulta deve ter uma completa liberdade de credo, em que e como deseja. A crença religiosa ou o ateísmo é uma questão de convencimento, da consciência da pessoa e de sua felicidade espiritual. Ninguém tem o direito de espiar a consciência de uma pessoa e dar-lhe ordens para que acredite desta forma, e não de outra. É por isso que a social-democracia exige que as leis do país garantam a todos o direito à completa liberdade de consciência. Isso significa que precisam ser derrubadas quaisquer leis que sejam criadas para o prejuízo de qualquer crença ou dos ateus. Pessoas de qualquer religião: ortodoxos, católicos, uniatas, judeus, evangélicos, dissidentes, maometanos ou ateus devem ser tratados no país exatamente como iguais, ter os mesmos direitos, ser igualmente aceitos para quaisquer cargos e dignidades.

Ainda não é suficiente. A completa liberdade de consciência não existe onde alguma fé é considerada como do Estado, ou seja, se os seus sacerdotes e igrejas são mantidos com o dinheiro do Estado, e o ensino da religião é feito nas escolas do governo e municipais. Os fundos do caixa do governo vêm dos impostos que toda a população paga, sem exceção. Caso fundos do governo, provenientes de toda a população, sejam usados para a manutenção dos sacerdotes de um ou dois credos quaisquer, isto é uma coerção e opressão de toda aquela população que segue outra religião ou é ateia. Caso, por exemplo, o governo gaste enormes somas com sacerdotes e igrejas ortodoxas, e um pouco também com sacerdotes católicos, isto caracterizará uma injustiça para os evangélicos, uniatas, judeus, dissidentes e outros cidadãos do país que também pagam impostos. A verdadeira igualdade de todos os credos e a completa liberdade de consciência é possível somente quando o governo não apoia nenhum credo e não interfere absolutamente em questões religiosas. A crença é, então, uma questão privada das pessoas. Cada um pode professar a religião que quiser, e contribuir de boa vontade para a manutenção dos sacerdotes e igrejas do seu credo. Assim, as pessoas que seguem a mesma religião criarão no país suas comunidades religiosas, com as quais irão, livremente, manter a sua igreja e prover a educação religiosa de suas crianças conforme sua vontade.

A introdução de ensino religioso obrigatório nas escolas leva sempre, considerando os diversos credos, à desvantagem de alguma parte da população. Além disso, o ensino da religião separa as crianças da população, já nos bancos escolares, em grupos separados conforme seus credos, e traz com isso [uma] separação e inimizade entre elas, o que leva à [uma] perseguição de um pelo outro. É por isso que a social-democracia, para a concretização de uma verdadeira liberdade de consciência, exige que todas as questões de religião, quer a manutenção dos sacerdotes e igrejas, quer o ensino religioso das crianças, sejam uma questão particular da população, na qual o Estado não deve se intrometer, seja pelo apoio a uns com dinheiro público, seja pela perseguição de outros.

10. Igualdade de direitos das mulheres

Na sociedade de hoje, apoiada na propriedade privada e na dominação dos capitalistas, a mulher é privada de quaisquer direitos políticos e considerada uma criatura de segunda classe, subordinada ao homem. A libertação da mulher desta humilhação, a devolução a ela de direitos iguais e de dignidade humana só é possível com o sistema socialista, o qual irá remover a dominação da propriedade privada, e com ela toda a desigualdade na sociedade humana. O próprio desenvolvimento do capitalismo prepara o terreno para a libertação e igualdade de direitos das mulheres. A grande indústria destruiu a família trabalhadora, propagou o trabalho das mulheres nas fábricas, oficinas, no comércio, nos escritórios, nos serviços públicos. A mulher do povo é cada vez mais forçada a se manter, e frequentemente a toda a família, com o próprio trabalho. Agora, quando desaparece a dependência econômica das mulheres, também desaparece o terreno sobre o qual cresceram a ilegalidade e humilhação social das mulheres. A questão da igualdade de direitos para as mulheres avança, assim, com o desenvolvimento da grande indústria, com o desenvolvimento do capitalismo, com o desenvolvimento da questão operária. A classe trabalhadora é a única que não tem nenhum motivo para a humilhação política das mulheres. A social-democracia é o único partido que exige sinceramente a libertação das mulheres de sua situação atual, e que luta pela sua libertação. A social-democracia exige:

1) A abolição de quaisquer leis públicas, criminais ou civis, emitidas para a desvantagem das mulheres ou que limitem de qualquer modo a sua liberdade pessoal ou de propriedade, e o seu poder de decidir sobre os filhos em igualdade de direitos com o pai das crianças;

2) Garante às mulheres todos os direitos e liberdades políticas em igualdade com os homens, principalmente quanto ao direito de voto para o parlamento, câmara e conselhos das cidades e campos.

11. Abolição do Exército permanente e criação do Exército do povo

O apoio mais forte de um governo despótico, assim como da dominação dos capitalistas sobre o povo trabalhador, é o Exército, ou seja, o Exército permanente. Normalmente se trata de convencer o povo de que se necessita do Exército para a defesa do país em caso de ataque de inimigos. Na realidade, estes enormes Exércitos, mantidos sempre em estado de vigilância, são necessários não para a defesa do país, mas por dois objetivos: para tomar terras e povos estrangeiros, e também para manter, no próprio país, uma população trabalhadora em escravidão pelos exploradores dominantes.

As guerras, que as nações hoje conduzem entre si, não são necessárias para a classe trabalhadora, só para os capitalistas. A classe trabalhadora não tem nenhuma vantagem do fato de o país conseguir novas terras, vencer países e povos estrangeiros, que pode roubar e oprimir. A vantagem disso é somente dos capitalistas, que obtêm novos mercados, nos quais podem gastar e trocar por ouro, por meio do trabalho sangrento arrancado dos trabalhadores. A nobreza igualmente se aproveita do Exército e das guerras, ocupando os níveis mais altos no Exército, e encontrando, deste modo, uma oportunidade para uma vida de ócio e para receberem bons soldos do caixa do Estado. Por fim, os altos e baixos funcionários encontram na guerra e nos países recém-conquistados a possibilidade de enriquecer com o dinheiro roubado, em detrimento dos soldados famintos e da humilhada população vencida. Agora, quem obtém a maior vantagem de armamentos, grandes Exércitos e condução de guerras são os fabricantes de ferro, aço, canhões, armas e tanques, e também os diferentes fornecedores de uniformes e produtos alimentícios para o Exército. Centenas de milhões por ano, gastos para a manutenção do Exército, viajam desta forma do caixa do governo para o bolso de um punhado de capitalistas, os quais, particularmente durante as guerras, constroem imensas fortunas, enquanto o país, ao perder seus tanques, armas e canhões durante as batalhas, precisa cada vez mais de instrumentos assassinos.

O povo trabalhador só tem perdas com o Exército e com as guerras. No Exército permanente, a juventude do povo perde os mais belos anos da vida, para, em vez de trabalhar em seu benefício e de sua família, gastar tempo em treinamentos sem sentido, aguentar abusos cruéis e humilhações de suboficiais e oficiais brutais. Em uma guerra morrem milhares de filhos do povo, colocando suas vidas como oferenda ou ficando aleijados por toda a vida, para o enriquecimento de seus piores inimigos – os capitalistas. Quase todo o custo de manutenção de um imenso Exército e condução de guerras cai sobre as costas desse mesmo povo. Os incontáveis milhões, que o governo desperdiça para os quartéis, canhões, navios de guerra, oficiais etc., não saem de nenhum outro lugar que não dos bolsos do povo comum.

Os impostos, pagos por esta mesma massa pobre, para cada pedaço de alimento colocado em suas bocas, e de cada linha das roupas em seus corpos, são esta fonte, da qual cada governo dos dias de hoje mantém o militarismo. Mas o maior prejuízo causado à classe trabalhadora é que o Exército é uma ferramenta de opressão do povo pelo próprio governo, em seu próprio país! É verdade que no Exército serve este mesmo povo trabalhador. O soldado é este mesmo trabalhador e camponês de uniforme. Mas os vários anos de serviço militar nos quartéis, afastados da família e amigos, e a disciplina terrível no Exército são arranjados de propósito para fazer deste trabalhador e camponês uma fera desnorteada, cega e surda para tudo que não sejam as ordens de seus comandantes. Depois de alguns anos de treinamento, o soldado esquece que é filho do povo, para completamente de pensar no que faz, torna-se capaz de matar pai e mãe, caso ordenado pelos oficiais. E então as classes e governos dominantes têm no Exército uma arma assassina contra trabalhadores conscientes e camponeses em revolta. O governo do tsar respondia com derramamento de sangue a cada revolta de camponeses desesperados na Rússia, a cada demonstração maior de trabalhadores na Rússia ou na Polônia. Como se fosse contra um inimigo estrangeiro, oficiais enviam uma mão assassina composta de proletários de uniforme contra proletários de camisa, os quais estão lutando por uma vida melhor e pela liberdade. E não somente na Rússia tsarista, mas também em todos os países capitalistas, o Exército serve hoje basicamente para manter a classe trabalhadora sob o jugo da burguesia. É por isso que a social-democracia exige que em todos os lugares seja abolido o Exército, ou seja, o Exército permanente. Para a defesa do país, contra um inimigo externo, não é necessário um Exército de centenas de milhares de pessoas, mantido permanentemente armado, e que custa milhões de rublos. É suficiente que a população adulta masculina esteja armada, e que mantenha a sua arma sempre em casa. Um treinamento de alguns meses é suficiente para capacitar cada um na utilização da arma, e depois, cada cidadão deve voltar para casa, para o trabalho e a vida familiar, pendurando a arma em um cabide, mantendo-a sempre pronta.

Este armamento universal do povo, ou seja, uma milícia, já existe na Suíça, também existiu nos Boers da África do Sul, e mostrou como um povo todo armado consegue valentemente defender o próprio país. O armamento do povo naturalmente não funciona para sangrentas lutas de anexação e para tomar países e povos estrangeiros, porque o povo inteiro nunca concordaria em deixar o país para aventurar-se em regiões ou oceanos longínquos para conquistar terras estrangeiras. E é exatamente por isso que a milícia é o melhor meio contra estas guerras criminosas, como a última guerra da Rússia com o Japão. E, principalmente, a arma na mão do povo, na casa do trabalhador, na cabana do camponês é o melhor meio contra a opressão e as violências por parte dos próprios capitalistas. Os exploradores vão lidar com um povo armado de forma totalmente diferente do que com uma massa desarmada. A abolição de Exércitos permanentes e o armamento da população – esta é a melhor garantia do desenvolvimento dos países e o maior facilitador da liberação final do povo do jugo do capitalismo.

12. Escolas primárias obrigatórias e gratuitas, manutenção das crianças na escola a expensas do Estado, educação superior gratuita para os mais bem dotados

Em vez de gastar recursos públicos com Exército e canhões, o país deveria gastar com conhecimento. Hoje em dia, a preocupação com o conhecimento é totalmente negligenciada. Em toda a Rússia tsarista, milhões de pessoas viviam e morriam sem conseguir sequer os conhecimentos básicos: ler e escrever. Enquanto isso, a maior parte dos analfabetos, ou seja, pessoas que não sabem ler e escrever, está em nosso país, a Polônia. A ignorância do povo é necessária para o governo do tsar, assim como para a classe dos capitalistas, e por isso, de propósito, eles mantêm a ignorância do povo. Quando a população trabalhadora, trabalhadores da cidade e o povo camponês forem educados, terão acesso a jornais e livros, ao estudo, e então não aceitarão aguentar humildemente sanguessugas e parasitas em suas costas.

É por isso que o governo do tsar estabelecia tão poucas escolas primárias e fornecia ao povo um péssimo ensino nestas escolas. Por isso permitia aos capitalistas forçar o jugo do trabalho sobre as crianças do proletariado nas fábricas e no campo, quando esta é a época mais adequada para receber os primeiros fundamentos da educação.

Por isso também é que o povo aspira ao conhecimento e à educação. Milhares de talentos e capacidades se perdem entre o povo e são desperdiçados porque rapazes e moças do povo, em vez de livros, precisam agarrar espátulas e agulhas, mesmo que o estudo lhes interesse muito. Enquanto isso, as crianças das classes mais ricas, sejam mais dotadas ou mais preguiçosas, passam, por vezes, metade da vida nos bancos escolares e universidades, mantidas com o sangrento dinheiro do povo, e a sociedade, mais tarde, não se beneficia de nenhum deles. Da mesma forma que com as riquezas e prazeres materiais, as classes dominantes tomaram para si especialmente as riquezas e prazeres do espírito, condenando milhões de pessoas do povo a uma vida na ignorância e pobreza mental.

A social-democracia exige, para a defesa da classe trabalhadora, que a educação e a escola sejam para todos. O Estado, mantido pelo trabalho do povo, está obrigado a instalar um número suficiente de escolas, com uma quantidade suficiente de professores bem pagos, de forma que todos os pais tenham condições de mandar suas crianças para a escola gratuitamente, e que sejam obrigados a isso por lei.

Mas não é suficiente que a escola primária seja obrigatória e gratuita para todos. O povo trabalhador, graças à exploração dos capitalistas, não está em condição de fornecer às suas crianças os livros e cadernos necessários para o estudo; ora, a maioria dos pais não é capaz de manter suas crianças durante a educação escolar, por isso também as crianças de trabalhadores e camponeses, já aos 12 ou até antes, aos 10 anos, vão trabalhar. Nos padrões de hoje, as escolas primárias, mesmo se houvesse um número suficiente, e se fossem gratuitas, seriam um fruto proibido para dezenas de milhares de filhos de trabalhadores. Em todos os países, os professores de escolas primárias já declararam que as crianças da população pobre, chegando frequentemente à escola sem nenhuma alimentação e quase desmaiando de fome durante as exposições, não estão em condições de receber adequadamente os ensinamentos. Para que se possa criar a possibilidade para que as crianças do povo trabalhador realmente aproveitem a escola gratuita, o governo deve ser obrigado também a fornecer, pagos pela sociedade, os meios de estudo – livros, cadernos – e também roupas e alimentos durante o período escolar. Este tipo de arranjo já está implementado em diversos municípios na França, onde os social-democratas representam a maioria nos conselhos municipais. O mesmo é exigido pela social-democracia para todo o país. Como a sociedade capitalista se mantém às custas das classes trabalhadoras, tem pelo menos a obrigação de devolver uma migalha desta sangria arrancada do povo às suas crianças, dando-lhes em tenra idade a educação mais básica e um pedaço de pão, para que não morram de fome nos bancos escolares.

O tema não termina aqui. A escola primária só pode fornecer os primeiros rudimentos gerais da educação. Enquanto isso, enquanto existir o sistema capitalista, a família trabalhadora nunca estará em condição de fornecer a expensas próprias uma educação superior a seus filhos, mesmo que possuam uma capacidade excepcional. É por isso que a social-democracia exige, além de escolas primárias gratuitas e obrigatórias, seja no interesse da classe trabalhadora, seja no de toda a sociedade, que o país garanta àqueles alunos da escola primária, que demonstrem uma extraordinária capacidade ou talentos, a possibilidade de frequentar gratuitamente escolas superiores: universidades, academias ou escolas especiais.

13. Abolição das taxas e impostos indiretos e introdução de um imposto progressivo para renda, riqueza e heranças

Falando claramente, para a manutenção de escolas públicas, para o pagamento de funcionários, em outras palavras, para manter o país, são necessários recursos. Particularmente, o atual Estado capitalista e militar custa muitíssimo dinheiro. Os gastos anuais de países como a Alemanha e a França chegam a bilhões. O governo do tsar, sendo o mais caro, mais explorador da população e que desperdiça seus recursos, gastou ultimamente mais de dois bilhões de rublos por ano. Estas enormes somas em todos os países capitalistas são pagas ao Estado não pelos ricos, mas pelos mais pobres. A fonte principal de recursos do governo na Rússia, assim como em todos os outros países de hoje, são os impostos intermediários, ou seja, as taxas e encargos de produtos alimentícios: impostos sobre vodca e tabaco, impostos sobre fósforos, combustível e açúcar, taxas sobre lã e algodão, ferro e couros e, em geral, sobre todos os produtos estrangeiros. Impostos e encargos sobre todos esses produtos são pagos ao caixa do governo pelos comerciantes já na fronteira, ao trazer a mercadoria do estrangeiro, e os fabricantes, ao produzir os seus produtos.

Por exemplo, nenhum pacote de cigarros ou fósforos pode sair da fábrica para ser vendido na loja sem uma etiqueta, ou seja, sem um selo colado, indicando que o fabricante pagou o imposto ao governo. Mas os comerciantes e fabricantes não pagam estes impostos de seu bolso, apenas os destacam para depois recuperá-los do público consumidor, no preço de cada produto comprado. Ao comprar uma caixa de tabaco ou fósforos na lojinha, cada um paga não só o preço local do tabaco e dos fósforos, mas também os impostos do governo, relativos a cada caixa. Desta forma, o governo coleta para si os impostos pagos pela população, para tudo que ela consome, não diretamente, mas por intermédio dos comerciantes e fabricantes (por isso estas taxas e impostos são chamados de indiretos ou de impostos sobre o consumo).

Impostos indiretos são pagos por todos porque todos precisam comprar diversas coisas, necessárias para comer, vestir-se e morar. Não existe pessoa que se possa esquivar de pagar impostos indiretos, porque mesmo o mais pobre precisa comprar, de vez em quando, um pouco de chá, açúcar, café, combustível, fósforos e também pelo menos simples roupas ou sapatos.

De cada bocado que vai para a boca, de qualquer farrapo de roupa ou equipamento da cabana mais pobre, a população paga, de uma forma ou outra, taxas e impostos indiretos. Os impostos indiretos são aqueles que forçam mesmo o mendigo mais pobre a entregar para o governo parte de seus míseros recursos.

Mas isso não é tudo. Os impostos indiretos têm esta propriedade de exatamente tirar mais dos mais pobres e menos dos mais ricos. Tanto pobres quanto ricos pagam o mesmo por uma caixinha de fósforos, um quilo de açúcar, um copo de café. Os preços das mercadorias e dos impostos neles escondidos são iguais para todos. Mas, para o pobre, os dois centavos que o imposto aumentou no preço do quilo de açúcar têm um peso significativo, enquanto, para o rico, eles são uma ninharia, não significam nada. O trabalhador das cidades gasta todo o seu rendimento, além do aluguel, em alimentação e roupas, e desse rendimento geralmente é descontado um quarto, às vezes mais, para estes mesmos impostos indiretos. Enquanto isso, o rico, que em geral tem um rendimento mil vezes maior que o camponês ou trabalhador pobre, mesmo que tenha uma vida luxuosa, obviamente não pode comer e beber com sua família mil vezes a quantidade de pão, açúcar, cerveja e chá que a família pobre. Ao contrário, quanto mais rica é uma pessoa, tanto menor é a influência em seu bolso das despesas para esta mesma alimentação e roupa. Então, enquanto uma família camponesa ou trabalhadora entrega, para estes impostos alimentares, um quarto ou mais de seu rendimento total, para a família do capitalista rico estes impostos não significam nem uma centésima parte de seu rendimento. Portanto, em relação aos recursos de cada pessoa, os impostos indiretos tomam mais dos rendimentos da pessoa se ela for pobre, e menos se ela for rica.

Adicionalmente, se formos comparar os gastos com a vida de uma família individual de um rico fabricante, veremos que a família de um capitalista gasta muito mais em açúcar, combustível, carne, vodca e vinho, charutos e outras despesas, e para isso também paga mais impostos indiretos do que a família do trabalhador. Mas, se considerarmos toda a população em geral, então os ricos e milionários constituem uma parte pequena, enquanto existem dezenas de milhões de pessoas trabalhadoras pobres. Apesar dos excessos que se permitem os ricos, os seus gastos, considerados em conjunto, são uma pequena parcela, anualizada, quando se considera em conjunto os gastos de todas as famílias de trabalhadores e camponeses. Não é com os excessos de poucos ricos, mas com os modestos gastos da grande massa do povo humilde que as lojas, fábricas e revistas se mantêm. Então, também o caixa do governo vai-se enchendo não exatamente com o que paga o pequeno número de burgueses ricos, mas com o que, centavo após centavo, se coleta a partir dos gastos dos milhões de pessoas do povo.

Desta forma, os impostos indiretos são uma fonte especial para espremer da população trabalhadora seus últimos sucos para manutenção do governo, Exército, funcionários etc. E estes impostos constituem o alicerce principal do país. Aquilo que, nos dias de hoje, as classes abonadas pagam na Rússia e em todos os países em termos de impostos sobre a renda, a terra e o capital, é nada em comparação com o lucro que vem dos impostos sobre alimentos, pagos pelo povo trabalhador. Ademais, todo o peso de manutenção do Estado cai hoje sobre as costas dos mais fracos, ou seja, da classe trabalhadora. A classe dos capitalistas não somente força os trabalhadores a torná-los mais ricos com seu trabalho, dando-lhes em troca um pagamento miserável, mas também lhes arranca parte deste pagamento na forma de impostos, jogando sobre os trabalhadores a manutenção da máquina do Estado.

A social-democracia exige que o peso da manutenção do Estado capitalista seja carregado não pelos mais pobres, mas pelas pessoas ricas, e principalmente pelos capitalistas. O governo não deveria arrancar do trabalhador da cidade nem do camponês o pouco, que lhe foi deixado pela exploração capitalista. É por isso que a social-democracia exige a abolição completa de todas as taxas, encargos e impostos sobre alimentos, para que as várias mercadorias necessárias à vida fiquem mais baratas, e que a população trabalhadora possa sair da miséria e da escassez. Enquanto isso, para a manutenção do Estado e do governo, deveria ser instituído apenas um imposto progressivo sobre o lucro, a propriedade e as heranças. Isso quer dizer um tipo de imposto que se inicia a partir de lucros médios e aumenta com o tamanho da riqueza, rendimentos ou herança, de forma que os mais ricos paguem o maior valor. Se, por exemplo, uma pessoa que tiver um rendimento anual de 1.000 rublos tiver de pagar um imposto sobre a renda de 1%, então aquele que tiver um rendimento de 10 mil e que já viva com excessos deveria pagar um imposto não de 1%, mas de pelo menos 5%. Aquele que tem rendimento de 50 mil deveria pagar já 10%, quem tem 100 mil anualmente deveria pagar 25% de imposto etc. Desta mesma forma, também se deve colocar impostos sobre as propriedades e heranças, para que o imposto aumente na medida da prosperidade e da riqueza. Como desta forma os senhores capitalistas e grandes proprietários teriam de tirar do próprio bolso a manutenção do governo e do Exército, então rapidamente perderiam a vontade de jogar fora centenas de milhões anualmente para pagar canhões e encouraçados, aproveitadores palacianos e uma turma de funcionários opressores.

14. Legislação protetora dos trabalhadores

Além dos direitos políticos, que permitam à classe trabalhadora a possibilidade de uma luta livre e aberta para sua libertação, os trabalhadores necessitam de direitos especiais, que protejam sua vida e saúde ante a ganância dos capitalistas. O capital dominante não tem limites em sua exploração, nenhuma consideração, nenhuma piedade com o trabalhador contratado. Em sua corrida pelo lucro, os fabricantes, da mesma forma que os proprietários de terras, estão prontos para exterminar o povo trabalhador com um trabalho insano, com condições cruéis de trabalho, não poupando homens nem mulheres, idosos nem crianças. Lá, onde o capital reina sem limites, a população trabalhadora começa em pouco tempo a perder a saúde e a fenecer. Entre a população trabalhadora reina a maior taxa de mortalidade; eles, com frequência, têm diversas doenças, entre eles está a maior proporção de inaptos para o serviço militar como consequência da fraqueza de seu organismo. Dessa forma, a exploração capitalista é, para a classe trabalhadora, uma fonte de inúmeros sofrimentos e humilhações, quebrando a sua base, arruinando fisicamente várias gerações e destruindo o gênero humano como uma doença das mais assustadoras.

Em nome dos interesses do povo explorado, e também do futuro de toda a sociedade, a social-democracia exige uma defesa básica da população trabalhadora por meio de leis nacionais. Ela exige uma clara legislação protetora para os trabalhadores, não somente para os das fábricas. Ou seja, exige a extensão da proteção nacional não só para o proletariado fabril, como fazia, para manter as aparências, o governo tsarista, mas também para as vítimas da exploração nos diversos ofícios, nas minas, no comércio, nos empreendimentos pequenos e também para a enorme massa do proletariado do campo, que agora está totalmente entregue à brutal exploração dos capitalistas rurais.

Para a salvação da vida e da saúde destes milhões de proletários da cidade e do campo, a social-democracia exige que sejam estabelecidos legalmente, em todas as fábricas, oficinas, minas e granjas, para pessoas adultas de ambos os sexos:

a) Dia de trabalho de oito horas com proibição de trabalho noturno, onde não for absolutamente imprescindível, e com pausas para o café da manhã e almoço, com descanso aos domingos por, pelo menos, 36 horas sem interrupção.

A diminuição do tempo de trabalho para oito horas diárias não só não diminui a produção, mas, após pouco tempo, aumenta consideravelmente a produtividade dos trabalhadores, como foi demonstrado em todos os países. O trabalhador bem descansado, fresco e saudável, e, além disso, inteligente, tendo tempo para ler e pensar após o expediente, trabalha muito mais rapidamente e melhor do que aquele que passa toda a vida somente em um trabalho pesado e não consegue mesmo dormir o suficiente. Portanto, para os capitalistas, o dia de trabalho de oito horas, em linhas gerais, não trará prejuízos.

Se os governos e os capitalistas se opõem tanto à introdução do dia de oito horas, não é exatamente pelo receio de que isso diminua os lucros, mas principalmente porque o dia de trabalho de oito horas indicaria uma ressurreição corporal, espiritual e social da classe trabalhadora. O dia de trabalho de oito horas com o devido repouso noturno e semanal não só livraria a massa popular de muitas doenças profissionais, da tuberculose, esta "doença do trabalhador", da morte prematura, de uma significativa quantidade de acidentes infelizes, que são em grande parte uma consequência do cansaço e da inconsciência do trabalhador esgotado. Um dia de trabalho de oito horas também é o meio mais certo contra o alcoolismo dos trabalhadores, como foi detectado nas colônias australianas, onde os taberneiros fizeram grande agitação contra a introdução nas fábricas do dia de trabalho de oito horas. O trabalhador, tendo tempo suficiente para, depois do trabalho, ler, obter conhecimento, viver uma vida familiar com a mulher e os filhos, não vai para as tabernas. Juntamente com o alcoolismo, desaparecem também entre os trabalhadores, com o dia de trabalho mais curto, os casos de brigas, depredações e outras contravenções, e a moralidade e o conhecimento aumentam. Da mesma forma, o dia de trabalho de oito horas deve iniciar na classe trabalhadora um aumento de necessidades e exigências materiais e espirituais, uma vez que o trabalhador, tendo tempo livre para a sua vida pessoal e social, não se pode contentar com uma casa e vestimentas miseráveis, mas também sente a necessidade de certos confortos e amenidades da vida, imprescindíveis para uma pessoa culta. Aumentando, assim, o padrão de vida dos trabalhadores, o dia de trabalho de oito horas leva também a um aumento do nível geral de rendimentos, os quais devem sempre corresponder ao padrão de vida da população que trabalha. O dia de trabalho de oito horas, ao mesmo tempo em que permite o desenvolvimento necessário da organização e da luta sindicais, também abre para os trabalhadores o caminho para forçar os capitalistas e obter pelo menos tais salários que correspondam ao seu padrão de vida. Em parte, pelo menos no início, o dia de trabalho de oito horas diminui o desemprego, dando uma ocupação a um número maior de trabalhadores, especialmente nas ocupações onde impera o trabalho manual, não com máquinas, ou seja, basicamente no artesanato e na agricultura. Finalmente, o dia de trabalho de oito horas forçará os fabricantes a dividir o trabalho uniformemente ao longo do ano, eliminando em vários setores um trabalho mortal, por temporadas, nas quais os trabalhadores têm de trabalhar dia e noite para depois ficarem meses sem trabalho. Mas o maior resultado do dia de trabalho de oito horas para o proletariado é que lhe dá tempo, forças e energia para a organização e luta de classe para a sua libertação final. A dominação do capital hoje se funda basicamente na ignorância e submissão dos milhões de trabalhadores, os quais, passando o tempo sob o jugo do trabalho para ganhar o pão e não tendo tempo para pensar na sua cruz, levam pacientemente uma vida de gado trabalhador. Um dia de trabalho de oito horas representando para a grande massa de trabalhadores um tempo para ler, unir-se e se esclarecer, conduzir uma ampla luta política, transformará o gado trabalhador em seres humanos e cidadãos. E, ao se tornarem pessoas pensantes, esclarecidas, os trabalhadores não desejarão permanecer na escravidão do capital, e entenderão que dependem de si próprios para pôr fim ao terrível sistema social de hoje. É por isso que as classes dominantes repudiam o dia de trabalho de oito horas, sentindo que este é o primeiro prego no caixão de sua dominação. Por isso, o dia de trabalho de oito horas é, desde os anos 1840, um brado de todos os verdadeiros amigos do povo trabalhador.

b) Proibição do trabalho das mulheres duas semanas antes do parto e quatro semanas após o parto, sem perda de salário e compromisso de apoio médico. Proibição completa da atuação de mulheres em trabalhos mais perigosos, como em fábricas de cigarros, fósforos etc.

O capitalismo não se satisfaz com o fato de que coloca sob seu jugo um imenso povo trabalhador masculino, ele também expulsa as mulheres, mães de família, da casa familiar para a fábrica, para as oficinas, para as lojas, para um pesado trabalho no campo. A sociedade burguesa brada mentirosamente que a mulher é a sacerdotisa do lar, que a vocação da mulher é ser esposa e mãe. Enquanto isso, a exploração capitalista baixa tanto o rendimento dos homens, que força milhões de mulheres do proletariado a deixar o lar, para passar dias inteiros, de manhã à noite, a serviço do capital. A vida familiar do trabalhador se desfaz completamente com isso. O trabalhador não tem casa onde possa, cercado de conforto e sossego, descansar; os filhos dos trabalhadores não têm proteção. A esposa (e mãe) do povo destrói suas forças e saúde no trabalho pesado fora de casa. Trabalhando sempre acima de suas forças, e particularmente forçada a trabalhar durante a gravidez até bem perto do parto, e levantar de novo para o trabalho poucos dias depois, a mulher trabalhadora não só arruína seu próprio organismo, mas ameaça seriamente a saúde dos filhos. Do ventre da cansada e enfraquecida vítima do capital, as crianças do povo já vêm ao mundo fracas e, geralmente, inaptas para a vida. Em alguns ramos do trabalho, como nas fábricas de cigarros, as crianças sugam, juntamente com o leite da mãe-trabalhadora, um veneno mortal. É por isso que os bebês da classe trabalhadora têm uma alta taxa de mortalidade, que varre sem piedade milhares de proletários logo que chegam à vida, ainda antes que consigam sentir o prazer do destino do trabalhador na sociedade de hoje.

Em defesa da mulher do povo em face da impiedosa exploração dos capitalistas, e também para salvar todas as gerações do povo, a social-democracia exige que, além do dia de oito horas de trabalho, os empresários sejam obrigados legalmente a liberar a mulher grávida do trabalho duas semanas antes e por quatro semanas após o parto. Então, o organismo das mulheres trabalhadoras será pelo menos poupado durante o tempo que mais necessita de sossego, e os bebês do proletariado pelo menos poderão ter, nestas primeiras semanas de vida, o peito e o cuidado materno.

Também é completamente natural que os custos de manter a trabalhadora durante o parto devam ser em parte responsabilidade do empregador, uma vez que aumenta sua riqueza para gastar com a própria mulher e filhos, e na outra parte, do Estado – por meio de seguros especiais para trabalhadores (ver mais sobre isso adiante). Mas isso não é suficiente. Em certos ramos de negócio, mais prejudiciais particularmente para as crianças de mulheres trabalhadoras, enquanto os especialistas não descobrirem meios de remoção destas influências prejudiciais, a contratação de mulheres deve ser totalmente proibida. A saúde de milhares de mães e crianças é mais importante para a humanidade que os interesses monetários de alguns capitalistas, que cobiçam o trabalho mais barato da mulher.

c) Proibição do trabalho de crianças até os 14 anos em fábricas, oficinas, nos empreendimentos domésticos, no comércio e na agricultura, bem como limitação a seis horas diárias de trabalho para adolescentes de ambos os sexos até os 16 anos.

A exigência de ensino obrigatório para crianças de toda a população trabalhadora seria um ruído vazio caso a social-democracia não exigisse, ao mesmo tempo, que dar emprego a crianças de até 14 anos fosse legalmente proibido. Para dar às crianças da classe trabalhadora a possibilidade de estudar na idade mais apropriada para isso e, ao mesmo tempo, salvar o proletariado, pelo menos nos anos mais jovens, das influências negativas do trabalho nas fábricas e no campo sobre a saúde, é necessário arrancar as crianças do povo das bocarras famintas do impiedoso capital, por meio da ajuda da proibição legal.

A burguesia rica protege as suas próprias crianças do trabalho o maior tempo possível, cerca-as de confortos, e até com excessos, e cuida de sua saúde com atenção, usando toda sorte de pessoal contratado: enfermeiras, babás, empregadas, tutores e acompanhantes para a educação de seus futuros herdeiros. Enquanto isso, as crianças do proletariado são condenadas a um trabalho pesado, alimentação miserável e falta de qualquer cuidado dos pais, presos à escravidão do trabalho.

Enquanto isso, as crianças e os adolescentes sofrem mais os efeitos do trabalho assalariado. Em tenra idade, o proletário absorve muitas vezes e para toda a vida os germes da doença ou da morte prematura. E, além disso, impedir que as crianças do proletariado tenham um trabalho pesado para ganhar um salário, evitar a saída da casa dos pais em busca do pão de cada dia, como também limitar o tempo de trabalho dos adolescentes, melhora pelo menos um pouco a vida familiar do trabalhador, destruída pelo sistema capitalista.

d) Legislação, tendo como objetivo a proteção da saúde e da vida dos trabalhadores de fábricas, oficinas, minas, na agricultura e nos empreendimentos domésticos (higiene do trabalho).

Os empresários acreditam que o proletário contratado para o trabalho é uma máquina, da qual podem espremer tanto lucro quanto seja possível. Ao empregá-lo, o capitalista tem em vista um só objetivo: que o trabalhador trabalhe para ele o mais possível e que custe o menos possível, pois a economia e o capital consistem na maior preocupação dos empresários. Então constroem para os trabalhadores salas e oficinas fabris apertadas e baixas, sem ventilação, nas quais os trabalhadores não têm ar suficiente para respirar, onde têm que inspirar pó, fuligem e vários gases tóxicos. Também para economizar capital, as máquinas são geralmente colocadas sem proteção em espaço tão apertado que o trabalhador mal consegue se deslocar entre elas, e se arrisca a se enroscar nas correias de transmissão ou nas engrenagens.

De novo, para economizar capital, os empresários não constroem chuveiros para os trabalhadores, nem dão um lugar adequado para que troquem de roupa ou se lavem depois do trabalho. Também por economia o capitalista muitas vezes nem constrói uma fábrica, e dá o trabalho para ser feito "em casa", como na tecelagem doméstica, onde o trabalhador, com toda a sua família, trabalha no seu mísero barraco, comendo e dormindo na mesma sala insalubre e empoeirada. Também para poupar o santo capital, os magnatas rurais dão a seus empregados casebres para morarem, piores que chiqueiros, onde homens, mulheres e crianças dormem juntos no aperto, sujeira e fedor.

Como consequência de tais economias de capital, os trabalhadores estão expostos, além da perda geral da saúde com o exaustivo trabalho e a má alimentação, a várias doenças profissionais. Cada tipo de trabalho hoje deforma e destrói o corpo dos trabalhadores de uma forma diferente. Até agora, a ciência já encontrou uma série de meios e arranjos para a cura do trabalho industrial. Muitas vezes, sem grandes custos, podem-se conseguir instalações um uma fábrica ou em oficinas, com as quais a saúde e a vida não serão tão afetadas. Só a avareza e um desinteresse desumano explicam que estes meios ainda não tenham sido disponibilizados. A social-democracia exige, em função disso, que o país ordene que os empresários, de acordo com as indicações de médicos e técnicos, sigam as devidas determinações, que devem ser aplicadas durante a construção de fábricas e oficinas, e também para acomodações, designadas para a moradia de quem lá trabalha, onde os trabalhadores recebem moradia dos empresários, como na agricultura. Da mesma forma que a polícia cuida da segurança quanto a incêndios na construção de casas e fábricas, sua obrigação é também cuidar da segurança quanto a doenças e morte prematura de milhões de homens e mulheres do povo, empregados pelo capital.

e) Seguro obrigatório para todos os trabalhadores na indústria, comércio, serviços domésticos e na agricultura, em caso de doença, acidentes, incapacidade e na velhice.

Hoje, o trabalhador que adoece ou se torna inválido como consequência do chamado "acidente infeliz" durante o trabalho fica completamente abandonado com sua família, preso da fome. Da mesma forma, é terrível o destino dos trabalhadores que chegam à velhice. O capitalista precisa, para sua exploração, sempre de carne humana fresca. Quando o trabalhador envelhece a serviço do capital e o empresário vê que o trabalhador idoso perdeu a força, que começa a gerar pouco lucro, então o joga fora sem piedade. Onde o trabalhador velho irá conseguir o pão para si e sua família, uma vez que o capital não o quer empregar – quanto a isso hoje ninguém na sociedade se preocupa. Também ninguém se pergunta onde o trabalhador conseguirá seu sustento caso caia doente numa cama por algumas semanas ou meses. Os próprios capitalistas não querem e nunca voluntariamente irão querer proteger, à sua custa, os trabalhadores da miséria, eles que lhes deram a sua saúde e forças, ou que a seu serviço perderam partes do corpo ou ficaram aleijados. O capital não tem nenhuma consideração especial pelos direitos humanos, vê no homem só aquilo que a aranha vê na mosca: uma vítima para sugar. Tendo sugado a seiva de um trabalhador moço e saudável, o empresário o joga fora, como um farrapo usado. Como consequência disso, os trabalhadores mais velhos, os mais ameaçados pela vingança do capital, são os mais inclinados a ceder à tirania dos empresários, estão prontos a submeter-se às piores humilhações, em vez de se opor, tornando-se por isso, muitas vezes, um empecilho para a luta dos trabalhadores. Para proteger os trabalhadores incapazes e idosos da escolha entre a miséria sem esperança e a humilhação, a social-democracia exige aqui também uma legislação adequada para a defesa dos trabalhadores. O dever do país é *forçar* os empresários a fazer um mínimo para os trabalhadores doentes, feridos e envelhecidos. A social-democracia exige que seja criado um seguro obrigatório para todos aqueles empregados na indústria, ou no comércio, no trabalho doméstico ou na agricultura, homens e mulheres, de forma que cada trabalhador e trabalhadora, em caso de doença, recebam como direito certa ajuda, suficiente para seu sustento, e também ajuda médica. Da mesma maneira, deve ser garantida às trabalhadoras a manutenção e ajuda médica durante o parto. Em caso de mutilação, em consequência da qual o trabalhador perde total ou parcialmente a capacidade de ganhar seu sustento, ou seja, torna-se um "inválido", ele deve ter garantida uma pensão anual contínua. Também em caso de morte do trabalhador como consequência de um "acidente infeliz" no trabalho, uma pensão deveria ser paga a sua viúva sobrevivente e crianças menores, conforme seu número. Finalmente, na velhice, depois dos 60 anos de vida, todos os trabalhadores e trabalhadoras devem receber uma aposentadoria, ou seja, pensão que lhe garanta pelo menos viver sem miséria com toda a família. Funcionários em separado deveriam cuidar deste seguro, sob controle dos trabalhadores, e os custos deste seguro devem ficar metade para os empresários – cada um para seus trabalhadores – e até a metade com o governo, a partir do caixa do país. Como no caixa do país existe dinheiro para canhões e carabinas para assassinar trabalhadores em luta, como há dinheiro para os excessos da corte e de suas quadrilhas, que oprimem o povo trabalhador, então deveriam encontrar-se recursos também para isso, para que milhões de pessoas trabalhadoras e corretas sejam protegidas da fome e da miséria, em tempo de doenças e na venerável velhice, que caem sobre eles não por sua culpa, mas devido à desavergonhada exploração dos capitalistas.

f) Inspeção fabril com participação e controle dos trabalhadores.

As melhores leis de proteção em nada ajudam, caso os capitalistas não sejam bem vigiados, para que realmente cumpram as leis.

Então também o governo do tsar, para confundir a classe trabalhadora, editou há muito uma série de leis fabris supostamente para a defesa dos trabalhadores. Mas estas leis, em sua maioria, permaneceram só no papel, e os capitalistas riam entre si sobre elas, já que sabiam que não lhes aconteceria nada se não se adequassem às leis fabris. É verdade que o governo do tsar introduziu inspetores de fábrica, os quais deveriam cuidar da aplicação das leis de proteção e, para isso, recebiam um salário, pago pela população, mas estes inspetores são mandados pelo tsar, e não têm pena do destino do trabalhador, e ainda são amigos dos capitalistas, assim como todo o governo do tsar. Os fabricantes também têm diversos meios para encobrir a verdade perante os inspetores, os quais também por um suborno, um vinho e charuto, ou simplesmente em virtude da indiferença quanto à condição dos trabalhadores, estão dispostos em sua maior parte a fechar os olhos para os malfeitos dos capitalistas. Nos últimos tempos, quanto mais longe, tanto mais os inspetores fabris na Rússia fazem o papel de polícia, cuidando para que os trabalhadores não façam greves e que aguentem a exploração humildemente, e não cuidando da saúde e da segurança dos trabalhadores. Para que os capitalistas sejam realmente monitorados e forçados a um estrito cumprimento das leis protetoras, na inspeção fabril é essencial a participação e o controle por pessoas a quem realmente importa o destino do trabalhador, aqueles que são amigos dos trabalhadores, e não servos dos capitalistas. E estas pessoas nada mais são que os próprios trabalhadores; aqui, a classe trabalhadora, como em todo o resto, só pode depender de si mesma, somente ela pode se ajudar. Os próprios trabalhadores escolherão, de seu grupo, pessoas em quem confiam, como os companheiros mais esclarecidos, que irão verificar a aplicação das leis de proteção industriais e agrícolas, juntamente com os inspetores-técnicos e inspetores-médicos, através de inspeção. Então os capitalistas não conseguirão aplicar nenhum truque e não se esquivarão das disposições legais. Neste momento, e somente então, pela primeira vez, a legislação de proteção ao trabalhador deixa de ser uma ilusão no papel para enganar os trabalhadores, e se torna um meio eficaz para defendê-los das piores influências da administração capitalista de hoje.

Estas são as exigências da social-democracia para defender os interesses de toda a enorme classe trabalhadora em nosso país. O atendimento delas é essencial para melhorar, pelo menos até certo ponto, o bem-estar do povo trabalhador, e o que é mais importante: para lhes possibilitar seu esclarecimento e organização, para lhe abrir um amplo campo para a luta incansável para sua completa libertação. O objetivo final, que brilha para a classe trabalhadora, polonesa e russa, assim como a internacional, é a completa abolição da exploração e da opressão de algumas pessoas sobre outras, a dominação de uns sobre outros, a humilhação dos pobres pelos ricos, da mulher pelo homem, países subjugados por países dominantes, abolição da guerra e introdução de uma paz universal, igualdade e fraternidade entre as pessoas. Somente quando este objetivo for alcançado, então a social-democracia aqui, e em todo o mundo, irá depor as armas, e só então terminará a luta da classe trabalhadora, porque só então acabará a divisão da sociedade humana de classes inimigas entre si, e desaparecerá a chamada sociedade de classes.

Os trabalhadores esclarecidos devem abrir um caminho para si próprios, para atingir este objetivo, lutando passo a passo por seus direitos políticos e de proteção. O programa da social-democracia indica aos trabalhadores por onde devem ir, o que devem exigir para chegar finalmente ao objetivo correto – a conquista do poder político estatal, a introdução da ditadura do proletariado e a materialização do socialismo.

Trabalhadores poloneses! Agarrem com mão firme esta bandeira de seu próprio partido de classe. O programa da social-democracia os levou à luta e os levará à vitória.

Greve de massas, partido e sindicatos[1]

I

Quase todos os escritos e declarações do socialismo internacional sobre a questão da greve de massas datam da época *anterior* à Revolução Russa, o primeiro experimento histórico em grande escala com esse meio de luta. Assim também se explica o fato de serem, em sua maioria, antiquados. Em seu entendimento encontram-se essencialmente na mesma posição de Friedrich Engels, que no ano de 1873, em sua crítica à fabricação de revoluções (*Revolutionsmacherei*) por Bakunin, na Espanha, escreveu:

---

1 Título original: *Massenstreik, Partei und Gewerkschaften*. Esta tradução foi feita com base na impressão do manuscrito publicado em 1906. Os complementos à 1ª edição, também publicada em 1906, foram inseridos em notas de rodapé, e as exclusões marcadas com chaves.

A greve geral, no programa de Bakunin, é a alavanca que introduz a revolução social. Numa bela manhã, todos os trabalhadores de todas as indústrias de um país ou até mesmo de todo o mundo param de trabalhar e, assim, no máximo em quatro semanas obrigam as classes proprietárias a darem-se por vencidas ou a golpear os trabalhadores, de modo que estes tenham o direito de se defender e, nessa oportunidade, derrubar toda a antiga sociedade. A proposta está muito longe de ser nova; desde 1848, os socialistas franceses e, em seguida, os belgas montaram bastante nesse cavalo de batalha que é originalmente de raça inglesa. Durante o desenvolvimento rápido e vigoroso do cartismo entre os trabalhadores ingleses, que se seguiu à crise de 1837, já em 1839 se apregoava o "mês santo", a interrupção do trabalho em escala nacional,[2] e encontrou tamanha ressonância, que os operários do norte da Inglaterra tentaram realizar a coisa em julho de 1842. – Também no congresso dos aliancistas de Genebra, em 1º de setembro de 1873, a greve geral desempenhou um grande papel, mas de modo geral se admitia que, para isso, seria necessária uma organização completa da classe trabalhadora e um caixa cheio. E aí é que está o problema. Por um lado, os governos, em especial quando são encorajados pela abstenção política, jamais deixarão a organização e o caixa dos trabalhadores chegar a esse ponto; e, por outro, os acontecimentos políticos e as ofensivas da classe dominante irão provocar a libertação dos trabalhadores muito antes que o proletariado esteja próximo de conseguir essa organização ideal e esses fundos de reserva colossais. Mas se ele os tivesse, não precisaria do desvio da greve geral para alcançar seus objetivos.[3]

Aqui temos a argumentação que orientou, nas décadas seguintes, a tomada de posição da social-democracia internacional no que se refere à greve de massas. Ela é feita sob medida contra a teoria anarquista da greve geral, isto é, contra a teoria da greve geral como meio de

---

2   Engels, *Die Lage der arbeitenden Klasse in England*. In: Marx; Engels, *Werke*.
3   Id., *Die Bakunisten an der Arbeit*. In: Marx; Engels, *Werke*.

introduzir a revolução social em contraposição à luta política diária da classe trabalhadora, e limita-se a este simples dilema: ou o proletariado como um todo ainda não possui organizações nem fundos poderosos, e assim não consegue realizar a greve geral, ou está devidamente organizado e então não precisa da greve geral. Essa argumentação, aliás, é tão simples e, à primeira vista, tão incontestável, que durante um quarto de século prestou excelentes serviços ao movimento operário moderno como arma lógica contra as quimeras anarquistas e como recurso para levar a ideia da luta política aos círculos mais amplos do operariado. Os enormes avanços desse movimento em todos os países modernos durante os últimos 25 anos são o exemplo mais brilhante da tática de luta política defendida por Marx e Engels em oposição a Bakunin, e o poder atual da social-democracia, sua posição de vanguarda e a de todo o movimento operário internacional, nada mais são do que o resultado direto do emprego enfático e consequente desta tática.

Ora, a Revolução Russa submeteu tal argumentação a uma revisão profunda. Produziu, pela primeira vez na história das lutas de classes, uma realização grandiosa da ideia da greve de massas e – como exporemos melhor adiante – até mesmo da greve geral, inaugurando, assim, uma nova época no desenvolvimento do movimento operário. Disso não decorre que a tática de luta política recomendada por Marx e Engels nem a crítica ao anarquismo feita por ambos estivessem erradas. Pelo contrário, é a mesma ordem de ideias, o mesmo método, subjacentes à tática de Marx e Engels, bem como à prática da social-democracia alemã até hoje, que agora deram origem, na Revolução Russa, a novos elementos e condições da luta de classes. A Revolução Russa, a mesma revolução que constituiu o primeiro teste histórico da greve de massas, não significa a reabilitação do anarquismo, mas na verdade significa uma *liquidação histórica do anarquismo*. A existência lamentável a que essa tendência intelectual foi condenada pelo poderoso desenvolvimento da social-democracia na Alemanha durante as últimas décadas, poderia ser de certo modo explicada pela dominação exclusiva e pela longa duração do período parlamentar. Uma orientação "revolucionária" no sentido mais tosco do termo, pensada inteiramente sob medida para o "ataque" e a "ação direta", poderia com efeito esmorecer na tranquilidade do cotidiano parlamentar, para somente com um retorno do período de lutas diretas e abertas, com uma revolução de rua, reviver e desdobrar sua força interna. A Rússia, sobretudo, parecia especialmente propícia a se tornar o campo de experimentação para as ações heroicas do anarquismo. Um país cujo proletariado não tinha nenhum direito político e cuja organização era extremamente fraca; onde havia uma confusão generalizada de diferentes camadas sociais com interesses muito variados e caoticamente conflitantes, formação mínima da massa popular e, em compensação, bestialidade extrema no emprego da violência por parte do regime vigente – tudo isso parecia como que moldado para dar ao anarquismo um poder repentino, ainda que talvez de vida curta. Afinal, a Rússia era o local de nascimento histórico do anarquismo. Contudo, a pátria de Bakunin deveria tornar-se o túmulo de sua teoria. Na Rússia, não apenas os anarquistas não se encontravam e não se encontram à frente do movimento de greve de massas; não apenas toda a liderança política da ação revolucionária e também da greve de massas encontra-se nas mãos das organizações social-democratas, que eram duramente combatidas pelos anarquistas russos como "partido burguês", ou em parte nas mãos de organizações socialistas mais ou menos influenciadas pela social-democracia, e que dela se aproximam, como o partido terrorista dos "socialistas revolucionários"[4] – os anarquistas sequer existiam como uma orientação política séria na Revolução Russa. Somente em Bialystok, uma pequena cidade lituana numa situação particularmente difícil – os trabalhadores pertencem a diferentes nacionalidades, prepondera a fragmentação do pequeno empreendimento, o proletariado tem um nível baixíssimo – há dentre os sete ou oito diferentes grupos revolucionários também um punhado de "anarquistas" imberbes, que contribui consideravelmente para a con-

---

4   Os socialistas revolucionários russos haviam nascido em 1902 a partir dos populistas (*Narodniki*) e apoiavam-se no campesinato. Eles negavam ao proletariado o papel dirigente no movimento revolucionário, queriam eliminar a autocracia tsarista e almejavam uma república democrática instaurada por meio do terror individual.

fusão e a perturbação do operariado; e, por fim, em Moscou, e talvez em mais duas ou três cidades, também se pode observar um punhado de gente dessa espécie. Porém, além desses poucos grupos "revolucionários", qual é o verdadeiro papel do anarquismo na Revolução Russa? Tornou-se uma fachada para os bandidos comuns e saqueadores; sob a razão social do "anarcocomunismo" é praticada grande parte dos incontáveis roubos e saques contra particulares, que prosperam como uma onda turva em cada período de depressão, oriundos da momentânea posição defensiva da revolução. Na Revolução Russa o anarquismo não se tornou a teoria do proletariado em luta, mas o rótulo ideológico do lumpenproletariado contrarrevolucionário, que se agita atrás do navio de guerra da revolução como um bando de tubarões. E assim acaba a carreira histórica do anarquismo.

Por outro lado, a greve de massas na Rússia não foi posta em prática como meio de, repentinamente, feito um golpe teatral, passar à revolução social, desviando das lutas políticas da classe trabalhadora e especialmente do parlamentarismo, mas, em primeiro lugar, como meio para o proletariado criar as condições da luta política diária, especialmente as do parlamentarismo. A luta revolucionária na Rússia, na qual a greve de massas é empregada como a arma mais importante, é realizada pelo povo trabalhador e, em primeiro lugar, pelo proletariado, justamente em prol dos mesmos direitos e condições políticas, cuja necessidade e significado na luta pela emancipação da classe trabalhadora foram demonstrados por Marx e Engels e, em oposição ao anarquismo, defendidos com toda a força na Internacional. Assim, a dialética histórica, o rochedo sobre o qual toda a teoria do socialismo de Marx está assentada, teve como resultado que, hoje, o anarquismo, que estivera inseparavelmente ligado à ideia da greve de massas, entrou em oposição à prática da greve de massas; em contrapartida, a greve de massas, combatida como oposta à atividade política do proletariado, aparece hoje como a arma mais poderosa da luta pelos direitos políticos. Se, portanto, a Revolução Russa torna necessária uma revisão minuciosa da antiga posição do marxismo sobre a greve de massas, é novamente apenas o marxismo que com seus métodos e pontos de vista gerais obtém a vitória sob nova forma. A amada de Moor só pode ser morta por Moor.[5]

II

A primeira revisão da questão da greve de massas, a partir dos acontecimentos na Rússia, refere-se à *concepção* geral do problema. Até agora, tanto os partidários de "tentar a greve de massas" na Alemanha, como Bernstein, Eisner etc., quanto os severos adversários de uma tentativa dessas, representados no campo sindical, por exemplo, por Bömelburg, encontram-se no fundo sobre o mesmo terreno, isto é, o da concepção anarquista. Os aparentes polos opostos não apenas não se excluem mutuamente, mas, como sempre, também se condicionam e se complementam um ao outro. Para o modo de pensar anarquista, mesmo a especulação sobre a "grande balbúrdia" [*große Kladderadatsch*], sobre a revolução social, é tão somente uma característica externa e secundária. Essencial é a observação abstrata, anistórica da greve de massas, assim como de todas as condições em geral da luta proletária. Para o anarquista existem apenas dois pressupostos materiais para suas especulações "revolucionárias": primeiramente o espaço etéreo e, em seguida, a boa vontade e a coragem de salvar a humanidade do atual vale de lágrimas capitalista. Naquele céu azul, há já sessenta anos, o raciocínio implicou que a greve de massas seria o meio mais direto, seguro e simples, para realizar o salto para um além social melhor. No mesmo espaço etéreo, mais recentemente, a especulação entende que a luta sindical é a única "ação direta de massas" e, portanto, a única luta revolucionária – como se sabe, a mais recente mania dos "sindicatistas" [*Syndikatisten*] franceses e italianos. Para o anarquismo sempre foi fatal que os métodos de luta improvisados no

---

5 Essa expressão tem origem no drama em cinco atos de Friedrich Schiller, *Die Räuber*, publicado como obra anônima em 1781, que trata de um conflito entre os dois irmãos da família Moor, duas personalidades frontalmente opostas. A peça foi traduzida para o português como *Os bandoleiros*. (N. T.)

espaço etéreo fossem meras utopias, que justamente por não contarem com a triste e desprezada realidade, acabavam frequentemente passando de especulações revolucionárias a auxiliares práticos da reação.

Porém, no mesmo terreno da observação abstrata e anistórica, encontram-se hoje aqueles que agora querem marcar a greve de massas na Alemanha num dia determinado no calendário, por uma decisão da direção do partido, bem como aqueles que, como os participantes do Congresso Sindical de Colônia, pretendem, ao proibir a "propagação",[6] eliminar deste mundo o problema da greve de massas. As duas tendências partem da concepção comum, puramente anarquista, de que a greve de massas é um simples meio de luta técnico, que pode ser "decidido" ou "proibido" a bel-prazer, e com plena consciência, uma espécie de canivete, que se pode manter no bolso "para todos os casos" para, quando se quiser, abri-lo e utilizá-lo. Na verdade são justamente os adversários da greve de massas que reivindicam para si o mérito de se levar em conta o terreno histórico e as condições materiais da situação atual na Alemanha, em oposição aos "românticos revolucionários" que flutuam no ar e que não querem contar com a dura realidade, com suas possibilidades e impossibilidades. "Fatos e números, números e fatos" exclamam como o sr. Gradgrind nos *Tempos difíceis*, de Dickens. O que os adversários sindicais da greve de massas entendem por "terreno histórico" e "condições materiais" são dois elementos: de um lado, a fraqueza do proletariado, de outro, a força do militarismo prussiano-alemão. As organizações de trabalhadores e os fundos de caixa insuficientes, bem como as imponentes baionetas prussianas, esses são os "fatos e números" em que os líderes sindicais baseiam sua prática política no caso em questão. Com efeito, os caixas sindicais assim como as baionetas prussianas são sem dúvida fenômenos bem materiais e bem históricos, só que a interpretação baseada neles não é o materialismo histórico, no sentido de Marx, mas um materialismo po-

---

6 No V Congresso dos Sindicatos Alemães, de 22 a 27 de maio de 1905, em Colônia, foi aprovada uma resolução segundo a qual até mesmo a discussão acerca da greve política de massas era condenada.

licial no sentido de Puttkamer.[7] Também os representantes do estado policial capitalista contam bastante, na verdade exclusivamente, com o poder de fato do proletariado organizado, assim como com o poder material das baionetas; do exemplo comparativo dessas duas fileiras de números sempre é extraída a conclusão tranquilizadora: o movimento operário revolucionário é criado por agitadores e provocadores isolados; *ergo*, temos nas prisões e nas baionetas um meio satisfatório para nos tornarmos senhores do "fenômeno passageiro" indesejado.

O operariado alemão consciente já há muito compreendeu o que há de humorístico na teoria policial, como se todo o moderno movimento operário fosse um produto artificial, arbitrário, de um bando de "agitadores e provocadores" sem escrúpulos.

Mas aqui se expressa precisamente a mesma concepção de alguns nobres companheiros que formam colunas voluntárias de vigilantes noturnos, para alertar o operariado alemão contra o movimento perigoso de alguns "revolucionários românticos" com sua "propaganda da greve de massas"; ou quando, do outro lado, uma sentimental campanha de desarmamento é encenada por aqueles que creem ter sido ludibriados por acordos "confidenciais" entre a direção do partido e a Comissão Geral dos Sindicatos[8] sobre o início da greve de massas na Alemanha. Se se dependesse da "propaganda" incendiária dos românticos revolucionários ou de resoluções confidenciais ou públicas das lideranças partidárias, não teríamos tido até agora na Rússia nenhuma greve de massas séria. Em nenhum país se pensava – como enfatizei em março de 1905 no *Sächsische Arbeiter-Zeitung*[9] – tão pouco em

---

[7] Robert von Puttkamer, ministro do interior prussiano de 1881 a 1888, havia expandido o estado policial de Bismarck. Em sua resolução sobre a greve ele exigia de todos os órgãos estatais uma ação intensificada contra os grevistas e convocava a polícia abertamente a exercer ações ilegais contra o movimento operário.

[8] Numa reunião secreta entre a direção da social-democracia alemã e a Comissão Geral dos Sindicatos Alemães, em 16 de fevereiro de 1906, a direção do SPD entrou num acordo com os sindicatos, segundo o qual não deflagraria a greve política de massas sem sua concordância e, se possível, procuraria impedi-la. Mas se mesmo assim a greve fosse iniciada os sindicatos não precisariam aderir.

[9] Ver Luxemburgo, Eine Probe aufs Exempel. In: *Gesammelte Werke*, v.1, segunda parte, p.528-32.

"propagar" ou até mesmo "discutir" a greve de massas como na Rússia. Os exemplos isolados de resoluções e acordos da direção do partido russo, que deveriam realmente proclamar a greve de massas, como, por exemplo, a última tentativa em agosto deste ano após a dissolução da Duma,[10] fracassaram quase por completo. Se a Revolução Russa nos ensina algo, é, sobretudo, que a greve de massas não é "feita" artificialmente, não é "decidida" e nem "propagada" a partir do nada, mas é um fenômeno histórico que, num determinado momento, resulta, como uma necessidade histórica, da situação social.

Não é pela especulação abstrata, ou seja, pela possibilidade ou impossibilidade, pela utilidade ou nocividade da greve de massas, mas sim pela investigação dos fatores e das condições sociais de que surge a greve de massas na fase atual da luta de classes que o problema pode ser abordado e discutido; em outras palavras, não é pelo *julgamento subjetivo* da greve de massas do ponto de vista do que é desejável, mas apenas pelo *exame objetivo* das fontes da greve de massas, do ponto de vista da necessidade histórica, é que o problema pode ser abordado e discutido.

No espaço etéreo da análise lógica abstrata pode-se provar com a mesma força a impossibilidade absoluta da greve de massas e sua derrota garantida, bem como sua possibilidade completa e sua vitória indubitável. E, por isso, o valor da prova é o mesmo nos dois casos, a saber, nenhum. Portanto, o temor ante a "propagação" da greve de massas, que levou até mesmo a condenar formalmente os supostos culpados dessa atrocidade, é tão somente o produto de um quiproquó ridículo. É impossível "propagar" a greve de massas como meio abstrato de luta assim como é impossível propagar a "revolução". A "revolução" e a "greve de massas" são conceitos que enquanto tais significam apenas a forma exterior da luta de classes, que só têm sentido e conteúdo em situações políticas bem determinadas.

---

10 A primeira Duma imperial iniciou suas atividades em 27 de abril de 1906. Impulsionada pelo movimento revolucionário, a Duma precisou apresentar projetos para solucionar a questão agrária. Em 8 de julho de 1906, o governo tsarista dissolveu a Duma por causa da "extrapolação de suas atribuições constitucionais".

Se alguém quisesse aventurar-se a fazer da greve de massas, entendida como ação proletária, objeto de agitação regular, a fim de divulgar essa "ideia" para pouco a pouco ganhar o operariado, isso seria um empreendimento tão ocioso, tão monótono e insípido, quanto se alguém quisesse fazer da ideia de revolução ou da luta de barricadas objeto de agitação especial. A greve de massas tornou-se, agora, o centro do interesse vivo do operariado alemão e internacional, pois é uma nova forma de luta e, como tal, o sintoma seguro de uma profunda guinada interna nas relações de classe e nas condições da luta de classes. Isso diz muito do saudável instinto revolucionário e da viva inteligência da massa proletária alemã, que ela – não obstante a resistência obstinada de seus líderes sindicais – se volte com tão ardente interesse para o novo problema. Mas esse interesse, essa nobre sede intelectual e essa necessidade de agir dos trabalhadores não podem ser tratados com uma ginástica cerebral abstrata acerca da possibilidade ou da impossibilidade da greve de massas; a isso se atende, explicando o desenvolvimento da Revolução Russa, o significado internacional dessa revolução, o acirramento dos conflitos de classe na Europa Ocidental, as novas perspectivas políticas da luta de classes na Alemanha, o papel e as tarefas da massa nas lutas vindouras. Apenas desse modo é que a discussão sobre a greve de massas levará à expansão do horizonte intelectual do proletariado, ao aguçamento de sua consciência de classe, ao aprofundamento de seu modo de pensar e ao fortalecimento de sua força de ação.

Porém, desse ponto de vista, também aparece em todo o seu ridículo o processo penal realizado pelos adversários do "romantismo revolucionário", pois estes ao tratarem do problema não teriam se atido rigorosamente à Resolução de Jena.[11] Os "políticos pragmáticos" se contentam com essa resolução visto que associam a greve de massas sobretudo aos destinos do sufrágio universal, a partir do que acreditam

---

11 A resolução aprovada no Congresso da social-democracia em Jena, de 17 a 23 de setembro de 1905, caracteriza o emprego generalizado da interrupção em massa do trabalho como um dos meios de luta mais eficazes da classe trabalhadora, limitando, no entanto, o emprego da greve política de massas à defesa do direito de voto para o Reichstag e do direito de coligação.

poder concluir duas coisas: primeiro, que a greve de massas conservará um caráter puramente defensivo, segundo, que a própria greve de massas será submetida ao parlamentarismo, sendo transformada em mero apêndice do parlamentarismo. Nesse sentido, o verdadeiro núcleo da Resolução de Jena reside no seguinte: na atual situação da Alemanha, um atentado da reação vigente contra o direito de voto no Reichstag poderia muito provavelmente ser o prelúdio daquele período de lutas políticas inflamadas em que a greve de massas virá provavelmente a ser usada como meio de luta. No entanto, querer restringir e delimitar artificialmente, pelo conteúdo de uma resolução do Congresso do partido, o impacto social e o campo de ação histórico da greve de massas como fenômeno e problema da luta de classes, é um empreendimento que se equipara à visão estreita do Congresso Sindical de Colônia proibindo a discussão. Na resolução do Congresso de Jena a social-democracia alemã deu a conhecer oficialmente a guinada profunda nas condições internacionais da luta de classes proletária levada a cabo pela Revolução Russa, e declarou sua capacidade de desenvolvimento revolucionário e de adaptação às novas reivindicações da fase vindoura das lutas de classe. Nisso reside o significado da Resolução de Jena. Quanto ao emprego prático da greve de massas na Alemanha, a história é que decidirá, como decidiu na Rússia; a história, na qual a social-democracia com as suas resoluções é, de fato, um fator importante, mas apenas *um* fator entre muitos.

III

A greve de massas aparece frequentemente na atual discussão na Alemanha como um fenômeno singular pensado de forma clara e fácil, simplificado em excesso. Fala-se exclusivamente da greve política de massas. Com isso se pensa em um único e grandioso levante do proletariado industrial, que seria empreendido numa ocasião política de grande alcance e com base num entendimento mútuo e providencial entre as instâncias partidárias e sindicais, e que é realizado na mais perfeita ordem e com espírito de disciplina e interrompido numa ordem ainda mais perfeita, sob a palavra de ordem precisa das instâncias dirigentes, em que o controle dos apoios, dos custos, das vítimas, em suma, todo o balanço material da greve de massas, é exatamente determinado de antemão.

Ora, se compararmos esse esquema teórico com a verdadeira greve de massas, como há cinco anos ocorre na Rússia, precisamos dizer que quase nenhuma das muitas greves de massa realizadas corresponde à representação que se encontra no centro da discussão alemã e que, por outro lado, as greves de massa na Rússia apresentam uma tamanha variedade de formatos, que seria impossível falar "da" greve de massas, de uma greve de massas abstrata, esquemática. Todos os elementos da greve de massas, bem como o seu caráter, não apenas são diferentes em diferentes cidades e regiões do império, mas, sobretudo, o seu caráter geral se modificou repetidas vezes no decorrer da revolução. As greves de massas na Rússia passaram por uma determinada história e continuam a passar. Quem portanto fala da greve de massas na Rússia, precisa olhar sobretudo para a sua história.

O período atual, por assim dizer, oficial, da Revolução Russa, é datado, com bons motivos, a partir do levante do proletariado de São Petersburgo em 22 de janeiro de 1905, daquela marcha de 200 mil trabalhadores diante do palácio do tsar, que terminou com um terrível banho de sangue. O massacre sangrento em São Petersburgo foi, sabidamente, o sinal para o início da primeira grande série de greves de massas, que se alastrou por toda a Rússia em poucos dias e levou o grito da revolução de São Petersburgo a todos os cantos do império e a parcelas maiores do proletariado. Mas o levante de São Petersburgo, em 22 de janeiro, foi apenas o ponto culminante de uma greve de massas, que havia sido iniciada pelo proletariado da capital tsarista em janeiro de 1905. Essa greve de massas de janeiro em São Petersburgo ocorreu, sem dúvida, sob o impacto imediato daquela enorme greve geral, que havia sido deflagrada no Cáucaso, em Baku, em dezembro de 1904, e que por algum tempo manteve o fôlego na Rússia. Os acontecimentos de dezembro em Baku, por sua vez, nada mais foram do que um rescaldo final e forte daquela enorme greve de massas, que abalou todo o sul da Rússia nos anos de 1903 e 1904, como um terremoto periódico, e cujo prólogo foi a greve de massas em Batum (no Cáucaso) em março de 1902. Esse primeiro movimento de greve de massas na esteira das atuais erupções revolucionárias está, finalmente, distante apenas quatro ou cinco anos da grande greve geral dos trabalhadores têxteis de São Petersburgo, em 1896 ou 1897; embora esse movimento pareça externamente separado da atual revolução por anos de paralisia aparente e de persistência da reação, todo aquele que conhecer o desenvolvimento político interno do proletariado russo até o estágio atual de sua consciência de classe e de sua energia revolucionária iniciará a história do atual período das greves de massas com aquelas greves gerais de São Petersburgo. Elas são importantes para o problema da greve de massas, pois já contêm em germe todos os elementos principais da greve de massas posterior.

Inicialmente a greve geral de São Petersburgo do ano de 1896 aparece como uma luta salarial parcial puramente econômica. Suas causas foram as condições de trabalho insustentáveis dos fiadores e tecelões de São Petersburgo: uma jornada de trabalho de treze, quatorze, quinze horas, salários por empreitada irrisórios e toda uma lista de tramoias desrespeitosas da parte dos empresários. Essa situação por si só foi sustentada pacientemente durante muito tempo pelos trabalhadores têxteis, até que uma circunstância aparentemente pequena foi a gota d'água. No ano de 1896, em maio, foi realizada a coroação do atual tsar Nicolau II, que havia sido adiada dois anos por medo de revoluções, e nessa ocasião os empresários de São Petersburgo externaram seu fervor patriótico ao impor três dias de férias obrigatórias aos seus trabalhadores, sendo que, estranhamente, não pagaram os salários desses dias. Os trabalhadores têxteis afetados por isso se movimentaram. Depois de uma reunião com cerca de trezentos trabalhadores mais esclarecidos[12] no jardim de Ekaterinev foi decidida a

---

12   1ª edição: trezentos dentre os trabalhadores mais esclarecidos.

greve e foram formuladas as reivindicações: 1º pagamento dos salários referentes aos dias da coroação; 2º jornada de trabalho de dez horas e meia; 3º aumento do salário por empreitada. Isso aconteceu em 24 de maio. Após uma semana, *todas* as companhias têxteis e tecelagens estavam paralisadas, e 40 mil trabalhadores encontravam-se em greve geral. Hoje esse acontecimento, medido pelas enormes greves de massas da revolução, pode parecer algo irrelevante. Na imobilidade política da Rússia *daquela época* uma greve geral era algo inusitado, era uma revolução em miniatura. Evidentemente tiveram início as perseguições mais brutais: cerca de mil trabalhadores foram presos e enviados de volta para casa, e a greve geral foi reprimida.

Já vemos aqui todos os traços fundamentais da greve de massas posterior. O motivo que levou ao movimento foi completamente casual, e mesmo acessório, e sua deflagração foi algo elementar; mas na constituição do movimento mostraram-se os frutos de muitos anos de agitação da social-democracia, e no transcorrer da greve geral agitadores social-democratas encontravam-se à frente do movimento, lideravam-na e utilizavam-na para a contínua agitação revolucionária. Além disso, a greve era externamente apenas uma mera luta econômica salarial; apenas o posicionamento do governo, bem como a agitação da social-democracia, fizeram dela um fenômeno político de primeira linha. E finalmente: a greve foi reprimida, os trabalhadores sofreram uma "derrota". Mas já em janeiro do ano seguinte, 1897, os trabalhadores têxteis de São Petersburgo voltaram a repetir a greve geral e, dessa vez, alcançaram um sucesso excepcional: a introdução legal da jornada de trabalho de onze horas e meia em toda a Rússia. No entanto houve um resultado muito mais importante: desde aquela primeira greve geral do ano de 1896, empreendida sem qualquer organização ou fundos de greve, começou na Rússia propriamente dita uma luta sindical intensa, que logo se disseminou pelo restante do país e abriu perspectivas completamente novas de agitação e de organização à social-democracia, para então na aparente calmaria sepulcral do período seguinte preparar a revolução proletária por meio de um invisível trabalho de toupeira.

A deflagração da greve caucasiana em março de 1902 também foi aparentemente casual e originada de elementos puramente econômicos, parciais, ainda que completamente diferentes daqueles de 1896. Ela está ligada à grave crise industrial e comercial que, na Rússia, foi precursora da guerra com o Japão e, com ela, o mais potente fator de ebulição revolucionária que se iniciava. A crise originou um enorme desemprego, que alimentou a agitação da massa proletária, e levou o governo, para acalmar a classe trabalhadora, a transportar as "mãos supérfluas" para seus países de origem. Uma medida dessas, que deveria atingir aproximadamente quatrocentos petroleiros, desencadeou um protesto de massas em Batum, que levou a manifestações, prisões, um massacre e, finalmente, um processo político, no qual a questão puramente econômica e parcial se tornou um fenômeno político e revolucionário. O eco da greve de Batum, que teria ocorrido completamente "sem resultado" e sido derrotada, consistiu numa série de manifestações revolucionárias de massa dos trabalhadores em Nijni Novgorod, em Saratov e noutras cidades, ou seja, num forte avanço para a onda geral do movimento revolucionário.

Já em novembro de 1902 aparece a primeira ressonância verdadeiramente revolucionária na forma de uma greve geral em *Rostov* junto ao Don. O pontapé para esse movimento foi dado por diferenças salariais nas oficinas da ferrovia em Vladicáucaso. A administração queria diminuir os salários, em seguida o Comitê Social-Democrata do Don publicou um apelo convocando a greve pelas seguintes reivindicações: jornada de trabalho de nove horas, aumento de salários, supressão dos castigos, demissão de engenheiros malquistos etc. Todas as oficinas ferroviárias entraram em greve. Elas logo foram seguidas por outras profissões, e em Rostov repentinamente dominava uma situação sem precedentes: todo trabalho empresarial é suspenso, todos os dias são realizados encontros gigantescos com 15 mil a 20 mil trabalhadores ao ar livre, algumas vezes cercados por um cordão de cossacos; pela primeira vez os oradores social-democratas atuam abertamente, fazendo discursos inflamados sobre o socialismo e a liberdade política que são recebidos com enorme euforia, apelos revolucionários são disseminados em centenas de milhares de exemplares. Em plena Rússia absolutista e rígida, o proletariado de Rostov conquista, pela primeira vez, na tempestade, o direito à reunião e a liberdade de expressão. Claro que também aqui as coisas não transcorrem sem massacre. A insatisfação decorrente das diferenças salariais nas oficinas ferroviárias de Vladicáucaso cresceram, em poucos dias, para uma greve política geral e para uma batalha de rua revolucionária. Em ressonância ocorreu de imediato mais uma greve geral na estação Tichorezk na mesma linha de trem. Também aqui houve um massacre, depois um processo, e Tichorezk inseriu-se igualmente como um episódio na cadeia ininterrupta dos momentos revolucionários.

A primavera de 1903 dá a resposta às greves derrotadas em Rostov e Tichorezk: em maio, junho e julho, todo o sul da Rússia encontra-se em chamas. *Baku, Tiflis, Batum, Elisabethgrad, Odessa, Kiev, Nikolaiev, Ekaterinoslav* encontram-se em greve geral no sentido literal do termo. Mas também aqui o movimento não nasce de acordo com algum plano pré-concebido por um centro, mas flui em conjunto de pontos isolados, em cada lugar por motivos diferentes e de diversas formas. O início dá-se em *Baku*, onde diversas lutas salariais parciais de fábricas e setores isolados desembocam em uma greve geral. Em *Tiflis*, 2 mil empregados comerciais cujo tempo de trabalho ia das 6 horas da manhã às 11 horas da noite dão início à greve; todos eles deixam suas lojas às 8 horas da noite do dia 4 de julho e fazem uma passeata pela cidade, obrigando os proprietários das lojas a fechá-las. A vitória é completa: os empregados comerciais conquistam uma jornada das 8 às 8; a eles logo se juntam todas as fábricas, oficinas e escritórios. Os jornais não são publicados, o trânsito de bondes apenas ocorre sob a proteção dos militares. – Em *Elisabethgrad*, em 10 de julho, a greve se inicia em todas as fábricas com reivindicações puramente econômicas. Elas são concedidas em sua maioria, e no dia 14 de julho a greve é interrompida. Apenas duas semanas depois ela volta a eclodir; dessa vez, os padeiros lançam a palavra de ordem, a eles se seguem os mineradores, os pintores, os trabalhadores dos moinhos e por fim, novamente, todos os trabalhadores fabris. – Em *Odessa* o movimento tem início com uma luta salarial, em que foi envolvida a associação operária "legal"[13] criada pelos agentes governamentais de acordo com o programa do famoso gendarme *Zubatov*. A dialética histórica mais uma vez aproveitou a oportunidade para pregar uma de suas belas e malignas peças: as lutas econômicas do período anterior – entre elas a grande greve geral de São Petersburgo de 1896 – levaram a social-democracia russa à exacerbação do assim chamado "economicismo", preparando assim o terreno, no operariado, para a ação demagógica de Zubatov. Após algum tempo, porém, a grande correnteza revolucionária virou o barco de bandeira errada e obrigou-o navegar justamente na ponta da frota proletária revolucionária. Na primavera de 1904, as associações de Zubatov deram a palavra de ordem para a grande greve geral de Odessa, bem como, em janeiro de 1905, para a greve geral de São Petersburgo. Os trabalhadores de Odessa, iludidos quanto à bondade sincera do governo perante os trabalhadores e sua simpatia pela pura luta econômica, de repente queriam fazer um teste e obrigaram a "associação operária" de Zubatov a declarar greve em uma fábrica por algumas modestas reivindicações. Eles simplesmente foram postos na rua pelo empresário e, quando exigiram, junto ao líder de sua associação, a proteção legal prometida, aquele senhor sumiu e deixou os trabalhadores em raivosa turbulência. Logo os social-democratas se colocaram no comando e o movimento grevista passou para outras fábricas. Em 1º de julho, 2,5 mil trabalhadores ferroviários encontram-se em greve, em 4 de julho os trabalhadores portuários entram em greve por um aumento dos salários de 80 copeques para 2 rublos e diminuição de meia hora da jornada de trabalho. Em 6 de julho, por fim, os marinheiros se juntam ao movimento. Em 13 de julho começa a paralisação do pessoal dos bondes. Então ocorre uma assembleia com a grande maioria dos grevistas, 7 mil a 8 mil pessoas; forma-se uma corrente, que vai de fábrica em fábrica e, crescendo

---

13 Por iniciativa do comandante da gendarmaria S. W. Zubatov, o governo tsarista tentou, de 1901 a 1903, afastar os trabalhadores da luta revolucionária ao criar organizações legais de trabalhadores, controladas pela polícia.

como uma avalanche, chega ao porto uma multidão de 40 mil a 50 mil pessoas, para então paralisar todo trabalho. Logo a greve geral dominava toda a cidade. – Em *Kiev* tem início, em 21 de julho, uma paralisação nas oficinas ferroviárias. Também aqui o principal motivo são as condições miseráveis de trabalho e são apresentadas reivindicações salariais. No dia seguinte as fundições seguiram o exemplo. Em 23 de julho ocorre um incidente que dá o sinal para a greve geral. Durante a noite dois delegados dos trabalhadores ferroviários foram presos; os grevistas exigem sua libertação imediata e, quando isso não se efetiva, eles decidem não deixar os trens saírem da cidade. Na estação, todos os grevistas, com as mulheres e os filhos, sentam-se nos trilhos – um mar de cabeças humanas. São ameaçados com salvas de espingarda. Os trabalhadores descobrem o peito e gritam: "Atirem!" Uma salva é dirigida contra a multidão sentada e indefesa, de trinta a quarenta cadáveres ali ficam, entre eles mulheres e crianças. Ao tomar conhecimento disso, toda Kiev entra em greve ainda no mesmo dia. Os corpos dos assassinados são erguidos pela multidão e carregados de um lado para outro num cortejo maciço. Assembleias, discursos, prisões, lutas de rua isoladas – Kiev encontra-se plena revolução. O movimento logo termina; mas, com isso, os tipógrafos haviam ganhado uma diminuição de uma hora na jornada de trabalho e um aumento salarial de um rublo; em uma fábrica de levedura foi introduzida a jornada de trabalho de oito horas; as oficinas ferroviárias foram fechadas após decisão do ministério; outros setores continuaram greves parciais pelas suas reivindicações. – Em *Nikolaiev* a greve geral é deflagrada sob a pressão imediata das notícias de Odessa, Baku, Batum e Tiflis, apesar da resistência do comitê social-democrata, que queria postergar a deflagração do movimento até o ponto em que os militares tivessem de deixar a cidade para manobras. A massa não se deixou conter; uma fábrica foi o começo, os grevistas iam de uma oficina à outra, a resistência dos militares apenas jogou óleo no fogo. Logo se constituíram passeatas com multidões e cantos revolucionários, que levaram consigo todos os trabalhadores, empregados, oficiais dos bondes, homens e mulheres. A interrupção do trabalho era completa. – Em *Ekaterinov*, em 5 de agosto, os padeiros iniciam a greve, seguidos pelos trabalhadores das oficinas ferroviárias no dia 7, logo em seguida todas as outras fábricas; em 8 de agosto os bondes param, os jornais deixam de ser publicados – Assim é que ocorreu a grandiosa greve geral do sul da Rússia no verão de 1903. Através de muitos pequenos canais de lutas econômicas parciais e de pequenos acontecimentos "casuais" ela rapidamente formou um mar enorme e durante algumas semanas transformou todo o sul do império tsarista em uma bizarra e revolucionária república de trabalhadores.

> Abraços fraternos, gritos de êxtase e entusiasmo, canções de libertação, risos alegres, humor e alegria eram ouvidos de manhã à noite na multidão de milhares de pessoas que varria a cidade. O ambiente era de entusiasmo; quase se podia acreditar que uma vida nova, melhor, começava na terra. Uma imagem profunda e, ao mesmo tempo, comovente e idílica.

Assim escrevia à época o correspondente do liberal *Osvobojdneié*[14] do senhor Peter v. Struve.

O ano de 1904 trouxe consigo, logo ao início, a guerra, e durante algum tempo uma pausa no movimento de greve de massas. Primeiramente uma onda turva de manifestações "patrióticas" organizadas pela polícia se espalhou pelo país. A sociedade "liberal" burguesa, por ora, foi completamente jogada por terra pelo chauvinismo oficial tsarista. Mas a social-democracia logo retoma o campo de batalha; às demonstrações policiais do lumpenproletariado patriótico são contrapostas manifestações revolucionárias dos trabalhadores. Finalmente as vergonhosas derrotas do exército tsarista também arrancam a sociedade burguesa de sua anestesia; tem início a era dos congressos, banquetes, discursos, falas e manifestos liberais e democráticos. O absolutismo,

---

14 O jornal *Osvobojdneié*, sob a direção de P.B. Struve, foi publicado como órgão ilegal de tendência liberal-burguesa em Stuttgart, de 1902 a 1905. Em torno dele se agrupava a burguesia liberal-monarquista russa.

momentaneamente sufocado pela humilhação da guerra, deixa, por distração, espaço para esses senhores agirem, o que já lhes dá visões do céu repleto de violinos liberais. Durante seis meses, o liberalismo burguês se apossa do palco político, e o proletariado fica na sombra. Somente após uma longa depressão é que o absolutismo se recupera, a camarilha junta forças, e com uma única e poderosa sapatada da bota cossaca em dezembro toda a ação liberal é enxotada para o seu ninho de ratos. Os banquetes, discursos e congressos são simplesmente proibidos como uma "provocação insolente", e o liberalismo de repente acha-se no fim do seu latim. Mas justamente ali, onde estava o fim da linha para o liberalismo, começava a ação do proletariado. Em dezembro de 1904, em *Baku*, eclode a grandiosa greve geral contra o desemprego: a classe trabalhadora volta ao campo de batalha. Quando a palavra foi proibida e emudeceu, recomeçou a ação. Durante algumas semanas, em Baku, em plena greve geral, a social-democracia foi a dona incontroversa da situação, e os acontecimentos inesperados em dezembro no Cáucaso teriam provocado enorme atenção, caso não tivessem sido tão rapidamente suplantados pelas ondas crescentes da revolução. As notícias incertas e extraordinárias da greve geral em Baku ainda não haviam alcançado todo o império tsarista quando, em janeiro de 1905, eclodiu uma greve de massas em São Petersburgo.

Também aqui o motivo foi, sabidamente, insignificante. Dois trabalhadores das fábricas Putilov foram demitidos por serem parte da associação legal Zubatov. Essa decisão provocou, em 16 de janeiro, uma greve de solidariedade de 12 mil trabalhadores dessas fábricas. Os social-democratas começaram, por ocasião da greve, uma agitação ativa pela expansão das reivindicações e fizeram valer a reivindicação da jornada de trabalho de oito horas, do direito de coligação, da liberdade de expressão e de imprensa etc. A efervescência entre os trabalhadores de Putilov logo foi transmitida ao restante do proletariado, e em poucos dias 140 mil trabalhadores estavam em greve. Reuniões conjuntas e discussões acaloradas levaram à formulação da carta proletária das liberdades civis encabeçada pela jornada de trabalho de oito horas, com a qual, em 22 de janeiro, 200 mil trabalhadores liderados pelo padre Gapon[15] desfilaram diante do palácio do tsar. O conflito dos dois trabalhadores de Putilov afetados pela medida transformou-se, no decorrer de uma semana, no prólogo da mais poderosa revolução dos tempos modernos.

Os acontecimentos que se seguiram são conhecidos: o banho de sangue de São Petersburgo deu origem a enormes greves de massas e greves gerais em muitos centros industriais e cidades da Rússia, Polônia, Lituânia, das províncias bálticas, do Cáucaso, da Sibéria, de norte a sul, de leste a oeste. Mas observando mais detidamente vemos que as greves de massas assumem agora formas diferentes daquelas de períodos anteriores. Dessa vez eram as organizações social-democratas que por todo lado tomavam a dianteira; a greve geral era apresentada enfaticamente por todo lado tendo como motivação e objetivo a solidariedade revolucionária para com o proletariado de São Petersburgo; ao mesmo tempo ocorriam, por todo lado, manifestações, discursos e embates contra os militares. Mas também aqui não se falava de um plano previamente traçado, de uma ação organizada, pois os chamados dos partidos mal eram capazes de acompanhar os levantes espontâneos da massa; os líderes mal tinham tempo de formular as palavras de ordem da multidão proletária que avançava. Além disso, as greves de massas e gerais anteriores se originavam de lutas salariais isoladas que iam ao encontro umas das outras, que na atmosfera geral da situação revolucionária e sob pressão da agitação social-democrata rapidamente se transformavam em manifestações políticas; o elemento econômico e a fragmentação sindical eram o ponto de partida, a ação de classe unificada e a liderança política, o resultado. Agora o movimento é inverso. As greves gerais de janeiro e fevereiro irromperam inicialmente como uma ação revolucionária unificada sob a direção da social-democracia; mas essa ação logo se decompôs numa série de greves econômicas locais e parciais em regiões, cidades, setores e fábricas isolados. Ao longo de toda primavera de 1905, até o pleno

---

15 G. A. Gapon criou em São Petersburgo, entre 1903 e 1904, a mando e sob proteção da polícia, "organizações operárias" para manter os trabalhadores distantes do movimento social-democrata. Foi o iniciador da manifestação de São Petersburgo, em 22 de janeiro de 1905.

verão, no gigantesco império fermentava uma incansável luta econômica de quase todo o proletariado contra o capital, uma luta que alcançou, até em cima, todas as profissões pequeno-burguesas e liberais: empregados do comércio, servidores bancários, técnicos, atores, profissões artísticas, e, até embaixo, os empregados domésticos, os servidores subalternos da polícia, até chegar à camada do lumpenproletariado e, saindo simultaneamente da cidade e disseminando-se pelo campo, batendo até mesmo nos portões de ferro das casernas militares.

Essa é a imagem enorme e multicolorida da contenda geral do trabalho contra o capital, que espelha toda a variedade da estrutura social e da consciência política de cada camada e de cada local, atravessando toda a longa escala da luta sindical direta, desde uma experimentada tropa de elite do proletariado da grande indústria, passando pela amorfa eclosão do protesto de um bando de proletários rurais, até a obscura movimentação de uma agitada guarnição de soldados, desde a revolta educada e elegante, em abotoaduras e colarinhos na repartição de um banco, até a reclamação {confusa} de uma rude assembleia de policiais insatisfeitos no interior de um posto policial escuro, sujo e enfumaçado.

Segundo a teoria dos amantes das lutas "ordenadas e bem disciplinadas" concebidas de acordo com planos e esquemas, em especial daqueles que de longe sempre querem saber melhor como "deveria ter sido feito", o desmantelamento da grande ação da greve geral política de janeiro de 1905 em um sem-número de lutas econômicas foi, provavelmente, "um grande erro", que "paralisou" aquela ação, transformando-a num "fogo de palha". Também a social-democracia russa, que participou da revolução, mas não a "fez", também ela teve que aprender suas leis enquanto a revolução se desenvolvia, ficando por algum tempo desorientada, num primeiro momento, com o refluxo aparentemente infrutífero da primeira maré cheia da greve geral. Contudo, a história, que cometeu aquele "grande erro", realizava assim um gigantesco trabalho revolucionário, tão inevitável quanto incalculável em suas consequências, indiferente ao raciocínio de seus mestres-escola incompetentes.

O repentino levante geral do proletariado em janeiro, sob o impulso considerável dos acontecimentos de São Petersburgo, foi externamente um ato político de declaração de guerra revolucionária ao absolutismo. Mas essa primeira ação de classes direta teve um efeito interno ainda maior ao despertar, pela primeira vez, como um choque elétrico, o sentimento de classe e a consciência de classe de milhões e milhões. E esse despertar do sentimento de classe expressou-se imediatamente da seguinte maneira: uma massa de milhões de proletários chega de súbito, de maneira viva e incisiva, à consciência da insustentabilidade daquela existência social e econômica que havia suportado pacientemente durante décadas de acorrentamento capitalista. Começa então um movimento espontâneo geral para sacudir e quebrar esses grilhões. Os mil sofrimentos do proletariado moderno lembram essas feridas antigas e sangrentas. Aqui se luta pela jornada de trabalho de oito horas, ali contra o trabalho eventual, aqui mestres brutais são "levados para fora" num saco em carrinhos de mão; alhures se luta contra sistemas penais infames; em todo lugar por melhores salários e, aqui e ali, pelo fim do trabalho doméstico. Profissões anacrônicas e degradantes nas grandes cidades, as pequenas cidades provincianas cochilando até então num sono idílico, o vilarejo com sua herança servil – tudo isso é bruscamente despertado pelo relâmpago de janeiro, toma consciência de seus direitos e procura febrilmente recuperar o que fora perdido. Na verdade a luta econômica aqui não constituía uma fragmentação, uma dispersão da ação, mas apenas uma mudança de frente; a primeira batalha geral contra o absolutismo transforma-se repentina e naturalmente num ajuste de contas geral com o capital, que, de acordo com o seu caráter, assumiu *a forma* de lutas salariais fragmentadas e isoladas. A ação política de classes não foi interrompida em janeiro pela decomposição da greve geral em greves econômicas, mas antes o inverso; uma vez esgotado o conteúdo possível da ação política naquela dada situação e naquele dado estágio da revolução, ela decompôs-se ou, melhor, transformou-se em ação econômica.

De fato, que mais podia obter a greve geral de janeiro? Somente uma total falta de reflexão poderia aguardar uma destruição do absolutismo com um só golpe, mediante uma única e "duradoura" greve geral segundo o esquema anarquista. O absolutismo na Rússia precisa ser derrubado pelo proletariado. Mas, para isso, o proletariado precisa de um alto grau de educação política, de consciência de classe e de organização. Todas essas condições não podem ser adquiridas em brochuras e panfletos, mas apenas na escola política viva, na luta e pela luta, no andamento progressivo da revolução. Além disso, o absolutismo não pode ser derrubado a qualquer momento, como se bastasse apenas "esforço" ou "perseverança". O declínio do absolutismo é apenas a expressão externa do desenvolvimento social interno e do desenvolvimento das classes da sociedade russa. Antes que o absolutismo seja derrubado, e para que ele possa ser derrubado, a futura Rússia burguesa precisa ser formada internamente, produzida em sua divisão de classes moderna. Disso faz parte a limitação das diferentes camadas e interesses sociais, a formação não apenas do partido proletário revolucionário, mas igualmente dos partidos liberal, radical, pequeno-burguês, conservador e reacionário, disso faz parte a autoconsciência, o autoconhecimento e a consciência de classe não apenas das camadas populares, mas também das camadas burguesas. Mas também essas só podem formar-se, amadurecer e florescer na luta, no próprio processo da revolução, na escola viva dos acontecimentos, no embate com o proletariado bem como entre si, em um atrito mútuo contínuo. Essa divisão de classes e maturação de classes da sociedade burguesa, bem como sua ação na luta contra o absolutismo, é, de um lado, minada e dificultada, e, de outro, estimulada e acelerada pelo singular papel de liderança do proletariado e de sua ação classista. As diferentes correntes subterrâneas do processo social da revolução cruzam-se mutuamente, bloqueiam-se mutuamente, aumentam as contradições internas da revolução e, como resultado, apenas aceleram e potencializam suas poderosas irrupções.

 Assim o problema aparentemente tão simples e evidente, puramente mecânico – a derrubada do absolutismo – exige um grande e longo processo social, uma escavação total do terreno social, o inferior precisa subir, o superior ser virado para baixo, a "ordem" aparente precisa ser recriada a partir do aparente caos "anarquista". E agora, nesse processo de remanejamento social da antiga Rússia, não apenas o raio de janeiro da primeira greve geral desempenhou um papel insubstituível, mas ainda mais a grande tempestade da primavera e do verão da luta econômica que se seguiu. A feroz contenda geral do trabalho assalariado com o capital contribuiu em igual medida para a separação das diferentes camadas populares bem como das camadas burguesas, para a consciência de classe do proletariado revolucionário e também da burguesia liberal e conservadora. E como as lutas salariais urbanas contribuíram para a formação do forte partido monárquico dos industriais de Moscou,[16] assim as chamas do enorme levante camponês na Livônia levou à rápida liquidação do famoso liberalismo aristocrático e agrário dos zemstvos.

Ao mesmo tempo, porém, o período das lutas econômicas na primavera e no verão de 1905 concedeu ao proletariado urbano, na forma de uma contínua agitação e liderança social-democrata, a possibilidade de se apropriar posteriormente da soma das lições do prólogo de janeiro e de esclarecer a si próprio as outras tarefas da revolução. Em conexão com isso, também, ainda se encontra um outro resultado de caráter social duradouro: *uma elevação geral do nível de vida do proletariado*, do ponto de vista econômico, social e intelectual. As greves da primavera do ano de 1905 foram quase todas vitoriosas. Como uma amostra desse enorme material empírico, trazemos aqui apenas alguns dados sobre algumas das mais importantes greves lideradas pela social-democracia polonesa e lituana em Varsóvia. Nas maiores fábricas do *setor metalúrgico* de Varsóvia: AG Lilpop, Rau & Löwenstein, Rudzki & Co., Bormann, Schwede & Co., Handtke, Gerlach & Pulst, Gebrüder Geisler, Eberhard, Wolski & Co., AG Konrad & Jarmuszkiewicz, Weber & Daehn, Gwizdzinski & Co., Drahtfabrik Wolanowski, AG Gostynski & Co., K. Brun & Sohn, Fraget, Norblin, Werner, Buch, Gebrüder Kenneberg, Labor, Lampenfabrik Dittmar, Serkowski, Weszyzki, ao todo 22 fábricas, e logo após uma greve de quatro a cinco semanas (desde 25, 26 de janeiro) os trabalhadores conquistaram a jornada de trabalho de nove horas, um aumento salarial de

---

16 O Partido do Comércio e da Indústria, ligado ao grande capital, foi fundado em 1905 após a publicação do Manifesto de Outubro e desfeito no final de 1906.

15% a 25% e diversas reivindicações menores. Nas maiores oficinas do *setor madeireiro* de Varsóvia, a saber, em Karmanski, Damiecki, Gromel, Szerbinski, Treuerowski, Horn, Bevensee, Tworkowski, Daab & Martens, ao todo 10 oficinas, já em 23 de fevereiro os grevistas conquistaram a jornada de trabalho de nove horas; mas eles não se contentaram e insistiram na jornada de oito horas, que foi alcançada após mais uma semana, juntamente com um aumento salarial. Todo o *setor dos pedreiros* iniciou a greve em 27 de fevereiro, e, de acordo com a palavra de ordem da social-democracia, exigia a jornada de trabalho de oito horas e, em 11 de março, conquistou a jornada de nove horas, um aumento salarial para todas as categorias, pagamento regular semanal do salário etc. Os *pintores*, *carpinteiros*, *seleiros* e *ferreiros* conquistaram juntamente a jornada de trabalho de oito horas sem redução salarial. As oficinas *telefônicas* fizeram greve durante dez dias e conquistaram a jornada de trabalho de oito horas e um aumento salarial de 10% a 15%. A grande *tecelagem* Hielle & Dietrich (10 mil trabalhadores) conquistou, após nove semanas de greve, a redução em uma hora de seu tempo de trabalho e uma melhoria salarial de 5% a 10%. E vemos o mesmo resultado em infinitas variações nos setores restantes da Varsóvia, em Łódź, em Sosnowiec.

Na Rússia propriamente dita foi conquistada a *jornada de trabalho de oito horas*: em dezembro de 1904 por algumas categorias de petroleiros em Baku, em maio de 1905 pelos trabalhadores açucareiros do distrito de Kiev, em janeiro de 1905 em um grande número de gráficas da cidade de Samara (onde, ao mesmo tempo, foi alcançada uma elevação dos salários por empreitada e o fim das multas), em fevereiro na fábrica de instrumentos medicinais de guerra, em uma marcenaria e em uma fábrica de munição em São Petersburgo. Além disso, um turno de oito horas foi introduzido nas minas de Vladivostok, em março na oficina mecânica estatal de papéis da dívida pública, em abril junto aos ferreiros da cidade de Bobruisk, em maio junto aos empregados do bonde elétrico em Tíflis; igualmente em maio a jornada de trabalho de oito horas e meia foi introduzida na enorme tecelagem de algodão de Morosov (com o fim simultâneo do trabalho noturno e aumento dos salários em 8%); em junho a jornada de trabalho de oito horas em alguns lagares de azeite em São Petersburgo e Moscou; em julho oito horas e meia para os ferreiros do porto de São Petersburgo; em novembro em grande parte das gráficas particulares da cidade de Orel (com aumento simultâneo do salário por tempo de trabalho em 20% e dos salários por empreitada em 100%, bem como a introdução de um órgão de conciliação paritário).

A *jornada de trabalho de nove horas* foi instituída em grande parte das oficinas ferroviárias (em fevereiro), em muitas oficinas militares e da marinha, na maioria das fábricas da cidade de Berdiansk, em grande parte das gráficas da cidade de Poltava e de Minsk; em junho, a jornada de nove horas e meia no estaleiro, na oficina mecânica e na fundição da cidade de Nikolaiev; após uma greve geral dos garçons em Varsóvia, em muitos restaurantes e cafés (com simultâneo aumento salarial de 20% a 40% e férias quinzenais anuais).

A *jornada de trabalho de dez horas* foi instituída na maior parte das fábricas das cidades de Łódź, Sosnowiec, Riga, Kovno, Reval, Dorpat, Minsk, Kharkov, nas padarias de Odessa, nas marcenarias de Kichinev, em algumas fábricas de chapéus em São Petersburgo, nas fábricas de fósforos em Kovno (com simultâneo aumento salarial de 10%), em grande parte das oficinas estatais da marinha e para a grande maioria dos estivadores.

Os aumentos salariais são, de modo geral, inferiores à redução do tempo de trabalho, mas pelo menos significativos; assim, em maio de 1905, em Varsóvia, a secretaria municipal das indústrias determinou um aumento salarial geral de 15%; no centro da indústria têxtil em Ivanovo-Vosnessensk os aumentos salariais atingiram de 7% a 15%; em Kovno quase 73% dos trabalhadores foram atingidos pelo aumento salarial. Um *salário mínimo* fixo foi introduzido: em parte das padarias de Odessa, no estaleiro do Neva em São Petersburgo etc.

É verdade que essas concessões foram retiradas aqui e ali. Mas isso apenas ocasionou novas lutas revanchistas ainda mais fervorosas, e assim o período grevista da primavera de 1905 tornou-se ele próprio o prólogo de uma série infinita de lutas econômicas, que se disseminam cada vez mais e se entrelaçam, durando até os dias de hoje. Nos períodos de quietude aparente da revolução, em que os telegramas não traziam ao mundo notícias do campo de batalha russo, e quando o leitor europeu-ocidental, decepcionado, deixava seu jornal de lado, com a observação de que "nada acontecera" na Rússia, na verdade o grande trabalho de toupeira da revolução continua de maneira incansável, dia a dia e hora a hora, na imensidão de todo o império. A intensiva e ininterrupta luta econômica impõe, através de métodos rapidamente simplificados, a passagem do capitalismo do estágio da acumulação primitiva, do roubo patriarcal para um estágio altamente moderno, civilizado. Hoje a real jornada de trabalho na indústria russa deixa para trás não apenas a legislação russa de fábrica, isto é, a jornada diária legalmente regulamentada de onze horas e meia, mas até mesmo as reais condições alemãs. Na maioria dos setores da grande indústria russa prevalece, hoje, a jornada de trabalho de dez horas, que é, na Alemanha, colocada pela legislação social como um fim inatingível. Aliás, vai além; aquele almejado "constitucionalismo industrial", com o qual a Alemanha sonha, e pelo qual os oportunistas gostariam de deixar longe das águas paradas do salvador parlamentarismo qualquer sopro de ar fresco, nasce na Rússia em plena tormenta revolucionária, nasce *da* revolução juntamente com o "constitucionalismo" político! De fato o que ocorreu não foi simplesmente uma elevação geral do nível de vida ou do nível cultural do operariado. O padrão de vida material, como um estágio duradouro de bem-estar, não encontra lugar na revolução. Cheia de contradições e contrastes, ela traz, ao mesmo tempo, vitórias econômicas surpreendentes e atos de vingança brutais do capitalismo: hoje a jornada de trabalho de oito horas, amanhã locautes e a fome evidente para centenas de milhares. O mais valioso nessa fervorosa onda revolucionária de sobe e desce, por ser durável, é seu *peso intelectual*: o crescimento intermitente do proletariado no plano intelectual e cultural oferece uma garantia inquebrantável para seu progresso contínuo e irresistível na luta política e econômica. Mas não só isso. A própria relação do trabalhador com o empresário é virada do avesso; desde a greve geral de janeiro e as greves seguintes do ano de

1905 o princípio do capitalista "patrão em sua casa" foi abolido de fato. Nas maiores fábricas de todos os centros industriais mais importantes, a instituição de comitês de trabalhadores, exclusivamente com quem os empresários negociam, e decidem sobre todos os conflitos, deu-se como que autonomamente. E, por fim, algo mais: as greves aparentemente caóticas e a ação revolucionária "desorganizada" após a greve geral de janeiro tornam-se o ponto de partida de um febril *trabalho de organização*. Rindo de longe, a madame história torce o nariz para os burocratas ligados a clichês, que furiosos fazem a segurança nos portões da felicidade sindical alemã. As sólidas organizações concebidas como fortalezas inexpugnáveis e que devem ser cercadas de trincheiras e que na Alemanha são vistas como o pressuposto indispensável para uma eventual tentativa de uma eventual greve de massas, na Rússia, em contrapartida, essas organizações nasceram justamente da greve de massas! E enquanto os guardiões dos sindicatos alemães temem que as organizações acabem em cacos, como porcelana valiosa em um turbilhão revolucionário, a Revolução Russa nos mostra o retrato diretamente inverso: do turbilhão e da tormenta, do fogo e das cinzas da greve de massas, das lutas de rua, levantam-se como a Vênus do mar: jovens, frescos, fortes e vivos – os sindicatos.

Aqui novamente apenas um pequeno exemplo, mas que é típico para todo o império. Na segunda Conferência dos Sindicatos da Rússia, que ocorreu no final de fevereiro de 1906 em São Petersburgo, o representante dos sindicatos locais afirmou, em seu relatório acerca do desenvolvimento das organizações sindicais na capital tsarista:

> O dia 22 de janeiro de 1905, que destruiu a Associação de Gapon, constituiu uma virada. A massa dos trabalhadores aprendeu, a partir dos acontecimentos, que apenas eles próprios podem criar essas organizações. – Em ligação direta com o movimento de janeiro se origina, em São Petersburgo, o primeiro sindicato: o dos tipógrafos. A comissão eleita para a definição da tarifa preparou todos os estatutos, e em 19 de junho o sindicato deu início à sua existência. Aproximadamente na mesma época foram trazidos à vida o sindicato dos escriturários e

contadores. Ao lado dessas organizações, que existem quase que publicamente (legalmente), de janeiro a outubro de 1905 deu-se origem a sindicatos semilegalizados e não legalizados. Dos primeiros fazem parte, por exemplo, os ajudantes farmacêuticos e os empregados do comércio. Entre os sindicatos não legalizados precisa ser destacada a associação dos relojoeiros, cuja primeira sessão secreta ocorreu em 24 de abril. Todas as tentativas de convocar uma assembleia aberta e geral sucumbiram à resistência persistente da polícia e dos empresários, na figura da Câmara de ofícios [*Handwerkskammer*]. Esse insucesso não impediu a existência do sindicato. Ele realizou sessões secretas em 9 de junho e 14 de agosto, além das sessões da diretoria do sindicato. O sindicato dos alfaiates e costureiras foi criado na primavera de 1905 durante uma assembleia na floresta, em que setenta alfaiates estavam presentes. Após terem discutido a questão da fundação, elegeu-se uma comissão que foi encarregada dos trabalhos estatutários. Todas as tentativas da comissão de levar adiante uma existência legal para o sindicato permaneceram sem sucesso. Sua atividade limita-se à agitação e à obtenção de membros em algumas oficinas. Um destino parecido foi reservado ao sindicato dos sapateiros. Durante uma noite de julho, em uma floresta do lado de fora da cidade, foi convocada uma assembleia secreta. Mais de 100 sapateiros compareceram; foi realizada uma exposição acerca do significado dos sindicatos, sobre sua história na Europa Ocidental e suas tarefas na Rússia. Depois ficou decidido fundar um sindicato; doze pessoas foram eleitas para uma comissão, que deveria preparar o estatuto e convocar uma assembleia geral dos sapateiros. O estatuto foi preparado, mas por enquanto não foi possível nem imprimi-lo, nem convocar uma assembleia geral.

Esses foram os primeiros difíceis começos. Então vieram os dias de outubro, a segunda greve geral, o manifesto tsarista de 30 de outubro e o curto "período constitucional".[17] Os trabalhadores se jogam com disposição nas ondas da liberdade política, para logo utilizá-la em

---

17   Referência ao período que se estendeu do começo de 1906 a julho daquele mesmo ano.

prol do trabalho de organização. Ao lado das rotineiras assembleias políticas, dos debates, da criação de associações, imediatamente se inicia a disseminação dos sindicatos. Entre outubro e novembro nascem, em São Petersburgo, *quarenta* novos sindicatos. Logo é fundado um "escritório central", isto é, um cartel sindical, aparecem diferentes periódicos sindicais e, a partir de novembro, também um órgão central de divulgação, *O Sindicato*. Aquilo que foi relatado antes acerca de São Petersburgo, vale de modo geral para Moscou e Odessa, Kiev e Nikolaiev, Saratov e Voronezh, Samara e Nijni Novgorod, para todas as maiores cidades russas e, em grau ainda maior, para a Polônia. Os sindicatos de cidades isoladas procuram contato uns com os outros, são realizadas conferências. O final do "período constitucional" e o retorno à reação, em dezembro de 1905, também coloca um fim temporário à ação aberta e ampla dos sindicatos, mas não apaga o seu sopro de vida. Eles continuam agindo secretamente como organização e, ao mesmo tempo, dirigem abertamente as lutas salariais. Constitui-se um mistura singular de condições de legalidade e ilegalidade da vida sindical, correspondente à situação revolucionária cheia de contradições. Mas em plena luta, o trabalho de organização continua sendo preparado com todo o cuidado, aliás, com pedantismo. Os partidos da social-democracia polonesa e lituana, por exemplo, que no último Congresso partidário (em junho de 1906)[18] haviam sido representados por cinco delegados de 10 mil membros pagantes, estão equipados com estatutos organizados, carteirinha de membro impressa, selos etc. E os mesmos padeiros e sapateiros, metalúrgicos e tipógrafos de *Łódź* que, em junho de 1905, estavam nas barricadas e, em dezembro, apenas aguardavam um aviso de São Petersburgo para a luta de ruas, acabam por encontrar tempo, entre uma e outra greve de massas, entre a prisão e o locaute, sob estado de vigilância, o ócio e a santa seriedade, para discutir detalhada e atentamente seus estatutos sindicais. Aliás, por mais de uma vez esses lutadores de barricadas de ontem e de amanhã

---

18 O V Congresso da Social-Democracia do Reino da Polônia e Lituânia ocorreu ilegalmente em junho de 1906 em Zakopane.

colocaram, de maneira implacável, seus líderes na linha durante assembleias e ameaçaram desligar-se do partido, pois as infelizes carteirinhas de membros sindicais não puderam ser impressas – em gráficas secretas e sob uma perseguição policial ininterrupta – com a rapidez necessária. Esse entusiasmo e essa seriedade duram até agora. Nas primeiras duas semanas de julho de 1906, por exemplo, em Ekaterinoslav foram criados quinze novos sindicatos: em Kostroma seis sindicatos, alguns em Kiev, Poltava, Smolensk, Tcherkassy, Proskurov – até nas menores províncias. Na sessão do cartel sindical de Moscou de 4 de junho deste ano foi decidido, após a recepção dos relatórios de diferentes delegados sindicais,

> que os sindicatos deveriam disciplinar os seus membros e mantê-los distantes de tumultos de rua, pois no momento a greve de massas é vista como inadequada. Perante possíveis provocações do governo deve-se atentar para que a massa não rume para as ruas. Por fim, o cartel decidiu que, enquanto um sindicato estiver em greve, os outros devem se manter distantes de movimentos salariais.

A maioria das lutas econômicas é, agora, dirigida por sindicatos.[19]

---

19 Apenas nas duas primeiras semanas de junho de 1906 foram realizadas as seguintes lutas salariais: dos tipógrafos em São Petersburgo, Moscou, Odessa, Minsk, Vilna, Saratov, Mogiljov, e Tambov, pela jornada de trabalho de oito horas e do descanso dominical; uma greve geral dos marinheiros em Odessa, Nikolajev, Kertsch, Krim, Cáucaso, na frota de Volga, em Kronstadt, em Varsóvia e Plock pelo reconhecimento do sindicato e libertação dos delegados trabalhadores presos; dos estivadores em Saratov, Nikolaiev, Zarizyn, Archangelsk, Nijni Novgorod, Rybinsk. Os padeiros fizeram greve em Kiev, Archangelsk, Bialystok, Wilna, Odessa, Charkow, Brest-Litowsk, Radom, Tiflis; os trabalhadores rurais nos distritos de Werchenedneprowsk, Borissowsk, Simferopol, nos governos Podolsk, Tula, Kursk, nos distritos de Koslov, Lipovitz, na Finlândia, no governo de Kiev, no distrito de Jelisawet. Nesse período fizeram greve, em diversas cidades, *quase todos os setores de negócio ao mesmo tempo*, assim em Saratov, Archangelsk, Kertch, Krementchug. Em Bachmut houve uma greve geral dos mineiros de toda a região. Em outras cidades o movimento salarial atingiu, no decorrer das duas semanas citadas, *continuamente todas* as profissões, como em Kiev, São Petersburgo, Varsóvia, Moscou, em todo o distrito de Iwanowo-Wosnessensk. O objetivo da greve em todo lugar: diminuição do tempo de trabalho, descanso dominical, reivindicações salariais. A maioria das greves foi vitoriosa. Em relatórios locais é destacado que, em parte, elas atingiram camadas de trabalhadores que pela primeira vez tomavam parte em um movimento salarial.

Assim a grande luta econômica que partiu da greve geral de janeiro, e que não terminou até hoje, constituiu um amplo pano de fundo da revolução, do qual aqui e ali cada vez se levantam tanto explosões isoladas quanto grandes ações gerais do proletariado, em interação contínua com a agitação política e os acontecimentos exteriores da revolução. Assim, nesse pano de fundo irrompem continuamente: em 1º de maio de 1905, na euforia de maio, uma greve geral absoluta sem antecedentes em *Varsóvia*, com uma manifestação de massas completamente pacífica, que terminou num confronto sangrento entre a multidão indefesa e os soldados. Em junho, em *Łódź*, uma marcha de massas que é dispersa por soldados leva a uma manifestação de 100 mil trabalhadores no enterro de algumas vítimas da soldadesca, a um novo confronto com os militares e, finalmente, à greve de massas, que nos dias 23, 24 e 25 se torna a primeira luta de barricadas no império tsarista. Ainda em junho, no porto de Odessa, um pequeno episódio a bordo do encouraçado "Potemkin" provoca a primeira grande revolta de marinheiros da frota do Mar Negro, que imediatamente traz à tona uma enorme greve de massas em *Odessa* e *Nikolajew*. Como eco, seguem-se: a greve de massas e revoltas dos marinheiros em *Kronstadt, Libau, Vladivostok*.

No mês de outubro ocorreu o grandioso experimento de São Petersburgo com a introdução da jornada de trabalho de oito horas. O conselho de delegados dos trabalhadores decide impor a jornada de trabalho de oito horas em São Petersburgo pelo caminho revolucionário. Isso quer dizer: determinado dia todos os trabalhadores de São Petersburgo explicam aos seus empregadores que não aceitam trabalhar mais de oito horas por dia, e deixam seus locais de trabalho no horário fixado. A ideia ocasionou uma viva agitação, é entusiasticamente acolhida e levada a cabo pelo proletariado que não poupou os maiores sacrifícios. Assim, por exemplo, para os trabalhadores têxteis que trabalhavam onze horas, e com remuneração por empreitada, a jornada de trabalho de oito horas significou uma enorme redução salarial, que eles, entretanto, aceitaram de bom grado. *No decorrer de uma semana quase que em todas as fábricas e oficinas de São Petersburgo a jornada de trabalho de oito horas domina*, e a comemoração do operariado não tinha limites. Logo, entretanto, o empresariado inicialmente surpreendido organiza sua defesa: em todo lugar ameaçam com o fechamento das fábricas. Uma parte dos trabalhadores inicia negociações e conquista aqui a jornada de dez, ali a de nove horas. A elite do proletariado de São Petersburgo, entretanto, os trabalhadores das grandes fábricas estatais de metal, permanece inabalada, e ocorre um locaute que coloca 45 a 50 mil homens na rua durante um mês. Através desse fechamento, o movimento pela jornada de oito horas se estende até a greve geral de dezembro, que em grande medida interrompeu o locaute.

Enquanto isso, porém, em outubro em resposta ao projeto da Duma de Bulygin ocorre a segunda maior greve de massas em todo o império tsarista, cujo palavra de ordem foi dada pelos ferroviários. Essa segunda ação importante revolucionária do proletariado já carrega um sentido essencialmente diferente da primeira, em janeiro. O elemento da consciência política desempenha um papel muito maior. De fato, também aqui a primeira motivação para o nascimento da greve de massas foi algo desordenado e aparentemente casual: o conflito dos ferroviários com a administração por causa da Caixa de Aposentadoria. Mas o levante generalizado do proletariado industrial que se seguiu sustenta-se num pensamento político claro. O prólogo da greve de janeiro foi uma caminhada reivindicativa até o tsar pela liberdade política, o lema da greve de outubro era: fora com a comédia constitucional do tsarismo! E graças ao sucesso imediato da greve geral, ao manifesto tsarista de 30 de outubro, o movimento não se volta para dentro, como em janeiro, regressando ao começo da luta de classes econômica, mas se dissemina para fora, num exercício entusiasmado da liberdade política recentemente conquistada. Manifestações, assembleias, uma imprensa jovem, discussões públicas, e, para concluir, massacres sangrentos, em seguida novas greves de massas e manifestações – essa é a imagem dantesca dos dias de novembro e dezembro. Seguindo o apelo da social-democracia, é realizada em novembro em São Petersburgo a primeira greve de massas demonstrativa como anúncio de protesto contra os atos de sangue e a promulgação do estado de sítio na Livônia e na Polônia. A ebulição após o curto sonho da Constituição, e o despertar atroz, leva finalmente em dezembro à eclosão da terceira greve geral de massas em todo o império tsarista. Dessa vez, o andamento e o desfecho são completamente diferentes dos dois casos anteriores. A ação política não mais se transforma em uma ação de cunho econômico, como em janeiro, mas também não conquista uma vitória rápida, como em outubro. A camarilha tsarista não mais realiza experimentos com a liberdade política real, e assim, pela primeira vez, a ação revolucionária atinge em toda a sua amplitude o muro rígido do poder material[20] do absolutismo. Por meio do desenvolvimento lógico, interior aos acontecimentos que se sucedem, dessa vez a greve de massas se transforma em um levante aberto, em luta armada, de barricadas, nas ruas de Moscou. As jornadas de dezembro em Moscou, auge da trajetória ascendente da ação política e do movimento de greve de massas, fecham o primeiro ano laborioso da revolução.

Os acontecimentos de Moscou expõem, ao mesmo tempo, como uma pequena amostra, o desenvolvimento lógico e o futuro de todo o movimento revolucionário: seu término inevitável em um levante aberto, mas que, por sua vez, não se produzirá senão pela escola de uma série de levantes parciais preparatórios, que justamente por causa disso terminam temporariamente com aparentes "derrotas" parciais, e observados isoladamente podem parecer "equivocados".

O ano de 1906 traz as eleições da Duma e o seu episódio. O proletariado boicota, por conta de seu forte instinto revolucionário e do claro conhecimento da situação, toda a farsa constitucional tsarista, e o liberalismo volta a ocupar o primeiro plano político durante alguns meses. A situação do ano de 1904 parece retroceder: a ação cede lugar à palavra, e o proletariado fica por algum tempo na sombra, dedicando-se tanto mais assiduamente à luta sindical e ao trabalho organizativo. As greves de massas emudecem, enquanto a ruidosa retórica liberal irrompe dia após dia. Por fim, de repente a cortina de ferro se fecha, os atores são

20 1ª edição: físico.

dispersos, dos foguetes liberais restam apenas fumo e névoa. Uma tentativa do comitê central da social-democracia russa, de provocar uma quarta greve de massas em toda a Rússia como manifestação em favor da Duma e pela reabertura do período do discurso liberal, cai prontamente por terra. O papel da greve política de massas está esgotado, porém, a passagem da greve de massas para um levante popular generalizado e a luta de ruas ainda não amadureceu. O episódio liberal acabou, o proletário ainda não recomeçou. O palco fica provisoriamente vazio.

IV

Procuramos esboçar a história da greve de massas da Rússia em poucos e concisos traços. Até mesmo um rápido olhar sobre essa história nos mostra um retrato que em nada se assemelha àquele que comumente se faz da greve de massas durante sua discussão na Alemanha. Em vez do esquema rígido e oco de uma "ação" política seca, realizada com base em planos cautelosos provenientes de decisões das altas instâncias, vemos uma peça de uma vida vívida, de carne e osso, que não se deixa separar do quadro maior da revolução, ligada por mil veias a todo o movimento da revolução.

A greve de massas, como nos é mostrada pela revolução russa, é um fenômeno tão mutável, que reflete em si em todas as fases da luta política e econômica, todos os estágios e momentos da revolução. Sua aplicabilidade, sua força de influência, os elementos que a produzem se alteram continuamente. Repentinamente ela abre novas e maiores perspectivas para a revolução onde esta já parecia encontrar-se num beco sem saída, e falha onde parece ser possível contar com ela com toda a certeza. Ora ela se estende como uma grande onda sobre todo o império, ora se divide em uma grande rede de pequenas correntes; ora borbulha como uma fonte fresca saída do subsolo, ora se perde completamente na terra. Greves políticas e econômicas, greves de massa e greves parciais, greves de protesto e greves de luta, greves gerais de setores isolados e greves gerais de cidades isoladas, lutas salariais pacíficas e batalhas de rua, lutas de barricada – tudo isso se confunde, acontece paralelamente, se cruza, conflui; é um mar sempre em movimento, em alteração. E a lei do movimento desses fenômenos torna-se clara: não reside na greve de massas propriamente dita, em suas especificidades técnicas, mas na correlação entre as forças políticas e sociais da revolução. A greve de massas é apenas a forma da luta revolucionária, e todo deslocamento na correlação das forças em luta, no desenvolvimento do partido e na divisão de classes, na posição da contrarrevolução, tudo isso logo influencia a ação da greve por milhares de caminhos quase incontroláveis. Entretanto, a própria ação da greve quase não para. Ela apenas altera suas formas, sua extensão, seu efeito. Ela é o pulso vivo da revolução e, ao mesmo tempo, seu motor mais poderoso. Em suma: a greve de massas, como nos é mostrada pela Revolução Russa, não é um meio astuto, inventado para reforçar o efeito da luta proletária, mas é *o modo de movimentação da massa proletária, a forma de expressão da luta proletária na revolução.*

Pode-se avaliar o problema da greve de massas a partir de alguns pontos de vista gerais.

1. É completamente incorreto conceber a greve de massas como um ato, uma ação isolada. A greve de massas é, antes, a denominação, o conceito aglutinador de todo um período de anos, talvez de décadas de lutas de classes. Das incontáveis e variadas greves de massas que ocorreram na Rússia durante os últimos quatro anos, o esquema da greve de massas como um breve ato isolado, puramente político, convocado de acordo com um plano e uma intenção, corresponde apenas a um tipo, e ainda por cima secundário: à pura greve de protesto. Ao longo de um período de cinco anos, vemos na Rússia apenas algumas poucas greves de protesto, e *nota bene* comumente restritas a algumas cidades isoladas. Assim, por exemplo, a greve geral da comemoração de maio que ocorre anualmente em Varsóvia e em *Łódź* – na Rússia propriamente dita, o 1º de maio até hoje ainda não foi comemorado com uma abrangência significativa por uma paralisação do trabalho; a greve de massas em Varsóvia em 11 de setembro de 1905,

por ocasião do funeral em homenagem ao condenado à morte Marcin Kasprzak; em novembro de 1905 em Petersburgo como protesto contra a declaração do estado de sítio na Polônia e na Livônia; em 22 de janeiro em Varsóvia, em *Łódź*, *Częstochowa* e na bacia mineira de Dabrov, bem como parcialmente em algumas cidades russas, como festividade anual do dia em memória ao banho de sangue de São Petersburgo; além disso, em julho de 1906 uma greve geral em Tiflis como manifestação de solidariedade para com os soldados condenados pelo tribunal militar em virtude da revolta militar; finalmente, pelo mesmo motivo, em setembro deste ano, durante as negociações do tribunal militar em Reval. Todas as outras greves de massas e greves gerais grandes e parciais não foram greves de protesto, mas de luta, e como tais originaram-se no mais das vezes de modo espontâneo, a cada vez por motivos locais casuais e específicos, sem planejamento e sem intenção, e cresciam com um poder elementar até tornarem-se grandes movimentos; assim sendo, não "batiam em retirada ordenadamente", mas se transformavam ora em luta econômica, ora em luta de rua, ora desmoronavam sozinhas.

Nesse retrato geral, as greves de protesto puramente políticas desempenham um papel completamente subordinado – o de pequenos pontos isolados numa superfície enorme. Do ponto de vista temporal, pode-se apreender aí o seguinte traço: as greves de protesto, que, diferentemente das greves de luta, apresentam o maior nível de disciplina partidária, de direção consciente e de pensamento político, ou seja, de acordo com o esquema deveriam transparecer como a forma mais madura e elevada da greve de massas, na verdade desempenham o maior papel nos *primórdios* do movimento. Assim, por exemplo, a paralisação absoluta do trabalho em 1º de maio de 1905 em Varsóvia, como primeiro caso de uma decisão da social-democracia tão surpreendentemente levada a cabo, foi um acontecimento de grande impacto para o movimento proletário na Polônia. Do mesmo modo, a greve de solidariedade em novembro do mesmo ano em São Petersburgo impressionou bastante como a primeira prova de uma ação de massas consciente, planejada na Rússia. Igualmente também o "ensaio de greve de massas" dos companheiros de Hamburgo, em 17 de janeiro de 1906,[21] desempenhará um papel excepcional na história das futuras greves de massas alemãs como a primeira tentativa de usar arma tão controversa, tentativa aliás bem-sucedida, que exprime de modo muito convincente o clima de luta e a alegria de lutar do operariado hamburguês. E é com a mesma certeza que o período de greves de massas na Alemanha, quando tiver sido seriamente iniciado, levará por si a uma verdadeira paralisação geral do trabalho em 1º de maio. A comemoração de maio poderia naturalmente ser entendida como a primeira grande manifestação em homenagem às lutas de massas. Nesse sentido, o "cavalo manco", como foi chamada a comemoração de maio no Congresso Sindical de Colônia,[22] ainda tinha à sua frente um grande futuro e um papel importante na luta de classes proletária. Mas com o desenvolvimento das primeiras lutas revolucionárias sérias o significado dessas manifestações diminui rapidamente. Justamente os mesmos fatores, que possibilitaram objetivamente a existência de greves de protesto de acordo com um plano previamente traçado e com vistas aos ideais dos partidos – o crescimento da consciência política e a educação do proletariado – tornam esse tipo de greve de massas impossível; hoje, o proletariado na Rússia, e justamente a vanguarda mais diligente da massa, nada quer saber de greves de protesto; os trabalhadores não querem mais brincar e agora apenas querem pensar numa luta séria com todas as suas consequências. E se, na primeira grande greve de massas no ano de 1905, o elemento de protesto desempenhou um grande papel, ainda que não de forma proposital, mas antes, instintiva, espontânea, em contrapartida a tentativa do comitê central da social-democracia russa de chamar em agosto uma greve de massas, como protesto contra a dissolução da Duma, falhou, dentre outros motivos, diante da aversão

---

21 Cerca de 80 mil trabalhadores de Hamburgo interromperam o trabalho na tarde de 17 de janeiro de 1906 para protestar em assembleias e com manifestações contra a restrição do direito de voto. Foi a primeira greve política de massas na Alemanha.

22 No V Congresso dos Sindicatos Alemães, de 22 a 27 de maio de 1905 em Colônia, a discussão acerca do Primeiro de Maio como um dia de luta de classe trabalhadora havia sido interrompida. O congresso terminou sem uma votação das solicitações apresentadas com relação à pauta do dia.

categórica do proletariado instruído contra simples manifestações e insignificantes pseudoações (*Halbaktionen*).

2. Quando, porém, enfocamos a greve de luta em vez do tipo subordinado da greve de protesto, o que chama a atenção é que é impossível separar os elementos políticos e econômicos uns dos outros. Também aqui a realidade foge bastante do esquema teórico, e a concepção pedante, segundo a qual a pura greve de massas política resulta logicamente da mais elevada e madura greve geral sindical, mas é ao mesmo tempo distinta dela, é refutada por completo pela experiência da revolução russa. Isso não se expressa apenas historicamente em que a greve de massas, daquela primeira grande luta salarial dos trabalhadores têxteis de São Petersburgo no ano de 1896/1897, até a última grande greve de massas em dezembro de 1905, tenha passado de modo completamente imperceptível do econômico ao político, tornando quase impossível traçar a fronteira entre ambos. Também cada uma das grandes greves de massas repete em miniatura, por assim dizer, a história geral da greve de massas russa e começa com um conflito sindical puramente econômico ou, pelo menos, parcial, percorrendo toda a escala até o protesto político. A grande tormenta de greves de massas no sul da Rússia em 1902 e 1903 originou-se, como vimos, em Baku a partir de um conflito decorrente da punição de desempregados, em Rostov das diferenças salariais nas oficinas ferroviárias, em Tiflis da luta dos empregados do comércio pela redução do tempo de trabalho, em Odessa da luta salarial numa única pequena fábrica. A greve de massas de janeiro de 1905 desenvolveu-se a partir do conflito interno nas fábricas Putilov, a greve de outubro da luta dos ferroviários pela Caixa de Aposentadoria, a greve de dezembro, por fim, da luta dos empregados dos telégrafos e do correio pelo direito de coligação. O progresso do movimento como um todo não se manifesta porque deixa de haver o estágio econômico inicial, mas antes pela rapidez com que é percorrida a escala até o protesto político, e pelo ponto extremo aonde chega a greve de massas.

Só que o movimento como um todo não segue apenas a direção da luta econômica para a luta política, mas também o contrário. Cada uma das grandes ações políticas de massas se transforma, depois de ter atingido o ápice, numa grande confusão de greves econômicas. E novamente isso se refere não apenas a cada uma das grandes greves de massas, mas também à revolução como um todo. Com a expansão, clarificação, e potencialização da luta política, não apenas a luta econômica não retrocede, como também se dissemina, se organiza, e se potencializa por sua vez ao mesmo tempo. Existe uma completa interação entre as duas.

Cada novo arranque e cada nova vitória da luta política se transforma num grande impulso para a luta econômica, expandindo simultaneamente suas possibilidades externas e o ímpeto interno dos trabalhadores para melhorar sua situação, aumentando seu desejo de luta. Após cada onda espumante da ação política sobra um sedimento fértil onde imediatamente surgem milhares de brotos da luta econômica. E inversamente. O incessante estado de guerra econômico dos trabalhadores contra o capital mantém acesa a energia combativa em todas as pausas políticas; ele forma, por assim dizer, o reservatório permanentemente fresco da força de classe proletária, do qual a luta política sempre volta a tirar seu poder, e, ao mesmo tempo, a incansável perfuração (*Bohren*) econômica do proletariado leva a todo momento, ora aqui ora ali, a agudos conflitos isolados a partir dos quais explodem repentinamente conflitos políticos em grande escala.

Em suma, a luta econômica é o que leva de um entroncamento político a outro, sendo a luta política a fecundação periódica da terra para a luta econômica. Causa e efeito alternam aqui suas posições a cada momento, formando assim os elementos econômico e político no período de greve de massas; longe de se separarem claramente ou até de se excluírem, como quer o esquema pedante, eles são antes dois lados entrelaçados da luta de classes proletária na Rússia. E *sua unidade* é justamente a greve de massas. Quando a sutil teoria, para chegar à "pura greve política de massas", realiza uma dissecção artificialmente lógica na greve de massas, ao dissecá-la, como em qualquer outro caso, o fenômeno não é reconhecido em sua essência viva, mas só depois de morto.

3. Por fim, os acontecimentos na Rússia nos mostram que a greve de massas é inseparável da revolução. A história da greve de massas russa é a história da Revolução Russa. Quando, no entanto, os representantes do nosso oportunismo alemão ouvem falar de "revolução", eles logo pensam em derramamento de sangue, em batalhas de rua, em pólvora e chumbo, e o resultado lógico disso é: a greve de massas leva inevitavelmente à revolução, *ergo* não podemos fazê-la. De fato vemos, na Rússia, que quase toda greve de massas chega por fim a um confronto com os guardiões armados da ordem tsarista; nisso as assim chamadas greves políticas assemelham-se totalmente às lutas econômicas maiores. Mas a revolução é algo diferente e algo mais do que derramamento de sangue. Diferentemente da concepção policial, que apreende a revolução exclusivamente do ponto de vista das manifestações de rua e dos tumultos, isto é, do ponto de vista da "desordem", o socialismo científico concebe a revolução, sobretudo, como uma transformação interna profunda nas relações sociais de classes. E desse ponto de vista há, entre a revolução e a greve de massas na Rússia, também um nexo completamente diferente do constatado pela percepção trivial, de que a greve de massas comumente termina em derramamento de sangue.

Vimos, acima, o mecanismo interno da greve de massas russa, que reside na interação ininterrupta entre luta política e luta econômica. Mas justamente essa interação está condicionada pelo período da revolução. Apenas no ar tempestuoso do período revolucionário é que cada pequeno conflito parcial entre trabalho e capital é capaz de desenvolver-se até uma explosão geral. Na Alemanha acontecem anual e diariamente os embates mais brutais entre trabalhadores e empreendedores, sem que a luta ultrapasse os limites do setor, da cidade ou da fábrica em questão. Punições a trabalhadores organizados como em São Petersburgo, desemprego como em Baku, conflitos salariais como em Odessa, lutas pelo direito de coligação como em Moscou, encontram-se na ordem do dia na Alemanha. Nenhum desses casos, no entanto, se transformou numa ação conjunta de classes. E se eles próprios se desenvolvem rumo a uma única greve de massas, que sem dúvida tem caráter político, ainda assim não dão origem a uma tempestade geral. A greve geral dos ferroviários holandeses,[23] que apesar de toda a simpatia acabou sangrando em meio à imobilidade completa de todo o proletariado, é um exemplo gritante.

E, inversamente, só no período revolucionário, em que os fundamentos sociais e os muros da sociedade de classes são sacudidos e se encontram em constante mudança, é que aquela ação política de classe do proletariado é capaz, em poucas horas, de arrancar de sua imobilidade camadas do operariado até então inatingidas, o que logo se expressa em uma luta econômica tormentosa. O trabalhador repentinamente despertado pelo choque elétrico de uma ação política recorre, no momento seguinte, sobretudo ao que está mais próximo: defende-se contra sua situação de escravidão econômica; o gesto tempestuoso da luta política faz-lhe sentir o peso e a pressão de suas correntes econômicas com uma intensidade insuspeitada. Enquanto na Alemanha a mais intensa luta política, por exemplo, a luta eleitoral ou a luta parlamentar a propósito da tarifa alfandegária, exerce uma influência direta quase imperceptível sobre o andamento e a intensidade das lutas salariais travadas simultaneamente, cada ação política do proletariado russo se expressa imediatamente por uma extensão e um aprofundamento da área da luta econômica.

Assim, é a revolução que primeiramente cria as condições sociais nas quais é viabilizada aquela transformação imediata da luta econômica em política e da luta política em econômica, que encontra sua expressão na greve de massas. E quando o esquema trivial apenas enxerga o nexo entre a greve de massas e a revolução nos confrontos de rua sangrentos com os quais as greves de massas se encerram, um olhar um pouco mais profundo sobre os acontecimentos russos nos mostra um nexo completamente *inverso*: na verdade não é a greve de

---

23 A greve geral dos ferroviários holandeses teve início em 6 de abril de 1903. Ela se voltava contra um projeto de lei do governo, que previa altas penas carcerárias para os grevistas. O comitê de proteção dos sindicatos decidiu, em 10 de abril de 1903, interromper a greve depois que o projeto de lei foi aceito pelo parlamento.

massas que produz a revolução, mas a revolução é que produz a greve de massas.

4. Basta resumir o que foi dito anteriormente para também obter um resultado acerca da questão da direção consciente e da iniciativa na greve de massas. Se a greve de massas não significa um ato isolado, mas todo um período da luta de classes, e se esse período é idêntico a um período de revolução, está claro que a greve de massas não pode ser livremente desencadeada, mesmo que a decisão para tanto parta da mais alta instância do mais forte partido social-democrata. Enquanto a social-democracia não tiver em suas mãos a capacidade de protagonizar e terminar revoluções de acordo com o seu desejo, nem o maior entusiasmo ou impaciência das tropas social-democratas é suficiente para gerar um verdadeiro período de greves de massas como um movimento popular vivo e poderoso. A determinação da direção partidária e a disciplina partidária do operariado social-democrata podem sem dúvida realizar uma curta manifestação isolada, como a greve de massas sueca[24] ou as mais recentes greves de massas austríaca[25] ou a greve de 17 de janeiro em Hamburgo. Essas manifestações, porém, distinguem-se de um verdadeiro período de greves de massas revolucionárias do mesmo modo que as conhecidas manobras navais em portos estrangeiros,[26] quando as relações diplomáticas estão tensas, se distinguem de uma guerra marítima. Uma greve de massas nascida de muita disciplina e entusiasmo irá, no melhor dos casos, desempenhar um papel como episódio, como um sintoma da combatividade do

---

24   Na Suécia foi realizada uma greve política de massas de 15 a 17 de maio de 1902 a partir de uma decisão da social-democracia, para dar ênfase à reivindicação por uma reforma do direito de voto. A greve, na qual tomaram parte cerca de 116 mil trabalhadores, foi interrompida sem resultado, depois que as duas câmaras do Congresso solicitaram ao governo, por meio de uma resolução, a proposta de um novo modelo para o direito de voto até 1904.

25   De outubro a dezembro de 1905 ocorreram na Áustria-Hungria, após decisão do Partido Austríaco Social-Democrata, greves e manifestações de massa em favor do sufrágio universal.

26   No verão de 1898, durante a Guerra Hispano-Americana, apareceu um esquadrão naval alemão em frente a Manila, para fazer valer a pretensão dos círculos coloniais e navais alemães sobre uma parte considerável das possessões espanholas no Pacífico e no Extremo Oriente. – Em 31 de março de 1905 Guilherme II chegou a Tanger para impedir a dominação francesa no Marrocos em prol do imperialismo alemão.

operariado, após o que a situação volta à tranquilidade do cotidiano. De fato, também durante a revolução as greves de massas não caem inteiramente do céu. Dessa ou daquela maneira, elas precisam ser feitas pelos trabalhadores. A decisão e a resolução do operariado também desempenham um papel nisso, e é claro que a iniciativa bem como a direção posterior cabem ao núcleo social-democrata mais organizado e mais esclarecido do proletariado. Mas essa iniciativa e essa direção no mais das vezes apenas têm espaço de manobra no que se refere ao emprego de atos isolados, greves isoladas, quando o período revolucionário já existe, e com frequência apenas no interior das fronteiras de uma única cidade. Assim, por exemplo, como vimos, diversas vezes a social-democracia, com sucesso, ofereceu diretamente as palavras de ordem para a greve de massas em Baku, em Varsóvia, em *Łódź*, em São Petersburgo. A mesma coisa obtém êxito muito menor se for aplicada a movimentos gerais de todo o proletariado. Além disso, a iniciativa e a direção consciente têm limites bem determinados. Justamente durante a revolução é bastante difícil para qualquer órgão dirigente do movimento proletário prever e calcular qual motivo e quais momentos poderão levar a explosões e quais não. Também aqui a iniciativa e a direção não consistem em comandar arbitrariamente, mas em adaptar-se à situação o mais habilmente possível, mantendo o mais estreito contato com o moral da massa. O elemento da espontaneidade desempenha, como vimos, um grande papel em todas as greves de massas russas, sem exceção, seja como elemento propulsor ou como elemento repressor. Mas isso não decorre do fato de, na Rússia, a social-democracia ainda ser jovem ou fraca, mas porque para cada ato isolado da luta concorrem incalculáveis elementos econômicos, políticos e sociais, gerais e locais, materiais e psíquicos, de modo que nenhum ato pode ser determinado e realizado como um exemplo aritmético. A revolução, até mesmo quando o proletariado desempenha o papel de liderança com a social-democracia na direção, não é uma manobra do proletariado em campo aberto, mas é, antes, uma luta em plena quebra, fragmentação e alteração de todos os fundamentos sociais. Em suma, se nas greves de massas na Rússia o elemento espontâneo desempenha um papel tão importante, não é porque o proletariado "não é instruído", mas porque a revolução não admite instrutores.

Por outro lado, vemos na Rússia que a mesma revolução, que tanto dificultou à social-democracia o comando da greve de massas e que a todo momento lhe tira da mão, ou lhe devolve a batuta de maestro, em compensação resolve todas as dificuldades das greves de massas que no esquema teórico da discussão alemã são tratadas como as preocupações principais da "direção": a questão do "abastecimento", da "cobertura dos custos" e das "vítimas". De fato, ela não os resolve da maneira como se faz, com o lápis na mão, numa conferência tranquila e secreta entre as instâncias dirigentes superiores do movimento operário. O "controle" de todas essas questões consiste no seguinte: a revolução traz para o palco massas populares tão enormes, que o cálculo e o controle dos custos do movimento, como se avaliam de antemão os custos de um processo civil, parecem uma tarefa infindável. Decerto também as organizações dirigentes na Rússia procuram apoiar as vítimas diretas da luta com todas as forças. Assim, por exemplo, é que receberam assistência durante semanas as corajosas vítimas do grande locaute em São Petersburgo, em virtude da campanha pela jornada de oito horas. Mas todas essas medidas, no enorme balanço da revolução são uma gota no oceano. No momento em que começa um verdadeiro e sério período de greves de massas, todos os "cálculos de custos" se transformam na tentativa de esvaziar o oceano com um copo d'água. Com efeito, o que a massa proletária paga por cada revolução é um oceano de enormes sacrifícios e sofrimentos. E a solução que um período revolucionário dá a essa dificuldade aparentemente intransponível consiste em desencadear simultaneamente na massa uma soma tão enorme de idealismo, que ela se torna insensível aos maiores sofrimentos. Com a psicologia de um sindicalista, que não aceita interromper o trabalho na comemoração de primeiro de maio, antes de ter garantido antecipadamente um certo apoio para o caso de ser punido, não se pode fazer nem revolução nem greve de massas. Mas no decorrer da tempestade do período revolucionário, o proletário, o providente pai de família, que exige apoio, transforma-se num "revolucionário romântico", para quem até o bem supremo, a saber, a vida, sem falar do bem-estar material, possui pouco valor em comparação com os ideais da luta.

Mas se a direção da greve de massas, no sentido de comandar o seu início, calcular e cobrir as despesas, cabe ao próprio período revolucionário, num sentido completamente diferente a direção da greve de massas cabe à social-democracia e a seus órgãos dirigentes. Em vez de quebrar a cabeça com o lado técnico, com o mecanismo da greve de massas, a social-democracia é chamada a assumir a direção *política* também em pleno período revolucionário. Dar as palavras de ordem, uma direção à luta, estabelecer a *tática* da luta política de modo que em cada fase e em cada momento da luta toda soma do poder existente do proletariado, já deflagrado e mobilizado, se realize e se expresse na posição de luta do partido, que a tática da social-democracia, pela sua determinação e pelo seu rigor, nunca esteja *abaixo* do nível da verdadeira correlação de forças, mas antecipe essa correlação, eis a tarefa mais importante da "direção" no período das greves de massas. E essa direção transforma-se por si própria, por assim dizer, em uma direção técnica. Uma tática resoluta, consequente, que avança, por parte da social-democracia provoca na massa o sentimento de segurança, de autoconfiança e o desejo de luta; uma tática hesitante, fraca, baseada na subestimação do proletariado, paralisa e desorienta as massas. No primeiro caso as greves de massas eclodem "por si próprias" e sempre "no momento certo", no segundo os chamados da direção em prol da greve de massas não têm sucesso. A revolução russa oferece exemplos sugestivos de ambos os casos.

V

Cabe agora perguntar quanto todos os ensinamentos que se podem extrair da greve de massas russa valem para a Alemanha. As condições políticas e sociais, a história e a posição do movimento operário na Alemanha e na Rússia são completamente diferentes. À primeira vista, as leis internas da greve de massas russa acima delineadas podem parecer apenas produto específico das condições russas, que em nada valem para o proletariado alemão. Entre a luta política e econômica na Revolução Russa existe o mais estreito nexo interno possível; sua unidade se expressa no período da greve de massas. Mas isso não é uma simples consequência do absolutismo russo? Em um Estado no qual toda forma e toda manifestação do movimento operário é proibida, em que a mais simples greve é um crime político, qualquer luta econômica transforma-se logicamente em luta política.

Além disso, se inversamente logo a primeira eclosão da revolução política trouxe consigo um acerto de contas geral do operariado russo com o empresariado, isso é, por sua vez, a simples consequência do fato de o trabalhador russo ter até então o mais baixo nível de vida e de nunca ter travado uma luta econômica regular pela melhoria de sua situação. O proletariado na Rússia, por assim dizer, precisava primeiro sair do estado mais rústico; que maravilha que tenha encampado isso com ousadia juvenil assim que a revolução trouxe o primeiro sopro de ar fresco à atmosfera sufocante do absolutismo. E, por fim, o andamento revolucionário tumultuoso das greves de massas russas, bem como o seu preponderante caráter espontâneo e elementar, explica-se, de um lado, pelo atraso político da Rússia, pela necessidade de, primeiramente, derrubar o despotismo oriental, e, de outro, pela carência de organização e aprendizado do proletariado russo. Em um país onde a classe trabalhadora tem trinta anos de experiência de vida política, um partido social-democrata com a força de três milhões de pessoas, e uma tropa sindicalmente organizada de um milhão e um quarto, é impossível que a luta política, que as greves de massas assumam o mesmo caráter tumultuoso e elementar que em um Estado semibárbaro, que ainda está em vias de realizar o salto da Idade Média para a ordem burguesa moderna. Essa é a visão comum entre aqueles que querem deduzir o grau de maturidade das relações sociais de um país a partir do conteúdo de suas leis escritas.

Examinemos as questões por ordem. Primeiramente é errôneo datar o início da luta econômica na Rússia a partir da eclosão da revolução. É verdade que as greves, as lutas salariais na Rússia propriamente dita estavam cada vez mais na ordem do dia desde o início dos anos 1890, na Polônia russa[27] mesmo desde o fim dos anos 1880, e que haviam por fim conquistado de fato o direito de cidadania. No entanto elas frequentemente traziam excessos policiais brutais consigo, mas ainda assim faziam parte dos fenômenos cotidianos. Afinal, já no ano de 1891, por exemplo, em Varsóvia e em *Łódź* havia um significativo caixa de greve coletivo, e o entusiasmo pelos sindicatos durante esses anos criou até mesmo na Polônia, por um curto espaço de tempo, aquelas ilusões "econômicas" que grassaram em São Petersburgo e no restante da Rússia alguns anos depois.[28]

---

27 Por Polônia russa (Polônia congressual) entende-se o Reino da Polônia criado em 1815 pelo Congresso de Viena e que existiu até 1915.

28 Por isso é de fato um erro a afirmação da companheira Roland-Holst que, em seu prefácio à edição russa de seu livro sobre a greve de massas, diz: "No entanto, o proletariado [na Rússia – R. L.], quase desde o advento da grande indústria, familiarizou-se com a greve de massas, pelo simples fato de que greves parciais mostraram-se impossíveis sob a pressão política do absolutismo" (*Neue Zeit*, 1906, n.33). O caso seria antes o inverso. É também o que diz o relator do cartel sindical de São Petersburgo à segunda conferência dos sindicatos russos, em fevereiro de 1906 ao início de seu discurso: "Na composição da conferência que vejo aqui à minha frente, não preciso destacar que o nosso movimento sindical não se origina, por exemplo, de um período 'liberal' do príncipe Swiatopolk-Mirski [no ano de 1904 – R. L.] ou de 22 de janeiro, como alguns tentam afirmá-lo. O movimento sindical tem raízes muito mais profundas, que estão ligadas de maneira inseparável a todo o passado de nosso movimento operário. Os nossos sindicatos são apenas novas formas de organização para dirigir a luta econômica que o proletariado russo já trava há décadas. Sem nos aprofundar muito na história, pode-se dizer que a luta econômica dos trabalhadores de São Petersburgo assume formas mais ou menos organizadas desde as memoráveis greves de 1896 e 1897. A direção dessa luta torna-se, felizmente combinada com a direção da luta política, assunto daquela organização social-democrata, assunto que a Associação de São Petersburgo chamou de luta pela libertação da classe trabalhadora, e que, após a conferência em março de 1898, transformou-se no Comitê de São Petersburgo do partido russo dos trabalhadores social-democratas. É criado um complicado sistema de organizações de fábrica, distrito e subúrbio, que liga central às massas trabalhadoras através de incontáveis fios e lhe possibilita agir segundo todas as necessidades do operariado por meio de panfletos. É criada a possibilidade de apoiar e dirigir a greve".

[Nota da nota]: 1 A Liga de Guerra de Petersburgo pela Libertação da Classe Trabalhadora foi fundada sob a direção de V. I. Lênin em novembro de 1895. A primeira convenção partidária da SDAPR, de 1º a 3 de março de 1898, decidiu pela remodelagem das associações de luta e dos grupos social-democratas na Rússia em Comitês do Partido Russo Social-Democrata dos Trabalhadores.

Assim sendo, há bastante exagero na ideia de que antes da revolução o proletário no império tsarista se encontrava no nível de vida dos indigentes. Justamente a camada mais ativa e mais dedicada da atual luta política e econômica dos trabalhadores da grande indústria, da cidade grande, encontrava-se em um nível de vida material que era apenas um pouco inferior à camada correspondente do proletariado alemão, e em algumas profissões pode-se encontrar na Rússia salários iguais aos da Alemanha, e até mesmo, num lugar ou outro, salários maiores. Também no que se refere ao tempo de trabalho, em alguns locais a diferença entre grandes firmas industriais dificilmente será significativa. Assim, as ideias que contam com uma suposta submissão material e cultural do operariado russo, que o faria similar aos hilotas, são tiradas do nada. Após alguma reflexão essa ideia teria que contradizer o fato da revolução propriamente dita e o papel de destaque do proletariado nela. Com indigentes não se fazem revoluções politicamente maduras e com clareza de pensamento, e aquele trabalhador industrial de São Petersburgo e Varsóvia, Moscou e Odessa, que se encontra na antessala da luta está, do ponto de vista cultural e espiritual, muito mais próximo do tipo europeu-ocidental do que pensam aqueles que veem o parlamentarismo burguês e a prática sindical regular como a única e indispensável escola cultural do proletariado. O moderno desenvolvimento rumo ao grande capitalismo na Rússia e a influência intelectual de uma década e meia de social-democracia, que encorajou e dirigiu a luta econômica, realizaram uma parcela significativa de trabalho cultural mesmo sem as garantias exteriores da ordem legal burguesa.

Mas o contraste torna-se ainda menor quando, do outro lado, olhamos um pouco mais a fundo o verdadeiro nível de vida do operariado *alemão*. As grandes greves políticas de massas despertaram, na Rússia, as camadas mais amplas do proletariado desde o início, e as colocaram em uma luta econômica febril. Será que não há na Alemanha recantos completamente escuros na existência do operariado aos quais a luz reconfortante dos sindicatos pouco chegou até hoje, grandes camadas sociais que até agora mal tentaram tomar o caminho das lutas salariais cotidianas para sair do hilotismo social, ou o fizeram em vão?

Peguemos a *miséria dos mineiros*. Mesmo num dia de trabalho calmo, na atmosfera gelada da irrelevância parlamentar alemã – assim como em outros países, mesmo no eldorado dos sindicatos, a Inglaterra – a luta salarial dos mineiros se manifesta apenas de tempos em tempos em erupções enormes, em greves de massas típicas, elementares. Isso mostra que a oposição entre capital e trabalho, aqui, é demasiadamente intensa e poderosa para que se possa dividi-la na forma de lutas sindicais tranquilas, planejadas e parciais. Porém, essa miséria dos mineiros, com sua base eruptiva, que já em tempos "normais" constitui um cenário altamente impetuoso, deveria na Alemanha, a cada grande ação política de massas da classe trabalhadora, a cada choque violento, dar vazão inevitavelmente e de pronto a uma enorme luta econômico--social. Olhemos, além disso, para a *miséria dos trabalhadores têxteis*. Aqui também as explosões mais irritadas e no mais das vezes sem resultado das lutas salariais, que atravessam o Vogtland de tempos em tempos, oferece um conceito fraco da veemência com que a grande massa amontoada dos escravos do capital têxtil cartelizado explodiria por ocasião de um abalo político, de uma ação de massas forte e audaciosa do proletariado alemão. Olhemos, ainda, para a *miséria dos trabalhadores domésticos*, a *miséria dos trabalhadores da confecção*, a *miséria dos trabalhadores da eletricidade*, diversos cenários em que a cada explosão política na Alemanha rebentarão violentas lutas econômicas agravadas pelo fato de que aqui o proletariado, em tempos tranquilos, raramente se empenha na luta, que sua luta é cada vez mais em vão e que cada vez mais é brutalmente compelido pelo capital a retornar, rangendo os dentes, à escravidão.

Consideremos agora as grandes categorias do proletariado que, em um andamento "normal" das coisas na Alemanha, estão excluídas de toda possibilidade de realizar uma luta econômica tranquila para melhorar sua situação, bem como de qualquer uso do direito de coligação. Citemos sobretudo como exemplo a notável miséria dos *empregados ferroviários* e do *correio*. Para esses funcionários públicos existem condições russas, definitivamente russas, em pleno estado de direito parlamentar alemão, como só existiam *antes* da revolução, durante a magnificência inabalada do absolutismo. Já na grande greve de outubro de 1905, o ferroviário russo, na Rússia ainda formalmente absolutista, encontrava-se muito acima do alemão no que se refere à sua mobilidade social e econômica. Os ferroviários e os empregados do correio russos conquistaram o direito de coligação efetivamente na luta, e ainda que no momento chova processo após processo e reprimenda após reprimenda, nada atinge a solidariedade interna deles. Mas seria um cálculo psicológico completamente errado, caso se quisesse assumir, com a reação alemã, que a obediência cega dos ferroviários e empregados do correio alemães durará para sempre, que ela é uma rocha, que nada pode destruí-la. Quando os dirigentes sindicais alemães também tiverem se acostumado às condições dadas de tal modo que eles, despreocupados pelo opróbrio quase sem precedentes que se faz presente em toda a Europa, consigam observar com algum contentamento os sucessos da luta sindical na Alemanha, então a raiva profunda, acumulada por muito tempo, dos escravos estatais uniformizados, explodirá inevitavelmente num levante geral dos trabalhadores industriais. E se a vanguarda industrial do proletariado usar as greves de massas para ampliar seus direitos políticos ou para defender os antigos, a grande tropa de ferroviários e empregados do correio tomará consciência de seu singular opróbrio, e por fim se levantará para libertar-se da porção extra de absolutismo russo que foi criada especialmente para ela na Alemanha. A teoria pedante, que quer realizar os grandes movimentos populares de acordo com um esquema e uma receita, acredita ver, na conquista do direito de coligação para os ferroviários, o *pressuposto* necessário a partir do qual se "poderia pensar" na primeira greve de massas na Alemanha. Só que o andamento real e natural dos fenômenos pode ser inverso: apenas pela ação da greve de massas forte e espontânea pode o direito de coligação dos ferroviários e dos empregados do correio ser efetivamente concedido a eles. E a tarefa insolúvel nas condições vigentes na Alemanha repentinamente encontrará suas possibilidades e sua solução sob a pressão de uma generalizada ação política de massas, e a partir da impressão que se venha a ter dela.

E por fim, a maior e mais importante: a miséria dos *trabalhadores rurais*. É um fenômeno compreensível que os sindicatos ingleses sejam formatados exclusivamente para o trabalhador industrial, dado o caráter específico da economia política inglesa bem como o papel diminuto da agricultura em toda a sua vida econômica. Na Alemanha uma organização sindical, ainda que brilhantemente estruturada, se compreende apenas os trabalhadores industriais e é inacessível a todo o grande exército dos camponeses, ela apresenta uma imagem parcial e pouco nítida da situação do proletariado como um todo. Por sua vez, porém, seria uma ilusão desastrosa acreditar que as condições no meio rural sejam imutáveis e imóveis, que tanto o trabalho de esclarecimento incansável da social-democracia, bem como toda a política interna de classes na Alemanha não estariam continuamente minando a passividade externa dos trabalhadores rurais, e que também não se inflamaria o proletariado rural em alguma grande ação de classes, geral, do proletariado industrial, independente do fim para o qual ela tivesse sido realizada. Mas por ora isso naturalmente não se pode manifestar diferentemente de uma luta econômica geral tumultuosa, de enormes greves de massas dos trabalhadores rurais.

Assim, a imagem da alegada superioridade econômica do proletariado alemão sobre o russo se desloca significativamente quando mudamos o olhar da tabela dos setores industriais e manufatureiros organizados em sindicatos para aqueles grandes grupos do proletariado que se encontram inteiramente fora da luta sindical, ou cuja situação econômica particular não se pode encaixar no estreito quadro da pequena guerra sindical cotidiana. Vemos então uma área potencial, uma após a outra, onde as contradições chegaram ao ápice, onde há combustível sobrando, onde se encontra muito "absolutismo russo" na forma mais nua e crua, e onde os acertos de contas mais elementares com o capital ainda precisam ser revistos.

Todos essas velhas contas teriam que ser invariavelmente apresentadas ao sistema dominante em uma ação política de massas geral do proletariado. Entretanto, uma manifestação eventual arranjada artificialmente pelo proletariado urbano, uma ação de greve de massas realizada apenas por disciplina e sob a batuta da direção do partido poderia deixar as camadas populares mais amplas frias e indiferentes. Já uma ação de luta verdadeira, forte e audaciosa do proletariado industrial, nascida de uma situação revolucionária, certamente influenciaria as camadas inferiores e levaria a uma tumultuosa luta econômica geral justamente todos aqueles que, em tempos tranquilos e normais, encontram-se ao largo da luta sindical diária.

Voltemos porém às tropas de frente do proletariado industrial alemão organizado e tenhamos perante os olhos, por outro lado, os objetivos hoje defendidos pelo operariado russo na luta econômica; constatamos que não se tratam de anseios que os mais antigos sindicatos alemães devam olhar com desprezo. Assim, a reivindicação geral mais importante das greves russas desde 22 de janeiro de 1905, a jornada de trabalho de oito horas, não é certamente um ponto de vista ultrapassado para o proletariado alemão, sendo antes, na maioria dos casos, um belo e distante ideal. O mesmo vale para a luta contra o "ponto de vista do senhor da casa", para a luta pela introdução dos comitês de trabalhadores em todas as fábricas, pelo fim do trabalho por turnos, pelo fim do trabalho doméstico na manufatura, pela realização completa do descanso dominical, pelo reconhecimento do direito de coligação. Sim, quando se observa mais de perto, todos os objetos da luta econômica do proletariado russo na atual revolução também são bastante atuais para o proletariado alemão e tocam diversas feridas da existência operária.

Disso decorre, sobretudo, que a pura greve política de massas, com a qual se costuma operar preferencialmente, é também para a Alemanha apenas um esquema teórico despido de vida. Se as greves de massas nascerem, por um caminho natural, de uma forte fermentação revolucionária como uma luta política decidida do operariado urbano, elas irão, de forma tão natural quanto na Rússia, transformar-se em todo um período de lutas econômicas elementares. Ou seja, as preocupações dos líderes sindicais, de que a luta pelos interesses econômicos em um período de lutas políticas tumultuosas, em um período de greves de massas, poderia simplesmente ser posta de lado e reprimida, assentam numa concepção primária, que paira no ar, do andamento das coisas. Um período revolucionário alteraria, mesmo na Alemanha, o caráter da luta sindical e poderia potenciá-la em tal medida, que a atual guerra de guerrilha dos sindicatos seria uma brincadeira de crianças diante daquela. E, por outro lado, essa simples tormenta de greves de massas econômicas estimularia e daria novas forças à luta política. A interação entre a luta política e econômica, que constitui por assim dizer a mola propulsora das atuais greves de massas na Rússia e, ao mesmo tempo, o mecanismo regulador da ação revolucionária do proletariado, também seria na Alemanha consequência natural da própria situação.

VI

Ligado a isso, a questão da organização também adquire, em sua relação com o problema da greve de massas na Alemanha, uma feição essencialmente diferente.

A posição de alguns líderes sindicais quanto à questão costuma esgotar-se na afirmação: "Ainda não somos fortes o suficiente para arriscar uma prova de forças tão ousada como a greve de massas". Ora, essa posição é insustentável na medida em que se trata de uma tarefa insolúvel constatar por meio de um cálculo numérico, tranquilo, quando o proletariado "estará suficientemente forte" para alguma luta. Há trinta anos os sindicatos alemães contavam 50 mil membros. Aparentemente, esse era um número com o qual, de acordo com a escala acima, não se poderia pensar em uma greve de massas. Quinze anos depois os sindicatos estavam quatro vezes mais fortes e contavam 237 mil membros. Se, entretanto, naquela época alguém tivesse perguntado a algum dos atuais líderes sindicais se, agora, a organização do proletariado estaria madura para uma greve de massas, eles certamente teriam respondido que ainda estaria longe de ser o caso, e que os trabalhadores sindicalmente organizados precisariam, primeiro, contar milhões. Hoje, os membros sindicais organizados já atingem dois milhões, mas a ótica de seus líderes ainda é exatamente a mesma, e isso pode continuar indefinidamente. Com isso se pressupõe, implicitamente, que toda a classe trabalhadora alemã, até o último homem e a última mulher, tem de ser incorporada à organização antes que se "esteja suficientemente forte" para ousar uma ação de massas que então, de acordo com a velha fórmula, provavelmente também se mostraria "supérflua". Essa teoria, entretanto, é completamente utópica pelo simples motivo de que sofre de uma contradição interna, gira em círculos. Os trabalhadores devem, antes que possam dar início a qualquer luta de classes direta, estar todos organizados. Mas a situação, as condições do desenvolvimento capitalista e do Estado burguês, fazem com que no andamento "normal" das coisas, sem fervorosas lutas de classe, determinadas camadas – e justamente a maioria, as mais importantes, as inferiores,[29] as camadas do proletariado mais reprimidas pelo Estado e pelo capital – não conseguem se organizar. Afinal vemos até mesmo na Inglaterra que todo um século de trabalho sindical incansável sem quaisquer "interrupções" – a não ser no início do período do movimento cartista –, sem quaisquer desvios ou atrativos "revolucionários românticos", não conseguiu chegar mais longe do que organizar uma *minoria* das camadas mais bem-situadas do proletariado.

No entanto, por outro lado, os sindicatos, assim como todas as organizações de luta do proletariado, não podem manter-se duradouramente a não ser justamente na luta, e não no sentido apenas da guerra de gato e rato nas águas paradas do período parlamentar-burguês, mas antes no sentido de períodos turbulentos e revolucionários da luta de massas. O entendimento rígido, mecânico-burocrático, só admite a luta como produto da organização que atinja uma certa força. O desenvolvimento dialético vivo leva, ao contrário, à organização como produto da luta. Já vimos um exemplo grandioso desse fenômeno na Rússia, onde um proletariado nada organizado conseguiu, em um ano e meio de luta revolucionária tumultuosa, criar uma rede abrangente

---

29 1ª edição: as mais inferiores.

de bases organizativas. Outro exemplo desse tipo é mostrado pela própria história dos sindicatos alemães. No ano de 1878 o número de membros sindicais era de 50 mil. De acordo com a teoria dos atuais líderes sindicais essa organização não era, como foi dito, nem de longe "suficientemente forte" para assumir uma luta política turbulenta. Os sindicatos alemães, porém, por mais fracos que fossem naquela época, *assumiram* a luta – a saber, a luta contra a lei socialista, – e não apenas se mostraram "suficientemente fortes" para deixar a luta como vencedores mas, também, quintuplicaram sua força; após a queda da lei socialista, no ano de 1891, eles abrangiam 277.659 membros. No entanto, o método, de acordo com o qual os sindicatos venceram na luta contra a lei socialista, não corresponde ao ideal de um desdobramento ininterrupto, pacífico, organizado; começaram por cair durante a luta, para, então, dela saírem na vaga seguinte e renascerem. Este é, porém, o método específico de crescimento correspondente às organizações da classe proletária: se colocar à prova na luta e dela ressurgir transformadas.

Depois de um exame mais minucioso das condições alemãs e da situação das diferentes camadas de trabalhadores está claro que o período vindouro de tumultuosas lutas políticas de massas já não traria consigo o declínio esperado que ameaçava os sindicatos alemães, mas, pelo contrário, perspectivas ainda insuspeitadas de uma expansão rápida e crescente de sua esfera de poder. Essa questão, aliás, tem também um outro lado. O plano de realizar greves de massas como sérias ações políticas de classe apenas com trabalhadores organizados é, de modo geral, algo inteiramente patético. Se a greve de massas ou, antes, se as greves de massas, se a luta de massas deve obter sucesso, ela precisa tornar-se um verdadeiro *movimento popular*, isto é, trazer as camadas mais amplas do proletariado para a luta. – Já na forma parlamentar o poder da luta de classes proletária não reside sobre um pequeno núcleo organizado, mas sobre a periferia circundante, ampla do proletariado revolucionariamente orientado. Se a social-democracia, com os seus parcos cem mil organizados, apenas quisesse tomar parte nas batalhas eleitorais, ela se condenaria à nulidade. E mesmo que seja uma tendência da social-democracia fazer entrar quase a totalidade do seu grande exército de eleitores na organização partidária, uma experiência de trinta anos de social-democracia mostra que sua massa eleitoral não se expande pelo crescimento da organização partidária, mas, pelo contrário, são as novas camadas do operariado conquistadas na luta eleitoral que constituem a terra cultivável para a semeadura organizativa seguinte. Também aqui não é apenas a organização que fornece as tropas combatentes, mas é a luta que fornece em medida muito mais elevada[30] as tropas de recrutas para a organização. O mesmo se aplica evidentemente à ação política de massas direta em grau muito mais elevado do que à luta parlamentar. Se a social-democracia, como núcleo organizado da classe trabalhadora, é a tropa de frente que lidera todo o povo trabalhador, e se também a clareza política, a força, a unidade do movimento operário flui justamente a partir dessa organização, então o movimento de classes do proletariado jamais pode ser entendido como movimento da minoria organizada. Qualquer luta de classes realmente grande precisa alicerçar-se no apoio e na participação das massas mais amplas, e uma estratégia da luta de classes que não conte com essa participação e que apenas tenha sido traçada com vistas às marchas belamente realizadas pela pequena parcela do proletariado de caserna, estará condenada de antemão ao fiasco.

As greves de massas, as lutas políticas de massas na Alemanha não podem, de modo algum, ser levadas apenas pelos {trabalhadores} organizados nem dirigidas por uma "liderança" categórica da central partidária. Nesse caso depende-se novamente – assim como na Rússia – não tanto de "disciplina", da "formação", e do prognóstico detalhado das questões de apoio e de custo, mas muito mais de uma ação de classes realmente revolucionária, decidida, que esteja em condições de ganhar e levar consigo os círculos mais amplos de massas proletárias não organizadas que são revolucionárias por sua disposição e situação.

Superestimar e avaliar erroneamente o papel da organização na luta de classes do proletariado costuma ser complementado pelo desdém pela

---

30 1ª edição: maior.

massa proletária desorganizada e pela sua imaturidade política. Num período revolucionário, na tempestade de grandes e mobilizadoras lutas de classes se mostra o efeito educador do rápido desenvolvimento capitalista e a influência da social-democracia sobre as amplas camadas populares; em tempos calmos as tabelas das organizações e as próprias estatísticas das eleições só dão uma pálida ideia disso.

Vimos que na Rússia, há cerca de dois anos, do menor e restrito conflito dos trabalhadores com o empresariado, da menor brutalidade local dos órgãos de governo, pode surgir de pronto uma ação geral e grande do proletariado. Todos veem e consideram isso natural, pois na Rússia existe "a revolução". Mas o que isso significa? Significa que o sentimento de classe, o instinto de classe está bastante vivo entre o proletariado russo, de modo que qualquer questão restrita de algum pequeno grupo de trabalhadores é imediatamente sentida como uma questão geral, como um assunto de classe, e que a reação envolve todos, sendo rápida e certeira. Enquanto na Alemanha, França, Itália, Holanda os mais fervorosos conflitos sindicais não provocam nenhuma ação geral da classe trabalhadora – nem mesmo da parcela organizada –, na Rússia o menor motivo desencadeia toda uma tempestade. Mas isso só quer dizer – por mais paradoxal que possa soar – que atualmente o instinto de classe entre o proletariado russo jovem, desqualificado, fracamente esclarecido e ainda mais fracamente organizado é infinitamente mais forte do que entre o operariado organizado, qualificado e esclarecido da Alemanha ou de qualquer outro país da Europa Ocidental. E essa não é uma virtude particular do "oriente jovem e inexperiente" em comparação com o "ocidente apodrecido", mas o simples resultado da ação de massas revolucionária direta. Entre o trabalhador alemão esclarecido a consciência de classe plantada pela social-democracia é *teórica, latente*: no período de dominação do parlamentarismo burguês, ela geralmente não pode atuar como ação de massas direta; aqui é a soma ideal das quatrocentas ações paralelas das zonas eleitorais durante a luta eleitoral, das numerosas e parciais lutas econômicas, e similares. Na revolução, onde a massa propriamente dita aparece na praça política, a consciência de classe se torna *prática*, *ativa*. Por isso, um ano de revolução deu ao proletariado russo aquela "instrução" que trinta anos de luta sindical e parlamentar não puderam dar artificialmente ao proletariado alemão. De fato esse vivo e ativo sentimento de classe do proletariado pode também na Rússia esvair-se após o término do período revolucionário e a instituição de um Estado de direito burguês-parlamentar ou, antes, transformar-se numa consciência oculta, latente. Igualmente certo é que, inversamente, na Alemanha um período de forte ação política pode atingir as camadas mais amplas e mais profundas do proletariado, tanto mais rápido e mais poderosamente quanto maior for o trabalho educativo realizado pela social-democracia até então. Esse trabalho educativo, bem como o efeito provocador e revolucionário de toda a política alemã atual, irá expressar-se em que, durante um primeiro período revolucionário sério, a bandeira da social-democracia repentinamente será seguida por todas aquelas multidões que agora, em uma aparente estupidez política, são insensíveis a todas as tentativas de organização dos sindicatos e da social-democracia. Um período revolucionário de seis meses concluirá a tarefa com a qualificação dessas massas ora desorganizadas, que dez anos de assembleias populares e distribuição de panfletos não foram capazes de fazer. E quando a situação na Alemanha tiver atingido o grau de maturidade necessário a um período desses, as camadas hoje desorganizadas e mais atrasadas formarão naturalmente o elemento mais radical, mais destemido, e não aquele que apenas é carregado. Caso se chegue a greves de massas na Alemanha, então quase certamente não serão os mais bem organizados – certamente não serão os tipógrafos –, porém os mais mal ou nada organizados, os mineiros, os trabalhadores têxteis, talvez até mesmo os trabalhadores do campo, que desenvolverão a maior capacidade de ação.

Desse modo, na Alemanha chegamos às mesmas conclusões que obtivemos quando da análise dos acontecimentos russos no que se refere às verdadeiras tarefas da *direção*, ao papel da social-democracia diante das greves de massas. Pois então deixemos o esquema pedante de uma greve de massas apenas de protesto, artificialmente comandada pelo partido e pelo sindicato e executada pela minoria organizada e voltemo-nos para a imagem viva de um verdadeiro movimento popular que se origina com força elementar do extremo acirramento das oposições de classe e da situação política, que irrompe em tumultuosas lutas de massas, quer econômicas, quer políticas, em greves de massas; então a tarefa da social-democracia não consistirá evidentemente na preparação e na direção técnica da greve de massas, mas sobretudo na *liderança política* de todo o movimento.

A social-democracia é a vanguarda mais esclarecida, mais consciente do proletariado. Ela não pode e nem deve esperar, de modo fatalista e de braços cruzados, pela chegada da "situação revolucionária", esperar que o movimento popular espontâneo caia do céu. Pelo contrário, ela precisa, como sempre, *preceder* o desenvolvimento das coisas, procurar *acelerá-las*. Não o conseguirá lançando de repente a torto e a direito a "palavra de ordem" de greve de massas, mas antes explicando às mais amplas camadas do proletariado a inevitável *chegada* deste período revolucionário, os *fatores sociais* internos que a ele conduzem, e suas *consequências políticas*. Caso se queira ganhar amplas camadas proletárias para uma ação política de massas da social-democracia e, inversamente, caso queira a social-democracia assumir e manter a verdadeira direção do movimento de massas, dominar todo o movimento *no sentido político*, então ela precisa com toda clareza, consequência e determinação, delimitar para o proletariado alemão a *tática* e os *objetivos* para o período das batalhas vindouras.

VII

Vimos que a greve de massas na Rússia não constitui um produto artificial de uma tática proposital da social-democracia, mas um fenômeno histórico natural no terreno da atual revolução. Então quais são os elementos que, na Rússia, trouxeram à tona essa nova forma de surgimento da revolução?

A revolução russa tem como tarefa imediata a eliminação do absolutismo e a produção de um moderno Estado de direito burguês-

-parlamentar. Formalmente é a mesma tarefa que estava colocada, na Alemanha, à revolução de março, e na França, às grandes revoluções ao final do século XVIII. Apenas as condições, o contexto histórico, nos quais essas revoluções formalmente análogas ocorreram, são fundamentalmente diferentes da Rússia atual. O decisivo é a circunstância de que entre aquelas revoluções burguesas no ocidente e as atuais revoluções burguesas no oriente transcorreu todo o ciclo de desenvolvimento capitalista. E esse desenvolvimento não atingiu apenas os países europeu-ocidentais, mas também a Rússia absolutista. A grande indústria, com todas as suas consequências, a moderna divisão de classes, os bruscos contrastes sociais, a moderna vida na cidade grande e o proletariado moderno tornaram-se, na Rússia, a forma de produção dominante, isto é, decisiva para o desenvolvimento social. Disso, porém, originou-se a curiosa e contraditória situação histórica de que, de acordo com suas tarefas formais, a revolução burguesa deve, primeiro, ser realizada por um proletariado moderno, com consciência de classe e num contexto internacional que se encontra sob o signo da decadência da democracia burguesa. A burguesia agora não é o elemento de liderança, revolucionário, como nas revoluções anteriores do ocidente, enquanto a massa proletária, dissolvida na pequena-burguesia, presta serviços militares à burguesia, mas, inversamente, o proletariado com consciência de classe é o elemento propulsor e líder, enquanto as camadas da grande burguesia são em parte diretamente contrarrevolucionárias, em parte debilmente liberais, e apenas a pequena-burguesia rural, ao lado da *intelligentsia* pequeno-burguesa urbana, são decididamente oposicionistas e até revolucionárias. O proletariado russo, porém, que esteve tão determinado a ocupar um papel dirigente na revolução burguesa, adentra a luta livre de todas as ilusões da democracia burguesa, mas, em compensação, com uma consciência fortemente desenvolvida dos interesses de classe próprios, específicos, diante da oposição bastante acirrada entre capital e trabalho. Essa relação contraditória encontra sua expressão no fato de que nessa revolução formalmente burguesa a oposição entre a sociedade burguesa e o absolutismo é dominada pela oposição entre o proletariado e a sociedade burguesa, de que a luta do proletariado se volta com a mesma força e simultaneamente contra o absolutismo e contra a exploração capitalista, de que o programa das lutas revolucionárias volta-se com a mesma ênfase para a liberdade política e para a conquista da jornada de trabalho de oito horas, bem como para uma existência material humanamente digna para o proletariado. Esse caráter ambíguo da Revolução Russa se expressa naquela ligação e interação interna da luta econômica com a luta política, que conhecemos com base nos acontecimentos na Rússia, e que encontraram sua expressão correspondente na greve de massas.

Nas revoluções burguesas anteriores, onde de um lado a instrução política e a liderança da massa revolucionária eram arranjadas pelos partidos burgueses e onde, de outro lado, tratava-se da derrubada nua e crua do antigo governo, a breve batalha de barricadas era a forma cabível da luta revolucionária. Hoje, quando a classe trabalhadora esclarece a si própria no decorrer da luta revolucionária, precisa juntar e liderar a si própria, e onde a revolução, por sua vez, está voltada tanto contra o antigo poder de Estado quanto contra a exploração capitalista, a greve de massas parece o meio natural de recrutar, revolucionar e organizar as mais amplas camadas proletárias durante a ação propriamente dita, assim como é ao mesmo tempo um meio de minar e derrubar o antigo poder de Estado, bem como limitar a exploração capitalista. O proletariado industrial urbano é, agora, a alma da revolução na Rússia. Mas para levar a cabo alguma ação política direta como massa, o proletariado precisa, primeiramente, unir-se em massa, e para tanto é preciso, sobretudo, sair das fábricas e oficinas, dos túneis e dos casebres, precisa superar a pulverização e o esfacelamento das oficinas individuais, a que está condenado pelo jugo diário do capital. A greve de massas é, assim, a primeira forma natural, impulsiva de toda grande ação revolucionária do proletariado, e quanto mais a indústria se torna a forma dominante da economia social, tanto mais o proletariado desempenha um papel extraordinário na revolução, e quanto mais desenvolvida a oposição entre trabalho e capital, tanto mais poderosas e decisivas precisam se tornar as greves de massas. A incipiente forma de luta das revoluções burguesas, a batalha de barricadas, o encontro aberto com os poderes armados do Estado, é, na revolução atual, apenas um evento externo, apenas um momento de todo o processo da luta proletária de massas.

E, com isso, na nova forma da revolução também se atinge aquela civilização e a moderação das lutas de classes que foi profeticamente prevista pelos oportunistas da social-democracia alemã, pelos Bernstein, David, entre outros. Eles enxergavam, de fato, o desejo de moderar e civilizar a luta de classes no espírito das ilusões democráticas pequeno-burguesas em que a luta de classes estaria limitada exclusivamente à luta parlamentar, e a revolução de rua simplesmente seria eliminada. A história encontrou a solução de um modo um pouco mais profundo e sutil: no avanço da greve revolucionária de massas, que certamente não substitui e não torna supérflua a luta de ruas nua e crua, mas apenas a reduz a um momento do longo período de lutas políticas, e ao mesmo tempo liga o período revolucionário a um enorme trabalho civilizador, no sentido mais preciso do termo: a elevação material e espiritual de toda a classe trabalhadora mediante a "civilização" das formas bárbaras de exploração capitalista.

Assim, a greve de massas prova ser não um produto especificamente russo, originado do absolutismo, mas uma forma geral da luta de classes proletária, que se origina do estágio atual do desenvolvimento capitalista e das relações de classe. As três revoluções burguesas: a grande Revolução Francesa, a Revolução de Março alemã e, agora, a Russa constituem, desse ponto de vista, uma corrente de desenvolvimento contínuo, na qual se espelham o êxito e o fim do século capitalista. Na grande Revolução Francesa, as contradições internas da sociedade capitalista, ainda não inteiramente desenvolvidas, durante um longo período dão espaço a lutas violentas, em que todos aqueles contrastes que nasceram e amadureceram rapidamente no calor da revolução se exaurem desimpedidos e desobrigados, com um radicalismo audacioso. Meio século depois, a revolução da burguesia alemã que eclodiu a meio caminho do desenvolvimento capitalista é minada pela oposição de interesses e pelo equilíbrio de forças entre capital e trabalho e sufocada por um compromisso burguês-feudal, abreviada em seu andar[31] a um episódio curto e lamentável. Mais meio século, e a atual Revolução Russa encontra-se em um ponto histórico do caminho, que já avançou para além da montanha, para além do cume da sociedade capitalista, onde a revolução burguesa não pode mais ser sufocada pelo contraste entre burguesia e proletariado, porém, inversamente, desdobra-se em um novo e longo período de lutas sociais das mais violentas, nas quais acertar a antiga conta com o absolutismo parece um detalhe diante das muitas novas contas que a própria revolução abre. A atual revolução aufere assim, na questão particular da Rússia absolutista, ao mesmo tempo os resultados gerais do desenvolvimento capitalista internacional; aparece menos como herdeira da antiga revolução burguesa do que como precursora da nova série de revoluções proletárias do ocidente. Justamente por ter se atrasado tanto com sua revolução burguesa, o país mais atrasado mostra ao proletariado alemão e ao proletariado dos países capitalistas mais avançados caminhos e métodos para continuar a luta de classes.

Também desta perspectiva parece inteiramente errôneo enxergar de longe a Revolução Russa como um belo espetáculo, como algo especificamente "russo", e no máximo admirar o heroísmo dos lutadores, isto é, os acessórios externos da luta. Mais importante é que os trabalhadores alemães aprendam a enxergar a Revolução Russa como *seu próprio problema*, não apenas no sentido da solidariedade internacional de classes com o proletariado russo, mas sobretudo como *um capítulo da sua própria história política e social*. Aqueles líderes sindicais e parlamentares, que enxergam o proletariado alemão como "muito fraco" e as condições alemãs como imaturas para lutas de massas revolucionárias, aparentemente não fazem ideia de que a medida do grau de maturidade da correlação de classes na Alemanha e do poder do proletariado não se encontra nas estatísticas dos sindicatos alemães nem nas estatísticas eleitorais, mas – nos acontecimentos da Revolução Russa. Assim como a maturidade dos conflitos de classe

---

31 1ª edição: na metade.

franceses sob a Monarquia de Julho e da batalha de junho de Paris se refletiam na Revolução de Março alemã, em seu andamento e em seu fiasco, hoje a maturidade dos conflitos de classe alemães se espelham nos acontecimentos, no poder da Revolução Russa. Os burocratas do movimento operário alemão procuram a prova da força e da maturidade deste nas gavetas de suas repartições sem verem que o que procuram está debaixo dos olhos, numa grande revelação histórica; historicamente, a Revolução Russa é o reflexo do poder e da maturidade do movimento operário internacional e, portanto, em primeiro lugar do movimento operário alemão.

Por isso, seria um resultado lamentável, grotescamente pequeno da Revolução Russa, se o proletariado alemão apenas quisesse tirar a lição de que – como querem os companheiros Frohme, Elme e outros – dela deve-se tomar emprestada a forma exterior da luta, a greve de massas, e torná-la um canhão de reserva para o caso de ser abolido o direito de voto para o Reichstag, ou seja, torná-la inofensiva, como meio passivo da defesa parlamentar. Se nos for retirado o direito de voto para o Reichstag, nos defenderemos. Essa é uma decisão completamente óbvia. Mas para essa decisão não é necessário assumir a pose heroica de um Danton, como fez por exemplo o companheiro Elm em Jena,[32] pois a defesa dos modestos direitos parlamentares que já possuímos não é nenhuma novidade estrondosa, para cujo estímulo necessitou-se primeiro das terríveis hecatombes da Revolução Russa, mas trata-se da primeira e mais simples obrigação de qualquer partido de oposição. Em período revolucionário a política do proletariado jamais deveria acabar em simples defensiva. E se, de um lado, é difícil prever com certeza se a abolição do sufrágio universal na Alemanha se daria numa situação que provocasse necessariamente uma imediata ação de greve de massas, por outro lado é completamente certo que,

---

32 No Congresso da Social-Democracia Alemã, de 17 a 23 de setembro de 1905, em Jena, Adolf von Elm havia explicado que, no caso de abolição do direito de voto para o Reichstag pela classe dominante, o proletariado se defenderia e "colocaria sua vida em risco pela liberdade". (Protocolo sobre as negociações do Congresso do Partido Social-Democrata Alemão. Realizado em Jena de 17 a 23 de setembro de 1905, 1905, p.332.)

assim que na Alemanha tivermos adentrado um período de tumultuosas ações de massas, a social-democracia não poderá definir sua tática apenas com vistas à defesa parlamentar. Definir de antemão a ocasião e o momento em que devem eclodir as greves de massas na Alemanha, encontra-se além do poder da social-democracia, pois está além de seu poder provocar situações históricas por meio de resoluções dos Congressos partidários. Mas o que ela pode e precisa, é, uma vez que essas lutas se iniciem, deixar claras suas linhas políticas e formulá-las em uma tática consequente e determinada. Não se mantêm os fenômenos históricos sob controle ao fazer-lhes prescrições, mas ao antecipar a consciência acerca das consequências prováveis e calculáveis, e orientar seu próprio modo de ação de acordo com elas.

O perigo político iminente e ameaçador, para o qual o movimento operário alemão se prepara há uma série de anos, é um golpe de Estado da reação, que quisesse tirar o direito político mais importante, o direito de voto para o Reichstag, das mais amplas camadas da massa popular trabalhadora. Apesar do monstruoso impacto desse fenômeno eventual, como foi dito, é impossível afirmar de maneira categórica que imediatamente após o golpe de Estado eclodirá um movimento popular aberto na forma de greves de massas, pois hoje nos são desconhecidos todos aqueles incontáveis fatores e condições que concorrem para o contexto de um movimento de massas. Só que quando se considera o atual acirramento extremo das condições na Alemanha e, por outro lado, os múltiplos reflexos internacionais da Revolução Russa e, ainda, da futura Rússia renovada, então fica claro que a guinada na política alemã, que decorreria da abolição do direito de voto para o Reichstag, não poderia parar apenas na luta por esse direito eleitoral. Esse golpe de Estado teria de trazer consigo num prazo maior ou menor, com poder elementar, um grande e generalizado acerto de contas com a reação por parte das massas populares indignadas e enfurecidas – um acerto de contas contra o preço escorchante do pão, contra o encarecimento artificial da carne, contra a exploração incessante por parte do militarismo e do marinismo, contra a corrupção da política colonial, contra a vergonha nacional dos processos de

Königsberg,[33] contra a paralisação da reforma social, contra a usurpação dos direitos dos ferroviários, dos funcionários do correio e dos camponeses, contra a enganação e satirização dos mineiros, contra a decisão de Löbtau[34] e contra toda a justiça de classes [*Klassenjustiz*], contra o brutal sistema de locaute – em suma, contra toda a pressão de vinte anos da dominação coligada dos *junkers* do leste do Elba e do grande capital cartelizado.

Uma vez que a pedra comece a rolar, queira ou não a social-democracia, ela não pode mais ser parada. Os adversários da greve de massas costumam refutar as lições e os exemplos da revolução como não sendo uma referência para a Alemanha, sobretudo porque na Rússia precisava ser realizado o primeiro grande salto de um despotismo oriental para uma moderna ordem jurídica burguesa. A distância formal entre a nova e a antiga ordem política deve servir como explicação suficiente para a veemência e a violência da revolução na Rússia. Na Alemanha, há muito temos as formas e as garantias mais essenciais do estado de direito, o que torna impossível um alvoroço tão elementar dos conflitos sociais. Aqueles que especulam esquecem que na Alemanha, em compensação, uma vez que se chegue à eclosão de lutas políticas abertas, o fim historicamente condicionado será completamente diferente do de hoje na Rússia. Justamente por existir na Alemanha há muito a ordem jurídica burguesa, por ela ter tido tempo de se esgotar por completo e rumar para o seu declínio, por terem tido a democracia burguesa e o liberalismo tempo de se extinguirem, não se pode mais falar de uma revolução *burguesa* na Alemanha. E, por isso, num período de lutas populares políticas abertas na Alemanha, o fim histórico necessário só pode ser a *ditadura do proletariado*. Porém, a distância que existe na Alemanha entre essa tarefa e as atuais con-

---

33 De 12 a 25 de julho de 1904 ocorreu em Königsberg um processo contra nove social-democratas alemães, que estavam sendo acusados de transportarem ilegalmente para a Rússia textos contra o tsarismo. Karl Liebknecht, como um dos defensores, desmontou o trabalho conjunto das autoridades prussianas e tsaristas.

34 Em fevereiro de 1899, em Löbtau, próximo a Dresden, nove trabalhadores do setor de construção foram condenados ao total de 61 anos de prisão, por haverem protestado contra o fato de que, numa construção vizinha, se trabalhava além do tempo de trabalho fixado.

dições é ainda maior do que a da ordem jurídica burguesa em relação ao despotismo oriental, e por isso essa tarefa também não pode ser cumprida de uma só vez, mas apenas em um longo período de gigantescas lutas sociais.

Mas não há uma contradição crassa nas perspectivas que traçamos? De um lado se diz que, em um eventual e futuro período de ações políticas de massas, sobretudo as camadas mais atrasadas do proletariado alemão, os trabalhadores rurais, os ferroviários, os escravos dos correios é que irão conquistar seu direito de coligação, e que os piores resultados da exploração ainda terão de ser eliminados; por outro lado, a tarefa política desse período já deve ser a conquista política do poder por parte do proletariado! De um lado lutas econômicas e sindicais pelos interesses imediatos, pela melhora material da classe trabalhadora, de outro, o fim último mais extremo da social-democracia! Decerto, são contradições crassas, mas não contradições de nosso raciocínio, e sim contradições do desenvolvimento capitalista. Ele não se dá numa bela linha reta, mas num zigue-zague grosseiro, similar a um raio. Assim como os diferentes países capitalistas apresentam os mais diversos estágios de desenvolvimento, no interior de cada país o mesmo vale para as diferentes camadas da mesma classe trabalhadora. Mas a história não espera pacientemente, até que os primeiros países e camadas retardatários tenham alcançado os mais avançados, para que o todo possa continuar seu movimento como uma coluna robusta e simétrica. Assim que as condições atingem a maturidade exigida, ela já provoca explosões nos pontos mais exponenciais, que se encontram mais à frente, e em poucos dias e meses de tempestade revolucionária se recupera tudo que fora perdido, o desigual é igualado, com um tranco todo o progresso social é colocado em marcha acelerada.

Como na Revolução Russa, todos os estágios de desenvolvimento e interesses das diferentes camadas de trabalhadores são unificados no programa social-democrata da revolução, e as incontáveis lutas restritas são unificadas na grande ação comum de classe do proletariado, assim também será na Alemanha, quando as condições estiverem maduras para tanto. E então será tarefa da social-democracia orientar sua tática não de acordo com as fases mais retardatárias do desenvolvimento, mas de acordo com as mais avançadas.

VIII

A exigência mais importante do grande período de lutas que virá mais cedo ou mais tarde, e que aguarda a classe trabalhadora alemã, é, ao lado de uma tática plenamente resoluta e consequente, a maior capacidade de ação possível, ou seja, a maior unidade possível da parte da social-democracia que lidera a massa proletária. Enquanto isso, até mesmo as primeiras e mais fracas tentativas de preparação de uma ação de massas maior logo descobriram um dos mais importantes infortúnios nesse sentido: a separação total e a autonomização das duas organizações do movimento operário, a social-democracia e os sindicatos.

Quando observamos atentamente as greves de massas na Rússia bem como a situação na própria Alemanha, vemos claramente que qualquer ação de massas maior, caso não queira restringir-se a uma manifestação única, mas deva tornar-se uma verdadeira ação de luta, não pode ser pensada como uma assim chamada greve política de massas. Em uma ação desse tipo na Alemanha os sindicatos e a social--democracia participariam em igual medida. Isso se daria não porque, como pensam os líderes sindicais, a social-democracia, diante de sua organização muito menor, depende da participação do 1¼ milhão de sindicalizados e nada pode conseguir "sem eles", mas antes por um motivo bem mais profundo: toda ação direta de massas ou período de lutas de classes abertas seria, ao mesmo tempo, uma luta política e econômica. Caso na Alemanha por algum motivo e em algum ponto se chegue a grandes lutas políticas, a greves de massas, isso ao mesmo tempo inaugurará uma era de enormes lutas sindicais na Alemanha, sem que os acontecimentos perguntem se os líderes sindicais deram ou não sua benção[35] ao movimento. Caso eles se encontrem ao lado

---

35   1ª edição: sua concordância.

do movimento ou até mesmo queiram a ele contrapor-se, exatamente como os líderes partidários em caso análogo, o resultado desse comportamento será apenas um: a onda de acontecimentos jogará simplesmente os líderes sindicais[36] para o lado, e as lutas de massas políticas bem como econômicas serão travadas sem eles.

De fato. A separação entre a luta política e a luta econômica e a autonomização de ambas nada mais é que um produto artificial, ainda que historicamente condicionado, do período parlamentar. De um lado, durante o andar tranquilo, "normal" da sociedade burguesa, a luta econômica é fragmentada, dissolvida em uma multiplicidade de lutas isoladas em cada empresa, em cada setor da produção. De outro, a luta política não é direcionada pela própria massa para uma ação direta, mas, correspondentemente às formas do Estado burguês, para o caminho representativo, pela pressão exercida sobre os representantes do legislativo. Assim que tem início um período de lutas revolucionárias, isto é, assim que a massa aparece na arena, tanto a fragmentação da luta econômica quanto a forma parlamentar indireta da luta política caem por terra; em uma ação revolucionária de massas a luta política e a luta econômica são uma só, e a barreira artificial entre o sindicato e a social-democracia como duas formas separadas, completamente autônomas do movimento operário, é simplesmente varrida. Mas o que salta aos olhos no movimento revolucionário de massas também é uma situação real no período parlamentar. Não há duas diferentes lutas de classes da classe trabalhadora, uma econômica e outra política, mas há apenas *uma* luta de classes, orientada simultaneamente para a limitação da exploração capitalista no interior da sociedade burguesa e para a abolição da exploração junto com a sociedade burguesa.

Se no período parlamentar esses dois lados da luta de classes se separam por motivos técnicos, nem por isso representam duas ações que ocorrem paralelamente, mas apenas duas fases, dois estágios na luta emancipatória da classe trabalhadora. A luta sindical compreende os interesses do presente; a luta social-democrata, os interesses futuros

---

36 1ª edição: incluído "exatamente como os líderes partidários no caso análogo".

do movimento trabalhador. Os comunistas, afirma o Manifesto Comunista, representam, diante de diferentes interesses de grupo (interesses locais, nacionais) dos proletários, os interesses comuns de todo o proletariado e, nos diferentes estágios de desenvolvimento da luta de classes, o interesse do movimento como um todo, isto é, os objetivos finais de libertação do proletariado. Os sindicatos representam[37] os interesses de grupo e um estágio de desenvolvimento do movimento operário. A social-democracia representa a classe trabalhadora e os seus interesses de libertação como um todo. A relação dos sindicatos com a social-democracia é, desse modo, a relação da parte com o todo, e quando entre os líderes sindicais encontra eco a teoria da "igualdade de condições" entre os sindicatos e a social-democracia, isso reside num mal-entendido fundamental acerca da essência propriamente dita dos sindicatos e de seu papel nas lutas gerais de libertação da classe trabalhadora.

Essa teoria da ação paralela da social-democracia e dos sindicatos, e de sua "igualdade de condições", não é, no entanto, inteiramente incorreta, possuindo suas raízes históricas. A saber, ela reside na ilusão do período "normal", calmo da sociedade burguesa, no qual a luta política da social-democracia parecia desembocar na luta parlamentar. Porém, a luta parlamentar, a contraparte que complementa a luta sindical, é, tanto quanto esta, uma luta que ocorre exclusivamente no terreno da ordem social burguesa. Ela é, por sua natureza, trabalho de reforma política, como os sindicatos são trabalho de reforma econômica. Assim como esta, a luta parlamentar também é apenas uma fase, um estágio de desenvolvimento no todo da luta de classes proletária, cujos objetivos finais vão, em igual medida, além da luta parlamentar bem como da luta sindical. A social-democracia {em si} é, assim,[38] o resumo tanto da luta parlamentar quanto da sindical, em uma luta de classes direcionada para a abolição da ordem social burguesa.

---

37   1ª edição: incluído "agora".
38   1ª edição: incluído "hoje".

A teoria da "igualdade de condições" dos sindicatos com a social--democracia é, portanto, não um mero mal-entendido teórico, não uma mera confusão, mas a expressão da conhecida tendência daquele flanco oportunista da social-democracia que, de fato, quer reduzir a luta política da classe trabalhadora à luta parlamentar, e quer transformar a social-democracia de um partido proletário em um partido reformista pequeno-burguês.[39] Se a social-democracia quisesse aceitar a teoria dos sindicatos quanto à "igualdade de condições", ela aceitaria com isso, de maneira indireta e tácita, aquela transformação que há tempos é visada pelos representantes da direção oportunista.

Contudo, na Alemanha, uma tal mudança das relações no interior do movimento operário é menos viável do que em qualquer outro país. A relação teórica, de acordo com a qual os sindicatos são apenas uma

39 Visto que a existência de uma tal tendência no interior da social-democracia alemã costuma ser negada, então precisa-se cumprimentar a franqueza com a qual, recentemente, a direção oportunista formulou os seus verdadeiros desejos e objetivos. Em uma assembleia partidária na cidade de Mainz, em 10 de setembro deste ano, a seguinte resolução apresentada pelo Dr. David foi aprovada: "Considerando que o partido social-democrata não entende o conceito de 'revolução' no sentido de uma derrubada violenta, mas no sentido pacífico de um desenvolvimento, isto é, do cumprimento gradual de um novo princípio econômico, a assembleia partidária aberta de Mainz declina qualquer 'romantismo revolucionário'. A assembleia vê, na conquista do poder político, nada além da conquista da maioria do povo para as ideias e reivindicações da social-democracia; uma conquista, que não pode acontecer com meios violentos, mas apenas pela revolução das mentes no caminho da propaganda intelectual e do trabalho prático de reforma em todos os domínios da vida política, social e econômica. Na certeza de que a social-democracia prosperará muito melhor com os meios legais do que ilegais e de derrubada, a assembleia rejeita a '*ação de massas direta*' como princípio tático e se atém ao princípio da *ação parlamentar de reforma*, isto é, ela deseja que o partido continue se esforçando em *gradualmente alcançar nossos objetivos pelo caminho da legislação e do desenvolvimento orgânico*. O pressuposto fundamental desse método de luta reformista é, de fato, que a *possibilidade de participação da massa popular despossuída na legislação* não será reduzida no Reich e nos estados individuais, mas estendida até a *completa igualdade de condições*. Por esse motivo a assembleia considera um direito inalienável do operariado, para defender-se de atentados sobre seus direitos legais bem como para o alcance de outros direitos que, quando todos os outros meios falharem, também deve abster-se de trabalhar por menor ou maior período. Visto que a greve política de massas apenas poderá ser levada a cabo de maneira vitoriosa para o operariado quando ela se mantém nos trilhos estritamente legais e, por parte dos grevistas, não há um motivo justificado para a intervenção do poder armado, então a assembleia enxerga como único preparativo necessário e efetivo para fazer uso desse meio de luta a construção mais ampla das organizações políticas, sindicais e cooperativas. Pois apenas desse modo é que se pode criar na ampla massa popular os pressupostos que garantem o andamento bem-sucedido de uma greve de massas: disciplina consciente do fim e um apoio econômico adequado".

parte da social-democracia, encontra justamente na Alemanha sua ilustração clássica nos fatos, na prática viva, e isso se manifesta em três direções. Primeiramente os sindicatos alemães são um produto direto da social-democracia; ela é que criou as {primeiras} bases do movimento sindical na Alemanha, ela é que os educou, ela continua fornecendo, até hoje, seus dirigentes e os pilares mais ativos da organização. Em segundo lugar, os sindicatos alemães são um produto da social-democracia também no sentido de que a teoria social-democrática constitui a alma da prática sindical, os sindicatos devem sua superioridade sobre todos os sindicatos burgueses e confessionais à ideia da luta de classes; seus sucessos práticos e seu poder são um resultado da circunstância de que sua prática é iluminada pela teoria do socialismo científico, elevando-se acima dos rebaixamentos de um empirismo tacanho. A força da "política prática" dos sindicatos alemães reside em sua visão dos nexos sociais e econômicos mais profundos da ordem capitalista; essa visão eles devem a ninguém mais do que à teoria do socialismo científico, sobre a qual se apoiam em sua prática. Nesse sentido, quando os sindicatos procuram emancipar-se da teoria social-democrata, quando buscam outra "teoria sindical" em oposição à social-democracia, {essa procura é} do ponto de vista dos próprios sindicatos[40] nada mais do que uma tentativa de suicídio. A separação entre a prática sindical e a teoria do socialismo científico significaria, para os sindicatos alemães, uma perda imediata de toda superioridade diante de seus companheiros sindicais burgueses, uma queda de sua altura atual para o nível da intuição e do puro e tosco empirismo.

Finalmente, em terceiro lugar, os sindicatos, cujos líderes gradualmente perderam a consciência disso, são também diretamente em sua força *numérica* um produto do movimento social-democrata e da agitação social-democrata.[41] Alguns líderes sindicais costumam falar com algum triunfo da altura orgulhosa de seu 1¼ milhões e olhar para

---

40 1ª edição: incluído "e seu futuro".
41 1ª edição: incluído "É certo que a agitação sindical em algumas regiões estava e está à frente da social-democrata, e em todo lugar o trabalho sindical prepara o terreno também para o trabalho partidário. Do ponto de vista de seu *efeito*, o partido e o sindicato trabalham um

baixo diante do lamentável meio milhão de integrantes organizados da social-democracia, e lembrá-los daqueles tempos, há dez ou doze anos, em que, nas fileiras da social-democracia, ainda se pensava de maneira pessimista sobre as perspectivas do desenvolvimento sindical. Eles sequer percebem que entre os dois fatos, o elevado número de membros sindicais e o baixo número daqueles organizados pela social-democracia, em certa medida *existe uma relação causal direta*. Milhares e milhares de trabalhadores não se filiam às organizações partidárias, justamente *porque* se filiam aos sindicatos. Teoricamente todos os trabalhadores precisariam estar duplamente organizados: participar de duas assembleias,[42] pagar contribuição em dobro, ler a imprensa operária[43] em dobro etc. Para fazê-lo, entretanto, é necessário um elevado grau de inteligência, bem como aquele idealismo que, por um puro sentimento de obrigação para com o movimento operário, não foge de sacrifícios diários de tempo e dinheiro, finalmente também aquele interesse apaixonado pela pura vida interna[44] do partido que apenas pode ser satisfeito pela adesão à organização partidária. Tudo isso ocorre entre a minoria mais esclarecida e mais inteligente do operariado social-democrata nas cidades grandes, onde a vida partidária tem conteúdo e é atraente, onde o nível de vida do trabalhador é mais elevado. Mas nas camadas mais amplas da massa trabalhadora da cidade grande, bem como na província, nas menores aldeias, em que a vida política local é heterônoma, um mero reflexo dos processos da capital, em que a vida partidária, por conseguinte, também é pobre e monótona, onde, por fim, o nível de vida econômico do trabalhador é geralmente miserável, é muito difícil levar a cabo a dupla relação de organização.

Para aquele trabalhador da massa, que possui uma convicção social-democrática, a questão é solucionada por si mesma quando ele

rumo ao outro. Apenas quando se conhece o retrato da luta de classes na Alemanha como um todo e em seus nexos mais profundos, é que a relação se inverte consideravelmente."
42   1ª edição: ir a duas assembleias.
43   1ª edição: periódicos dos trabalhadores.
44   1ª edição: efetiva.

se filia a um sindicato. Afinal, ele não pode satisfazer os interesses imediatos de sua luta econômica, que são condicionados pela própria natureza dessa luta, senão por meio da filiação a uma organização profissional. A contribuição, que ele muitas vezes paga com sacrifícios significativos de sua qualidade de vida, lhe traz vantagens imediatas, visíveis. Mas ele também é capaz de ativar sua convicção social-democrata sem filiar-se a uma organização específica do partido: pelo voto nas eleições parlamentares, pelo comparecimento às assembleias populares social-democratas, pelo acompanhamento dos relatórios sobre os discursos social-democratas nos órgãos representativos, pela leitura da imprensa partidária – compare-se, por exemplo, o número de votantes social-democratas tanto com o número de assinantes do *Vorwärts* como com o número dos membros do partido organizados em Berlim. E o que é decisivo: o trabalhador médio de convicção social-democrata oriundo da massa, que, como homem simples, não pode ter compreensão da complicada e sutil[45] teoria das duas almas {dos líderes sindicais}, também no sindicato se sente organizado de modo *social-democrata*. Ainda que as associações centrais não carreguem uma identificação partidária oficial, o trabalhador da massa vê, em cada cidade e em cada vila, assim como os dirigentes mais ativos na dianteira de seu sindicato, aqueles colegas que ele também conhece da vida pública como companheiros, como social-democratas: ora como deputados social-democratas do Reichstag, do parlamento estadual ou do município, ora como conselheiros eleitorais, redatores do partido, secretários do partido, homens de confiança ou simplesmente oradores e agitadores social-democratas. Além disso, ele ouve, na agitação de seu sindicato, frequentemente os mesmos pensamentos que se lhe tornaram caros e compreensíveis acerca da exploração capitalista, das relações de classe, que ele também conhece a partir da agitação social-democrata; aliás, a maioria e os mais conhecidos dos oradores nas assembleias sindicais {, aqueles que sozinhos "trazem vida pra barraca" e constituem a força de atração das assembleias sindicais em geral tão

---

45   1ª edição: incluído "assim chamada".

fracamente frequentadas e tão entorpecidas,} são social-democratas conhecidos.

Assim, tudo concorre para dar ao trabalhador médio com consciência de classe o sentimento de que ele, ao se organizar sindicalmente, também faz parte de seu partido operário organizado de modo social-democrata. *E justamente nisso reside a verdadeira capacidade de recrutamento dos sindicatos alemães.* Não é graças à sua aparência de neutralidade, mas graças à sua natureza social-democrata que as associações centrais foram capazes de alcançar sua força atual. {Hoje, de fato, ninguém mais na Alemanha é enganado por essa aparência.} Isso tornou-se simplesmente inviável[46] pela coexistência de diferentes sindicatos: católicos, de Hirsch-Duncker etc. através dos quais se procura fundamentar aquela alegada necessidade de neutralidade.[47] Quando o trabalhador alemão, que pode escolher livremente associar-se a um sindicato cristão, católico, evangélico ou liberal e não escolhe nenhum desses mas o "sindicato livre", ou até mesmo deixa algum daqueles para filiar-se a este, ele apenas o faz pelo fato de entender as associações centrais como organizações declaradas da moderna luta de classes ou, o que na Alemanha dá no mesmo, como sindicatos social-democratas. Em suma, a aparência de "neutralidade" que existe para os[48] líderes sindicais não existe para a massa dos sindicalmente organizados. Essa é a sorte das associações centrais.[49] Se essa aparência de "neutralidade", se o estranhamento e a distância dos sindicatos em relação à social-democracia algum dia se tornar realidade e, sobretudo, realidade aos olhos da massa proletária, então os sindicatos imediatamente perderão toda sua grande vantagem em relação às associações burguesas concorrentes, e com isso também sua capacidade de recrutamento, a chama que os anima. O que foi dito é claramente comprovado por fatos amplamente conhecidos. A aparente "neutralidade" político-partidária dos sindicatos poderia oferecer ótimos serviços como meio de atração

---

46 1ª edição: fundamentado.
47 1ª edição: política.
48 1ª edição: alguns.
49 1ª edição: do movimento sindical.

num país em que a própria social-democracia não possuísse nenhum crédito junto às massas, em que seu ódio da organização trabalhadora, aos olhos da massa, mais prejudicasse que ajudasse,[50] onde, em suma, os sindicatos precisassem, primeiro, recrutar suas tropas a partir de uma massa não esclarecida, orientada pela burguesia.

O exemplo de um país desse tipo foi, durante todo o século anterior e também hoje permanece sendo em grande medida – a *Inglaterra*. Na Alemanha, entretanto, as condições partidárias são completamente diferentes. Em um país no qual a social-democracia é o partido político mais poderoso, em que a capacidade de recrutamento está representada por um exército de mais de três milhões de proletários, é ridículo falar de um ódio que afastasse da social-democracia e da necessidade de uma organização combativa dos trabalhadores que fingisse[51] ser politicamente neutra. E a mera junção dos números de eleitores social-democratas com os números das organizações sindicais na Alemanha é suficiente para tornar claro, para qualquer criança, que os sindicatos alemães não recrutam suas tropas na massa não esclarecida e orientada pela burguesia, como na Inglaterra, mas antes buscam os proletários entre a massa que já foi sacudida pela social-democracia e levada para a ideia da luta de classes, entre a massa de eleitores da social-democracia. Os líderes sindicais repudiam, indignados – esse é um requisito da "teoria da neutralidade" – a ideia de enxergar os sindicatos como escolas de recrutamento para a social-democracia. De fato, essa suposição que lhes parece tão acintosa, e que, na verdade, é bastante lisonjeira, na Alemanha tornou-se fantasia pelo simples motivo de que a situação está invertida: na Alemanha é a social-democracia que constitui a escola de recrutamento para os sindicatos. Ainda que o trabalho de organização dos sindicatos seja, em sua maioria, bastante difícil e árduo, {de modo que ele desperta e alimenta, entre os líderes sindicais, a ilusão de que seriam eles a traçarem os primeiros sulcos na nova terra proletária e jogarem as primeiras sementes,} então de

---

50 1ª edição: apoiasse.
51 1ª edição: resguardasse.

fato[52] não apenas o terreno tornou-se cultivável através do arado social-democrata, mas é a própria semente sindical e, por fim, o semeador, que também precisam ser "vermelhos", social-democratas, para que a plantação floresça. Mas se, desse modo, não comparamos os números da força sindical com os das organizações social-democratas, então o façamos com os da massa de eleitores social-democratas, que é a única coisa certa a se fazer, e chegaremos a uma conclusão que se afasta significativamente da consciência vitoriosa e triunfante dos líderes sindicais.[53] Fica então claro que os "sindicatos livres" de fato ainda hoje representam a minoria do operariado alemão consciente, visto que com seu 1¼ milhão de trabalhadores organizados nem sequer conseguiram aproveitar metade da massa abrangida pela social-democracia.

A conclusão mais importante dos fatos trazidos é que, para as lutas de massas vindouras na Alemanha, precisa *existir de fato unidade* total entre o movimento operário sindical e o social-democrata; na verdade ela está corporificada na ampla massa, que constitui, ao mesmo tempo, a base da social-democracia bem como a dos sindicatos, e em cuja consciência ambos os lados do movimento estão fundidos em uma unidade espiritual. Nessa situação, a suposta oposição entre a social-democracia e os sindicatos encolhe para uma oposição entre a social-democracia e a camada[54] superior dos funcionários sindicais, mas que, ao mesmo tempo, é uma oposição no interior dos sindicatos entre uma parte dos líderes sindicais e a massa proletária sindicalmente organizada.

O grande crescimento do movimento sindical na Alemanha no decorrer dos últimos quinze anos, em especial no período da boa conjuntura econômica de 1895-1900, trouxe consigo uma grande autonomização dos sindicatos, uma especialização de seus métodos de luta e de sua direção e, por fim, o surgimento de um verdadeiro estado-maior de funcionários sindicais. Todos esses fenômenos são o produto histórico natural dos quinze anos de crescimento dos

---

52 1ª edição: então de modo geral, a não ser em algumas regiões e alguns casos.
53 1ª edição: da ideia mais recorrente nesse sentido.
54 1ª edição: e uma determinada parte.

sindicatos, um produto da prosperidade econômica e da calmaria política na Alemanha, perfeitamente explicável. Eles são, e isso vale notadamente para o estado maior dos funcionários sindicais,[55] um mal historicamente necessário. Contudo a dialética do desenvolvimento implica que esses meios necessários de fomento do crescimento sindical, a uma certa altura da organização e num certo grau de maturidade da situação, se transformem em seu contrário, em obstáculos ao crescimento.

A especialização de sua atividade profissional como líderes sindicais, bem como seu horizonte naturalmente estreito, que num período calmo decorre das lutas econômicas fragmentadas, levam facilmente os funcionários sindicais a uma concepção burocrática e obtusa.[56] Ambos se manifestam em toda uma série de tendências, que podem tornar-se fatídicas para o futuro do próprio movimento sindical. Disso faz parte, sobretudo, a sobrevalorização da organização, que aos poucos se transforma de meio para determinado fim, em fim em si, em um bem maior, ao qual são submetidos os interesses da luta {repetidamente}.[57] Daí também se explica aquela conhecida e confessa necessidade de repouso, que recua diante de um risco maior e de supostos perigos à existência dos sindicatos, diante da incerteza de ações de massas maiores, e enfim, a superestimação do modo de luta sindical propriamente dito, de suas expectativas e de seus sucessos. Os líderes sindicais, continuamente absorvidos pela luta econômica cotidiana, cuja tarefa consiste em tornar plausível para as massas trabalhadoras o elevado valor da conquista econômica por menor que seja, todo aumento salarial ou redução do tempo de trabalho, chegam gradualmente ao ponto em que eles mesmos perdem de vista os nexos maiores e o panorama da situação geral. Apenas assim é que se pode explicar que os[58] líderes sindicais alemães, por exemplo, apontem com tanta satisfação as conquistas dos últimos quinze anos, os milhões de marcos em aumentos

---

55 1ª edição: Eles são, ainda que inseparáveis de certos malefícios, decerto inquestionáveis.
56 1ª edição: e uma certa estreiteza.
57 1ª edição: incluído "devem ser".
58 1ª edição: que alguns.

salariais, em vez de, inversamente, enfatizar o outro lado da medalha: o enorme rebaixamento do nível de vida dos proletários causado pelo preço extorsivo do pão, por toda uma política alfandegária e tributária, pelo usurário de terras que elevou de maneira tão exorbitante os aluguéis, em resumo, por todas aquelas tendências objetivas da política burguesa, que em grande parte voltam a tornar ilusórias[59] aquelas conquistas de quinze anos de lutas sindicais. Em vez de mostrarem *toda* a verdade social-democrata, que acentuando a necessidade absoluta do trabalho atual, coloca o peso maior na *crítica* e nos limites desse trabalho, apoiam assim uma *meia* verdade sindical, de modo que apenas se destaque o que há de positivo na luta diária. E, por fim, a ocultação dos limites objetivos postos pela ordem social burguesa à luta sindical transforma-se numa hostilidade direta contra toda e qualquer crítica teórica que aponte para esses limites em conexão com os objetivos finais do movimento operário. A bajulação incondicional e o otimismo ilimitado tornam-se obrigação de todo "amigo do movimento sindical". Mas dado que a posição social-democrata consiste justamente em combater o otimismo sindical acrítico, bem como em combater o otimismo parlamentar acrítico, acaba-se por fazer frente contra a própria teoria social-democrata: os sindicalistas procuram às apalpadelas uma "nova teoria", isto é, uma teoria que, em oposição à teoria social-democrata, abrisse perspectivas ilimitadas de ascensão econômica à luta sindical, no terreno da ordem capitalista. Na verdade, uma teoria desse tipo já existe há bastante tempo: trata-se da teoria do Prof. *Sombart*, que foi construída com o intuito expresso de colocar uma cunha entre os sindicatos e a social-democracia na Alemanha, e atrair os sindicatos para o terreno burguês.

Encontra-se numa parte dos líderes sindicais, em conexão estreita com essa mudança teórica, uma mudança na relação do líder com a massa. No lugar da direção colegiada, sem salário, de uma agitação sindical feita por puro idealismo por meio de comissões locais dos próprios companheiros, entra a direção técnica regular, burocrática

[59] 1ª edição: anular.

de funcionários sindicais, na maioria das vezes enviados de fora. Com a concentração dos fios do movimento em suas mãos, também a competência em questões sindicais se torna sua especialidade profissional. A massa dos companheiros é degradada à incompetência, seu dever é sobretudo aceitar a "disciplina", ou seja, a obediência passiva. Em oposição à social-democracia, onde, contrariamente à fábula tendenciosa da "ditadura de Bebel", reina de fato o maior democratismo através da elegibilidade e da administração colegiada, onde a direção do partido é de fato apenas um órgão administrativo, existe nos sindicatos, em muito maior medida, a relação da autoridade com a massa subjugada.[60] A melhor expressão desse ponto de vista é em especial a argumentação segundo a qual toda crítica teórica das perspectivas e possibilidades da prática sindical deve ser proibida, porque supostamente representa um perigo para a devoção da massa em relação aos sindicatos. Decorre deste ponto de vista que só uma fé cega e infantil na salvação da luta sindical pode conquistar a massa trabalhadora para a organização e nela mantê-la. Em oposição à social-democracia, que baseia sua influência justamente no discernimento da massa sobre as contradições da ordem vigente e de toda a complicada natureza de seu desenvolvimento, no comportamento crítico da massa em todos os momentos e estágios da própria luta de classes, a influência e o poder dos sindicatos, de acordo com

---

60 1ª edição: Em conexão estreita com essa mudança teórica encontra-se uma mudança na relação do líder com a massa. Em lugar da liderança colegiada constituída por comissões locais, com suas insuficiências indubitáveis, entra a liderança empresarial do funcionário sindical. Desse modo, a iniciativa e a capacidade de julgamento tornam-se, por assim dizer, sua especialidade profissional, enquanto à massa cabe, sobretudo, a virtude mais passiva da disciplina. Esses lados sombrios do funcionalismo decerto escondem também perigos significativos para o partido, que facilmente se darão a partir da renovação, da nomeação de secretários locais do partido, se a massa social-democrata não considerar que os citados secretários são apenas simples órgãos executivos e não os responsáveis pela iniciativa e pela liderança da vida partidária local. Mas na social-democracia, pela natureza das coisas, pelo caráter da própria luta política, o burocratismo tem limites mais estreitos que na vida sindical. Aqui justamente a especialização técnica das lutas salariais, por exemplo, a aprovação de complicados acordos salariais e similares, contribui para que a massa dos organizados frequentemente se retire a "uma visão geral da vida profissional" e, assim, se fundamenta sua incompetência.

essa teoria,[61] estão fundados na falta de crítica e de julgamento da massa. "Deve-se manter a fé do povo" – é esse o fundamento, a partir do qual alguns funcionários sindicais transformam toda a crítica às insuficiências objetivas do movimento sindical num atentado a esse movimento. E por fim, um resultado dessa especialização e desse burocratismo dos funcionários sindicais é, também, a forte autonomização e a "neutralidade" dos sindicatos diante da social--democracia. A autonomia externa da organização sindical adveio de seu crescimento como uma condição natural, como uma relação proveniente da divisão técnica do trabalho entre a forma de luta política e sindical. A "neutralidade" dos sindicatos alemães surgiu, por sua vez, como um produto da legislação reacionária das associações[62] e do Estado policial prussiano-alemão. Com o tempo, ambos os fatores alteraram sua natureza. Da "neutralidade" política dos sindicatos, uma condição policialmente imposta, se tirou posteriormente uma teoria de sua neutralidade voluntária como uma necessidade supostamente fundamentada na natureza da própria luta sindical. E a autonomia técnica dos sindicatos, que deveria residir na divisão prática do trabalho no interior da luta de classes social-democrata unificada, foi transformada na independência[63] dos sindicatos diante da social-democracia; e seus pontos de vista e sua liderança foram transformados na assim chamada "igualdade de direitos".

Essa aparência de independência[64] dos sindicatos e de igualdade de direitos[65] entre eles e a social-democracia é encarnada, sobretudo, nos funcionários sindicais, alimentada pelo aparato administrativo dos sindicatos. Por meio da coexistência de todo um *staff* sindicalista, de uma central completamente independente, de uma imprensa profissional numerosa e, por fim, dos congressos sindicais, exteriormente

---

61   1ª edição: incluído "contrária".
62   A legislação das associações, com seu caráter antidemocrático, voltava-se sobretudo contra as associações políticas da classe trabalhadora e limitava o direito de coligação. Como na Prússia, os sindicatos também eram associações políticas, e estavam sempre ameaçados de dissolução.
63   1ª edição: separação.
64   1ª edição: separação.
65   1ª edição: equiparação.

está criada a aparência de paralelismo total com o aparato administrativo da social-democracia, com sua direção, imprensa e congressos. Essa ilusão de igualdade de direitos[66] entre a social-democracia e os sindicatos também levou, entre outras coisas, à aberração de que, nos congressos do Partido Social-Democrata e nas conferências sindicais, as pautas tratadas são em parte bastante análogas e para a mesma questão são tomadas decisões diretamente opostas. A partir da divisão do trabalho[67] entre o Congresso do partido, que representa os interesses e as tarefas gerais do movimento operário, e as conferências sindicais, que tratam do domínio bem mais restrito das questões e dos interesses especiais da luta profissional diária, foi construída uma cisão entre uma suposta visão de mundo sindical e outra social-democrata no que se refere às *mesmas* questões e interesses gerais do movimento operário. {Uma vez criado esse estado anormal, porém, ele tende naturalmente a crescer e a intensificar-se cada vez mais. De agora em diante, a partir do surgimento do mau hábito das pautas paralelas nos congressos sindicais e partidários, a própria existência dos congressos sindicais é um atrativo natural para uma demarcação e uma separação cada vez mais forte em relação à social-democracia. Para documentar a própria "autonomia" para si e perante outros, os congressos sindicais – que, como se sabe, são sobretudo congressos de funcionários – procuram trazer à tona instintivamente o que separa, o que é "especificamente sindical". Do mesmo modo, a própria existência de uma direção central independente e paralela dos sindicatos leva a que, do ponto de vista psicológico, se procure tornar palpável a própria independência em oposição à direção da social-democracia, a que se procure apreender todo contato com o partido sobretudo pela ótica dos "limites de competência".}

Assim se constituiu um estado peculiar, em que o mesmo movimento sindical que embaixo, com a social-democracia, na ampla massa proletária, está completamente unificado, em cima, na superestrutura

---

66 1ª edição: equiparação.
67 1ª edição: incluído "natural".

administrativa, separa-se bruscamente da social-democracia, e se coloca como uma segunda potência independente, em contraste com ela. O movimento operário alemão ganha, assim, a forma peculiar de uma pirâmide dupla, cuja base e corpo são constituídos da mesma massa, sendo que as duas pontas, porém, encontram-se uma longe da outra.

Está claro, pelo que foi exposto, por qual caminho, de modo natural e bem-sucedido, pode ser criada aquela unidade compacta do movimento operário alemão que, em relação às lutas de classe vindouras, bem como no interesse próprio do desenvolvimento contínuo dos sindicatos, é inquestionavelmente necessária. Nada seria mais contrário ou desesperançoso do que querer construir a unidade almejada no caminho de negociações esporádicas ou periódicas, acerca de questões individuais do movimento operário, entre a liderança partidária social-democrata e a central sindical. Justamente as instâncias superiores das duas formas do movimento operário encarnam, como vimos, sua separação e autonomização em si, e são, pois – isso se refere nomeadamente à direção sindical – portadores[68] {e pilares} da ilusão da "igualdade de direitos" e da existência paralela da social-democracia e dos sindicatos. Querer construir a unidade de ambas pela ligação da direção partidária e da comissão geral significaria construir uma ponte justamente ali onde a distância é maior e a passagem mais difícil. {Caso esse tipo de ligação entre partido e sindicatos, essa repetida negociação de potência para potência se tornasse sistemática, isso nada mais seria do que justamente a beatificação da relação federativa entre o todo do movimento de classe proletário e um fenômeno parcial desse movimento, que, como uma anormalidade, seria eliminada. A relação diplomático-federativa entre a instância superior social-democrata e sindical apenas pode levar a um estranhamento e esfriamento cada vez maior das relações, tornar-se a fonte de novos atritos. E isso encontra-se na natureza da coisa. A própria forma dessa relação mostra que a grande questão da união harmônica entre o lado econômico e o lado político da luta

---

68   1ª edição: são elas próprias.

de emancipação proletária se transforma na questão minúscula de uma relação de "vizinhos amistosos" entre as "instâncias" na Lindenstrasse e na margem do Engel,[69] e que as grandes perspectivas do movimento operário são encobertas por insignificantes preocupações hierárquicas e sensibilidades. O primeiro teste com o método diplomático de instâncias, as negociações da direção partidária com a Comissão Geral no que se refere à greve de massas, já forneceram provas suficientes para a falta de sentido desse procedimento. E quando a Comissão Geral recentemente explicou que em algumas ocasiões, ora deste ora daquele lado, foram solicitadas e se realizaram reuniões entre ela e a direção partidária, esta garantia, do ponto de vista da etiqueta recíproca, deve ter um efeito tranquilizador e edificante; contudo, o movimento operário alemão, que à vista do preocupante período que se aproxima precisa apreender todos os problemas de sua luta em um nível mais profundo, tem todos os motivos para deixar de lado essa prática chinesa de mandarim e procurar a solução da tarefa lá onde está dada por si própria pela situação.} Não é no alto, no cume das lideranças das organizações e da sua associação federativa, mas embaixo, na massa proletária organizada, que se encontra a garantia para a verdadeira unidade do movimento operário. Na consciência dos milhões de membros dos sindicatos, o partido e o sindicato são de fato *um*, a saber, a luta emancipatória *social-democrata* do proletariado sob formas diferentes. Daí a necessidade, para eliminar aquele atrito entre a social-democracia e os[70] sindicatos, de adaptar sua relação recíproca à consciência da massa proletária, *isto é, voltar a unir os sindicatos à social-democracia*. Com isso apenas se expressa uma síntese do desenvolvimento real, que passou da incorporação original dos sindicatos à sua separação da social-democracia para depois, através do período de elevado crescimento tanto dos sindicatos quanto da social-democracia, preparar

---

69 A direção do SPP tinha sua sede na Lindenstrasse em Berlim e, à margem do Engel, encontrava-se a Comissão Geral dos Sindicatos da Alemanha.
70 1ª edição: uma parte dos.

o período vindouro de grandes lutas de massas proletárias, tornando assim necessário, porém, a reunificação da social-democracia e dos sindicatos no interesse de ambos.

Não se trata aqui, evidentemente, da dissolução de toda[71] a estrutura sindical no partido, mas da construção daquela relação natural entre a liderança da social-democracia e dos sindicatos, entre os congressos partidários e os congressos sindicais, que corresponda à relação efetiva entre o movimento operário como um todo e seu fenômeno sindical parcial. Uma guinada dessas, como não poderia deixar de ser, irá provocar forte oposição de parte dos funcionários sindicais.[72] Mas já é tempo de que a massa trabalhadora social-democrata aprenda a expressar sua capacidade de julgamento e de ação e, assim, expor sua maturidade para as épocas de grandes lutas e grandes tarefas, em que ela, a massa, deve ser o coro ativo, as lideranças devem ser apenas as "pessoas que falam",[73] os tradutores da vontade da massa.

O movimento sindical não é aquilo que se espelha nas ilusões inteiramente explicáveis mas equivocadas de algumas dúzias de líderes sindicais, e sim aquilo que vive na consciência da grande massa dos proletários que foram ganhos para a luta de classes. Nessa consciência, o movimento sindical é uma parte da social-democracia. "E o que ele é, ele deve ousar parecer."

São Petersburgo, 15 de setembro de 1906.

---

71 1ª edição: atual.
72 1ª edição: líderes sindicais.
73 1ª edição: incluído "isto é".

A teoria e a prática[1]

I[2]

---

1 Título original: *Die Theorie und die Praxis*. Publicado originalmente em *Die Neue Zeit*, ano 28, 1909/10, v.2, I-III; p.564-78; IV-VI, p.626-42.
2 Em Baden,* o inesperado pronunciamento trouxe à tona o desejo, em uma série de companheiros de partido e em nós mesmos, de retirar da *Die Neue Zeit* tudo aquilo que se parece a uma disputa no próprio campo do marxismo. Ademais, temos a sensação de que, sob a impressão dos acontecimentos de Baden, o interesse de nossos leitores por uma discussão como a que segue só pode ser pequeno. Por esses motivos consideramos mais aconselhado adiar a publicação do artigo da companheira Luxemburgo, o que propusemos que justificasse com a seguinte explicação da redação, a que se deveria seguir a seguinte declaração de Kautsky: "Aos nossos leitores! Recebemos uma réplica detalhada da companheira Luxemburgo à questão da greve de massa, cuja primeira parte deveria aparecer no presente número e já estava preparada para publicação. Em concordância com a companheira Luxemburgo adiamos essa réplica, dado que, no momento, em vista das provocações inacreditáveis de uma parte da bancada socialista do parlamento estadual de Baden, de sua quebra leviana da disciplina partidária e de seu bizantinismo, é tarefa de todos os elementos de convicção revolucionária e verdadeiramente republicana de nosso partido unir-se e deixar de lado todas as divergências, contra um oportunismo para o qual a boa opinião dos nacional-liberais é mais importante do que a expressão da vontade e o respeito do proletariado social-democrata alemão. *A red*. Em seguida, sinto-me impelido, já na data de hoje, a retificar um engano que é esclarecido no artigo da companheira Luxemburgo, a ser publicado mais tarde. A passagem sobre a agitação republicana, que provocou minhas preocupações, não deixou de ser publicada, mas apareceu com uma nova introdução e um novo final como artigo especial no *Volkswacht* de Breslau. Minhas conclusões finais, que eu ligava à suposta

A primeira pergunta que, no presente embate, requer o interesse dos círculos partidários é se foram ou não colocados obstáculos à discussão sobre a greve de massas na imprensa do partido, notadamente no *Vorwärts* e na *Neue Zeit*. O companheiro Kautsky o refuta, ao afirmar que "naturalmente jamais lhe havia passado pela cabeça querer "proibir" a discussão da greve de massas".[3] O companheiro Kautsky não quer me entender. Claro que não se tratava de uma proibição do companheiro Kautsky – um redator isolado nada pode "proibir", – mas de uma proibição das "instâncias superiores" que foi seguida pelo companheiro Kautsky em sua esfera de poder na *Neue Zeit*, contra sua primeira aceitação de meu artigo. No que se refere à outra questão – a propaganda da república –, também aqui o companheiro Kautsky discorda que tivesse colocado obstáculos em meu caminho. Isso jamais lhe viria à mente. Tratar-se-ia apenas de uma passagem sobre a república em meu artigo sobre a greve de massas, "cuja versão" para a redação da *Neue Zeit* "parecera inoportuna". Eu

---

não publicação, ficam assim ultrapassadas. Isso em nada altera nossas divergências práticas. Mas, em virtude dos motivos acima mencionados, a disputa deve ser deixada para um momento mais propício. K. *Kautsky*".

A companheira Luxemburgo se recusa a concordar com o adiamento de seu artigo. Seu problema lhe parece tão imensamente importante que ela não aturará o menor adiamento. Se o seu adversário não fosse o próprio redator da *Die Neue Zeit*, não deixaríamos de adiar o artigo, apesar da discordância da companheira Luxemburgo, dado que no presente momento ele apenas pode prejudicar o proletariado. Pois ele seria capaz, se acaso viesse a ser notado agora, de dispersar a atenção dos companheiros que no momento precisa concentrar-se em uníssono nos "insurgentes" de Baden. E ele se coloca a tarefa de desacreditar a direção do partido, o *Vorwärts*, todos aqueles elementos com os quais agora precisamos nos unir contra aqueles que quebraram a disciplina. Contudo, não queremos em causa própria, nem sequer uma única vez, decidir pelo adiamento. Mas os companheiros compreenderão que Kautsky considerou ser um erro responder agora à companheira Luxemburgo. Agora trata-se de dirimir outras questões. Um acerto de contas minucioso com ela, a refutação de afirmações errôneas e a revelação de seus métodos de citação não serão poupados à companheira Luxemburgo. Porém, o momento apropriado só chegará depois que o avanço de Baden tiver sido repelido. Agora, há coisas mais importantes a fazer. *A red.*

* [Nota do original logo após "Baden"]: Em 14 de julho de 1910, a maioria da bancada social-democrata no parlamento estadual de Baden havia aprovado o orçamento. No Congresso do SPD em Magdeburg, de 18 a 24 de setembro de 1910, a quebra de disciplina dos revisionistas de Baden foi condenada pela maioria dos delegados, tendo sido proposta sua expulsão do partido.

3 Kautsky, Eine neue Strategie, *Die Neue Zeit*, ano 28, 1909-10, v.2, p.334.

mesma teria então publicado o artigo no *Arbeiter-Zeitung* de Dortmund.[4] "*Mas em vão é que se procurará, nesse artigo, aquela passagem sobre a república*".[5] O companheiro Kautsky também "não encontrou" essa passagem publicada por mim em nenhum outro lugar. "O mascaramento covarde de princípios, de que a companheira Luxemburgo nos acusa" termina ele, "reduz-se, então, a que contestamos uma passagem de seu artigo, cuja publicação ela mesma acabou por deixar de lado voluntariamente. Essa estratégia não é heroica, Otávia!".[6] O companheiro Kautsky, nessa apresentação dos fatos, para mim tão lamentável, tornou-se vítima de erros estranhos. Na verdade não se tratava de "uma passagem" nem do possível perigo de sua "versão", mas sim do conteúdo, da palavra de ordem da república e da agitação em prol dela, e o companheiro Kautsky tem que permitir que eu, na situação precária em que sua exposição dos fatos me colocou, e em perigo, apele para ele como testemunha principal e salvador. Após ter recebido meu artigo sobre a greve de massas, o companheiro Kautsky me escreveu:

> O seu artigo é muito belo e muito importante, não concordo com tudo e me arrogo o direito de polemizar com ele. Hoje não tenho tempo de fazê-lo por carta. Basta, eu aceito o artigo se você excluir as páginas da 29 até o final. Essas eu não posso publicar de maneira nenhuma. Já seu ponto de partida está errado. Em nosso programa não se encontra uma palavra sobre a república. Não por engano, não por causa de uma paixão redacional, mas por motivos calculados. Também o Programa de Gotha não falava da república, e Marx, por mais que condenasse esse programa, reconhecia, em sua carta, que não tinha cabimento reivindicar abertamente a república.[7] Não tenho tempo para expor-lhe os motivos que Marx e Engels, Bebel e Liebknecht re-

---

4 Luxemburgo, *Was weiter?*. In: *Gesammelte Werke*, v.2, p.289-299.
5 Kautsky, Eine neue Strategie, op. cit., p.337.
6 Ibid.
7 *Die Neue Zeit*, IX, 1, p.573. [Karl Marx: *Kritik des Gothaer Programms*. In: Marx; Engels, *Werke*, v.19, p.29.]

conheciam como válidos. Basta, o que você quer é uma agitação completamente nova, que sempre foi rejeitada até hoje. Essa nova agitação, porém, é do tipo que não cabe ser discutida publicamente. Com o seu artigo você iria, por conta própria, como pessoa isolada, proclamar uma ação e uma agitação completamente novas, que o partido sempre vetou. Não podemos e não devemos proceder dessa maneira. Uma única personalidade, seja qual for sua posição, não pode criar, por conta própria, um *fait accompli* [fato consumado] que pode ter consequências imprevisíveis para o partido.

O texto continua no mesmo sentido por cerca de duas páginas.

A "agitação completamente nova", que podia ter "consequências imprevisíveis" para o partido, era do seguinte teor:

> O sufrágio universal, igual e direto para todos os adultos, sem distinção de gênero, é o próximo objetivo que nos garante, no presente momento, a aprovação entusiástica das camadas mais amplas. Mas esse objetivo não é o único que devemos pregar agora. Ao proclamarmos, como resposta à trapaça infame da reforma eleitoral[8] do governo e dos partidos burgueses, a palavra de ordem de um sistema eleitoral verdadeiramente democrático, ainda nos encontramos – considerando a situação política como um todo – na defensiva. De acordo com o bom e velho princípio de qualquer tática de luta real, que um forte golpe é a melhor defesa, precisamos responder às provocações cada vez mais descaradas da reação vigente, de modo a virar o jogo com nossa agitação e partir totalmente para o ataque. Isso, porém, pode acontecer de modo mais seguro, nítido, por assim dizer lapidar, se na agitação defendermos claramente aquela reivindicação política que constitui o primeiro ponto de nosso programa político: *a reivindi-*

---

8   Em 5 de fevereiro de 1910, o governo prussiano apresentou um projeto de lei para mudar o sufrágio na Prússia, o qual previa uma modificação mínima do voto censitário das três classes. O projeto foi rejeitado pela comissão da Câmara dos Deputados e do Senado. As grandes lutas pelo sufrágio pleno, que chegaram ao ápice entre fevereiro e abril de 1910, obrigaram o governo a retirar o projeto em maio desse ano.

cação da república. Até hoje, em nossa agitação, o mote republicano desempenhou um papel menor. Um dos bons motivos para tal é que o nosso partido queria preservar a classe trabalhadora alemã daquelas ilusões republicano-burguesas ou, mais corretamente, republicano--pequeno-burguesas, que, por exemplo, foram e permanecem até hoje tão fatídicas na história do socialismo francês. Na Alemanha a luta proletária foi, desde o começo, direcionada de maneira consequente e resoluta não contra essa ou aquela forma ou excesso do Estado de classes em particular, mas contra o Estado de classes como tal; ela não se fragmentou em antimilitarismo, antimonarquismo e outros 'ismos' pequeno-burgueses, mas sempre se configurou como anticapitalismo, como inimigo mortal da ordem vigente em todos os seus excessos e formas, tanto sob a fachada monarquista quanto sob a republicana. Após quarenta anos desse minucioso trabalho de esclarecimento também foi possível transformar numa sólida aquisição do proletário esclarecido na Alemanha a convicção de que a melhor república burguesa não é menos um Estado de classes e um bastião da exploração capitalista do que uma monarquia atual e de que só a eliminação do sistema salarial e da dominação de classe sob qualquer forma, e não da aparência externa de 'dominação popular' na república burguesa, é capaz de alterar essencialmente a situação do proletariado.

Porém, justamente porque na Alemanha, graças ao trabalho de quarenta anos da social-democracia, os perigos das ilusões republicano-pequeno-burguesas foram tão escrupulosamente evitados, podemos hoje tranquilamente, em nossa agitação, conceder mais espaço ao princípio maior de nosso programa político do que lhe é devido por direito. Pelo destaque dado ao caráter republicano da social--democracia ganhamos sobretudo uma oportunidade a mais de ilustrar de maneira popular e tangível a nossa oposição, por princípio, como um *partido de classes do proletariado*, contra o campo unido de *todos os partidos burgueses*. O declínio assustador do liberalismo burguês na Alemanha se expressa, entre outras coisas, de maneira especialmente drástica pelo bizantinismo da burguesia liberal diante da monarquia, alguns palmos à frente dos *junkers* conservadores.

Mas isso não é tudo. Nos últimos anos, a situação da política alemã, tanto interna quanto externa, aponta para a monarquia como o foco ou, ao menos, a ponta exposta, visível da reação dominante. A monarquia semiabsolutista de regime pessoal constitui, sem dúvida, há um quarto de século e cada vez mais a cada ano que passa, o ponto de apoio do militarismo, a força propulsora da política naval, o espírito dirigente da aventura político-mundial, assim como constitui o refúgio dos *junkers* na Prússia e o bastião do predomínio do atraso político prussiano em todo o Reich; por fim ela é, por assim dizer, o inimigo pessoal jurado da classe trabalhadora e da social-democracia. Portanto, a *palavra de ordem da república* é hoje, na Alemanha, infinitamente mais do que a expressão de um belo sonho do 'estado popular' democrático ou de um doutrinarismo político que paira nas nuvens; é um grito de guerra prático contra o militarismo, o marinismo, a política colonial, a política mundial, a dominação dos *junkers*, a prussianização da Alemanha, é apenas uma consequência e um resumo drástico de toda a nossa luta diária contra todos esses fenômenos parciais da reação dominante. Em especial, porém, justamente os acontecimentos mais recentes apontam na mesma direção: as ameaças de golpe absolutistas dos *junkers* no Reichstag, e os ataques insolentes do chanceler do Reich, no parlamento estadual prussiano (preußischen Landtag), contra o direito de voto para o Reichstag,[9] bem como o cumprimento da "palavra régia" nas questões do direito de voto prussiano através do projeto de lei de reforma de Bethmann.[10]

Posso incluir essa "agitação completamente nova" com a consciência ainda mais tranquila, visto que ela já foi impressa sem que o partido tenha sofrido quaisquer males no corpo e na alma. Depois que o companheiro Kautsky, apesar de eu ter concordado com um

---

9 Em 10 de fevereiro de 1910, no parlamento prussiano, o chanceler Theobald von Bethmann Hollweg atacou a reforma do sufrágio, dizendo que era uma questão menor, artificialmente exagerada pela social-democracia.
10 Luxemburg, Zeit der Aussaat. In: *Gesammelte Werke*, v.2, p.301-303. Grifos apenas nessa versão.

dar de ombros resignado em cortar o capítulo sobre a república, ainda assim me devolveu todo o artigo sobre a greve de massas, inclusive as páginas "29 até o final" por ele rechaçadas, que publiquei como artigo autônomo intitulado "Tempo de semear" no *Volkswacht* de Breslau em 25 de março,[11] sem mudar uma palavra, provido de introdução e conclusão, a partir do qual foi reproduzido por uma série de jornais partidários, até onde me lembro em Dortmund, Bremen, Halle, Elberfeld, Königsberg e em jornais turíngios. Tudo isso não foi decerto um ato heroico de minha parte, mas apenas meu azar que naquela época o companheiro Kautsky lesse a imprensa partidária com a mesma rapidez com que pensava sobre o posicionamento do partido quanto à palavra de ordem da república. Afinal, caso tivesse considerado a coisa com maior cuidado, jamais poderia, na questão da república, trazer a campo Marx e Engels contra mim. O texto de Engels, ao qual o companheiro Kautsky se refere, é a crítica ao esboço do Programa de Erfurt de 1891 elaborado pela direção partidária. Aqui Engels afirma, no capítulo II, "Reivindicações políticas":

> As reivindicações políticas do esboço contêm um grave erro. Aquilo que deveria ser dito *não está lá*. Se todas essas 10 reivindicações fossem concedidas, teríamos diversos meios a mais para levar adiante a principal questão política, mas de modo algum a principal questão propriamente dita.[12]

A necessidade urgente de clarificar essa "questão principal" das reivindicações políticas da social-democracia é fundamentada por Engels com a dica sobre o "oportunismo que toma conta de uma grande parte da imprensa social-democrata".[13] Então ele continua:

> Quais são esses pontos delicados, porém tão essenciais?

---

11 Ibid., p.300-304.
12 Engels: *Zur Kritik des sozialdemokratischen Programmentwurfs 1891*. In: Marx; Engels. *Werke*, v.22, p.233.
13 Ibid., p.234.

Primeiro. Se algo é certo, então esse algo é que o nosso partido e a classe trabalhadora apenas poderão chegar ao poder sob a forma da república democrática. Essa é, aliás, a forma específica para a ditadura do proletariado, como já mostrou a grande Revolução Francesa. É, afinal, impensável que os melhores dentre nós devam, como Miquel, tornar-se ministros do imperador. Mas parece juridicamente inaceitável que se ponha a reivindicação da república diretamente no programa, ainda que isso até mesmo tenha sido autorizado na França de Louis-Philippe, bem como agora na Itália. Mas o fato de que sequer se permita elaborar um programa partidário abertamente republicano na Alemanha prova quão colossal é a ilusão de que se poderia, pacífica e confortavelmente, fundar uma república, e não apenas a república, mas a sociedade comunista.

Enquanto isso, pode-se talvez passar ao largo da república. Mas o que, a meu ver, pode e deve ser incluído no programa é a reivindicação da *concentração de todas as forças políticas nas mãos da representação popular.* E isso seria suficiente, por enquanto, caso não se pudesse ir adiante.

Segundo. A reconstituição da Alemanha...

Ou seja, república unitária...

De todas essas coisas, quase nada poderá ser incluído no programa. Eu as menciono especialmente para caracterizar as condições na Alemanha, onde não cabe dizer coisas desse tipo, mas onde, ao mesmo tempo, reina o autoengano de pretender transformar tais condições em sociedade comunista por meio da via legal. E, além disso, para lembrar à direção partidária de que ainda há outras questões políticas de importância, além da legislação direta pelo povo e da assistência jurídica gratuita, sem as quais, ao final, também podemos avançar. Dada a insegurança geral, essas questões podem se tornar candentes de hoje para amanhã, e então, o que será se não as tivermos discutido, se não tivermos acordo sobre elas?[14]

14 Ibid., p.235-36.

Vê-se que Engels enxerga "um grave erro" no programa partidário por não conter a reivindicação da república, e apenas em vista das concepções categóricas da Alemanha onde por motivos policiais isso "não cabe" é que ele se decide, com visível desconforto e algumas dúvidas, a morder a maçã azeda e, "no melhor dos casos", a "passar ao largo" da reivindicação da república. Mas o que ele declara francamente necessário é o *debate da palavra de ordem da república na imprensa partidária*:

> Se ainda é possível, em relação aos pontos acima discutidos, formular as reivindicações do programa, não posso aqui julgar tão bem como vocês aí. Mas seria desejável *que essas questões fossem debatidas no interior do partido, antes que seja tarde demais.*[15] [grifo – R. L.].

Esse "testamento político" de Friedrich Engels é, quando muito, exposto de maneira singular pelo companheiro Kautsky, na medida em que bane da *Neue Zeit* o debate da necessidade de uma agitação em prol da república como "agitação completamente nova", que supostamente "sempre foi condenada pelo partido".

Mas no que se refere a Marx, ele foi tão longe em sua *Crítica do Programa de Gotha*, que declarava: caso não se tivesse a possibilidade de pôr a república abertamente como a reivindicação política mais elevada do programa, então também não se poderiam enumerar todas as outras reivindicações democráticas detalhadas no programa. Ele escreve sobre o *Programa de Gotha*:

> Suas reivindicações políticas nada contêm, a não ser a ladainha democrática conhecida de todos: sufrágio universal, legislação direta, direito popular, exército popular etc...
>
> Mas uma coisa foi esquecida. Dado que o Partido operário alemão declarou expressamente mover-se no interior 'do atual Estado nacional', ou seja, do seu Estado, do Reich prusso-alemão..., ele não

---

15 *Die Neue Zeit*, XX, 1, p.11-2 [Engels, *Zur Kritik des sozialdemokratischen Programmentwurfs 1891*. In: Marx; Engels, *Werke*, v.22, p.237].

podia esquecer a questão principal, a saber, que todas aquelas coisinhas baseiam-se no reconhecimento da assim chamada soberania popular e que, por isso, elas apenas têm lugar em uma *república democrática*.

Como não se está na situação de – e sabiamente, pois as condições pedem cuidado [*Notabene*, Marx escrevia isso há 35 anos, na era Tessendorf,[16] quando a lei socialista já projetava suas sombras – R. L.] – exigir a república democrática, como os programas dos trabalhadores franceses o fizeram sob Louis-Philippe e sob Louis-Napoleon – então também não se deveria ter recorrido à... artimanha [os pontos substituem um adjetivo despreocupado de Marx – R. L.], coisas que apenas têm sentido numa república democrática, tê-las exigido de um Estado que não passa de um despotismo militar policialmente protegido, enfeitado de formas parlamentares, misturado com apostos feudais, influenciado pela burguesia e burocraticamente decorado.

Até mesmo a democracia vulgar, que vê na república democrática o Reich milenar e não faz ideia que justamente nessa última forma de Estado da sociedade burguesa é que a luta de classes deve ser definitivamente travada – até mesmo ela está bem acima desse tipo de democracia no interior das fronteiras do policialmente permitido e do logicamente proibido.[17]

Também Marx mantinha, portanto, uma linguagem inteiramente diferente *in puncto* república. Tanto Marx quanto Engels concederam – baseados em garantias vindas da Alemanha – ainda pouco antes e logo depois que as leis socialistas passaram a vigorar, quando muito, que talvez não coubesse colocar a reivindicação pela república no *programa* de qualquer forma. Mas que essa reivindicação hoje, um quarto de século depois, na *agitação* – e apenas dessa é que se trata aqui – deva valer como algo "completamente novo" e inaudito, é algo com que certamente nenhum dos dois sequer sonhava.

---

16 Hermann Tessendorf foi, de 1873 a 1879, o primeiro promotor público no Tribunal Municipal de Berlim, e notório organizador das perseguições aos socialistas.
17 *Die Neue Zeit*, IX, 1, p.573. [Engels, *Zur Kritik des Gothaer Programms*. In: Marx; Engels: *Werke*, v.19, p.29.]

O companheiro Kautsky se arroga já ter propagado a república na *Neue Zeit* de modo "inteiramente diferente" do que agora faço inofensivamente. Ele deve sabê-lo melhor, minha memória neste caso me deixa em apuros. Mas será que além dos acontecimentos dos dias mais recentes carecemos de um exemplo mais convincente de que, nesse sentido, *na prática* não é feito o suficiente? Por sua vez, o aumento dos civilistas[18] prussianos ofereceu a oportunidade mais brilhante concebível e ao mesmo tempo criou, para o partido, o dever irrefutável de apresentar clara e incisivamente o mote da república e garantir sua propaganda. O desafio insolente contido nesse projeto do governo, imediatamente após o fim lamentável do projeto sobre o direito de voto, deveria necessariamente ter tido por resposta o questionamento da função política da monarquia e do regime pessoal na Prússia-Alemanha, com o destaque para seu vínculo com o militarismo, o marinismo, a paralisia político-social, com a lembrança dos famosos "discursos" e "falas" sobre a "horda de pessoas", a "tigela de compota", com a lembrança do projeto prisional,[19] com a revelação da monarquia como a expressão visível de toda a reação alemã-imperial. A unanimidade tocante de todos os partidos burgueses no tratamento bizantino dado ao projeto mostrou mais uma vez drasticamente que a palavra de ordem da República tornou-se, na Alemanha atual, a senha da divisão de classes, o lema da luta de classes. Nada disso ocorreu na *Neue Zeit*, nem no *Vorwärts*. O aumento dos civilistas foi tratado principalmente como questão da renda da família Hohenzollern, como uma questão financeira e não política, e foi explorada com maior ou menor graça, mas nem com

---

18 Em 9 de junho de 1910, no parlamento prussiano, o projeto de lei acerca do aumento das dotações monárquicas foi aprovado contra os votos dos social-democratas. Com isso a corte prussiana obteve uma renda adicional de 3,5 milhões, o que significava que anualmente tinha à disposição uma soma total de 19,2 milhões de marcos oriundos do Estado.

19 Em 20 de junho de 1899 o governo apresentou um projeto de lei no Reichstag "para proteção das relações profissionais de trabalho", o chamado projeto prisional. Esse projeto era dirigido contra o crescente movimento de greves e visava a abolir o direito de coligação e de greve. Grandes manifestações de massas levaram à retirada do projeto em 20 de novembro do mesmo ano.

uma sílaba sequer a palavra de ordem da República foi defendida por nossos dois órgãos dirigentes.

O companheiro Kautsky é um conhecedor de Marx mais capaz do que eu, ele deve saber melhor com qual adjetivo pontual Marx descreveria *essa* "artimanha" e *esse* tipo de republicanismo "no interior das fronteiras do policialmente permitido e do politicamente proibido".

Por tudo isso o companheiro Kautsky incorre em erro ao afirmar que eu "reclamo" do "tratamento ruim" dispensado pela redação da *Neue Zeit*.[20] Eu acho que o companheiro Kautsky só tratou mal a si mesmo.

II

E, agora, à greve de massas. Para explicar sua tomada de posição inesperada contra a palavra de ordem de greve de massas na mais recente campanha eleitoral prussiana, o companheiro Kautsky criou toda uma teoria das duas estratégias, a "estratégia da derrubada" e a "estratégia do cansaço". Agora, o companheiro Kautsky vai ainda mais longe e constrói *ad hoc* uma teoria inteiramente nova acerca das condições da greve política de massas na Rússia e na Alemanha. Ouvimos, primeiramente, observações gerais sobre o quão delicados podem ser os exemplos históricos, como se pode, no caso de se proceder com pouco cuidado, encontrar comprovações acertadas para quase todas as estratégias, métodos, direções, instituições e coisas do mundo – observações que, em sua generalidade e amplitude, são antes de natureza inofensiva, mas cujas tendências menos inofensivas e cujas extremidades são formuladas de modo que seja "especialmente perigoso" "recorrer a modelos revolucionários".[21] Esses alertas, que pelo seu espírito são como advertências paternais do companheiro Frohme, são dirigidos nomeadamente contra a Revolução Russa. Disso decorre

---

20   Kautsky, Eine neue Strategie, op. cit., p.335.
21   Ibid., p.365.

uma teoria, que deve indicar a oposição completa entre a Rússia e a Alemanha, e mostrar que as condições para a greve de massas estão dadas na Rússia, mas não na Alemanha.

Na Rússia teríamos o governo mais fraco do mundo, na Prússia, o mais forte; na Rússia haveria uma guerra infeliz contra um pequeno país asiático, na Alemanha, o "brilho de quase um século de vitórias contínuas sobre as maiores potências do mundo";[22] na Rússia, atraso econômico e um campesinato que, até o ano de 1905, acreditava no tsar como num Deus, na Alemanha, o desenvolvimento econômico mais forte, no qual o poder concentrado das associações de empresários subjuga a massa trabalhadora pelo terrorismo mais extremo; na Rússia, carência total de liberdades políticas, na Alemanha, liberdade política, que fornece aos trabalhadores múltiplas formas "sem risco" para o seu protesto e a sua luta, de modo que estejam "inteiramente ocupados com associações, assembleias, imprensa, eleições de todo tipo".[23] E o resultado desses contrastes é que na Rússia a greve era a única forma possível de luta proletária, por isso a greve já era, em si, uma vitória, ainda que não fosse planejada e não desse resultados; além disso, cada greve já era um ato político em si, pois as greves eram proibidas; na Europa ocidental, por sua vez – aqui o esquema alemão já se estende a toda a Europa ocidental – essas "greves primitivas, amorfas"[24] são uma coisa há muito ultrapassada, aqui apenas se entraria em greve quando houvesse a expectativa de um sucesso positivo. A moral de tudo isso é que o longo período revolucionário das greves de massas, incluídas as ações políticas e econômicas, as greves de protesto e de luta, sempre se revezavam e emaranhavam uma na outra, representavam um produto específico do atraso russo. Na Europa ocidental e, em especial, na Alemanha, até uma greve de protesto do tipo russo seria extremamente difícil, quase impossível, "não apesar, mas por causa do meio século de movimento socialista";[25] aqui a greve política

---

22 Kautsky, Eine neue Strategie, op. cit., p.368.
23 Ibid., p.369.
24 Ibid.
25 Ibid., p.370.

de massas apenas poderia ser empregada como meio de luta em uma luta final, única, "de vida ou morte", em que para o proletariado se trataria apenas de vencer ou perecer.

Quero, apenas de passagem, chamar a atenção para como a descrição que o companheiro Kautsky oferece acerca das condições russas está quase totalmente incorreta nos pontos mais importantes. O campesinato russo, por exemplo, não começou a se rebelar repentinamente apenas em 1905, mas os seus levantes ocorrem desde a assim chamada libertação camponesa, no ano de 1861[26] – com uma única pausa para descanso entre 1885 e 1895 – como um fio vermelho pela história nacional da Rússia, tanto levantes contra os donos de terras quanto resistência ativa contra os órgãos governamentais; foi assim que surgiu a famosa circular do Ministro do Interior no ano de 1898,[27] que colocou todo o campesinato russo sob estado de vigilância. O novo e o especial do ano de 1905 foi, apenas, que pela primeira vez a rebelião crônica da massa camponesa alcançou um significado político e revolucionário, como efeito colateral e complemento de uma ação revolucionária de classes, de objetivo claramente definido, do proletariado urbano. Mas ainda mais incorreto é, possivelmente, o entendimento do companheiro Kautsky acerca do ponto principal da questão – da ação de massas e de greve do proletariado russo. A imagem das "greves primitivas, amorfas", caóticas dos trabalhadores russos, que simplesmente fazem greve por desespero, simplesmente para fazer greve, sem objetivo e sem plano, sem reivindicações e "sucessos determinados", é uma próspera fantasia. As greves russas do período revolucionário, que conseguiram impor um aumento considerável de salários, mas, também, sobretudo, uma redução quase geral do tempo de trabalho para 10, frequentemente para 9 horas, que em São Petersburgo foram capazes de sustentar, durante muitas semanas, na luta mais dura, a jornada de trabalho de oito horas, que brigaram pelo direito de coligação não

---

26 No ano de 1861, na Rússia, a servidão foi abolida, mas as contradições sociais permaneceram apesar dessa e de algumas outras reformas.

27 O ministro do Interior tsarista, I. L. Goremykin, havia exigido, em uma circular de 17 de julho de 1898, medidas extraordinárias para a subjugação das insurreições camponesas.

apenas dos trabalhadores, mas também dos funcionários de estado nos trens e nos correios – enquanto a contrarrevolução não havia se contraposto – defenderam contra todos os ataques, que deram conta de quebrar o direito senhorial do empreendedor e criar, em empreendimentos muito maiores, comissões de trabalhadores para regulamentar todas as condições de trabalho, que assumiram para si as tarefas de abolir o trabalho por turnos, o trabalho doméstico, o trabalho noturno, as multas de fábrica, e do cumprimento estrito do descanso dominical; essas greves das quais, em curto espaço de tempo, logo nasceram organizações sindicais esperançosas em quase todas as áreas, com a vida mais movimentada, com direção firme, caixas, estatutos e uma imprensa sindical substanciosa, essas greves, das quais nasceu uma criação tão audaz quanto o famoso conselho dos delegados trabalhadores[28] de São Petersburgo, para uma direção unificada de todo o movimento nesse enorme império – essas greves e greves de massas russas eram tampouco "amorfas" e "primitivas" que, antes, podem ser colocadas lado a lado com qualquer movimento sindical "europeu-ocidental" em termos de audácia, força, solidariedade de classes, resistência, conquistas materiais, fins progressistas e sucessos organizativos. De fato a maior parte das conquistas econômicas após a derrota da revolução foram perdidas, pouco a pouco, juntamente com aquelas de caráter político. Mas, aparentemente, isso em nada alterou o caráter da greve durante o período em que durou a revolução.

Sem serem "feitos" e, por isso, "sem planejamento", "por si próprios" é que esses conflitos econômicos, parciais e locais evoluíram a todo momento para greves políticas de massas gerais e revolucionárias, assim como voltam a brotar graças à situação revolucionária e à elevada tensão da solidariedade de classes nas massas proletárias. Sem ser "feito" e elementar foi também o percurso e o resultado correspondente de uma dessas ações gerais político-revolucionárias, como acaba

---

28 No decorrer da revolução russa de 1905 originaram-se, em diversas cidades russas, sovietes de deputados trabalhadores como órgãos de poder da classe trabalhadora, dentre os quais se destacava o soviete de São Petersburgo.

acontecendo de tempos em tempos em movimentos de massa e tempos turbulentos e continuará assim em todo lugar. Se, porém, queremos medir o caráter progressista da greve e a "direção racional da greve" a partir de seus sucessos imediatos, como faz o companheiro Kautsky, então esse grande período de greves na Rússia teve, nos poucos anos da revolução, relativamente mais sucessos econômicos e político-sociais do que o movimento sindical alemão nas quatro décadas de sua existência. De fato, isso não se deve nem a um heroísmo especial nem a uma arte especial do proletariado russo, mas, simplesmente, às vantagens do passo acelerado [*Sturmschritt*] de um período revolucionário em comparação com o andar lento do desenvolvimento calmo no quadro do parlamentarismo burguês.

Como ainda dizia o companheiro Kautsky em sua *Revolução social*:

> Contra esse 'romantismo revolucionário' resta apenas *uma* objeção que é levantada ainda mais frequentemente, dado que as condições na Rússia nada provam para nós na Europa ocidental, visto que diferem fundamentalmente daquelas.
>
> A diferença das condições, naturalmente, não me é desconhecida, ainda que não possamos exagerá-la. A mais recente brochura de nossa companheira Luxemburgo prova, claramente, que a classe trabalhadora russa não está tão por baixo e nem alcançou tão pouco, quanto comumente se imagina. Assim como os trabalhadores ingleses tiveram de perder o costume de olhar para o proletariado alemão como gênero atrasado, assim nós na Alemanha precisamos perder o mesmo costume diante do proletariado russo.[29]

E ele continua:

> Os trabalhadores ingleses encontram-se hoje como fator político ainda mais rebaixados do que os funcionários do Estado economicamente mais atrasado e politicamente menos livre: a Rússia. É sua pró-

---

[29] Kautsky, *Die Soziale Revolution*, Sozialreform und Soziale Revolution, parte I, p.59.

pria consciência revolucionária viva que lhes dá a maior força prática; foi a renúncia à revolução, a limitação dos interesses do momento, a assim chamada *Realpolitik*, que anulou aqueles para a verdadeira política.[30]

Mas deixemos de lado, por enquanto, as condições russas e nos voltemos à descrição que o companheiro Kautsky oferece das condições prusso-alemãs. Estranhamente também aqui encontramos coisas surpreendentes. Até agora, por exemplo, foi prerrogativa do *Junkertum* do Elba oriental viver de acordo com a consciência comovente de que a Prússia possuía "o governo mais forte do presente". No entanto, tenho certa dificuldade em compreender como a social-democracia chegou ao ponto de seriamente reconhecer um governo como "o mais forte", este que "não passa de um despotismo militar policialmente protegido, enfeitado de formas parlamentares, misturado com apostos feudais, influenciado pela burguesia e burocraticamente decorado". A imagem lamentável e ridícula do "gabinete" de Bethmann Hollweg, um governo que é reacionário até os ossos, porém sem plano, sem qualquer fio condutor da política, com lacaios e burocratas em vez de homens de Estado, com um curso esquisito em zigue-zague, no interior joguete de um bando de *junkers* ordinários e de um jogo de intrigas impertinente da gentalha cortesã, na política externa joguete de um regime pessoal mentalmente incapaz, há poucos anos engraxate desprezível do "mais fraco governo do mundo", do tsarismo russo, apoiado num exército constituído em enorme parte por social-democratas, com a ordem mais estúpida, os maus-tratos mais infames aos soldados em todo o mundo – esse é o "governo mais forte do presente"! Seja como for, uma contribuição singular para a concepção materialista da história, que, até agora, derivava a "força" de um governo não a partir de seu atraso, de sua inimizade à cultura, da "obediência cega" e do espírito policial. Paralelamente, o companheiro Kautsky ainda fez um tanto por esse "governo mais forte" e até mesmo o rodeou com o "brilho de

---

30 Ibid., p.63.

quase um século de vitórias contínuas sobre as mais fortes potências do mundo". Nas associações de guerra pôde-se, até agora, viver da "gloriosa campanha" de 1870. Para construir o seu "século" de brilho prussiano, o companheiro Kautsky, aparentemente, também incluiu a batalha de Jena, bem como a campanha dos hunos até a China, com o nosso Valdersee no comando,[31] e a vitória de Trotha sobre as mulheres e crianças hotentotes no Kalahari.[32]

Vejamos o belo artigo do companheiro Kautsky, *A situação do Reich*, de dezembro de 1906, ao final de uma descrição longa e detalhada:

> Compare-se a brilhante situação externa do Reich em seu começo com a atual situação, e se terá de admitir que jamais uma herança tão brilhante de poder e prestígio foi desperdiçada tão rapidamente [...], jamais, desde sua constituição, o Reich alemão esteve tão fraco em sua posição no mundo e nunca um governo alemão brincou com o fogo com tamanha falta de reflexão e com tamanho capricho do que na época mais recente.[33]

Naquela época, aliás, tratava-se de retratar a brilhante vitória eleitoral que nos aguardava nas eleições de 1907, e as enormes catástrofes, que, de acordo com o companheiro Kautsky, adviriam com a mesma necessidade com que agora ele as deixa para depois da próxima eleição do Reichstag.

De outro lado, o companheiro Kautsky constrói, com base em sua descrição das condições econômicas e políticas da Alemanha e da Europa ocidental, uma política de greve que – medida pela realidade – é uma fantasia surpreendente. "À greve", nos garante o companheiro Kautsky, "na Alemanha – e na Europa ocidental em geral – o

---

31 Em 1899, no norte da China, eclodiu a insurreição dos Ihotuan que em 1900 foi barbaramente aniquilada pelos exércitos conjuntos de oito países imperialistas sob o comando do general alemão Alfred Graf von Valdersee. O ataque das tropas alemãs ficou conhecido como "campanha dos hunos".
32 Em 1904 os hereros e os hotentotes revoltaram-se contra o colonialismo alemão no sudoeste da África. A revolta foi cruelmente esmagada pelo general alemão von Trotha.
33 *Die Neue Zeit*, XXV, 1, p.427.

trabalhador apenas recorre como meio de luta quando ele tem a expectativa de, desse modo, atingir *determinados sucessos*. Se esses sucessos não vêm, então a greve deixou de atingir o seu fim".[34] Com essa descoberta, o companheiro Kautsky externou um juízo severo acerca da prática dos sindicatos alemães e "europeus ocidentais". Pois o que nos mostra, por exemplo, a estatística das greves na Alemanha? Das 19.766 greves e locautes que tivemos ao total, de 1890 a 1908, todo um quarto (25,2%) não teve nenhum sucesso, quase um outro quarto (22,5%) obteve apenas sucesso parcial e menos que a metade (49,5%) obteve sucesso completo.[35] De maneira igualmente crassa, essa estatística contradiz a teoria do companheiro Kautsky, de acordo com a qual o poderoso desenvolvimento das organizações de trabalhadores, bem como das organizações de empresários, "levaram a que as lutas entre essas organizações também fossem cada vez mais centralizadas e concentradas" e, por isso, se tornassem "cada vez mais *raras*".[36] Na década de 1890 a 1899 tivemos ao total, na Alemanha, 3.772 greves e locautes, mas nos nove anos de 1900 a 1908, na época do maior crescimento das associações de empresários e dos sindicatos, o total de 15.994. As greves estão tão "menos frequentes" que, ao contrário, multiplicaram-se por quatro na última década, com o que em toda a década anterior a quantidade de 425.142 trabalhadores participou das greves, e, nos últimos nove anos foram 1.709.415, novamente quatro vezes aquela quantidade, ou seja, em média mais ou menos o mesmo número por greve.

De acordo com o esquema do companheiro Kautsky, entre um quarto até a metade de todas essas lutas sindicais na Alemanha teriam "errado o seu fim". Entretanto cada agitador sindical bem sabe que o "sucesso determinado" na forma de conquistas materiais não é e nem pode ser o único fim, o único ponto de vista confiável nas

---

34 Kautsky, Eine neue Strategie, op. cit., p.369.
35 Correspondenzblatt der Generalkommission der Gewerkschaften Deutschlands [Correspondência da comissão geral dos sindicatos alemães], 1909, n.7, Statistische Beilage [Anexo estatístico].
36 Ibid., p.372.

lutas econômicas, sabe que as organizações sindicais "na Europa ocidental" chegaram, ao contrário, passo a passo ao dilema de assumir a luta mesmo com poucas perspectivas de "sucesso determinado", como o demonstrou nomeadamente a estatística das puras greves de defesa, das quais, durante os últimos dezenove anos na Alemanha, 32,5% transcorreram completamente sem sucesso. Que essas greves "sem sucesso", assim, tenham não apenas "errado" o "seu alvo", mas também constituam uma condição vital para a defesa do nível de vida dos trabalhadores, para a preservação da energia de luta entre os trabalhadores, para dificultar futuros novos ataques dos empresários, isso tudo faz parte dos princípios mais elementares da prática sindical alemã. Além disso, é amplamente sabido que afora o "sucesso determinado" no quesito conquistas materiais, e também *sem* esse sucesso, as greves "na Europa ocidental" talvez tenham o resultado mais importante de servir como ponto de partida para a *organização* sindical, e que sobretudo em locais atrasados e naqueles setores de trabalho em que a organização é mais difícil, nestes lugares encontram-se a maioria de tais greves "sem sucesso" e "impensadas", das quais surgem continuamente os fundamentos da organização sindical. A história de luta e sofrimento dos trabalhadores têxteis no Vogtland, cujo capítulo mais famoso é constituído pela greve de Crimmitschau,[37] é uma prova única para tanto. Com a "estratégia" que o companheiro Kautsky agora propôs não se consegue levar adiante nem uma grande ação política de massas, nem sequer um movimento sindical comum.

O esquema acima para as greves da "Europa ocidental", porém, tem ainda outra brecha, e precisamente no ponto em que a luta econômica ganha relevância para a questão da greve de massas, isto

---

37 Em agosto de 1903, cerca de 8 mil trabalhadores têxteis em Crimmitschau entraram em greve pela jornada de trabalho de dez horas e por aumento salarial. A intervenção do poder estatal e a promulgação do estado de sítio sobre Crimmitschau deram à greve um caráter político. Todas as tentativas dos empresários de encerrar a greve fracassaram na decisão de luta dos trabalhadores, fortalecida pela solidariedade da classe trabalhadora alemã e internacional. Apenas a intervenção de líderes sindicais reformistas contra o desejo dos grevistas é que obrigou os trabalhadores a retomar o trabalho incondicionalmente em janeiro de 1904.

é, para o nosso verdadeiro tema. É que este esquema ignora totalmente o fato de que justamente na "Europa ocidental" estouram greves cada vez mais longas, cada vez mais violentas, sem muito planejamento, como uma simples tempestade em tais regiões, onde uma grande massa explorada de proletários afronta a supremacia concentrada do capital ou do Estado capitalista, greves que não se tornam "cada vez mais raras", mas, ao contrário, cada vez mais frequentes, greves que na maioria transcorrem sem nenhum "sucesso determinado", mas, apesar disso, ou melhor, justamente por causa disso são de grande importância como explosões de uma contradição interna profunda, que passa diretamente para o campo político. Disso fazem parte as enormes lutas periódicas dos *mineiros* na Alemanha, na Inglaterra, na França, na América, disso fazem parte as greves de massas dos *trabalhadores camponeses*, como ocorreram na Itália, na Galícia, bem como as greves de massas dos *trabalhadores ferroviários*, que vêm à tona uma vez neste, outra vez naquele Estado. Como ainda estava escrito no acertado artigo do companheiro Kautsky sobre "Os ensinamentos da greve dos mineiros" na região do Ruhr no ano de 1905:

> Apenas por esse caminho é que se podem alcançar avanços significativos para os mineiros. A greve contra os proprietários das minas tornou-se sem saída; a greve precisa apresentar-se como *política* desde o início, suas reivindicações, sua tática precisam ser calculadas para colocar a *legislação* em movimento [...] Essa nova tática sindical [continua o companheiro Kautsky], a da *greve política*, da ligação entre ação sindical e política, é a única que resta aos mineiros, na verdade é a que pode reavivar tanto a ação parlamentar quanto a sindical e fornecer tanto a uma quanto à outra maior força agressiva.

Poderia parecer que aqui talvez se devesse entender por "ação política" apenas a ação parlamentar e não a greve política de massas. O companheiro Kautsky dirime qualquer dúvida, ao afirmar com todas as letras:

Mas as grandes ações decisivas do proletariado em luta deverão ser levadas a cabo cada vez mais por meio dos diferentes tipos de greve política. E a prática avança mais rápido do que a teoria. Pois enquanto discutimos acerca da greve política e procuramos por sua formulação e fundamentação teórica, origina-se espontaneamente, através da autoinflamação das massas, uma enorme greve política de massas após outra – ou cada greve de massas torna-se uma ação política, cada grande prova de forças política culmina em uma nova greve de massas, seja entre os mineiros, seja entre os proletários russos, entre os camponeses e ferroviários italianos etc.[38]

Assim escrevia o companheiro Kautsky em 11 de março de 1905.

Aqui temos a "autoinflamação das massas" e a direção sindical, lutas econômicas e lutas políticas, greves de massa e revolução, a Rússia e a Europa ocidental na mais bela confusão, todos os temas do esquema fundidos em um nexo vivo durante um grande período de fortes tempestades sociais.

Parece que "a teoria" não apenas "avança" mais devagar do que a prática, mas infelizmente de tempos em tempos também dá cambalhotas para trás.

III

Examinamos brevemente os verdadeiros substratos da mais recente teoria do companheiro Kautsky acerca da Rússia e da Europa ocidental. O mais importante dessa mais nova criação é, no entanto, sua tendência geral, que se encaminha no sentido de construir uma oposição grosseira entre a Rússia revolucionária e a Europa ocidental parlamentar, e de apresentar o papel de destaque que a greve política de massas desempenhou na Revolução Russa como um produto do *atraso* econômico e político da Rússia.

---

38 *Die Neue Zeit*, XXIII, I, p.780-781

Mas, aqui, aconteceu algo desagradável ao companheiro Kautsky, ele provou demais. Um pouco menos teria sido decisivo nesse caso.

O companheiro Kautsky não percebeu, sobretudo, que sua atual teoria assassina sua teoria anterior da "estratégia do cansaço". No centro da "estratégia do cansaço" encontrava-se o indicativo para as eleições do Reichstag que se aproximavam. O meu erro imperdoável consistiu em que, já no decorrer da presente luta pelo sufrágio na Prússia, eu considerava a greve de massas como adequada, enquanto o companheiro Kautsky afirmava que apenas nossa futura e enorme vitória nas eleições do Reichstag no ano que vem é que criaria a "situação completamente nova", que poderia tornar a greve de massas necessária e adequada. Agora, no entanto, o companheiro Kautsky provou, com toda a clareza desejável, que na Alemanha, aliás, em toda a Europa ocidental, faltam as condições para um período de greves políticas de massas. "Por causa do meio século de movimento socialista, de organização social-democrata e de liberdade política", na Europa ocidental até mesmo simples greves de massas de protesto do tamanho e do impacto daquelas ocorridas na Rússia se tornaram quase impossíveis. Mas, se assim fosse, então as perspectivas rumo à greve de massas após as eleições para o Reichstag pareceriam bastante problemáticas. Estão claras todas as condições que de modo geral tornam impossível a greve de massas na Alemanha: o governo mais forte do presente e o seu brilhante prestígio, a obediência cega dos trabalhadores estatais, o poder inabalável e provocador das associações empresariais, o isolamento político do proletariado, e que tudo isso não desaparecerá repentinamente até o ano que vem. Se os motivos que se colocam contra a greve política de massas não mais residirem na situação momentânea como afirmava a "estratégia do cansaço", mas justamente nos resultados de "meio século de esclarecimento socialista e liberdade política", no elevado grau de desenvolvimento da vida política e econômica da "Europa ocidental", então o adiamento das expectativas em relação a uma greve de massas de agora para o ano que vem, após as eleições para o Reichstag, prova ser apenas um mero pretexto da "estratégia do cansaço", cujo único conteúdo real consiste, por conseguinte, na recomendação das eleições para o Reichstag. Em minha primeira resposta[39] procurei demonstrar que a "estratégia do cansaço" caminha na realidade rumo ao "nada a não ser parlamentarismo". O companheiro Kautsky confirma isso agora através de seus aprofundamentos teóricos.

E mais. Apesar de o companheiro Kautsky ter adiado a grande ação de massas para a época posterior às eleições do Reichstag, ao mesmo tempo ele precisou admitir que a greve política de massas poderia, na atual situação, tornar-se necessária "a qualquer momento", pois "desde a existência do *Deutsches* Reich as oposições sociais, políticas, e internacionais nunca estiveram tão tensas quanto agora".[40] Quando, porém, as condições sociais em geral, o grau de maturidade histórica na "Europa ocidental", e especialmente na Alemanha, tornam uma ação de greve de massas impossível, como pode uma ação dessas ser colocada em andamento "a qualquer momento"? Uma provocação brutal da polícia, o derramamento de sangue numa manifestação podem de repente elevar muito a agitação das massas e acirrar a situação, mas evidentemente não podem ser aquele "motivo mais forte" que, de repente, inverte toda a estrutura política e econômica da Alemanha.

O companheiro Kautsky, porém, também provou algo ainda mais supérfluo. Se as condições gerais econômicas e políticas na Alemanha são tais que tornam impossível uma ação de greve de massas do tipo russo, e se a expansão que a greve de massas adquiriu na Revolução Russa é o resultado do *atraso* especificamente russo, então não apenas o emprego da greve de massas na luta pelo sufrágio na Prússia, mas também a resolução de Jena em geral está em questão. Até agora a decisão do Congresso partidário de Jena havia sido considerada uma manifestação altamente significativa no interior e no exterior por ter tomado oficialmente emprestada, do arsenal da Revolução Russa, a greve de massas como meio político de luta e por tê-la incorporado à

---

39 Ermattung oder Kampf?, *Die Neue Zeit*, ano 28, 1909/10, 2º vol. In: *Gesammelte Werke*, 2, p.344-377.
40 Kautsky, Was nun?, op. cit., p.80.

tática da social-democracia alemã. Na verdade essa decisão foi tomada formalmente e interpretada por alguns como se a social-democracia declarasse querer fazer uso da greve de massas apenas no caso de uma piora do direito de voto para o Reichstag. De todo modo, antigamente o companheiro Kautsky não fazia parte daqueles formalistas, pois já no ano de 1904 ele escrevia expressamente:

> Se aprendemos com o exemplo belga, então chegaremos à conclusão de que seria um erro fatídico para nós, na Alemanha, se quiséssemos definir o chamamento para a greve política a partir de um determinado prazo, *talvez para o caso da piora do presente direito de voto para o* Reichstag.[41] [grifo – R. L.]

O significado principal, o verdadeiro conteúdo da resolução de Jena, de fato não se encontrava nessa "definição" formalista, mas no fato de que a social-democracia alemã aceitava fundamentalmente os ensinamentos e o exemplo da Revolução Russa. Foi o espírito da Revolução Russa, que dominou o encontro do nosso partido em Jena. Se, agora, o companheiro Kautsky deriva o papel da greve de massas na Revolução Russa do atraso da Rússia e, com isso, constrói uma oposição entre a Rússia revolucionária e a "Europa ocidental" parlamentar, quando alerta expressamente contra os exemplos e os métodos da revolução, quando vagamente chega a colocar a derrota do proletariado na Revolução Russa na fatura das grandiosas ações de greves de massas, por meio das quais o proletariado "deve ter ficado exausto" – em suma quando, agora, o companheiro Kautsky declara com todas as letras: "Mas seja como for, nas condições alemãs o esquema da greve de massas russa não é adequado nem antes e nem durante a revolução",[42] então *desse* ponto de vista, parece um engano incompreensível que a social-democracia alemã tome oficialmente emprestada, justamente da Revolução Russa, a greve de massas como novo meio de luta. A

---

41 Id., Allerhand Revolutionäres, *Die Neue Zeit*, XXIII, 1, p.736.
42 Id., Eine neue Strategie, op. cit., p.374.

atual teoria do companheiro Kautsky é, no fundo, uma revisão cruel e completa da resolução de Jena.

Para justificar sua única tomada de posição equivocada na última campanha pelo direito de voto na Prússia, o companheiro Kautsky abandona passo a passo os ensinamentos da Revolução Russa para o proletariado alemão e europeu ocidental, o enriquecimento e a expansão mais significativa da tática proletária na última década.

IV[43]

À luz das consequências que decorrem da mais recente teoria do companheiro Kautsky, vem nitidamente à tona o quanto essa teoria

---

[43] O ataque tão despropositado quanto ácido da redação da *Die Neue Zeit* no último número e sua afirmação de que meu artigo "apenas poderia prejudicar a causa do proletariado no momento presente" me obriga à seguinte réplica:

1) Eu rejeito com toda a firmeza a afirmação da redação, de que na presente discussão se trataria de "*meu*" assunto" que me pareceria de "tão enorme importância". A questão da luta pelo direito de voto na Prússia e da tática que nela deve ser empregada não é "*meu*" assunto, mas o do movimento social-democrata alemão.

2) A questão do direito de voto está na ordem do dia do Congresso partidário em Magdeburg, e também não foi retirada da ordem do dia após o incidente de Baden. Por isso, para a imprensa partidária, em primeiro lugar para o órgão de discussão teórica do partido, existe a simples *obrigação* de preparar os debates do Congresso partidário através da clarificação geral da questão.

3) A acusação de que eu provocaria a "disputa no próprio campo marxista" é infundada. O marxismo não é um grupo que teria a necessidade de encobrir divergências objetivas de opinião perante o mundo. Ele é um grande movimento intelectual, que não podemos identificar com aquelas poucas pessoas que somos, uma visão de mundo, que cresceu no confronto de ideias aberto e livre, e apenas por ele pode ser preservado da ossificação.

4) A explicação da redação, de que meu artigo colocaria "a si a tarefa de desacreditar a direção partidária, o "Vorwärts", e todos aqueles elementos em geral", vai no sentido da afirmação de que, quem *critica* os órgãos partidários dirigentes e a política por eles exercida, apenas poderia ter a intenção de "desacreditá-los". Isso é textualmente o mesmo argumento com o qual até hoje os líderes sindicais procuraram se defender de toda crítica à política dos sindicatos, em especial também a crítica do redator da *Die Neue Zeit*. A redação de um órgão de discussão teórico partidário deveria ser a última a levantar suspeitas mesquinhas contra os críticos no interior do partido, mesmo que ela, por acaso, esteja entre os criticados.

5) A interrupção da discussão sobre a luta a favor do direito de voto na Prússia, que a redação me impôs por consideração ao voto do orçamento de Baden, significa que deixamos de lado as questões da luta contra o adversário burguês por tempo indeterminado, para nos prepararmos exclusivamente com vistas à luta nas nossas próprias fileiras. Dado que os ataques do lado

está errada desde a base. Querer derivar as ações de greves de massa do proletariado russo, sem precedentes na história das modernas lutas de classe, do atraso social da Rússia, levaria, em outras palavras, a explicar o significado excepcional, o papel dirigente do proletariado da grande indústria urbana na Revolução Russa através do "atraso" russo, ou seja, significaria colocar as coisas diretamente de ponta--cabeça. Não foi o retardamento econômico, mas justamente o elevado desenvolvimento do capitalismo, da indústria moderna e do comércio na Rússia, que possibilitou e condicionou aquelas grandiosas ações de greves de massa. Apenas pelo fato de já ser o proletariado industrial urbano tão numeroso na Rússia, concentrado em grandes centros, tão fortemente tomado pela consciência de classe, apenas por ter a oposição capitalista verdadeiramente moderna florescido tanto, é que a luta pela liberdade política pôde ser levada a cabo apenas por esse proletariado de maneira tão decidida; mas não podia tornar--se uma pura luta constitucional de acordo com a receita liberal, e sim uma verdadeira e moderna luta de classes em toda a sua amplidão e profundidade, na qual se disputavam os interesses tanto políticos

oportunista não param há uma década, isso apenas significaria declarar o partido sob estado de sítio do oportunismo, que a cada vez interromperia todos os debates sérios acerca da tática, todos aqueles acerca dos problemas do desenvolvimento do modo de luta social-democrata sempre que os nossos revisionistas estivessem dispostos a dar um golpe. Uma agitação tão espalhafatosa contradiz também as próprias palavras da redação em outro lugar. O assunto de Baden precisa ser resolvido com muita energia e consequência. "De modo algum", lemos no editorial do companheiro Mehring no mesmo número da *Die Neue Zeit*, "o partido deixará que a motivada disposição para a luta seja afetada por esse episódio. Na medida em que até hoje a imprensa partidária se manifestou a respeito, isso ocorreu com a mesma calma refletida com que Engels costumava observar o alvoroço do 'Kanton Badisch".* Desejo à redação da *Die Neue Zeit* algo dessa "motivada disposição para a luta" e dessa "calma refletida".

Rosa Luxemburgo

Com aquela "calma refletida" que a companheira Luxemburgo exigia de nós, também publicamos essa declaração em paralelo às trinta páginas de seu artigo, e deixamos tranquilamente aos nossos leitores a decisão acerca de se uma polêmica como a presente tem espaço no momento atual ou se a veemente relutância da companheira Luxemburgo contra qualquer adiamento de sua resposta em algumas poucas semanas não significa superestimar a importância de suas próprias interpretações.

A red.

* [Nota logo após de "Kanton Badisch"]: Franz Mehring: Kanton Badisch, *Die Neue Zeit*, ano 28, 1909-10, v.2, p.562.

quanto econômicos dos trabalhadores, tanto contra o capital quanto contra o tsarismo, pela jornada de trabalho de oito horas bem como pela constituição democrática. E apenas por já terem a indústria capitalista e os modernos meios de transporte ligados a ela se tornado condição de existência da vida econômica do Estado, é que as greves de massa do proletariado na Rússia puderam atingir um efeito tão devastador, tão decisivo, que com elas a revolução festejou a vitória e com elas sucumbiu e emudeceu.

Momentaneamente não encontro formulação mais exata para os elementos de que tratamos aqui do que a que já ofereci em meu texto de 1906 sobre a greve de massas:

> Vimos que a greve de massas na Rússia não constitui um produto artificial de uma tática proposital da social-democracia, mas um fenômeno histórico natural no terreno da atual revolução. Então quais são os elementos que, na Rússia, trouxeram à tona essa nova forma de surgimento da revolução?
>
> A revolução russa tem como tarefa imediata a eliminação do absolutismo e a produção de um moderno Estado de direito burguês-parlamentar. Formalmente é a mesma tarefa que estava colocada, na Alemanha, à revolução de março, e na França, às grandes revoluções ao final do século XVIII. Apenas as condições, o contexto histórico, nos quais essas revoluções formalmente análogas ocorreram, são fundamentalmente diferentes da Rússia atual. O decisivo é a circunstância de que entre aquelas revoluções burguesas no ocidente e as atuais revoluções burguesas no oriente transcorreu todo o ciclo de desenvolvimento capitalista. E esse desenvolvimento não atingiu apenas os países europeu-ocidentais, mas também a Rússia absolutista. A grande indústria, com todas as suas consequências, a moderna divisão de classes, os bruscos contrastes sociais, a moderna vida na cidade grande e o proletariado moderno tornaram-se, na Rússia, a forma de produção dominante, isto é, decisiva para o desenvolvimento social. Disso, porém, originou-se a curiosa e contraditória situação histórica de que, de acordo com suas tarefas formais, a revolução burguesa deve, primeiro,

ser realizada por um proletariado moderno, com consciência de classe e num contexto internacional que se encontra sob o signo da decadência da democracia burguesa. A burguesia agora não é o elemento de liderança, revolucionário, como nas revoluções anteriores do ocidente, enquanto a massa proletária, dissolvida na pequena-burguesia, presta serviços militares à burguesia, mas, inversamente, o proletariado com consciência de classe é o elemento propulsor e líder, enquanto as camadas da grande burguesia são em parte diretamente contrarrevolucionárias, em parte debilmente liberais, e apenas a pequena-burguesia rural, ao lado da *intelligentsia* pequeno-burguesa urbana, são decididamente oposicionistas e até revolucionárias. O proletariado russo, porém, que esteve tão determinado a ocupar um papel dirigente na revolução burguesa, adentra a luta livre de todas as ilusões da democracia burguesa, mas, em compensação, com uma consciência fortemente desenvolvida dos interesses de classe próprios, específicos, diante da oposição bastante acirrada entre capital e trabalho. Essa relação contraditória encontra sua expressão no fato de que nessa revolução formalmente burguesa a oposição entre a sociedade burguesa e o absolutismo é dominada pela oposição entre o proletariado e a sociedade burguesa, de que a luta do proletariado se volta com a mesma força e simultaneamente contra o absolutismo e contra a exploração capitalista, de que o programa das lutas revolucionárias volta-se com a mesma ênfase para a liberdade política e para a conquista da jornada de trabalho de oito horas, bem como para uma existência material humanamente digna para o proletariado. *Esse caráter ambíguo da Revolução Russa se expressa naquela ligação e interação interna da luta econômica com a luta política, que conhecemos com base nos acontecimentos na Rússia, e que encontraram sua expressão correspondente na greve de massas.* [...]

[...]

Assim, a greve de massas prova ser não um produto especificamente russo, originado do absolutismo, mas *uma forma geral da luta de classes proletária, que se origina do estágio atual do desenvolvimento capitalista e das relações de classe.* As três revoluções burguesas: a grande Revolução Francesa, a Revolução de Março alemã e, agora, a Russa constituem, desse ponto de vista, uma corrente de desenvolvimento contínuo, na qual se espelham o êxito e o fim do século capitalista. [...] A atual revolução aufere assim, na questão particular da Rússia absolutista, ao mesmo tempo os resultados gerais do desenvolvimento capitalista internacional; aparece menos como herdeira da antiga revolução burguesa do que como precursora da nova série de revoluções proletárias do ocidente. Justamente por ter se atrasado tanto com sua revolução burguesa, o país mais atrasado mostra ao proletariado alemão e ao proletariado dos países capitalistas mais avançados caminhos e métodos para continuar a luta de classes.[44]

Antigamente o companheiro Kautsky também observava a Revolução Russa na mesma perspectiva histórica. Em dezembro de 1906 ele escreveu, em concordância completa com a minha interpretação:

> Poderemos fazer jus à Revolução Russa e às tarefas que ela nos coloca se a observarmos não como revolução burguesa no sentido tradicional, nem como socialista, mas como um processo peculiar, que transcorre na linha limítrofe entre a sociedade burguesa e a socialista, exigindo a dissolução de uma e a formação da outra e, que em todo caso, leva adiante toda a humanidade na civilização capitalista a um grande salto em sua marcha de desenvolvimento.[45]

Mas quando se apreendem as verdadeiras condições sociais e históricas subjacentes à ação da greve de massas, à nova forma de luta específica da Revolução Russa – e uma outra concepção não é possível a não ser que, livremente do nada, se criem fantasias sobre o *verdadeiro* processo dessa ação, como faz o companheiro Kautsky com as suas "greves primitivas, amorfas" –, então fica claro que as greves de massa devem ser levadas em conta muito mais como forma de luta

---

44 Ver p.326. Grifos de Rosa apenas nesse trecho.
45 Kautsky, Triebkräfte und Aussichten der russischen Revolution, *Die Neue Zeit*, XXV, 1, p.333.

revolucionária do proletariado para a Europa ocidental do que para a Rússia, na medida em que o capitalismo na Alemanha, por exemplo, é muito mais desenvolvido.

Justamente todas as condições que o companheiro Kautsky introduz contra a greve política de massas são os mesmos fatores que farão a ação de greve de massas na Alemanha ser ainda mais inevitável, abrangente e poderosa.

O poder desafiador das associações empresariais a que o companheiro Kautsky agora se refere, e que "procura seu igual", bem como a obediência cega em que é mantida a enorme categoria dos trabalhadores estatais na Alemanha são, justamente, o que torna sempre mais difícil uma ação sindical calma e frutífera para a maioria do proletariado na Alemanha, o que provoca sempre provas de força e explosões cada vez maiores no domínio econômico, cujo caráter elementar e cuja abrangência de massa assumem significado tanto mais político quanto mais duram.

Justamente o isolamento político do proletariado na Alemanha, a que o companheiro Kautsky faz referência, justamente o fato de que toda a burguesia e a pequena-burguesia se colocam como um muro atrás do governo implica que toda grande luta política contra o governo se torna, ao mesmo tempo, uma luta contra a burguesia, contra a exploração. E as mesmas circunstâncias nos garantem que na Alemanha toda ação de massas revolucionária e enérgica não assumirá as formas parlamentares do liberalismo nem as antigas formas de luta da pequena-burguesia revolucionária, aquela das breves batalhas de barricada, mas, antes, a forma proletária clássica, a das greves de massa.

E por fim, justamente pelo fato de termos na Alemanha deixado para trás "meio século de esclarecimento socialista e liberdade política", assim que a situação tiver amadurecido suficientemente para que as massas apareçam em cena, por ocasião de toda luta política a ação do proletariado precisa cobrar todas as faturas atrasadas da exploração privada e estatal e juntar, à luta de massas política, aquela de caráter econômico. Pois, escrevia o companheiro Kautsky no ano de 1907, também não temos o menor motivo para assumir que o grau de exploração do proletariado alemão seja menor do que na Rússia. Pelo contrário, vimos que, com o avanço do capitalismo, aumenta a exploração do proletariado. Se o trabalhador alemão ainda está, frequentemente, mais bem colocado que o russo, em compensação a produtividade de seu trabalho também é muito maior e as suas necessidades são, correspondentemente ao nível de vida geral da nação, muito maiores, de modo que o trabalhador alemão talvez sinta a subjugação capitalista de maneira ainda mais dolorosa do que o russo.[46]

O companheiro Kautsky, que agora ilustra com todas as cores como o trabalhador alemão se "ocupa inteiramente com associações, assembleias, eleições de todo tipo", se esqueceu, nesse momento, de todas as enormes hordas de trabalhadores estatais escravos, prusso-alemães, ferroviários, empregados do correio bem como camponeses, que infelizmente têm em medida muito menor a diversão de estarem ocupados com "associações, assembleias e eleições de todo tipo", enquanto lhes falta, legal ou faticamente, o direito de coligação. Ele se esqueceu de que essas enormes categorias vivem, tanto política como economicamente, em plena liberdade real prussiana sob condições verdadeiramente "russas", ou seja, que justamente essas categorias – isso sem falar dos mineiros – jamais preservarão a obediência cega no caso de um abalo político, e nem apresentarão suas faturas especiais na forma de enormes greves de massa.

Mas olhemos para a "Europa ocidental". O companheiro Kautsky, que nega tudo isso, também precisaria polemizar com outra opositora além de mim, com a realidade. Afinal, o que vemos aqui, quando apenas destacamos as greves de massa mais importantes dos últimos dez anos?

As grandes greves de massa belgas, que conquistaram o sufrágio universal, ainda permanecem isoladas nos anos noventa como um

---

46 Id., *Die Soziale Revolution*, I, op. cit., p.60.

experimento audacioso. Desde então, porém, quanta exuberância e multiplicidade!

Nos anos 1900 a greve de massas dos mineiros na Pensilvânia que, de acordo com os relatos dos companheiros americanos, fez mais pela disseminação das ideias socialistas do que dez anos de agitação, em 1900, igualmente, a greve de massas dos mineiros na Áustria, em 1902 a greve de massas dos mineiros na França, em 1902 a greve geral de toda a produção em Barcelona para apoiar a luta dos metalúrgicos, em 1902 as greves de protesto de massas na Suécia pelo direito de voto igual e universal, em 1902 a greve de massas na Bélgica pelo sufrágio igual e universal, em 1902 a greve de massas dos camponeses em toda a Galícia oriental (mais de 200 mil) pela proteção do direito de coligação, em janeiro e abril de 1903 duas greves de massa dos ferroviários na Holanda, em 1904 uma greve de massas dos ferroviários na Hungria, em 1904 a greve de protesto de massas na Itália como protesto contra as chacinas na Sardenha, em janeiro de 1905 a greve de protesto de massas dos mineiros na região do Ruhr, em outubro de 1905 a greve de protesto de massas em Lemberg pelo sufrágio igual e universal para o parlamento estadual galício, em novembro de 1905 a greve de protesto de massas em toda a Áustria pelo sufrágio igual e universal para o Reichsrat, em 1905 a greve de massas dos camponeses na Itália, em 1905 a greve de massas dos ferroviários na Itália, em 1906 a greve de protesto de massas em Trieste pelo sufrágio igual e universal para o parlamento estadual, *que também obteve vitoriosamente a reforma*, em 1906 a greve de massas dos trabalhadores de galpão [*Hüttenarbeiter*] em Witkowitz (Mähren) em apoio a 400 homens de confiança demitidos por causa da festa de Primeiro de Maio, concluída vitoriosamente, em 1909 a greve de massas na Suécia pela defesa do direito de coalizão, em 1909 a greve de massas dos empregados dos correios na França, em outubro de 1909 a greve de massas de protesto dos trabalhadores no Trento e no Rovereto como protesto contra as perseguições políticas da social-democracia, em 1910 a greve de massas na Filadélfia em apoio aos empregados do serviço de bondes em luta pelo direito de coligação e, neste momento, preparativos para a greve de massas dos ferroviários na França.

Essa é a "impossibilidade" da greve de massas, em especial da greve de protesto de massas, na "Europa ocidental", que o companheiro Kautsky tão bem comprovou por "a" mais "b". Kautsky comprovou teoricamente, como na palma da mão, a impossibilidade da multiplicação de greves políticas e econômicas, a impossibilidade de greves de protesto de massa gerais e imponentes, a impossibilidade das greves de massa como um *período* de repetidas lutas individuais, e ele se esqueceu de que, há dez anos, vivemos num período de greves de massa de lutas e protesto, econômicas e políticas, um período que alcança com coincidência notável quase todos os "países europeus ocidentais", bem como os Estados Unidos, os países mais atrasados no capitalismo, como a Espanha, e os mais avançados, como a América do Norte, países com o movimento sindical mais fraco, como a França, e aqueles com sindicatos social-democratas tão sólidos quanto a Áustria, a Galícia agrária e a Boêmia altamente industrializada, estados semifeudais como a monarquia dos Habsburgos, repúblicas como a França e estados absolutistas como a Rússia. Ao lado desses listados encontram-se, ainda, as grandiosas ações de greve de massas na Rússia de 1902 até 1906, que mostraram como o significado e a abrangência da greve de massas cresce ainda mais junto com a situação revolucionária e com a ação política do proletariado.

> Pois enquanto discutimos acerca da greve política e procuramos por sua formulação e fundamentação teórica, origina-se espontaneamente, através da autoinflamação das massas, uma enorme greve política de massas após a outra – ou cada greve de massas torna-se uma ação política, cada grande prova de forças política culmina em uma nova greve de massas, seja entre os mineiros, entre os proletários russos, entre os camponeses e ferroviários italianos etc.[47]

---

47 Id., Die Lehren des Bergarbeiterstreiks, *Die Neue Zeit*, XXIII, p.781.

Desse modo é quase como se o companheiro Kautsky, através de sua mais recente teoria da impossibilidade de um período de greves políticas de massa na Alemanha, não tivesse provado uma oposição entre a Rússia e a Europa ocidental, mas, antes, uma oposição entre a Alemanha e o restante do mundo, incluindo tanto a Europa ocidental como a Rússia. A Prússia precisaria, de fato, ser a exceção entre todos os países capitalistas, se fosse verdade aquilo que o companheiro Kautsky expõe acerca da impossibilidade até mesmo de greves de protesto de massa curtas e gerais na Prússia. Aliás, "nem se poderia pensar" que, "aqui, numa greve de protesto de massas contra o governo, se pudessem paralisar trens, bondes e estações de gás", que na Alemanha viéssemos a vivenciar uma greve de protesto de massas que "alterasse toda a imagem das ruas e, assim, deixasse a impressão mais profunda em todo o mundo burguês bem como nas camadas mais indiferentes do proletariado".[48] Mas, então, na Alemanha seria impensável o que se mostrou como possível na Galícia, na Boêmia, na Itália, na Hungria, em Trieste, em Trento, na Espanha, na Suécia. Em todos esses países e cidades aconteceram brilhantes greves de protesto, que alteraram inteiramente toda a "imagem das ruas". Na Boêmia, em 20 de novembro de 1905, reinou a interrupção geral do trabalho, que se estendeu até mesmo à *agricultura*, o que na Rússia ainda não se tinha feito. Na Itália, em setembro de 1904, os camponeses, os bondes, as companhias de gás e eletricidade comemoraram, até mesmo toda a imprensa diária teve de interromper sua publicação. "Foi, provavelmente, a greve geral mais completa", escrevia a *Neue Zeit*, "que a história conheceu: durante três dias inteiros a cidade de Gênova foi deixada sem luz, pão e carne, interrompeu-se toda a vida econômica".[49] Na Suécia, na capital Estocolmo, tanto em 1902 quanto em 1909 durante a primeira semana todos os meios de transporte – bondes, carruagens, carroças, trabalhos comunais – ficaram inoperantes. Em Barcelona, em 1902, toda a vida econômica parou durante vários dias.

48 Id., Eine neue Strategie, op. cit., p.370.
49 Olberg, Der italienische Generalstreik, *Die Neue Zeit*, XXIII, 1, p.19.

Assim, teríamos finalmente na Prússia-Alemanha, com seu "governo mais forte da atualidade" e suas "condições alemãs" particulares, que explicam todo tipo de impossibilidade do modo de luta proletário possível em todo o resto do mundo, uma contraposição inesperada àquelas condições particulares "bávaras" ou "do sul da Alemanha", das quais o companheiro Kautsky outrora ria conosco com tanto gosto. Especialmente, porém, essas "impossibilidades" alemãs são bem--vistas pelo fato de que justamente na Alemanha possuímos o partido mais forte, os sindicatos mais fortes, a melhor organização, a maior disciplina, o proletariado mais esclarecido e a maior influência do marxismo. Desse modo, chegaríamos de fato ao resultado curioso de que, quanto mais forte é a social-democracia, tanto mais impotente é a classe trabalhadora. Acredito, porém, que dizer que hoje na Alemanha são impossíveis greves de massa e greves de protesto de massa que em diversos outros países foram possíveis seria como entregar ao proletariado alemão um atestado de pobreza, pelo qual ele ainda nada fez por merecer.

V

Mas o que, afinal, sobra da teoria da greve de massas do companheiro Kautsky, depois que ele comprovou todas as "impossibilidades"? Sobrou aquela "última" greve de massas puramente política, que, separada das greves econômicas, apenas poderia acontecer uma única vez, bem ao final, como um trovão que rasga o céu aberto. "Aqui, nessa concepção", diz o companheiro Kautsky,

>encontra-se o motivo mais profundo das diferenças em relação à greve de massas, que existem entre mim e meus amigos. Eles aguardam um *período de greves de massa*, e eu, nas condições existentes na Alemanha, apenas sou capaz de imaginar uma greve política de massas *como um acontecimento único* [grifo – R. L.], no qual todo o proletariado do Reich adentra com toda sua força, uma luta de vida ou morte, uma

luta que derrota os nossos inimigos ou, alternativamente, destrói toda a nossa organização e todo o nosso poder por anos a fio ou, no mínimo, paralisa.[50]

Com relação a essa figura da "última greve de massas", como ela é imaginada pelo companheiro Kautsky, deve-se dizer, antes de mais nada que se trata de uma criação completamente nova, que não é desenhada de acordo com a realidade, mas a partir da pura "imaginação". Pois não apenas não corresponde a nenhum modelo russo, como nem sequer *uma* greve de massas dentre tantas que ocorreram na "Europa ocidental" ou nos Estados Unidos se parece aproximadamente com o exemplar inventado pelo companheiro Kautsky para a Alemanha. Nenhuma das greves de massa atualmente conhecidas foi uma "última" luta "de vida ou morte", nenhuma levou à vitória total dos trabalhadores, porém, também nenhuma "destruiu por anos a fio toda a organização" e "todo o poder" do proletariado. O sucesso foi, quase sempre, apenas parcial e indireto. As grandes greves dos mineiros comumente terminavam imediatamente com uma derrota, mas na continuação eles alcançaram algumas importantes reformas sociais através de sua pressão: na Áustria a jornada de trabalho de nove horas, na França a jornada de trabalho de oito horas. A greve de massas belga no ano e 1893 teve como resultado mais importante a conquista do direito de voto restrito e geral. A greve de massas sueca do ano anterior terminou formalmente com um compromisso, que de fato impediu um ataque geral dos proprietários coligados aos sindicatos suecos. As greves de protesto de massa austríacas impulsionaram com muita força a reforma eleitoral. As greves de massa dos camponeses, com sua parcial falta de resultados formais, fortaleceu a *organização* entre os camponeses na Itália e na Galícia. *Todas* as greves de massa, quer políticas ou econômicas, de protesto ou de luta, cumpriram o que a companheira Oda Olberg, em sua época, tão bem escreveu na *Neue Zeit* em seu balanço da greve dos ferroviários italianos:

---

50 Ibid., p.374.

As conquistas da greve política não são classificáveis: dependendo do grau de consciência da classe proletária o seu valor se altera. Uma greve política realizada com força e solidariedade jamais é perdida, pois ela é aquilo que busca, um desdobramento de forças do proletariado, no qual os lutadores consolidam sua força e seu sentimento de responsabilidade, e as classes dominantes se tornam conscientes da força de seus adversários.[51]

Em oposição estrita ao mais recente esquema do companheiro Kautsky, caso até agora toda greve de massas sem exceção, na "Europa ocidental" como na Rússia, não tenha trazido nem a vitória completa nem a destruição do proletariado, mas, ao contrário, quase sempre um *fortalecimento* das organizações, da consciência de classe e do sentimento de poder dos trabalhadores, então surge por outro lado a pergunta: como na Alemanha pode vir a acontecer aquela grande e "última" greve de massas, aquela greve de massas apocalíptica, na qual os carvalhos mais fortes são partidos, a terra arrebenta e as covas se abrem, se em nenhum momento anterior a massa do proletariado foi preparada, educada e instigada por todo um longo *período* de greves de massa, de lutas de massa políticas ou econômicas? Afinal, nessa "última" greve de massas, de acordo com o companheiro Kautsky, "todo o proletariado" deveria derrubar "o Reich" e, ainda por cima, "com todo o seu poder". Mas como é que, repentinamente, os funcionários do Estado prusso-alemão, os ferroviários, os empregados dos correios etc. que hoje estão engessados na "obediência cega", os camponeses, que não possuem direito de coligação e nem organização, as amplas camadas de trabalhadores que ainda se encontram em organizações adversárias, em sindicatos cristãos, de Hirsch-Duncker, amarelos, em suma, que toda a grande massa do proletariado alemão, que até hoje não esteve acessível nem à nossa organização sindical, nem à agitação social-democrata, atingiria em um salto a maturidade para uma "última" greve de massas "de vida ou morte", se não foram pouco a

---

51 Ibid., p.385.

pouco, durante um período anterior de tempestuosas lutas de massa, greves de protesto, greves de massa parciais, grandes lutas econômicas etc., demovidos de sua rigidez, de sua obediência cega, de sua fragmentação e integrados como seguidores da social-democracia?

O companheiro Kautsky também tem que reconhecer isso. Diz ele:

> Naturalmente, imagino esse acontecimento único não como um ato isolado, "um tiro de pistola". Também eu aguardo uma era de aguerridas lutas e ações de massa, porém, tenho a greve de massas como a *última* arma.[52]

Mas quais "lutas e ações de massas" o companheiro Kautsky pensa que antecedem aquela "última" greve de massas mas que não devem, elas próprias, consistir em greves de massa? Teriam de ser manifestações de rua? Mas não se pode passar décadas apenas fazendo manifestações de rua. E, de acordo com o companheiro Kautsky, greves de protesto gerais e impressionantes também seriam impossíveis na Alemanha; afinal, "nem seria de se pensar que aqui, em uma greve de protesto contra o governo, se pudessem paralisar trens, bondes e estações de gás". Greves de massas econômicas também não poderiam cumprir aquele trabalho preparatório para a greve política de massas, pois de acordo com o companheiro Kautsky elas devem ser mantidas rigorosamente longe da greve política de massas, não seriam nada benéficas para elas, mas, pelo contrário, prejudiciais. No que então, afinal de contas, devem consistir as "aguerridas" lutas e ações de massa da era preparatória? Talvez em "aguerridas" eleições para o Reichstag ou em assembleias com moções de protesto? Infelizmente, porém, aquelas camadas poderosas do proletariado não organizado ou organizado como adversário, das quais depende a "última" greve de massas, permanecem distantes de nossas assembleias. E, assim, não se pode absolutamente observar como é que, na realidade, conseguiremos ganhar, instigar e educar "todo o proletariado

---

52 Kautsky, Eine neue Strategie, op. cit., p.374.

do Reich" para a última luta "de vida ou morte". Querendo-o ou não o companheiro Kautsky, sua última greve de massas vem como um tiro de pistola, dado que ele exclui um *período* de greves de massa de caráter político e econômico.

Por fim, porém, é preciso perguntar-se: mas que tipo de "última" greve de massas é essa, que vem apenas *uma vez* e na qual todo o proletariado do Reich combaterá com todo o seu poder numa luta de vida ou morte? Dever-se-ia entender, com isso, uma "última" greve de massas *periódica*, que em toda grande campanha política, por exemplo pelo direito de voto na Prússia, pelo direito de voto para o Reichstag, pelo impedimento de uma guerra criminosa etc., dê o veredito final? Mas não se pode lutar uma luta "de vida ou morte" periodicamente e múltiplas vezes. Uma greve de massas concebida dessa forma, em que "todo o proletariado" luta e, ainda por cima, "com todo o poder" uma luta "de vida ou morte", apenas pode ser aquela luta em que se trata de todo o poder político do Estado, ao que tudo indica só pode ser aquela "última" luta "de vida ou morte" em que o proletariado luta pela sua ditadura para dar cabo do estado de classes burguês. Assim, a greve política de massas para a Alemanha posterga-se indefinidamente; primeiro, de acordo com a "estratégia do cansaço" ela era esperada para o ano que vem, após as eleições para o Reichstag, agora ela se desvanece como a "última", a única greve de massas à nossa vista, e até nos provoca à distância – a revolução social.

Lembremos agora, ainda, das condições que o companheiro Kautsky relacionou, em seu primeiro artigo "E agora?", com a realização da greve política de massas: o mais rígido sigilo sobre os preparativos perante os inimigos, a tomada de decisão pelo mais elevado "conselho de guerra" do partido, se possível o atropelamento do adversário – recebemos inesperadamente uma imagem que tem uma grande semelhança com o "último grande dia", com a greve geral de acordo com a receita anarquista. A ideia de greve de massas transforma-se de um processo histórico de modernas lutas de classes proletárias, no seu período de conclusão, que duram décadas, em um estardalhaço no qual "todo o proletariado do Reich" daria cabo, com um impulso repentino, da ordem social burguesa.

Como escrevia o companheiro Kautsky na sua *Revolução social*:

> Isso é besteira. Uma greve geral, no sentido de que *todos* os trabalhadores de um país interrompam o trabalho a partir de um certo sinal, pressupõe uma unanimidade e uma organização dos trabalhadores que, na sociedade atual, dificilmente poderá ser alcançada, e que, uma vez alcançada, seria tão irresistível que sequer necessitaria da greve geral. Uma greve desse tipo, porém, através de um impulso, não apenas tornaria a existência da sociedade vigente impossível, mas toda e qualquer existência, a do proletário ainda antes do que a do capitalista, essa greve precisaria, então, colapsar justamente no momento em que passasse a desdobrar sua efetividade revolucionária.
>
> A greve como um meio político de luta, raramente, e decerto não em um período previsível, assumirá a forma da greve de *todos* os trabalhadores de um país [...]. Caminhamos rumo a uma época em que, diante da supremacia das organizações empresariais, a greve isolada, apolítica, terá tão pouca perspectiva de sucesso quanto a ação parlamentar isolada dos partidos dos trabalhadores diante do poder estatal dependente dos capitalistas. Tornar-se-á cada vez mais necessário que ambos se complementem e criem novas forças de sua ação conjunta.
>
> *Como o uso de toda nova arma, assim também o uso da greve política precisa, primeiramente, ser aprendido.*[53] [grifo – R. L.].

Assim o companheiro Kautsky, quanto mais recorria a generalizações teóricas abrangentes para justificar sua tomada de posição na luta pelo direito de voto na Prússia, tanto mais perdia de vista as perspectivas gerais de desenvolvimento da luta de classes na Europa ocidental e na Alemanha, que ele mesmo não se cansara de desenhar durante os últimos anos. Provavelmente ele próprio também teve o sentimento desconfortável da incongruência entre os seus pontos de

---

53 Kautsky, *Die Soziale Revolution*, I, op. cit., p.54-5.

vista atuais e os anteriores e, por isso, foi tão solícito publicando, na terceira e última parte de sua réplica contra mim, o texto completo de sua série de artigos do ano de 1904 "Tudo que é revolucionário". Evidentemente a crassa contradição não é assim suprimida, ela apenas produziu o caráter caótico, impreciso daquela última parte do artigo, que prejudica imensamente o prazer da leitura.

Mas não apenas aquela série de artigos constitui uma dissonância aguda diante do que Kautsky agora expõe. Em sua *Revolução social* lemos a respeito de um período bastante longo de lutas revolucionárias que adentraremos e nas quais a greve política de massas "certamente terá um papel importante".[54] Toda a brochura *O caminho do poder* é dedicada à descrição das mesmas perspectivas. Sim, aqui já entramos no período revolucionário. Aqui o companheiro Kautsky revisa o "testamento político" de Friedrich Engels e afirma que a época da "estratégia do cansaço", que consistiria no aproveitamento legal dos fundamentos estatais dados, já teria passado:

> No início dos anos 1890 [afirma ele] reconheci que um desenvolvimento tranquilo da organização proletária e da luta de classes proletária sobre os fundamentos estatais dados faria avançar o proletariado na situação daquela época. Assim, não será possível jogar-me na cara a necessidade de intoxicar-me com rrrevolução e com rrradicalismo, quando a observação da situação atual me leva ao entendimento de *que as condições se alteraram fundamentalmente desde o início dos anos noventa, que todos nós temos motivos para pressupor que agora teríamos adentrado um período de lutas pelas instituições estatais e pelo poder estatal*, lutas que, sob variegadas condições alternativas, *poderiam estender-se por décadas*, cujas formas e duração ainda são imprevisíveis, mas que muito provavelmente num curto espaço de tempo já provocarão deslocamentos substanciais de poder em benefício do proletariado, quando não seu domínio irrestrito na Europa ocidental.

54 Ibid.

E mais:

> Nessa insegurança geral, porém, as próximas tarefas do proletariado estão claramente dadas. Já as desenvolvemos. *Ele não mais avança sem a mudança dos fundamentos estatais, sobre os quais conduz sua luta.* Perseguir de maneira mais enérgica a democracia no Reich, mas também em seus Estados individuais, *nomeadamente na Prússia e na Saxônia*, é sua próxima tarefa na Alemanha; sua próxima tarefa internacional é a luta contra a política mundial e o militarismo.
>
> *Tão claros quanto essas tarefas também estão presentes os meios à nossa disposição para solucioná-las. Àqueles já empregados até o momento juntou-se, ainda, a greve de massas*, que já aceitamos teoricamente no início dos anos noventa, cujo emprego sob condições favoráveis foi repetidamente colocado à prova desde então[55] [grifo – R. L.].

Em sua *Revolução social* e em *O caminho do poder*, na *Neue Zeit*, o companheiro Kautsky pregava a "greve política" como a "nova tática" para os sindicatos alemães, que seria cada vez mais imperativa diante do fato de que a greve puramente sindical estaria condenada cada vez mais ao insucesso pelas associações empresariais. Foi esse entendimento que, no ano passado, lhe rendeu aguerrida contenda com o "Correspondenzblatt der Generalkommission der Gewerkschaften [Deutschlands]".

Agora o companheiro Kautsky quer separar rigidamente todas as greves econômicas da ação política, agora explica que todas as greves na Europa ocidental [precisam] incondicionalmente atingir "sucessos determinados", senão terão "errado o seu fim", e entre os meios que "organizam o proletariado, elevam sua visão e seu sentimento de forças, e aumentam a confiança da massa popular em sua organizações" ele apenas conta "movimentos salariais levados a cabo *a contento*". Agora não precisamos de nada mais urgentemente do que de "sucessos visíveis" para impressionarmos as massas. "Há, porém, poucos sucessos que podem

---

55 Id., *Der Weg zur Macht*, p.52-3 e 101-2.

documentar a nossa força crescente para a massa de maneira tão ilustrativa quanto a conquista de novos mandatos".[56] Ou seja, as eleições para o Reichstag e os mandatos – esses são o Moisés e os profetas!

Agora ouvimos que o trabalhador alemão só está à disposição para manifestações "sem risco", que "uma mera greve de protesto sequer é a forma mais impressionante" de protesto político, que "uma eleição vitoriosa para o Reichstag impressiona muito mais"! E, finalmente, "uma verdadeira manifestação de massa", que deve valer para algo, "que não exija defesa imediata, mas apenas consista em afirmar um mero protesto contra a injustiça, que já vige há mais de meio século", uma tal greve de protesto na Alemanha dificilmente seria possível "sem um forte pretexto".[57] O companheiro Kautsky só não notou que com essa argumentação ele já havia, de passagem, fornecido a mais bela fundamentação teórica para – *a abolição da festa de Primeiro de maio*.

Cheio de razão o companheiro Kautsky remete ao seu artigo "Tudo que é revolucionário", escrito "já antes da Revolução Russa", em que havia dado uma descrição exata dos efeitos de uma greve política de massas. Porém, parece-me que o importante não é apenas descrever lutas revolucionárias e o seu desenvolvimento exterior em uma abstração teórica, por assim dizer em lugar nenhum, desenhar seu esquema geral, porém se trata, igualmente, de oferecer na prática aquelas palavras de ordem que gerem o máximo de energia revolucionária do proletariado, que possam fazer a situação avançar em maior medida e mais rapidamente. De fato, o companheiro Kautsky havia oferecido em seus inúmeros artigos, em suas brochuras, a imagem das lutas revolucionárias do futuro com clareza imperiosa, contando, por exemplo, em 1904, ao descrever a greve de massas, como "cada casa senhorial, cada celeiro, cada fábrica, cada linha telegráfica, cada linha de trem seria militarmente supervisionada", como os soldados seriam enviados em todo lugar contra a multidão e, ainda assim, jamais se chegaria a uma batalha, "pois aonde eles chegam a multidão se pulveriza, para juntar-se por todo lado aonde eles ainda

---

56 Id., Eine neue Strategie, op. cit., p.419.
57 Ibid., p.370.

não chegaram ou acabaram de estar"; como primeiramente "as companhias de gás e de eletricidade param de funcionar, os bondes deixam de trafegar e, por fim, até mesmo o correio e a ferrovia são tomados pela febre grevista; de início os trabalhadores de oficinas entram em greve, em seguida também os mais jovens servidores públicos" – em suma, tudo com uma plástica, vivacidade e um realismo, que tanto mais admirável é por tratar-se de episódios tirados do nada. Mas quando pela primeira vez a questão deixou essa enorme altura onde a teoria voa tranquilamente em círculos como a águia, e chegou à terra plana da campanha prussiana pelo direito de voto, então repentinamente o governo prussiano aturdido e desnorteado transformou-se num *rocher* [rochedo] *de bronze*; as condições alemãs prontas para a revolução social ("Viva! Marchem, marchem!"), como *O caminho do poder* as narra, transformaram-se em um país imóvel, onde "sequer se poderia pensar" que os trabalhadores das oficinas estatais e os funcionários públicos, sejam eles mais jovens ou mais antigos, participem de uma manifestação, e a "era revolucionária, que tem início" transforma-se numa preparação diligente para as eleições do Reichstag, pois "há poucos sucessos que documentam de maneira tão ilustrativa nossa força perante a massa" como – os mandatos do Reichstag.

Teoria avassaladora – e "cansaço" na prática, perspectivas revolucionárias nas nuvens – e mandatos do Reichstag como a única perspectiva na realidade. O companheiro Kautsky justificou sua campanha contra mim com a necessidade urgente de salvar a ideia da greve de massas de um comprometimento. Quase temo dizê-lo, teria sido melhor, tanto para a ideia de greve de massas quanto para o companheiro Kautsky, que essa ação de salvamento não tivesse existido.

VI

Voltemos à Prússia.

No início de março, diante da campanha pelo direito de voto que havia começado e das crescentes manifestações, eu havia declarado que o partido precisaria, caso quisesse levar o movimento mais adiante, colocar o mote da greve de massas na ordem do dia, sendo que uma greve de massas de protesto seria o primeiro passo na presente situação. Eu queria dizer que o partido estava diante de um dilema: ou ele elevaria o movimento pelo direito de voto para formas mais incisivas, ou o movimento voltaria a adormecer depois de pouco tempo, como já acontecera em 1908. Foi isso que colocou o companheiro Kautsky contra mim.

E o que vemos? O companheiro Kautsky destaca que nós, afinal, apesar de mim, não tínhamos tido nenhuma pista da greve de massas, ele exulta que minha incitação das condições teria ficado "mortinha da silva". Bem, parece-me que o companheiro Kautsky, em meio ao fervor polêmico, não viu que com isso, infelizmente, outra coisa também tinha ficado "mortinha da silva": a saber, as manifestações e, com elas, o próprio movimento pelo direito de voto. O companheiro Kautsky provou, contra mim, que um acirramento das manifestações nem era necessário, que não haveria dilema para o partido, que o principal seria "sobretudo, continuar a empregar as manifestações de rua, não esgotar-se nelas e, pelo contrário, torná-las cada vez mais poderosas".[58] Bem, as manifestações de rua pararam inteiramente desde abril. E não por falta de disposição ou desejo de luta das massas, elas não adormeceram por esgotamento interno. Não, as manifestações de rua simplesmente foram *canceladas* pelas instâncias partidárias dirigentes, contra os esforços e as tentativas dos companheiros de partido na província, como mostrou o 1º de maio, como ainda o mostraram as manifestações de maio em Braunschweig, em Breslau, que foram canceladas com antecedência. Exatamente como eu escrevera em minha primeira réplica na *Neue Zeit*, já no final de março – sem aguardar a continuidade dos acontecimentos e da situação – havia-se definido quanto à manifestação de 10 de abril, sob a pressão do ambiente na província, com o sentimento: Mas agora chega! E de fato chegou. Nenhuma manifestação, nem sequer assembleias, continuam a tratar da questão do direito de voto, a rubrica tempestuosa da luta pelo direito

---

58   Id., Was nun?, op. cit., p.71.

de voto desapareceu da imprensa partidária. E como sintoma mais certo de que a coisa passou por enquanto e deixou de ser atual pode servir a circunstância de que o nosso órgão central dirigente passou a tratar da tática na luta pelo direito de voto. "O movimento popular de estilo maior"[59] foi, por enquanto, mandado pra casa.

O que o companheiro Kautsky diz sobre isso? Ele que contra mim dirige "piada, sátira, ironia e significado mais profundo",[60] ousa ele fazer a menor reprimenda que seja contra as "autoridades superiores" que, contra a sua advertência de "não enfraquecer as manifestações de rua", simplesmente deram o golpe de misericórdia no movimento a favor das manifestações? Pelo contrário, aqui está o companheiro Kautsky cheio de admiração, ele apenas encontra palavras de entusiasmo para "a mais recente campanha de manifestações", que "foi um exemplo bem-sucedido da estratégia do cansaço".[61] Totalmente correto. Essa é a cara da "estratégia do cansaço" na prática, que se "cansa" após dois passos audaciosos, descansa sobre os louros e deixa passar a abertura retumbante do "movimento popular de estilo maior" sob o rosnado contido dos preparativos para as eleições do Reichstag.

O movimento pelo direito de voto voltou, então, a ser paralisado por um ou talvez dois anos, e num momento tão adequadamente escolhido que, com isso, prestou-se o maior serviço possível que se poderia ter prestado ao governo.

A retirada do projeto sobre o direito de voto da parte de Bethmann Hollweg foi o fator decisivo. O governo estava numa sinuca de bico. O remendo parlamentar na reforma eleitoral, o comércio parlamentar estava falido. Havia acabado a sabedoria dos adversários. Caso de fato se quisesse levar a sério a "tempestade do direito de voto", a palavra de ordem "Nada de tranquilidade na Prússia", ou seja, levar a sério as

---

59 Heinrich Ströbel em relação à questão do direito de voto. In: Protokoll über die Verhandlungen des Parteitages der Sozialdemokratischen Partei Preußens [Protocolo sobre as negociações da Convenção Partidária do Partido Social-Democrata Prussiano], realizada em Berllim de 3 a 5 de janeiro de 1910, p.224.

60 "Scherz, Satire, Ironie und tiefere Bedeutung" ["Piada, sátira, ironia e significado mais profundo"] é o título de uma comédia de Christian Dietrich Grabbe.

61 Kautsky, Eine neue Strategie, op. cit., p.419.

grandes frases do Congresso partidária prussiano, o colapso do projeto do governo era o momento certo para imediatamente, dado o fiasco da ação parlamentar, com o grito "Tragam um novo projeto!", fazer uma investida geral grandiosa, dar início a manifestações de rua em todo o país, que, em seguida, levariam a greves de massa de protesto e teriam avançado em muito a luta. O companheiro Kautsky, que generosamente me sugere reconhecer ideias desse tipo, como por exemplo o aparecimento "armado" no Parque Treptow,[62] como o emprego da minha "estratégia", tem aqui um exemplo nítido do que a "minha estratégia" realmente quer. Não quixotadas infantis, como me foram atribuídas pelo companheiro Kautsky, porém o aproveitamento político das derrotas do adversário bem como das próprias vitórias, o que, aliás, não é a invenção de uma "nova estratégia", mas, antes, o abc de qualquer tática de luta séria, revolucionária: essa era a tarefa do partido. Com isso não quero enunciar a obrigação incondicional do partido de introduzir toda segunda e quinta-feira um "período revolucionário". Mas quero dizer: *quando* o partido iniciar uma ação, *quando* tiver tocado a rebate e tiver chamado suas tropas para a cena, quando tiver falado de um "movimento popular em estilo maior", de uma tempestade "com todos os meios", então não pode repentinamente, depois de duas tentativas, coçar a cabeça, bocejar e declarar: não foi dessa vez, não estávamos falando sério, vamos para casa. Fabricar tempestades dessa maneira, como teste e sob comando é, a meu ver, indigno em vistas do tamanho do partido e da seriedade da situação, e próprio para desacreditar o partido aos olhos da massa. Além disso, o movimento a favor das manifestações e do direito de voto, que tinha começado, era uma excelente oportunidade para sacudir e esclarecer as massas indiferentes, para ganhar círculos de trabalhadores sob influência do adversário, tal como a agitação regular não está longe de fazer. Com a interrupção

---

62 A social-democracia de Berlim conclamou toda a Prússia a uma manifestação a favor do sufrágio universal para o dia 6 de março de 1910, no Parque Treptow. Por causa da repressão policial, a manifestação foi desviada para o Tiergarten. Mesmo assim, cerca de 150 mil pessoas participaram.

proposital do movimento o partido desperdiçou essa brilhante oportunidade, após um belo começo.

Sobretudo, porém, ainda se deve considerar os pontos de vista políticos. É bastante míope separar mecanicamente a questão da reforma eleitoral prussiana da questão das eleições para o Reichstag e declarar: por ocasião da luta pelo direito de voto prussiano nossos grandes canhões não devem adentrar o campo de batalha, queremos preservá-los para o caso de se querer, após as eleições para o Reichstag, cassar o direito de voto para o Reichstag. É preciso fechar propositalmente os olhos diante do contexto social, para não ter a consciência de que, na situação atual, a luta pela reforma eleitoral prussiana, no fundo, em nada difere da luta pelo direito de voto para o Reichstag. Está claro que uma campanha forte e vitoriosa pelo direito de voto prussiano é o caminho mais seguro para desviar de antemão um golpe contra o direito de voto para o Reichstag. A continuação decidida e consequente da luta pelo direito de voto teria sido então, simultaneamente, uma ação defensiva contra os anseios golpistas da reação, uma ação que teria todas as vantagens da ofensiva a partir de uma defensiva forçada.

Ora, o companheiro Kautsky objeta – e esse é o seu trunfo final – que, como podemos ver, a greve de massas não irrompeu, essa seria a melhor prova de quão pouco ela decorria da situação e quão errado estava o meu ponto de vista. Diz ele:

> Mas já o fato de se discutir a seu respeito mostra que a situação ainda não atingiu essa maturidade. Enquanto se puder brigar e investigar se a greve de massas tem ou não cabimento, durante este tempo o proletariado como massa total [*Gesamtmasse*] não estará tomado por aquele grau de exasperação e o sentimento de força que é necessário para que a greve de massas se imponha. Se a necessária disposição tivesse estado presente em março, então uma voz de advertência como a minha teria sido sufocada pelo protesto de tempestuosa indignação.[63]

---

63 Kautsky, Eine neue Strategie, op. cit., p.417.

O companheiro Kautsky demonstra, aqui, um movimento pendular interessante entre dois extremos: por vezes a greve de massas é um golpe tramado cuidadosamente em uma barraca fechada do conselho de guerra, um golpe secretamente preparado, outras vezes é "um acontecimento elementar, cuja ocorrência não pode se dar ao bel-prazer, que se pode aguardar, mas não definir".[64] Considero que a tarefa do Partido Social-democrata e de sua direção não consiste em tramar "grandes planos" secretamente, nem em "aguardar" os acontecimentos elementares. Greves de massa não podem – como escrevi claramente em meu primeiro artigo no "Jornal dos trabalhadores" de Dortmund – ser "feitas" a mando das instâncias superiores, elas precisam dar-se a partir da massa e de sua ação progressiva. Mas avançar essa ação no sentido *político* de uma tática enérgica, de uma forte ofensiva, de modo que a massa se torne cada vez mais consciente de sua tarefa, isso o partido pode e também é sua obrigação. A social-democracia não é capaz de criar um movimento revolucionário de massas artificialmente, mas ela pode, em algumas circunstâncias, paralisar a mais bela ação de massas através de sua tática vacilante e fraca. A prova é dada pela greve de massas em prol do direito de voto na Bélgica, no ano de 1902, que falhou ou, melhor, foi interrompida logo após o seu início. Quão eficazmente o partido pode, em certas circunstâncias, frear uma greve de massas, esse "acontecimento elementar", mesmo quando as massas estejam absolutamente prontas para a luta, isso o companheiro Kautsky relatou acerca da Áustria.

Ele nos conta:

> Apesar disso, apesar de na Áustria as condições favorecerem muito mais a greve de massas do que entre nós, e apesar de terem as massas na Áustria alcançado uma agitação momentânea, da qual permanecemos muito distantes na Alemanha, uma tal agitação que apenas pela mobilização extrema de todas as forças poderia conter a greve de massas; apesar de terem ameaçado com a greve de massas repetidamente

---

64 Ibid., p.421.

e da maneira mais positiva, os companheiros responsáveis pela tática do partido pisaram o mais fortemente possível no freio e minaram a greve de massas.⁶⁵

É evidente que esse papel constrangedor da liderança partidária pode aparecer de modo mais eficaz na Alemanha em vista do centralismo organizativo extraordinariamente desenvolvido e da disciplina em nosso partido.

Eu já escrevia no artigo "O que mais?":

> Em um partido, onde, como no alemão, o princípio da organização e da disciplina partidária é mantido em tão alta estima, e onde, por isso a iniciativa de massas populares desorganizadas, sua capacidade de ação espontânea, por assim dizer improvisada, um fator frequentemente tão decisivo, tão significativo em todas as grandes lutas políticas anteriores, encontra-se quase inoperante, cabe ao partido a obrigação irrecusável de comprovar o valor dessa organização e dessa disciplina tão altamente desenvolvidas também para grandes ações, seu uso também para outras formas de luta além das eleições parlamentares.⁶⁶

O destino precedente do movimento pelo direito de voto prussiano parece quase provar que o nosso aparato organizacional e a nossa disciplina partidária, por ora, mostram-se melhor no freio do que na liderança de grandes ações de massa. Quando já de antemão se realizam manifestações de rua apenas timidamente e contra sua vontade, quando escrupulosamente se evita aproveitar as oportunidades para potenciar as manifestações, como o 18 de março, o 1º de maio, quando se deixam inteiramente inutilizadas as próprias vitórias, como a conquista do direito às ruas em 10 de abril, bem como as derrotas do adversário, como foi a retirada do projeto do governo, quando, por fim,

---

65 Kautsky, Mein Verrat an der Russischen Revolution, *Die Neue Zeit*, XXIV, 2, p.856.
66 Id., Was nun?. op. cit., p.295.

se desiste das manifestações de modo geral e se mandam as massas de volta para casa, em suma, quando se faz tudo, para segurar, debilitar a ação de massas, enfraquecer o clima de luta, então é evidente que se torna impossível que se origine, a partir da massa, aquele movimento tempestuoso que se precisa fazer presente numa greve de massas.

Naturalmente o efeito constrangedor de uma liderança assim orientada é capaz de ser decisivo quando a ação de massas ainda está em seus estágios iniciais, como é o caso aqui na Alemanha, onde ela ainda dá seus primeiros passos. Quando o período revolucionário estiver completamente desenvolvido, quando as ondas da luta atingirem altura suficiente, então nenhum freio das lideranças partidárias será capaz de fazer algo, então a massa simplesmente porá de lado seus líderes que se oponham ao andar intempestivo do movimento. Isso também pode acontecer na Alemanha. Porém, no interesse da social-democracia, considero tanto desnecessário quanto indesejável tomar essa direção. Se quisermos, de todo modo, postergar a greve de massas na Alemanha até que a massa ultrapasse seus líderes com "tempestuosa indignação", então isso apenas poderá ocorrer às custas da influência e do prestígio da social-democracia. Pois, então, poderia mostrar-se facilmente que o complicado aparato organizativo e a rígida disciplina partidária, da qual nos orgulhamos com razão, infelizmente apenas constituem um excelente auxílio emergencial para o cotidiano parlamentar e sindical, mas que, dada a estrutura de nossos círculos dirigentes, são um *obstáculo* para a ação de massas de grande estilo, como exigida pela era vindoura de lutas tempestuosas. E outro ponto especificamente fraco de nossas condições de organização pode ter efeito desastroso. A saber, se os líderes sindicais tivessem atuado por si mesmos publicamente contra a palavra de ordem da greve de massas na mais recente campanha pelo direito de voto, isso teria levado a que a situação fosse clarificada, ao acirramento da crítica entre as massas. Como não precisaram disso, como por meio do partido e com ajuda do aparato partidário puderam colocar toda a autoridade da social-democracia na balança para frear a ação de massas, *isso* paralisou o movimento pelo direito de voto, e o companheiro Kautsky apenas fez o acompanhamento musical teórico.

De fato, apesar de tudo isso a nossa causa prossegue. Os adversários trabalham tão incessantemente para nós, que não é um grande mérito quando nossas sementes florescem em qualquer clima. Porém, no fim das contas não é a tarefa do partido de classe do proletariado viver apenas dos pecados e erros de seus adversários e apesar de seus próprios erros, mas acelerar o andar das coisas pela sua própria iniciativa, sua tarefa não é provocar o mínimo, mas o máximo de ação e luta de classes a cada momento.

E quando, no futuro, a ação de massas voltar a crescer, então o partido se encontrará diante do mesmo problema, como há já dois anos e como na primavera passada. Após essas duas tentativas, círculos mais amplos de nossos companheiros de partido precisam ter clareza, desde o início, que uma verdadeira ação de massas de grande estilo apenas poderá iniciar-se e ser mantida durante algum tempo quando não for tratada como um árido exercício de treinamento, de acordo com a batuta da liderança partidária, mas como uma grande luta de classes, na qual todos os conflitos econômicos significativos são aproveitados, todos os fatores que incitam a massa precisam ser levados para o turbilhão do movimento, e na qual não se foge de um acirramento crescente da situação e de lutas decisivas, mas se vai ao seu encontro com uma tática decidida e consequente. Talvez a discussão atual possa contribuir com sua parte.

Escola sindical e escola partidária[1]

Nos últimos tempos, repetidamente, levantaram-se vozes nos círculos partidários e nos sindicais que exigiam uma fusão ou, pelo menos, uma dada combinação de ambos os institutos de formação do movimento operário capaz de oferecer igual aproveitamento tanto aos companheiros ativos no partido quanto àqueles dos sindicatos. A ideia básica que ditava essa exigência é totalmente correta. Nasce da visão de que os sindicatos e a social-democracia como partido apenas representam duas formas diferentes, dois ramos do moderno movimento operário, que apenas juntos, em sua complementação recíproca, fazem jus às necessidades e às tarefas da luta de classes proletária, mas que também podem somente florescer e fortalecer-se sobre um fundamento teórico comum e unificado. Não há uma teoria científica particular do movimento sindical e uma do movimento social-democrata. Trata-se da mesma teoria da luta de classes, da mesma ótica de economia política sobre as leis da economia capitalista, da mesma teoria

---

[1] Título original: *Gewerkschaftsschule und Parteischule*. Publicado originalmente em *Leipziger Volkszeitung*, n.140, 21 jun. 1911.

da concepção materialista da história que formam tanto a armadura intelectual na luta de nossos sindicatos como a de nosso partido. Os sindicatos livres alemães e a social-democracia alemã são ambos, em sua forma atual, produtos da teoria do socialismo científico de Marx, e é apenas o emprego diferente dessa teoria que distingue a prática da luta sindical da luta política da social-democracia. O fato que, hoje, a mesma preparação teórica seja exigida de todo agitador sindical qualificado e que esteja à altura das atuais exigências da luta, bem como do agitador partidário arguto, decorre da essência da coisa propriamente dita e da história do movimento operário alemão. Foi também essa a ideia expressa pela direção do partido quando há alguns anos deixou que um terço do contingente de alunos da escola partidária fosse ocupado pelos sindicatos, embora até hoje apenas duas associações centrais – a associação dos mineiros e a dos pedreiros – tenham feito uso regular dela, com o envio de dois alunos por parte de cada uma.

Por mais acertada que seja a ideia básica, os desejos de uma fusão ou de uma combinação da escola sindical com a escola partidária que daí derivam residem num desconhecimento dos fatos. Ambas as escolas estão erigidas sobre alicerces completamente diferentes e representam {portanto} dois tipos inteiramente diferentes. Com isso, não estamos nos referindo à orientação de alguns professores da escola sindical que notoriamente não se encontram no terreno da doutrina marxista. Cabe às instâncias de liderança do movimento sindical, aos seus pontos de vista e convicções, determinar a dieta intelectual que será oferecida aos alunos dos sindicatos. Também há outros pontos de vista importantes que devem ser observados, mas que, estranhamente, até hoje ainda não foram levados em consideração: trata-se daqueles puramente pedagógicos, questões de conveniência na instalação da escola como um instituto de formação para os proletários. Aqui, com a criação de suas duas escolas, o movimento operário avançou num terreno ainda não explorado; de certo modo, tentou um novo experimento, e o lado puramente prático do êxito ou fracasso desse experimento já é, em si, de grande interesse para os círculos mais amplos dos trabalhadores com consciência de classe.

Agora, do ponto de vista pedagógico, a escola partidária está, sob todos os aspectos, organizada de modo fundamentalmente distinto da escola sindical. O contraste já começa com a quantidade de alunos que frequentam simultaneamente um curso. Criticamos a escola popular [*Volksschule*] por causa da tão frequente superlotação das salas de aula, que impossibilita um ensino racional e, nomeadamente, um tratamento um tanto quanto individual do aluno. O mesmo vale, em grau ainda maior, para os proletários adultos em processo de aprendizado. Aqui a discussão, o debate livre dos estudantes com o professor aparece como a primeira condição de um ensino frutífero. Apenas por meio de uma troca viva de ideias é que se pode obter a atenção, a concentração de espírito entre os proletários que de modo geral não estão acostumados ao trabalho intelectual e, por isso, acabam por cansar-se mais facilmente. Mas esse método de ensino é especialmente recomendado pelo fato de que um instituto de formação para lutadores da classe proletária não pode, em primeira instância, considerar como sua tarefa principal enfiar na cabeça dos alunos mecanicamente uma soma de conhecimento positivo, mas sim a educação para o pensamento autônomo e sistemático. As discussões nas quais todos tomam parte ativamente – nem que seja pelo acompanhamento atento, ao menos – só podem ser levadas a cabo com um número limitado de participantes na aula. Por esse motivo, a escola partidária definiu de início um número máximo de trinta alunos, e a experiência de cinco anos confirmou a total exequibilidade de uma aula viva com uma participação geral ativa. Nas escolas sindicais, dependendo do caso, 50, 60, 70 até 75 alunos frequentam cada curso, sendo que uma constante troca de ideias entre alunos e professores, uma interação viva entre eles durante a aula parece, na melhor das intenções dos dois lados, quase impensável.

Além disso, deve-se considerar a duração da aula. Na escola partidária, cada matéria tem diariamente duas horas ininterruptas de aula, sendo que a princípio leciona-se apenas de manhã, das 8h às 12h, e a parte da tarde é dedicada apenas às matérias mais fáceis, com duração de mais duas horas. Assim, são tratadas por dia duas, no máximo três matérias, e as aulas encerram-se por volta do meio-dia – ou, no máximo, no início da tarde. Com isso, atingem-se duas coisas: primeiro, um tempo suficiente para cada objeto de ensino, para que os alunos possam encontrar seu caminho, coletar, pensar e discutir um pequeno capítulo definido; segundo, o mais importante, aos alunos sobra a noite livre para retrabalhar em casa com tranquilidade aquilo que foi ouvido, revisar suas anotações e realizar leituras rigorosas. Sem que haja um trabalho simultâneo e autônomo da leitura de brochuras e livros de apoio do ensino não se pode falar de uma preparação séria em relação a qualquer matéria. A escola sindical tem, também nesse sentido, orientações completamente diferentes. Não menos do que cinco matérias perseguem os alunos a cada dia – com exceção de um dia –, sendo que, novamente com uma exceção, dedica-se apenas uma hora a cada aula. Visto que sabidamente o primeiro quarto de hora que se situa entre as diferentes matérias transcorre de maneira improdutiva, resta então um tempo tão curto para o ensino efetivo de cada assunto que o tratamento rigoroso que deve ser oferecido em qualquer domínio como um todo coerente é extremamente difícil para o professor; o que dizer, então, da possibilidade de que ocorra uma discussão profunda e geral. A troca contínua dos que lecionam e das matérias lecionadas no decorrer do dia também não pode ter efeito diferente do que o de confundir os alunos, sobre os quais são jogadas tantas coisas diferentes que a capacidade de apreensão dos proletários, que não cresceram rodeados pelo trabalho intelectual, é posta sob a mais dura prova. Acrescente-se a isso que a aula, que começa apenas às nove horas e dura até às seis horas da tarde, não deixa, nem de manhã nem à noite, tempo suficiente ao aluno para que ele trabalhe por si, leia algo sério. A extensa pausa para o almoço que divide o dia, com duração de três horas, é despendida com a refeição e o cansaço que se segue, bem como por caminhos improdutivos para a aula. À noite, depois do jantar e da volta para casa, só restam aos alunos algumas poucas horas. Cansados por tudo o que ouviram, a maioria, por força, procura um pequeno refresco e recuperação espiritual em algum boteco do partido [*Parteilokal*], o que é bastante compreensível, mas dificilmente constitui a preparação pedagógica mais racional para a aula da manhã seguinte.

Por fim, há de se considerar a duração do curso como um todo. Na escola partidária, cada curso dura meio ano, e no final, na maioria das vezes, os alunos reclamam de que não teria sobrado tempo para o tratamento detalhado de tantos conteúdos importantes. Durante quase o mesmo tempo de sete meses, a escola sindical realiza quatro cursos de seis semanas, um após o outro, com pausas de duas semanas entre cada uma delas. Dessa maneira, em cada curso cabe um espaço de tempo mínimo para cada matéria – por exemplo, dezoito horas ao todo para a história e a teoria do movimento sindical alemão, o mesmo montante para o movimento sindical estrangeiro etc. Um aprofundamento rigoroso e um tratamento que esgote qualquer um desses conteúdos encontram um obstáculo intransponível nessa medida sumária do tempo. Mas ainda se acrescenta um elemento psicológico. Todo professor que não queira tornar-se uma máquina sem espírito precisa sempre aprimorar sua matéria, agregar-lhe novo material e revisar o ordenamento do conteúdo. Isso torna-se especialmente uma necessidade para os professores de nossas escolas de trabalhadores que, afinal, não são pedagogos formados, mas militantes que ocupam a cátedra, ou seja, eles próprios também aprendizes. A escola partidária oferece aos professores, após cada curso, um repouso pedagógico de meio ano, durante o qual o professor deve outra vez dedicar-se por completo ao seu trabalho de luta, de forma a renovar-se, recorrer ao ócio para selecionar e coligir novo material para sua matéria, e assim poder encarar com alguma alegria o novo curso. Na escola sindical, os professores, no espaço de sete meses, estão condenados a repetir exatamente a mesma coisa quatro vezes seguidas, com apenas curtas pausas de duas semanas. Que para aquele que leciona, que coloca algum desejo e amor em seu trabalho, isso possa tornar-se uma tortura espiritual, e que assim acabará por tornar sua aula algo mecânico e maçante para si mesmo e, em última instância, também para os alunos, parece ser claro para todo mundo, após pensar um pouco. De fato, a cada ano o sindicato forma aproximadamente 250 funcionários dessa maneira, enquanto a escola partidária contenta-se com um décimo dessa quantidade. Contudo, parece que também aqui a rápida produção em massa não é apropriada a um produto intelectual consistente.

A avaliação comparativa exposta anteriormente não deve ser uma reprimenda aos criadores e líderes da escola sindical. A novidade do experimento – e nossos sindicatos foram, o que é seu mérito incontestável, os primeiros, os pioneiros nesse domínio – torna bastante compreensível a dificuldade desse trabalho, bem como muitos de seus lapsos. A organização de estabelecimentos pedagógicos da luta de classes proletária precisa ser aprendida, assim como cada uma das partes dos anseios de emancipação do proletariado. Apenas poderia dirigir-se uma certa reprimenda aos líderes da escola sindical caso não quisessem aprender, fosse a partir de sua própria experiência ou da experiência de instituições vizinhas análogas. Por isso, quando na mais recente convenção da Associação dos Metalúrgicos, o seu encarregado, companheiro Schlicke, recusou uma solicitação de seu sindicato[2] para visitar a escola partidária com a pergunta: "O que a escola partidária oferece aos sindicatos?", todos que estejam familiarizados com a situação acabam por surpreender-se com a falta de outra pergunta do companheiro Schlicke: "O que a *escola sindical* oferece aos sindicatos?". Se *essa* pergunta fosse colocada antes, como devia ser, talvez a resposta à pergunta anterior tivesse sido diferente. De fato: será que os meios imensos gastos pela escola sindical, tendo em vista sua organização equivocada – contra as melhores intenções e o autossacrifício da Comissão Geral –, são sacrificados de maneira totalmente improdutiva? E será que, nesse caso, os "dogmáticos" e "doutrinários" da social-democracia não se mostraram, mais uma vez, muito mais práticos do que os especialistas da "política prática"?

Leipzig, 21 de junho

---

[2] A décima Assembleia Geral ordinária da Associação Metalúrgica Alemã ocorreu de 5 a 10 de junho de 1911, em Mannheim.

Marrocos[1]

Uma tempestade imperialista avançou pelo mundo capitalista. Quatro potências da Europa – França, Alemanha, Inglaterra e Espanha – estão diretamente envolvidas em uma negociação que trata, primeiro, do destino do Marrocos e, em seguida, de diversos grandes domínios da "parte negra da terra", que volta e meia foi considerada em termos de "compensações". Cada dia traz novidades sobre a situação dessa negociação – e, com elas, esperanças e preocupações surgem e desaparecem repentinamente. Será que a tempestade vai produzir o raio de uma guerra homicida entre dois continentes? Ou será que esse temporal iminente vai se recolher, revelando-se "apenas" como a pacífica barganha que passa alguns retalhos do mundo de um punho blindado do militarismo europeu ao outro? Esta é a pergunta que, agora, movimenta milhões de pessoas. Para encontrar uma resposta, todos os olhares se voltam, em uma espera angustiante, para a porta trancada de um quarto onde dois "homens de Estado" conferenciam entre si – o embaixador francês Cambon e o secretário

[1] Título original: *Marokko*. Publicado originalmente em *Die Gleichheit*, n.23, ano 21, p.353-4, 1911.

de Estado alemão Kiderlen-Wächter. Em todo esse vasto mundo não há nenhum ser humano para o qual seria um segredo que esses dois "homens de Estado" são apenas duas pobres marionetes, cujos braços e cabeças de cartolina podem ser movidos de forma automática por cordinhas controladas pelas mãos de alguns grupos do grande capital, já que nem mesmo o melhor amigo deles poderia atribuir-lhes poderes espirituais mágicos. Guerra ou paz? Marrocos pelo Congo ou o Togo pelo Taiti? São perguntas que colocam em jogo a vida ou a morte de milhares, bem como o bem-estar ou o sofrimento de povos inteiros. Por essas respostas, uma dúzia de cavaleiros industriais gananciosos barganha e mede seus comentários políticos, assim como no mercado barganha-se pela carne de cabra ou por cebolas, e os povos civilizados aguardam numa inquietação espantosa, como rebanhos, por uma decisão. Essa é uma imagem de brutalidade tão revoltante e de tão tosca mesquinhez que despertaria o ódio de qualquer um que não estivesse diretamente interessado na negociata. Mas a indignação moral não é o parâmetro nem a arma com a qual se poderia interferir em fenômenos como os da política mundial capitalista. Para o proletariado com consciência de classe, trata-se, sobretudo, de *compreender* a negociação marroquina em seu significado sintomático, honrá-la em seus nexos abrangentes e em suas consequências. A mais nova aventura da política mundial é rica de lições para o esclarecimento político do proletariado.

A crise marroquina é, sobretudo, uma sátira implacável da farsa do desarmamento encenada há poucos meses pelos Estados capitalistas e sua burguesia.[2] Na Inglaterra e na França, ainda em janeiro, os homens de Estado e os parlamentos falavam, através de chavões, acerca da necessidade de limitar as despesas com as ferramentas ho-

---

2   Em fevereiro de 1911, a Câmara dos Deputados havia solicitado ao governo francês que, em concordância com os poderes aliados, se esforçasse para que a questão dos limites de armamento fosse incluída na ordem do dia da próxima conferência de paz. Na Câmara dos Comuns inglesa, o ministro das Relações Exteriores e o ministro da Defesa foram demagógicos no que dizia respeito a um entendimento com a Alemanha e em relação a uma limitação do armamento, enquanto, ao mesmo tempo, o orçamento da Marinha era aumentado.

micidas, em substituir a guerra bárbara por formas civilizadas de procedimentos de arbitração. Na Alemanha, o coro dos livres-pensadores juntou-se de maneira entusiasmada aos tons dessas canções de paz. Hoje, esses mesmos homens de Estado e parlamentos apoiam uma aventura político-colonial que leva os povos para muito perto da beira do abismo de uma guerra mundial, e o coro dos livres-pensadores na Alemanha se entusiasma igualmente por essa aventura bélica como antes pelas declamações de paz. Essa mudança repentina de cena mostra, mais uma vez, que as propostas de desarmamento e os anúncios de paz do mundo capitalista nada mais são que pintados panos de fundo – que de tempos em tempos podem até caber nos assuntos da comédia política, mas que são cinicamente deixados de lado quando o negócio torna-se sério. Esperar quaisquer tendências pacíficas dessa sociedade capitalista e apoiar-se seriamente sobre elas seria, para o proletariado, a autoenganação mais ingênua à qual ele poderia sucumbir.

Além disso, na questão marroquina expressam-se nitidamente, outra vez, o nexo íntimo entre a política mundial e as condições políticas internas dos Estados. A aventura marroquina, que deixa a Alemanha por um fio de uma guerra sangrenta, e cujo desfecho certamente irá alterar fortemente a situação externa e a propriedade colonial alemãs, lembra, assim como há onze anos, o ataque chinês[3] e, posteriormente, o episódio de Algecira, na época das férias parlamentares. O mais elevado representante eleito do povo alemão, o Parlamento Imperial [Reichstag], está completamente desligado dos acontecimentos e das decisões mais importantes e significativas.

O regime pessoal[4] por si só, com seus cúmplices – apenas uma ferramenta irresponsável nas mãos de grupos irresponsáveis –,

---

3   No ano de 1900, os imperialistas alemães haviam tomado o assassinato do enviado alemão em Pequim durante a revolta dos Ihotuan como motivo para, por meio do envio de um grupo expedicionário para a China, garantir seu avanço no Leste Asiático. Junto às tropas de outros poderes imperialistas, as tropas de intervenção alemãs derrubaram cruelmente o movimento chinês de libertação nacional.
4   O termo "regime pessoal", no original *Persönliches Regiment*, que volta a aparecer adiante no texto, refere-se ao período histórico que tem início com o governo de Guilherme II (*Kaiser* Wilhelm II), compreendido a partir da demissão de Otto von Bismarck, em 1890.

intervém e decide sobre os destinos de 64 milhões de alemães, como se a Alemanha fosse um despotismo oriental. Os pronunciamentos imperiais em Königsberg e Marienburg[5] tornaram-se mundanos: o instrumento dos céus é tocado em sua própria arrogância ou, antes, é tocado, às costas do povo, por alguns grupos capitalistas, ávidos por presas. A monarquia e sua principal sustentação, a fidalguia conservadora que incita à guerra, são os mais nobres culpados na aventura marroquina.

Não por menos, porém, ganha espaço, na intervenção audaciosa da diplomacia alemã nessa negociação marroquina, a força propulsora armamentista e descabida dos militares e da Marinha. Isso nada mais é do que a exigência brutal de canhões e navios blindados acumulados há décadas, que supostamente eram necessários como protetores da paz, e que agora tornam os dirigentes da política externa alemã tão valentes e belicosos. Esse "salto da pantera" na política mundial, que, em suas consequências ulteriores para o povo alemão, talvez tenha algumas das consequências mais comprometedoras, devemo-lo sobretudo àqueles partidos burgueses que, por meio de seu apoio, contribuíram diretamente para o armamento incessante do imperialismo alemão. À frente de todos marcha, com essa marca sangrenta na testa, o hipócrita Partido de Centro, que em 1900 utilizou a questionável duplicação da frota alemã de combate marítimo para tomar as rédeas como partido governista. Não menos, porém, essa responsabilidade recai sobre o lamentável liberalismo, cuja derrocada política gradual há um quarto de século pode ser imediatamente medida pelos enormes empreendimentos militares. A falha total diante do militarismo ascendente, que pisoteia e pulveriza a democracia, o parlamentarismo e a reforma social, é o último e lastimável fim do liberalismo burguês.

---

5   Em 25 de agosto de 1910, Guilherme II enfatizou, durante um pronunciamento em Königsberg, a alegada aprovação divina de sua posição monárquica, que não dependeria de parlamentos ou decisões populares, e afirmou seu desejo de fortalecer o regimento pessoal. Essa apresentação provocadora trouxe à tona atenção e indignação nacional e internacional, de modo que seu pronunciamento em Marienburg, no dia 29 de agosto de 1910, foi visto como uma certa retratação.

No entanto, justamente pelo fato de o mais recente curso da política mundial, assim como sua atual aventura, ser apenas uma consequência lógica de desenvolvimentos políticos e econômicos internos da sociedade burguesa de classes, esse curso, como todo o desenvolvimento, tem um lado revolucionário, que leva para além da miséria e abjeção imediatas de seu movimento momentâneo. O sentido histórico do conflito marroquino, remetido à sua expressão mais simples e mais tosca, é a luta concorrencial pela decisão sobre qual dos representantes do capitalismo europeu será o primeiro a poder jogar-se sobre o canto noroeste do continente africano, para engoli-lo ao modo capitalista – o que, afinal, é o sentido de cada fragmento do desenvolvimento da política mundial. Mas a Nêmesis do capitalismo exige que quanto mais ela engula do mundo para prolongar sua vida, tanto mais ela enterre a sua própria raiz vital. No momento em que se digna a introduzir a "ordem" capitalista nas relações primitivas das tribos de pastores dos lugares mais remotos e nas vilas de pescadores do Marrocos, a ordem por ela criada já está ruindo em todas as esquinas e pontas de outras partes do mundo, e as labaredas da revolução incendeiam-se na Turquia, na Pérsia, no México, no Haiti; silenciosamente, avançam em Portugal, na Espanha, na Rússia. Em todo lugar há anarquia, em todo lugar os interesses vitais dos povos, as forças do progresso e do desenvolvimento se rebelam contra os remendos desleixados da ordem capitalista. E, assim, também o mais recente ataque do capital por novas conquistas torna-se apenas um avanço rumo ao domínio em que o próprio capital será alcançado pela morte. Por fim, a aventura marroquina será, como qualquer avanço da política mundial, apenas um passo rumo à aceleração do colapso capitalista.

O proletariado com consciência de classe não está predestinado a representar, nesse processo finalizador da ordem social burguesa, o observador passivo, apenas. A compreensão consciente do sentido interno da política mundial e de suas consequências não é, no caso da classe trabalhadora, um filosofar abstrato, mas o fundamento intelectual de uma política ativa. E a indignação moral das massas não é em si uma arma contra a economia capitalista criminosa, mas sim, como diz Friedrich Engels, um *sintoma* importante de que a sociedade dominante entrou em contradição com os ordenamentos jurídicos e os interesses das massas populares. Tornar essa contradição a mais nítida possível é, agora, obrigação e tarefa da social-democracia. Não apenas a vanguarda organizada do proletariado mas as camadas mais amplas do povo trabalhador precisam ser mobilizadas para uma tormenta de protestos contra o novo avanço da política mundial capitalista. O único meio eficaz de combater as brutalidades da guerra e da política colonial é partir da maturidade intelectual e do desejo decidido da classe trabalhadora, da guerra mundial baseada sobre os interesses nefastos do capital, e transformá-los em uma rebelião dos explorados e dominados rumo à realização da paz mundial e da irmandade socialista dos povos.

Novamente a massa e o líder[1]

De todos os lados chegam notícias sobre as assembleias e manifestações realizadas por nosso partido contra a política mundial e o curso tomado pelo Marrocos. Em todos os lugares, as massas populares respondem ao nosso apelo[2] com o maior entusiasmo, e isso prova o quanto vamos ao encontro de seus sentimentos e de seu humor na medida em que lhes conferimos uma expressão política, lhes damos palavras de ordem e direção. Agora, em todo o partido predomina apenas *um* entendimento acerca de que uma ação de massas contra a questão do Marrocos – uma agitação enérgica no domínio da política mundial – era não só uma tarefa irrecusável da social-democracia como uma necessidade urgente.

E então impõe-se por si mesma a pergunta: por que essa ação não foi iniciada já há um, dois meses? O envio do navio-canhoneiro alemão

---

1 Título original: *Wieder Masse und Führer*. Publicado originalmente em *Leipziger Volkszeitung*, n.199, 29 ago. 1911.
2 Em 8 de agosto de 1911 a direção do SPD, depois de muita hesitação e sob pressão dos militantes social-democratas, convocou um protesto, pela imprensa do partido, contra a política imperialista no Marrocos. O panfleto, publicado na mesma ocasião, era da autoria de Karl Kautsky.

para Agadir, com o qual a Alemanha interveio oficialmente na questão do Marrocos, ocorreu em 2 de julho. Já na primeira semana daquele mês, a ação de protesto dos socialistas franceses e espanhóis estava a todo vapor. Em vez de, logo naquele momento, introduzir a agitação com toda a força, demos alguns passos para trás e nos arrastamos no andar dos acontecimentos com atraso de pelo menos um mês, um mês e meio. Nesse caso tão importante, nossa prontidão política deixou muito a desejar. Por quê?

Responder-se-á: a direção partidária demonstrou uma carência lamentável em termos de iniciativa. Sua convocação para a ação somente apareceu em 9 de agosto e, assim, as reuniões apenas puderam ter início na segunda metade daquele mês. Sim, mas será que o partido precisava primeiro aguardar a convocação oficial da direção partidária? Se hoje todos no partido, sem exceção, enxergam a necessidade da ação contra a política mundial, então será que as organizações partidárias locais não podiam realizar algo por *iniciativa própria*, como fizeram, por exemplo, aqueles de Stuttgart?[3] É bastante confortável jogar toda a culpa na direção partidária – e, de sua parte, ela pode de fato ter revelado uma grande falta de decisão e de energia. Mas uma parte igualmente grande da culpa cai na conta daqueles que sempre aguardam toda a bênção de cima, e até mesmo em casos tão claros e inquestionáveis recuam perante um mínimo de autonomia e iniciativa própria. Claro que as ações do partido requerem essa medida para agir com toda a força, unidade e coesão, que podem ser melhor provocadas a partir de um centro. Mas justamente nessa direção também o exemplo de alguns grandes e antigos centros do movimento partidário não erraria o alvo, e arrastaria consigo todas as organizações locais restantes. Aliás, também a direção partidária, como centro dirigente, logo se veria obrigada a generalizar toda forte iniciativa e todo bom começo, na medida em que se tornaria a porta-voz e a ferramenta da vontade do

---

3   Em 15 de julho de 1911, em Stuttgart, havia ocorrido uma reunião de protesto, na qual Karl Liebknecht apresentou, como orador, uma resolução contra o imperialismo alemão no tocante à questão do Marrocos, que foi unanimemente aceita.

partido, em vez de inversamente, como agora, enxergar nossas maiores e mais fortes organizações partidárias como instrumentos que apenas executam as instruções da direção partidária.

Precisa ser dito abertamente: apenas quando da inversão das atuais condições anormais é que a vida partidária residiria sobre uma base normal. A libertação da classe trabalhadora apenas pode ser obra da própria classe trabalhadora, diz o Manifesto Comunista – que por "classe trabalhadora" não entende uma direção partidária de sete ou doze cabeças, mas a *massa* esclarecida do proletariado em pessoa. Cada passo à frente na luta de emancipação da classe trabalhadora precisa, ao mesmo tempo, significar uma autonomia intelectual crescente de sua massa, sua crescente autoatividade, autodeterminação e iniciativa. Mas como a capacidade de ação e a prontidão política da grande massa popular hão de desenvolver-se se a vanguarda dessa massa, aqueles círculos melhores e mais esclarecidos reunidos nas organizações partidárias social-democratas, por sua vez, não desenvolvem iniciativa e autonomia como massa, mas sempre aguardam em posição de sentido até que venha um comando de cima? A disciplina e a coesão da ação constituem uma questão vital para movimentos de massa como o nosso. Mas a disciplina no sentido social-democrata distingue-se fundamentalmente da disciplina de um exército burguês. Aqui, ela reside na submissão irrefletida e sem vontade da massa de soldados ao comando de uma autoridade que expressa dada vontade alheia. A disciplina social-democrata, portanto, jamais pode significar que os 800 mil membros partidários organizados devem submeter-se à vontade e às determinações de uma autoridade central, de uma direção partidária, mas, ao contrário, que todos os órgãos centrais do partido devem executar a vontade dos 800 mil social-democratas organizados. O fator principal de um desenvolvimento normal da vida política no partido, a questão vital da social-democracia, reside, assim, em que o pensamento político e a vontade da *massa* do partido permaneçam sempre despertos e ativos, que o habilitem em medida *crescente* para a atividade. De fato, temos o Congresso partidário anual como a instância máxima que periodicamente fixa a vontade do partido como um todo. Mas está claro que os congressos partidários podem apenas oferecer diretrizes táticas bastante gerais para a luta da social-democracia. O emprego dessas diretrizes, na prática, exige um constante e incansável trabalho de reflexão, prontidão e iniciativa. As decisões dos congressos partidários parecem não esgotar, nem de perto, as tarefas correntes da luta política, pois a vida não fica parada, e de um congresso a outro acontecem algumas coisas entre o céu e a terra às quais o partido precisa reagir. Querer atribuir essa enorme tarefa de vigilância e iniciativa política diária a uma direção partidária, cujo comando é passivamente aguardado pela organização – que em breve chegará a 1 milhão de cabeças –, é o que há de mais errado do ponto de vista da luta de classes proletária. *Esta* é, sem dúvida, aquela "obediência cega" condenável, que os nossos oportunistas querem impreterivelmente encontrar na submissão natural de todos às resoluções do partido inteiro.

Em nossas fileiras é possível ouvir com frequência reclamações sobre o burocratismo de nossas autoridades partidárias superiores, burocratismo este que mataria a ação política viva. Também essas reclamações são inteiramente justificadas. Mas aqueles que as produzem se dão muito pouco conta de que, em grande medida, a situação da qual reclamam *encontra-se na natureza das coisas*. Toda corporação funcionando oficial e diariamente como escritório tende a cair em burocratismo e padronização. Além disso, corporações tão elevadas têm por natureza um sentimento de responsabilidade altamente desenvolvido, que sem dúvida gera um efeito fortemente paralisante sobre a iniciativa e capacidade de decisão. O verdadeiro remédio contra esse inconveniente é a atividade política viva do partido como um todo. Porém, a direção partidária mais ideal de um partido como o social-democracia seria aquela que desempenhasse o papel de ferramenta mais obediente, diligente e precisa da vontade do partido como um todo. A direção partidária mais ideal, porém, será incapaz de realizar qualquer coisa e invariavelmente afundará no tédio burocrático, caso a fonte natural de sua vitalidade, a vontade do partido, não se fizer perceptível; se o pensamento crítico, a própria iniciativa da massa partidária, estiver adormecida. E mais: se a própria energia, se a vida intelectual autônoma da massa partidária não for suficientemente agitada, as autoridades centrais têm o pendor natural não apenas de enferrujarem de maneira burocrática, mas também de ficar com uma concepção totalmente incorreta de sua própria autoridade oficial e de sua posição de poder diante do partido. Como prova mais recente pode servir a assim chamada "instrução secreta" de nossa direção partidária dirigida às redações dos jornais do partido,[4] uma tentativa de tutelar a imprensa partidária, que só pode ser rechaçada enfaticamente. Mas também aqui vale, mais uma vez, deixar claro: contra o tédio, bem como contra ilusões de poder excessivas das autoridades centrais do movimento operário, não há outro meio a não ser a própria iniciativa, o pensamento próprio, a vida política pulsante e fresca da grande massa partidária.

As questões abordadas têm, no momento atual, um interesse que vai além do acadêmico. O partido reconhece, de diferentes lados, que o atual estado da direção partidária precisa ser melhorado, uma complementação e renovação de nossa maior autoridade partidária é reconhecida como necessária. Assim é que também há pouco escrevia o nosso órgão de Elberfeld por ocasião do debate marroquino:

> De todo modo, deve-se concordar com a *Leipziger Volkszeitung* em que a direção do partido deveria ter tomado a iniciativa de agir.
>
> Mas também estamos convencidos de que, após uma observação mais detalhada da questão, o pecado da omissão da direção do partido deve ser julgado de maneira mais branda. O aparelho administrativo do partido tornou-se tão abrangente que o número de membros da liderança partidária deixou de ser suficiente para dar conta, do modo

---

4 Em 8 de agosto de 1911, a direção do SPD tentou minar, por meio de uma correspondência confidencial dirigida às redações dos jornais do partido, a discussão sobre as divergências na Associação dos Tipógrafos Alemães, deflagrada por decisões hostis aos trabalhadores por parte de grêmios líderes da associação, bem como impedir uma declaração oportunista da Comissão Geral dos Sindicatos Alemães, assim como toda crítica às medidas das lideranças sindicais.

como parece ser necessário, de todas as demandas que lhe são colocadas. A lacuna do companheiro Singer ainda não foi preenchida; acrescente-se a isso o fato de que um ou até dois membros da direção do partido podem encontrar-se fora de Berlim para a resolução de negócios partidários ou para a agitação, outro membro estaria doente, um quarto e um quinto membro encontrem-se em férias – estas certamente ninguém quererá negar aos tão ocupados membros da direção do partido –, então há de acontecer que uma pequena minoria tenha de decidir sobre questões importantes repentinamente surgidas, e que, volta e meia, essas questões encontrem uma resolução diferente do que teria sido o caso se a direção como um todo estivesse reunida. Desse dilema é que também se deve explicar a contradição de que a carta do membro da direção do partido tenha sido classificada, por parte do escritório do partido, como entendimento privado do autor da correspondência, enquanto ela foi naturalmente aceita como uma carta da direção do partido em instâncias externas. O Congresso do partido em Jena[5] terá de decidir por um fortalecimento da direção partidária. De dois círculos eleitorais – Teltow-Beeskow e Berlim I – também já partiu uma solicitação nesse sentido.

O ponto de vista aqui formulado acerca da necessidade de fortalecimento da direção do partido é completamente correto, e o Congresso vindouro não se poderá furtar à sua importante tarefa nesse domínio. Apenas seria combater o mal do burocratismo com meios puramente burocráticos se o nosso partido se acalmasse com o fortalecimento da direção partidária e, novamente, voltasse a esperar de maneira passiva toda a bênção dos "novos homens" como, por exemplo, aguardou passivamente durante um mês e meio a batuta da direção para deflagrar a ação de protesto contra a questão marroquina. Nenhuma direção partidária no mundo pode substituir o próprio vigor do partido em sua massa, e uma organização que conta 1 milhão de cabeças, que numa grande época, em vistas de grandes tarefas, se queixasse de

---

5   De 10 a 16 de setembro de 1911.

não possuir líderes autênticos, redigiria para si mesma um atestado de pobreza, pois provaria não ter compreendido a própria essência histórica da luta de classes proletária, que consiste em que a massa proletária não precisa de um "líder" no sentido burguês, mas que ela em si é seu próprio líder.

Leipzig, 29 de agosto

Credo[1]

Na história da organização do Partido Social-Democrata da Rússia novamente ocorreu uma grave crise e o momento atual é, de certa maneira, decisivo. O ponto de partida da presente crise foi a reunião dos membros do Comitê Central, realizada em Paris em junho do corrente ano [1911], cujas decisões tornaram-se o eixo de importantes confrontos e de um novo agrupamento das facções e tendências no interior do partido. Antes de analisarmos detalhadamente tais decisões, é indispensável lembrar, ao menos em seus traços mais gerais, a situação geral do Partido Social-Democrata da Rússia em meados do corrente ano, para então compreendermos corretamente o próprio sentido da reunião, assim como o significado político das decisões nela tomadas.

Todos os camaradas lembram ainda da alegre impressão que ocasionou no conjunto do partido e em seus membros, sem exceção e

---

1 Manuscrito originalmente sem título, redigido em polonês para circulação interna do SDK-PiL em 1911. "Credo" é a maneira pela qual Rosa Luxemburgo refere-se a esse texto em correspondência com Leo Jogiches. Tradução de Pedro Leão da Costa Neto e Grazyna Maria Asenko da Costa.

independentemente de suas tendências, o resultado da última sessão plenária do Comitê Central no início de 1910. Total unificação do partido, dissolução das organizações divisionistas, abolição da imprensa divisionista! Notícias em que mal se podia acreditar, pois elas finalmente pareciam negar por completo essa triste e assustadora prática das intermináveis disputas entre as facções, que se tornaram um hábito no partido russo e que permaneceram imperturbáveis até o último momento antes da própria abertura dos trabalhos da sessão plenária do Comitê Central. Tanto mais forte foi a refrescante impressão de fé na força e no futuro do partido provocada pela decisão do Comitê Central, pois este mostrou por unanimidade uma vontade inflexível, apesar das maiores dificuldades e agravamento das relações, de levar com mão firme a obra de unificação da organização do partido russo. Desde então, podia-se esperar que não mais ouviríamos falar sobre os mencheviques e os bolcheviques como dois grupos distintos organizados separadamente no interior do partido e de seus enfrentamentos e polêmicas na imprensa, mas que se passaria a falar sobre os social--democratas russos, que apesar de suas diferentes posições põem acima de tudo a unidade do Partido Social-Democrata como um todo.

A obra realizada pelo Comitê Central parecia de fato permanente, uma vez que a unificação do partido foi pensada não só de uma maneira mecânica, mas em bases ideológicas e de princípio. A sessão plenária não se limitou a diretivas técnicas e organizativas, mas elaborou também claras diretivas políticas, formulando a direção que a tática do partido deveria seguir. Por um lado, reconheceu-se como indispensável a conquista de todo espaço de ação legal; uma ação legal não a qualquer custo, mas somente na medida em que permitisse – nas condições atuais do curso contrarrevolucionário – conciliá-la com os princípios da luta de classes e com a concepção da social-democracia como partido autônomo do proletariado revolucionário. Por outro lado, a sessão plenária elaborou uma diretiva de luta forte e decidida tanto contra os liquidacionistas, ou seja, a posição que defendia a destruição do partido como organização clandestina em nome do desenvolvimento de uma ação legal a qualquer custo, como contra os típicos excessos dos assim chamados "otzovistas", ou seja, a posição que defendeu a retirada temporária do grupo social-democrata da Terceira Duma para arrancar a máscara de "representação popular" dessa fortaleza da contrarrevolução. Distanciando a tática do partido dos desvios à direita e à esquerda e baseando-a nos princípios fundamentais da luta de classes, a sessão plenária concluiu seus trabalhos com a resolução de convocar em breve uma conferência geral do partido, que no lugar de um congresso ordinário conduziria os trabalhos práticos no espírito dos princípios do partido e fortaleceria sua unidade ideológica em uma prática unitária comum.

Esse foi o curso e a perspectiva em 1910 após a realização da sessão plenária do Comitê Central.

Infelizmente, essa perspectiva e essas esperanças foram de alguma maneira desvirtuadas. Rapidamente tornou-se claro que os velhos vícios e maus hábitos dos grupos prevaleceriam sobre os interesses do partido e do movimento proletário. Apesar da clara decisão da sessão plenária do Comitê Central, o órgão dos mencheviques, o *Golos (Sotsial-Demokrata)* [*Voz Social-Democrata*], não foi abolido, mas, ao contrário, começou quase que no dia seguinte à conclusão da sessão plenária um ataque nas instituições centrais do partido. Assim, dois membros da redação do órgão central do partido, representantes da tendência dos mencheviques, iniciaram um boicote a esse órgão, recusando-se a tomar parte em suas atribuições, o que, entretanto, não os impedia de continuar recebendo por quase um ano o salário de redatores. Essa atitude de insubordinação divisionista dos mencheviques desencadeou o início de ações do mesmo gênero de seus opositores. Com isto, rapidamente voltou com toda força a velha luta na imprensa e nas instituições das facções, criando no interior do partido verdadeiros "Estados no interior do Estado", com cada parte a construir suas barricadas e trincheiras de maneira cada vez mais explícita.

O resultado desse encaminhamento foi trágico. A conferência partidária prevista pela última sessão do Comitê Central não se realizou. A mais elevada instância do partido, o Comitê Central, desarticulado pelas prisões, não se reuniu por um ano e meio, não dava nenhum sinal de vida, não existia verdadeiramente. Na redação do órgão central governava uma desordem em razão do permanente enfrentamento entre as facções. No Bureau Exterior do Comitê Central, comitê criado pela última sessão plenária para a resolução de distintas questões técnicas, como a convocação e realização da conferência do partido, reinava essa mesma atmosfera de luta divisionista. A tendência menchevique, apoiada pelos representantes do Bund e da social-democracia da Letônia, aproveitando a vantagem de um voto contra os representantes dos bolcheviques e da Social-Democracia do Reino da Polônia e Lituânia (SDKPiL), utilizavam sem cerimônia o Bureau Exterior (órgão técnico subordinado ao Comitê Central) para transformá-lo em um instrumento de seu grupo político – portanto, contra as decisões e indicações do Comitê Central. Isto se manifestou de forma mais clara na sistemática resistência do Bureau Exterior em convocar a sessão plenária do Comitê Central, que constituía uma necessidade cada vez maior devido à desordem presente nas fileiras do partido. Reprimir a luta incandescente entre as facções, unificar o partido, dar a ele novamente uma clara e unitária direção e conduzi-lo para a ação prática eram encaminhamentos que cabiam apenas – na falta de um congresso ou de uma conferência partidária – ao mais alto órgão do partido, o Comitê Central. Assim, consistia numa verdadeira obrigação do Bureau Exterior (cuja finalidade era ser um instrumento subordinado ao Comitê Central) convocar o quanto antes o Comitê Central, apesar de essa situação ser possível apenas por causa das prisões e outras dificuldades. Mas a convocação da conferência do partido ou de uma plenária do Comitê Central ameaçava um forte ajuste de contas entre a maioria do partido e sua minoria oportunista. Essa minoria, graças ao acaso, como em breve se confirmou, obteve uma maioria no Bureau Exterior, com o que mandava sem a menor consideração nessa instituição e queria se aproveitar, pelo maior tempo possível e em seu estreito interesse divisionista, da agradável ausência das instituições centrais do partido, mesmo estando claro para todos que essa situação conduziria inevitavelmente à desagregação do partido, ao caos, à desmoralização e à paralisação da atividade partidária, bem como à negação da autoridade do partido no país.

As manifestações dessa desagregação apareciam na superfície de maneira cada vez mais nítida. A orgia de oportunismo dos mencheviques, seu apoio aberto ao liquidacionismo, conduziu, como sabemos, a uma cisão no interior da própria facção e ao surgimento da tendência mencheviques do partido, sob a direção de Georg Plekhanov. Como resposta ao oportunismo radical dos mencheviques, manifestou-se uma evolução perigosa no interior da tendência bolchevique. No lugar de voltar todas as forças para a salvação do conjunto do partido, essa tendência, sob a direção de Lênin, atirou-se com toda força em busca da reconstrução de seu próprio aparato. Organização da tendência com uma direção autônoma, construção de um órgão independente e até mesmo de um jornal popular para os trabalhadores e, pasmem, de uma "escola partidária" separada. Entretanto, o maior perigo para a perspectiva partidária foi a política organizacional que Lênin e seus amigos procuravam implementar de maneira cada vez mais explícita. Essa política consistia em tentar criar um bloco com os mencheviques do partido, ou seja, com o grupo de Plekhanov, e simplesmente excluir do partido a tendência de Martov e Dan, reunida em torno da redação do *Voz*; a tendência dos antigos otzovistas, organizados em torno do jornal *Vperiod*; e também os partidários do *Pravda*, de Trotsky, que conduziam, na verdade, uma política de duas caras: por trás de uma fraseologia radical que exortava à unidade do partido, contribuía com o oportunismo e com o liquidacionismo ao manter um silêncio conciliatório em relação às suas insubordinações.

Como resultado dos fatos narrados, a situação no partido tornou-se desesperadora. A cisão em sua organização era quase um fato consumado e a qualquer momento deveria manifestar-se em sua superfície. O comportamento das facções, lutando entre si, indicava que a existência do partido como um todo deixou completamente de inibir a fúria divisionista. A publicação da vil brochura de Martov contra Lênin, um panfleto sujo e insolente e que até então só poderia sair da pena de um pasquim pago pela reação para desmoralizar e denegrir os socialistas, foi um sinal de alerta de que já era tempo de abafar o fogo da cisão partidária ateado pela mão destruidora dos mencheviques. Por outro lado, a resistência do Bureau Exterior em convocar a plenária do Comitê Central inclinou o representante dos bolcheviques a resignar oficialmente de participar nesse órgão e de retirar os meios monetários do fundo partidário nele alocados. Desta maneira, a cisão divisionista tornou-se um fato nessa instituição, como já havia ocorrido na redação do órgão central em consequência do boicote dos redatores mencheviques. Os bolcheviques, sob a liderança de Lênin, começaram a preparar claramente a convocação de uma conferência da tendência, que sancionava e conferia um caráter oficial à cisão na social-democracia russa.

Nessa situação, um grupo de membros do Comitê Central tomou a iniciativa de reunir-se em uma reunião com a finalidade de salvar a unidade e a totalidade do partido. Antes de avaliarmos a política adotada por essa reunião, é preciso deter-se na questão da posição da nossa organização, a SDKPiL, em relação à situação geral nas fileiras do partido russo.

A posição e o papel da SDKPiL se caracterizou, desde o início, por não se identificar nem com a posição dos mencheviques nem com a dos bolcheviques, mas por ocupar uma posição independente. Em relação aos mencheviques, um abismo nos separa no que se refere aos fundamentos da concepção da tática do proletariado no Estado russo. Enquanto a tendência de Martov e Dan concebe a Revolução, iniciada no ano de 1905, como burguesa no sentido de que sua direção política pertence à burguesia liberal e à classe operária cabe um papel auxiliar, apoiando a ação dos liberais, nosso partido sustenta a posição de que ao proletariado consciente pertence, no Estado russo, o papel de dirigente político das massas populares, as quais somente através de uma ação revolucionária autônoma conseguiriam derrubar o absolutismo e criar uma nova ordem política, mas que precisa conceber o miserável liberalismo burguês no tsarismo como adversário e aliado da contrarrevolução. A partir dessa discordância de princípio, resulta uma tática inteiramente distinta a cada passo e uma diferença total na avaliação do curso da Revolução, de seus resultados, das causas de sua derrota, das perspectivas para o futuro e de uma série de indicações para o partido do proletariado na fase atual da contrarrevolução. Consequentes com a sua subordinação da política do proletariado à ação da burguesia liberal, os mencheviques, desiludidos com o curso dos acontecimentos desde o momento do sufocamento da Revolução e duvidando da possibilidade da retomada de uma ação revolucionária autônoma, começaram a direcionar-se para uma ação legal em larga escala sob a política de Stolypin. Ora com a ideia de um "congresso operário", ora com a perspectiva de uma atividade sindical e cultural legal, com a graça e na coleira da contrarrevolução, os oportunistas russos demonstraram, a partir da derrota da Revolução, menosprezo e indiferença em relação à organização e atividade ilegais da social-democracia. Se já durante o período da luta revolucionária esses oportunistas se revelaram um perigo para uma política de classe autônoma do proletariado, durante o domínio da contrarrevolução tornaram-se um perigo para a própria existência ilegal do partido do proletariado, fator que poderia conduzir de maneira consciente ou inconsciente à liquidação da social-democracia como organização revolucionária independente e à entrega da classe operária nas mãos da esfomeada *intelligentsia* liberal e radical. A luta inflexível contra essa epidemia de oportunismo e liquidacionismo foi desde o início o fio condutor da política da SDKPiL no interior do partido de toda a Rússia.

Do mesmo modo, a tendência bolchevique do nosso partido se encontra em uma séria contradição. Já em 1903, logo após a constituição de ambas as facções do partido russo, fomos obrigados a intervir contra o centralismo organizativo de Lênin e seus amigos, que através de um caminho puramente mecânico prendia o partido nas malhas de uma ditadura intelectual do órgão central, procurando assim garantir ao movimento do proletariado uma direção revolucionária. Esse manifesto mecanicismo na maneira de entender a essência da revolução manifestou-se durante a Revolução de 1905 e 1906, quando os partidários de Lênin cultivavam uma fraseologia barulhenta sobre a necessidade "da preparação para a insurreição armada" através da criação de pequenos grupos de "três homens" (*trójek*) e "cinco homens" (*piątek*) armados e da formulação de exercícios de "combate". No último congresso geral do partido em Londres, em 1907, nossa delegação combateu de maneira consequente tanto o apodrecimento oportunista da direita menchevique, como a crua ação revolucionária da esquerda leninista. Desde então, a evolução dos bolcheviques na direção de uma concepção europeia do radicalismo social-democrata permitiu uma aproximação entre nossos partidos nas bases de uma luta comum contra a peste liquidacionista. Mas nos últimos tempos, nesse momento de desagregação partidária, a tática particular de Lênin e seus amigos obrigou nosso partido, novamente, a uma decidida oposição. Dessa vez, manifestou-se de novo o perigo para o partido da inclinação de Lênin para resolver as complicadas questões russas de maneira mecanicista, no braço e na faca. Em relação aos excessos cínicos da facção dos liquidacionistas de Martov, Dan e companhia, Lênin e seus amigos abertamente começaram a defender a realização de uma conferência partidária com a exclusão da tendência do *Golos*. Nossos camaradas, que têm relações com os mencheviques russos, que leem sua literatura e estão informados de alguma maneira sobre a sua prática, não conseguem chegar a outra opinião que à conclusão de que esse grupo é a perdição para o movimento operário. Nossos ativos camaradas operários no país expressaram em diversas reuniões, conferências e congressos do nosso partido a convicção inflexível de que não há lugar nas fileiras do partido revolucionário do proletariado para esses apodrecidos oportunistas liquidacionistas. Quanto à avaliação política dos mencheviques, portanto, não existe grande diferença entre a posição da tendência de Lênin e a nossa. Entretanto, a grande diferença situa-se no método de luta contra o grupo de Martov e Dan, como contra outros grupos menores. Nós nos referimos aqui, primeiro, ao grupo do *Vperiod*, que sem dúvida manifesta certa tentação anarquista e cuja confusão não permite uma mobilidade nas fileiras do partido. E, segundo, a um punhado de partidários do *Pravda* de Trotsky, que indiscutivelmente realiza uma política jesuíta, no fundo apoiando os membros do *Voz* [*Golos*] através da simples negação de seu perigo liquidacionista e representando o papel de protetores dos liquidacionistas poloneses, ou seja, da esquerda do Partido Socialista Polonês (PPS). Para nós, não existe a menor dúvida, assim como para Lênin e seus amigos, de que a intermediação hipócrita de Trotsky – que cultiva profissionalmente uma fraseologia de "unidade partidária", mas na prática a cada momento "bate" na ala esquerda do partido – em linhas gerais se iguala a uma política de sustentação do oportunismo. Entretanto, e apesar de tudo isso, nossos representantes partidários no Comitê Central, no órgão central e no Bureau Exterior não podem concordar com a política realizada pelo grupo de Lênin em relação a todos esses grupos. Essa tática se caracteriza pela tentativa de excluir do partido os defensores do *Golos*, do *Vperiod* e do *Pravda* de Trotsky, e reunir-se somente com a tendência de Plekhanov dos mencheviques do partido. Tática essa sem dúvida reta como um bastão, mas que como o bastão tem também duas extremidades, ou seja, do ponto de vista dos interesses da totalidade do partido é uma faca de dois gumes. Antes de tudo, mesmo se consideramos o *Golos* um ninho de liquidacionistas, um tumor maligno no corpo do partido do qual deveríamos nos livrar o quanto antes, não achamos possível a resolução dessa operação pelo caminho de, por assim dizer, um "acerto de contas no braço" entre as facções. Os membros do *Golos* pertencem até o momento ao partido, e apenas o partido como um todo tem força e também a obrigação de abafar essa tendência desviante ou livrar-se dela através de um caminho organizativo. Por isso, os representantes da SDKPiL precisaram tomar uma posição totalmente diferente da de Lênin e seus camaradas: sendo, em nome da unidade do partido, contrários à exclusão recíproca das facções, nós reconhecemos como necessário chamar os membros do *Golos* para um trabalho comum de reconstrução das instituições centrais do partido, para, então, em seu interior, no quadro de sua reconstrução, conduzir uma luta ideológica mais contundente contra a epidemia liquidacionista. Havia ainda outro motivo para o nosso partido não desejar apoiar a tática leninista em relação aos outros grupos. O combate sem distinções e com o mesmo radicalismo contra os membros do *Vperiod* e da *Pravda* de

Trotsky, assim como contra os liquidacionistas do *Golos*, essa política de "punho forte" de Lênin, acabou por conduzir diretamente a uma artificial aproximação e agrupamento de todos esses elementos contra a ala esquerda do partido. Ou seja, tal aproximação se deu não tanto por uma afinidade de posições políticas, mas em função dos chutes iguais e indiscriminados efetivados pela tática leninista todos esses grupos foram empurrados para uma firme oposição aos bolcheviques. Por fim, justamente essa guerra persistente dos bolcheviques contra todas as outras tendências levou o grupo de Plekhanov, assustado pelo isolamento bolchevique, a se afastar claramente destes, união esta que Lênin considerava a única possível.

Uma vez que nos conscientizamos dessa situação, tornou-se claro que a tática de Lênin conduzia inevitavelmente, por um lado, à dispersão da ala esquerda do partido e ao completo isolamento dos bolcheviques e, por outro, ao agrupamento artificial das diferentes tendências com a direita. No limite, a tática radical de Lênin levou precisamente ao mesmo resultado que a tática oportunista de Martov e companhia: à fragmentação do partido. As duas alas extremas – os mencheviques, do *Voz* e do Bureau Exterior com seu refinado cinismo liquidacionista, e Lênin, com seu cego "mecanicismo" de solução radical – dividiram o partido em pedaços. Contra essa política suicida, a SDKPiL precisava intervir com um claro e decidido programa de agregação, tendo em vista a salvação do partido como um todo. Não à exclusão de qualquer grupo pertencente ao partido por meio de disputa divisionista; criação de um forte núcleo ideológico para apoiar a unidade do partido e para combater em seu interior o perigo oferecido pelos liquidacionistas – esse foi o plano claramente elaborado que os representantes da SDKPiL precisaram propor. Ao mesmo tempo, esse plano incluía um ponto extremamente importante: a vida partidária não deveria, de maneira alguma, ser absorvida única e exclusivamente pelas polêmicas internas. Enquanto Lênin e seus amigos defendiam a luta contra os liquidacionistas como a única palavra de ordem diretiva da política partidária, os representantes da SDKPiL precisaram trazer para o primeiro plano a luta contra a reação como palavra de ordem preparatória para as eleições da Quarta Duma. Levando em consideração as tarefas gerais do partido – agregação e fortalecimento da organização para a luta eleitoral, organização e fortalecimento da luta sindical devido à animação do movimento de massas e à onda grevista, regularização da atividade legal, reconstrução dos centros de trabalho ilegal –, tudo isto está à frente como tarefas candentes de todo o partido. Para a resolução dessas tarefas, juntamente com a renovação da unidade do partido e o fortalecimento do Comitê Central, tornou-se indispensável uma conferência partidária geral, para a qual deveriam ser convocadas todas as organizações e tendências pertencentes ao partido – essa foi a tática que propuseram os representantes da SDKPiL, convencidos de que somente desta maneira agem no espírito do mandato que lhes foi delegado pelo partido, segundo o espírito das decisões tomadas em seus congressos e conferências, segundo o espírito de toda a sua tática partidária. De alguma maneira, a proposta apresentada pelos representantes da SDKPiL foi, como ficou demonstrado, o único fundamento sob o qual poderia se basear a conferência dos membros do Comitê Central. Outra alternativa naquela situação não havia! Ou a tática de Lênin, conduzindo abertamente à ruptura do partido, iniciada já pela intervenção oficial do representante dos bolcheviques no Bureau Exterior, ou a tática dos membros poloneses do Comitê Central, levando à agregação e reconstrução da unidade partidária nas bases de uma consequente luta de classes revolucionária. Essa alternativa era tão visível e a necessidade da tática polonesa tão clara, que os nossos camaradas conseguiram conquistar o apoio de uma parte dos bolcheviques, que compreenderam que os interesses do partido e de sua própria ala estavam em conflito com a perigosa tática de Lênin. Graças a essa circunstância, conseguimos criar junto com esse grupo de bolcheviques um forte centro no espírito da tática apresentada. E nessa nova constelação interna do partido baseou-se a reunião dos Membros do Comitê Central em Paris. Quase todas as decisões da reunião foram tomadas numa disputa contra a resistência de Lênin e de seus amigos defensores de sua tática, isto é, graças à maioria construída por nossos representantes juntamente com parte dos bolcheviques do partido.

Passando para a própria reunião de Paris, é necessário afirmar que foram convocados todos os membros do Comitê Central que estavam no exterior. Compareceram três membros representantes dos bolcheviques, dois representantes da SDKPiL, dois membros da maioria do Bureau Exterior do Comitê Central (Becc) (um menchevique e um representante do Bund) e um representante da Social-Democracia letã no Comitê Central. No total, compareceram oito membros do Comitê Central, ou seja, quase a metade desse órgão que conta com quinze membros. Logo no início, ficou claro que os dois membros do Becc, representantes dos mencheviques e do Bund, apareceram na reunião com instruções recebidas da cúpula, no espírito geral da tática dos mencheviques, isto é, com a decisão de interromper a reunião e dificultar seu fecundo trabalho. Para esses liquidacionistas do Comitê Central, foi o suficiente, além de muito transparente, o aparecimento do primeiro pretexto para que um seguido do outro se retirassem da sessão plenária com declamações comuns contra a validade das resoluções da reunião, antes mesmo que qualquer resolução tivesse sido tomada. Os membros restantes, indiferentes a essa manobra que representava apenas a continuação da tática do Bureau Exterior, começaram a trabalhar com toda energia.

A questão da competência da reunião foi resolvida pelo próprio caráter de suas decisões. Não foi tomada, em geral, nenhuma nova resolução além das indicadas pela última sessão plenária do Comitê Central. O eixo da reunião se constituiu, em particular, em torno da decisão referente à convocação de uma conferência geral do partido. Única e exclusivamente com o fim de executar a decisão da sessão plenária, foram criadas por necessidade, como meio de assegurar a existência provisória do partido e a convocação da conferência, uma Comissão Técnica para resolver as questões correntes de maior urgência do partido e uma Comissão Organizadora cuja tarefa principal era apenas convocar no tempo mais breve a conferência geral do partido. A criação desses órgãos provisórios tornou-se uma simples necessidade em consequência do fato de que o órgão técnico criado pelo último *plenum* do Comitê Central, o Bureau Exterior, traiu totalmente o seu caráter, tornando-se órgão de uma tendência e um obstáculo para a convocação de seu órgão superior, o Comitê Central. Depois da saída do membro bolchevique do Bureau Exterior, a reunião se deparou com o fato da cisão e precisava levar em conta que aquele órgão deixou de funcionar como instrumento do Comitê Central. Toda uma série de necessidades práticas imediatas do partido, como a publicação do órgão central, transporte etc., necessitavam de um funcionamento ininterrupto para assegurar a continuidade do partido como um todo. Uma vez que a salvação do conjunto do partido diante da ameaça de cisão foi a tarefa principal e obrigatória da reunião, tornou-se necessária, para a manutenção das funções cotidianas do partido, a criação de um órgão no lugar do Becc. A criação da Comissão Organizadora era, por isso, uma consequência direta da necessidade de efetivar as decisões do Comitê Central referentes à convocação de uma conferência geral do partido, o que demanda claramente um conjunto de trabalhos preparatórios, comunicação com as organizações atuantes no país etc. Não bastasse isso, o próprio funcionamento das duas comissões foi concebido pela reunião de Paris nos estreitos limites das instruções e decisões da última sessão plenária do Comitê Central. À Comissão Técnica foi recomendado o emprego das finanças do partido exatamente de acordo com os limites estabelecidos pelo Comitê Central e conforme determinação anterior do Bureau Exterior. À Comissão Organizadora foi recomendada a rigorosa observância das indicações dadas pelo *plenum* do Comitê Central quanto aos trabalhos preparatórios para a convocação da conferência geral do partido. Além dessas, a reunião não tomou, de modo geral, nenhuma decisão. Portanto, os passos tomados para a execução das decisões da última sessão plenária do Comitê Central não apenas não ultrapassaram as competências dos membros dessa instituição, mas eram uma clara obrigação destes para com o partido. Esse fato só pode ser negado por aqueles que têm em seu horizonte de grupo a manutenção do caos, a desagregação do partido ou sua completa desorganização. Já para todos aqueles que a salvação do partido está no coração, a iniciativa da realização da reunião de Paris por parte dos membros do Comitê Central e a obra que daí resultou foi uma conscienciosa execução das obrigações desses membros. Obrigações cuja negligência representaria um delito digno de punição em relação aos interesses do partido no momento mais perigoso, quando o destino do partido como um todo estava em jogo.

A segunda objeção levantada pelos partidários velados e não declarados dos liquidacionistas foi a de uma suposta cisão criada pela reunião de Paris ao colocar no lugar da instituição "legal" do partido novas instituições divisionistas e ilegais: a Comissão Técnica e a Comissão Organizadora. Essa objeção fundamenta-se na omissão premeditada do fato de que a cisão – se a paralisação do Becc pode ser assim chamada – já havia ocorrido antes da reunião de Paris e que, portanto, esta se viu diante de fatos consumados: a recusa por parte do Becc em convocar o Comitê Central, a saída do membro bolchevique desse Bureau, assim como o insistente boicote dos dois membros mencheviques à redação do órgão central e, ainda, a infame brochura de Martov, que foi o anúncio e início de uma cínica e desavergonhada guerra total entre as facções sobre o cadáver do partido unificado. A reunião de Paris, portanto, não provocou a cisão do partido, mas a enfrentou. Sua ação, portanto, não foi em direção ao aprofundamento da cisão, mas buscou impedir energicamente o seu progresso. A reunião declarou – apesar da oposição de Lênin e de seus amigos mais próximos – como palavra de ordem uma política não divisionista de unidade, de reconciliação – única palavra de ordem que poderia levar ao fim da luta fratricida entre as facções. A reunião decidiu convocar uma conferência não apenas de facção ou da ala esquerda, mas uma conferência geral do partido, para a qual foram convidadas todas as organizações do partido. Na verdade, o convite só não foi endereçado diretamente ao grupo do *Golos*, pois os membros do Comitê Central se sentiram impedidos, uma vez que na última reunião eles aboliram o órgão e pronunciaram como palavra de ordem uma luta incisiva contra o liquidacionismo propagado mais ou menos abertamente por esse órgão. Assim, a reunião de Paris não tomou para si a responsabilidade pelo convite da redação desse órgão – o qual representou expressão viva da revolta divisionista contra a disciplina e unidade do partido –, mas deixou, entretanto, inteiramente aberta a possibilidade da participação efetiva dos membros do *Golos* na conferência, ao decidir que o convite desse grupo se tornaria indispensável tão logo qualquer outro dos participantes legais da conferência apresentassem tal reivindicação e se responsabilizasse por esse passo. Além das organizações nacionais, a reunião também decidiu convidar para a conferência: a SDKPiL, o Bund e o grupo letão, o grupo *Vperiod*, a redação do *Pravda* e, naturalmente, o grupo de Plekhanov; em suma, todas as tendências do partido. De acordo com isso, a Comissão Técnica e a Comissão Organizadora declararam de maneira clara que não pensam em conduzir uma política divisionista, que estão distantes do divisionismo no espírito de Lênin, que se opõem à política isolacionista desse último e que mantêm a posição política de agregação e de reconciliação do partido, permanecendo, entretanto, fiéis às indicações táticas do último *plenum* do Comitê Central, ou seja, do caráter indispensável de uma acirrada luta contra o liquidacionismo em todas as suas variantes manifestações. Esta foi a obra realizada pela última reunião de Paris. Convocação de uma conferência geral do partido para a reconstrução do Comitê Central, renovação das demais instituições do partido e seu fortalecimento na luta pré-eleitoral: eis a tarefa que agora se coloca na ordem do dia. A Comissão Técnica e a Comissão Organizadora se dedicam a isso com toda força. A Comissão Organizadora decidiu trazer o centro de gravidade dos trabalhos preparatórios do exterior para a Rússia e convocar as organizações partidárias atuantes na área para criarem um comitê especial com a finalidade de convocar a conferência. Poderão participar nesse comitê todas as organizações do partido, indiferentemente de suas posições, ou seja, a objeção de divisionismo em relação aos trabalhos preparatórios perde toda possibilidade de justificativa. Dando nas mãos desse comitê todo o peso e responsabilidade dos trabalhos em torno da convocação da conferência, a comissão organizadora exterior reduziu a luta das facções ao mínimo, isto é, à supervisão sobre a rigorosa aplicação das indicações do último *plenum* do Comitê Central.

Esperava-se que as garantias contrárias ao divisionismo, isto é, a leal e firme aplicação da política de reconciliação – obra iniciada pela reunião de Paris –, fossem ser recebidas por todos com uma aprovação completa. Infelizmente, o obstinado espírito das facções permanece contrário às melhores disposições e ações para a salvação do partido. Primeiro, Lênin e os partidários de sua tática de fragmentação do partido, desde o primeiro momento, criaram dificuldades ao trabalho de agregação e preparação da conferência geral do partido. Depois, o Bureau Exterior, em nome do qual a SDKPiL[2] apresentou a proposta de entendimento com a Comissão Organizadora para a ação conjunta de convocação da conferência, recusou de forma cínica essa proposta, sublinhando mais uma vez sua posição contrária ao partido e dando seguimento ao plano de manter a anarquia e a desagregação do partido. Em terceiro lugar, o *Pravda* de Trotsky, vestindo a máscara de apóstolo da unidade e do conjunto do partido, interviu com um vil ataque aos membros da reunião de Paris, acusando-os de "usurpadores e desagregadores do partido" e, assim, posicionando-se abertamente ao lado do grupo liquidacionista *Golos* e do Bureau Exterior. Por fim, o Bureau Exterior, vendo que apesar de todas as dificuldades o trabalho da Comissão Organizadora progredia na Rússia, resolveu frustrar de maneira ativa esses esforços, convocando ele próprio uma segunda conferência partidária. No entanto, dada a desagregação da organização menchevique e a posição de pelo menos metade do partido em relação a esse órgão liquidacionista do Bureau Exterior, tal convocação de outra conferência, na realidade, não poderia se concretizar. Sobre isso, o grupo do *Golos* juntamente com seu aliado Trotsky – aliás como todos os outros – estão fortemente convencidos. Também não é na

---

2   Na tradução inglesa consta: "o camarada Tyszka [Leo Jogiches], membro e representante da SDKPiL, apresentou a proposta…" (Cf. Luxemburgo, Credo. In: Hudis; Anderson (orgs.), *The Rosa Luxemburg reader*, p.275).

conferência, mas na confusão provocada por esse trabalho concorrencial que estão interessados os partidários de Martov e Dan, tendo por finalidade dificultar o trabalho de agregação do partido realizado pela Comissão Organizadora. As intrigas feitas pelo Bureau Exterior com esse objetivo ocorreram tão sem cerimônias que ultimamente o órgão achou até mesmo desnecessário avisar sobre os seus passos e reuniões o camarada Tyszka [Leo Jogiches], o representante do nosso partido lá.

Apesar de todos esses conchavos e intrigas no exterior, o trabalho do Comitê Organizador na Rússia avança, mesmo que devagar. As organizações locais sem diferença de tendências recebem com alegria a iniciativa da reunião de Paris e aderem uma seguida da outra ao comitê preparatório. O horizonte da conferência geral do partido melhora e prevalece uma forte esperança de que será possível levar a obra a um final feliz.

A obrigação de todos os camaradas é agora apoiar com todas as forças aqueles trabalhos preparatórios em torno da convocação da conferência geral do partido. A social-democracia precisa superar mais uma vez a desagregação interna, precisa sufocar com mão firme tanto a hidra que lacera as entranhas do partido com os instintos selvagens do divisionismo, como o câncer destruidor do liquidacionismo. Apresentando essa dupla palavra de ordem de agregação do partido e de seu fortalecimento na tática classista revolucionária, tornando-a o posto das operações práticas em torno da convocação da conferência geral do partido e permitindo a ação política da social-democracia em todo o fronte, os representantes da SDKPiL nas instituições centrais do partido acreditam que estiveram à altura de suas tarefas e cumpriram sua obrigação no espírito de seus fundamentos e tradições desde o momento da adesão ao partido geral do Estado.

Direito de voto das mulheres e luta de classes[1]

"Por que não há, na Alemanha, associações de trabalhadoras? Por que se ouve tão pouco a respeito do movimento das trabalhadoras?" Com essas palavras, uma das fundadoras do movimento proletário das mulheres na Alemanha, Emma Ihrer,[2] introduziu, no ano de 1898, seu texto *As trabalhadoras na luta de classes*. Nem quatorze anos se passaram desde então e hoje o movimento proletário das mulheres na Alemanha está bastante desenvolvido. Mais de 150 mil trabalhadoras sindicalmente organizadas formam as tropas centrais do proletariado que luta economicamente. Dezenas de milhares de mulheres politicamente organizadas reúnem-se em torno da bandeira da social-democracia; o periódico feminino da social-democracia já conta mais de 100 mil assinantes; as reivindicações pelo direito de

---

1 Título original: *Frauenwahlrecht und Klassenkampf*. Publicado originalmente em *Frauenwahlrecht*. Hrsg. Zum Zweiten Sozialdemokratischen Frauentag, por Clara Zetkin, 12 maio 1912.
2 Ihrer, *Die Arbeiterinnen im Klassenkampf*, p.3.

voto das mulheres encontram-se na ordem do dia da vida política da social-democracia.

Alguns poderiam, justamente a partir desses fatos, subestimar o significado da luta pelo direito de voto das mulheres. Poderiam pensar: até mesmo sem a igualdade política do gênero feminino, atingimos avanços notáveis no esclarecimento e na organização das mulheres; portanto, o direito de voto das mulheres continua não sendo uma necessidade urgente. Mas quem pensa assim está enganado. A espetacular sacudida política e sindical das massas do proletariado feminino nos últimos quinze anos apenas se tornou possível porque as mulheres do povo trabalhador, apesar de serem privadas de direitos, tomam parte ativa na vida política e nas lutas parlamentares de sua classe. As proletárias nutriram-se até agora do direito de voto dos homens, do qual elas realmente participam, ainda que apenas indiretamente. A luta eleitoral já é hoje uma causa conjunta, tanto para grandes massas de mulheres quanto para os homens da classe trabalhadora. Em todas as assembleias de eleitores social-democratas, as mulheres formam um público ativo e fervorosamente participante, numeroso, algumas vezes até predominante. Em todos os círculos de eleitores em que existe uma organização social-democrata firme as mulheres participam do trabalho eleitoral. Também é a elas que cabe um grande mérito na distribuição de panfletos, na procura por novos assinantes para a imprensa social-democrata, essa arma importantíssima da luta eleitoral.

O Estado capitalista não pôde impedir que as mulheres do povo assumissem todas essas dificuldades e obrigações na vida política. Ele mesmo lhes ofereceu tal possibilidade, passo a passo, por meio da concessão que facilitava e garantia o direito de associação e de reunião. Apenas o último direito político, o direito de votar, de decidir de maneira direta sobre a representação popular nos corpos legislativos e administrativos e de fazer parte desses corpos como eleitas, apenas esse direito o Estado não quer conceder às mulheres. Aqui, como em todos os outros domínios da vida social, isso significa: "Impeça o início!" O Estado atual já recuou diante das mulheres proletárias, quando deixou que adentrassem reuniões públicas e associações políticas. Na verdade, ele não o fez por vontade própria, mas obedeceu à necessidade cega, à pressão insuportável da classe trabalhadora ascendente. Não por último o avanço turbulento das próprias proletárias obrigou o Estado policial prussiano-alemão a liberar o famoso "segmento das mulheres" nas reuniões políticas[3] e a escancarar as portas das organizações políticas às mulheres. Com isso, a pedra começou a rolar ainda mais rapidamente. O progresso incontrolável da luta de classes proletária arrastou as mulheres para o meio do turbilhão da vida política. Graças ao aproveitamento do direito de associação e de reunião, as proletárias conquistaram para si a parte mais ativa na vida parlamentar, nas lutas eleitorais. E, agora, é apenas uma consequência imperiosa, é o resultado lógico do movimento que hoje milhões de mulheres proletárias gritem de maneira autoconsciente e provocadora: *Que venha o direito de voto das mulheres!*

Antigamente, nos bons tempos do absolutismo de antes de março [de 1848], era comum dizer-se que o povo trabalhador ainda "não estaria maduro" para o exercício dos direitos políticos. Hoje, isso não pode ser dito das proletárias, pois elas provaram a sua maturidade para exercê-los. Afinal, qualquer um sabe que, sem elas, sem o auxílio entusiasmado das proletárias, em 12 de janeiro [de 1912], a social-democracia alemã jamais teria alcançado a vitória retumbante, conseguido os 4,25 milhões de votos. Ao mesmo tempo, porém, o povo trabalhador sempre teve de provar sua maturidade para a liberdade política por meio de um movimento revolucionário de massas vitorioso. Somente quando o direito divino dos reis no trono bem como os mais brilhantes e os melhores da nação sentiram o punho calejado do proletariado em seu olho e o joelho em seu peito, somente então lhes veio repentinamente a crença na "maturidade" política do povo. Agora é a vez de as mulheres do proletariado tornarem o capitalismo consciente de sua [delas] maturidade. Isso acontece por meio de um poderoso

---

3 No ano de 1902, o ministro prussiano do Interior aprovou um decreto, de acordo com o qual, em reuniões políticas, as mulheres apenas poderiam estar presentes em uma parte especial do recinto, o "segmento das mulheres".

movimento de massas, contínuo, em que todos os meios da luta e da pressão proletárias precisam ser empregados.

O direito de voto das mulheres é o objetivo, mas o movimento de massas para tanto não é algo exclusivo das mulheres, e sim uma questão de classe comum às mulheres e aos homens do proletariado. Pois a falta de direitos da mulher, na Alemanha, é hoje apenas um elo na corrente da reação que acorrenta a vida do povo e que está em estreita conexão com a outra coluna dessa reação: a monarquia. Na atual Alemanha do século XX, do grande capitalismo e da alta indústria, na época da eletricidade e dos zepelins, a falta de direitos políticos da mulher é, exatamente, um resquício reacionário de condições tão antigas e ultrapassadas quanto o direito divino dos reis no trono. Ambos os fenômenos – o instrumento dos céus como poder decisório da vida política e a mulher que pudicamente cuidava do lar sem preocupar-se com as tormentas da vida pública, com a política e com a luta de classes – estão enraizados nas relações apodrecidas do passado, nos tempos da servidão no campo e das corporações de ofício na cidade. Nesses tempos eles eram compreensíveis e necessários. Ambos, monarquia e falta de direitos da mulher, foram hoje desenraizados pelo desenvolvimento capitalista moderno; tornaram-se uma caricatura risível da humanidade. Ainda assim, continuam a existir na atual sociedade moderna, não porque se tenha esquecido de removê-los, não por mera insistência e inércia das circunstâncias. Não, eles continuam aí porque ambos – tanto a monarquia como a falta de direitos da mulher – tornaram-se ferramentas poderosas dos interesses inimigos do povo. Atrás do trono e do altar, bem como atrás da escravização política do gênero feminino, escondem-se hoje os piores e mais brutais representantes da exploração e da servidão do proletariado. A monarquia e a falta de direitos da mulher tornaram-se as ferramentas mais importantes da dominação de classes capitalista.

Para o Estado atual, trata-se, na realidade, de conter o direito de voto das mulheres trabalhadoras, e tão somente delas. Da parte delas é que o Estado, com razão, teme a ameaça a todas as antigas instituições de dominação de classe; por exemplo, o militarismo, do qual toda proletária pensante deve ser inimiga mortal; a monarquia; o sistema de roubo dos tributos e impostos sobre os alimentos etc. O direito de voto das mulheres é, para o Estado capitalista atual, algo abominável e assustador, pois atrás dele estão milhões de mulheres que fortaleceriam o seu inimigo interno, a social-democracia revolucionária. Se dependesse das damas da burguesia, o Estado capitalista apenas teria de esperar um apoio efetivo da reação. A maioria das mulheres burguesas, que se portam como leoas contra "os privilégios dos homens", acabaria por acompanhar, como dóceis cordeiros, a reação conservadora e clerical. Aliás, elas certamente ainda seriam um pouco mais conservadoras do que a parcela masculina de sua classe. Deixando de lado a pequena quantidade das economicamente ativas entre elas, as mulheres da burguesia não tomam parte na produção social: são apenas coconsumidoras da mais-valia que os seus homens extraem do proletariado, são as parasitas dos parasitas do corpo popular. E coconsumidores são, costumeiramente, ainda mais violentos e implacáveis na defesa de seu "direito" à existência parasitária do que os portadores diretos da dominação de classe e da exploração. A história de todas as grandes lutas revolucionárias confirmou isso de maneira terrível. Quando, após a queda da dominação jacobina na Grande Revolução Francesa, Robespierre foi levado, amarrado ao carro, para a praça de execução, as meretrizes nuas [*nackten Lustweiber*] da burguesia vitoriosa realizaram uma dança despudorada em volta do herói revolucionário abatido. E quando, no ano de 1871, em Paris, a heroica comuna dos trabalhadores foi vencida pelas metralhadoras, as mulheres enfurecidas da burguesia superaram até mesmo os seus homens bestiais, em sua vingança sangrenta junto ao proletariado submetido. As mulheres das classes proprietárias sempre permanecerão defensoras fanáticas da exploração e da servidão do povo trabalhador, das quais recebem, em segunda mão, os meios para sua existência socialmente inútil.

Do ponto de vista socioeconômico, as mulheres das classes exploradoras não constituem uma camada autônoma da população. Elas apenas desempenham a função social de instrumentos da reprodução natural para as classes dominantes. Por sua vez, as mulheres do proletariado são economicamente autônomas, elas são *produtivamente* ativas para a sociedade na mesma medida que os homens. Não no sentido de que ajudam o homem, por meio do trabalho doméstico, a garantir, com um salário exíguo, a existência diária da família e a educar as crianças. Esse trabalho não é produtivo no sentido da ordem econômica capitalista de hoje, ainda que ele possa, por meio de milhares de tantos e tão variados esforços, constituir uma gigantesca contribuição em termos de autossacrifício e dispêndio de forças. Ele é apenas assunto particular do proletário, sua felicidade e sua bênção e, justamente por isso, não passa de ar para a sociedade atual. Como produtivo vale – enquanto durarem a dominação do capital e o sistema salarial – apenas aquele trabalho que cria mais-valia, que dá origem ao lucro capitalista. Desse ponto de vista, a dançarina de café-concerto, que enche de lucro os bolsos do empresário com suas pernas, é uma trabalhadora produtiva, enquanto todo o trabalho duro das mulheres e mães do proletariado entre as quatro paredes do lar é visto como atividade não produtiva. Isso parece absurdo e desumano, mas corresponde exatamente à brutalidade e absurdidade da atual ordem econômica capitalista, e apreender essa verdade brutal de modo claro e aguçado é a primeira necessidade para as mulheres proletárias.

Pois justamente desse ponto de vista é que, agora, a reivindicação por igualdade política das proletárias está ancorada numa sólida base econômica. Milhões de mulheres proletárias criam hoje o lucro capitalista na mesma medida que os homens – em fábricas, em oficinas, na agricultura, na indústria doméstica, em escritórios, em lojas. Portanto, elas *são* produtivas no mais estrito sentido científico da sociedade atual. Cada dia que passa, aumentam as hordas de mulheres exploradas pelo capitalismo; cada novo progresso na indústria, na técnica, cria um espaço novo para as mulheres nas engrenagens da produção capitalista de lucro. E, com isso, cada dia e cada progresso industrial acrescentam uma nova pedra à sólida situação da igualdade política das mulheres. A atual formação escolar e a inteligência espiritual das mulheres tornaram-se necessárias para o próprio mecanismo econômico. A mulher limitada, alheia ao mundo, do "lar" patriarcal, hoje serve tampouco às exigências da grande indústria e do comércio quanto aos requisitos da vida política. De fato, também em relação a isso, o Estado capitalista negligenciou seus deveres. Até hoje, as organizações sindicais e social-democratas fizeram o máximo e o melhor pelo despertar e pela educação intelectual e moral das mulheres. Assim como há décadas, na Alemanha, os social-democratas eram conhecidos como os trabalhadores mais inteligentes, os mais esforçados, hoje, as mulheres do proletariado são retiradas do sufoco de sua existência estreita, da pobre banalidade e da pequenez de seu reino doméstico pela social-democracia e pelos sindicatos. A luta de classes proletária aumentou o círculo de influência das mulheres, tornou o seu espírito elástico, desenvolveu sua capacidade de pensar, colocou grandes objetivos para as suas aspirações. O socialismo provocou o renascimento espiritual da massa das mulheres proletárias e, com isso, sem dúvida, também as tornou trabalhadoras produtivas e competentes para o capital.

Após tudo isso, a ausência de direitos políticos das mulheres proletárias é uma injustiça ainda mais perversa, na medida em que já se tornou uma meia-verdade. Afinal, as mulheres em massa participam ativamente na vida política. Ainda assim, a social-democracia não luta com o argumento da "injustiça". A diferença fundamental entre nós e o anterior socialismo utópico sentimental reside justamente em que não nos apoiamos na justiça da classe dominante, mas única e exclusivamente no poder revolucionário das massas trabalhadoras e na marcha do desenvolvimento social, que cria o terreno para aquele poder. Assim, a injustiça em si não é decerto um argumento para derrubar as instituições reacionárias. Quando, no entanto, o sentimento de injustiça se apropria de círculos mais amplos da sociedade – afirma Friedrich Engels, cocriador do socialismo científico – é sempre um sinal seguro de que mudanças abrangentes adentraram o fundamento econômico da sociedade, de que as condições vigentes já entraram em contradição com o progresso do desenvolvimento. O atual movimento vigoroso das milhões de mulheres proletárias, que sentem a sua falta de direitos políticos como uma injustiça gritante, é um sinal muito evidente de que os fundamentos sociais da ordem estatal vigente estão ruindo e que seus dias estão contados.

Um dos grandes anunciadores dos ideais socialistas, o francês Charles Fourier, há cem anos escreveu as memoráveis palavras: em toda sociedade o grau da emancipação (liberdade) feminina é a medida natural para a emancipação geral. Isso é totalmente correto para a sociedade atual. A presente luta de massas pela igualdade política da mulher é apenas uma expressão e uma parte da luta geral de libertação do proletariado, e justamente nisso é que se encontra sua força e o seu futuro. O direito de voto universal, igual e direto das mulheres iria – graças ao proletariado feminino – fortalecer e avançar enormemente a luta de classes proletária. Por isso, a sociedade burguesa abomina e teme o direito de voto das mulheres e, por isso, queremos e iremos conquistá-lo. Também por meio da luta pelo direito de voto das mulheres, queremos acelerar o momento em que a sociedade atual será colocada em escombros sob as marteladas do proletariado revolucionário.

A herança de Lassalle[1]

"O erro de Hutten foi apenas o de todas as naturezas proféticas, ao mesmo tempo olhar para um ideal brilhante e desejar aquilo que a humanidade apenas pode atingir passo a passo, em uma luta centenária." Com essas palavras, David Friedrich Strauß fecha o seu *Hutten*. E isso vale, em igual medida, para Lassalle. É claro que não se pode pensar em séculos, dado o ritmo frenético do atual desenvolvimento capitalista. Mas para o que Lassalle queria obter em dois anos de ardente agitação da história, foram necessárias muitas décadas para acontecer. Porém, justamente àquela ilusão de ótica, à qual sucumbem as naturezas proféticas, fazendo com que, como gigantes em seus picos montanhosos, considerem os horizontes distantes como estando ao seu alcance, é que devemos o ato audacioso do qual surgiu a social--democracia alemã. A formação de um partido de classe próprio do proletariado era uma necessidade histórica; estava dada na engrenagem econômica capitalista, assim como na essência política do Estado

---

[1] Título original: *Lassalles Erbschaft*. Publicado originalmente em *Die Gleichheit*, ano 23, 1913, n.18, p.275-7.

de classe burguês. Com ou sem Lassalle, a social-democracia alemã teria surgido; com ou sem Marx e Engels, a luta de classes do proletariado internacional teria se tornado o fator dominante da história recente. Porém, deve-se à obra da vida de Lassalle e ao seu "Eu ousei!" que o partido de classe proletário tenha nascido na Alemanha já há cinquenta anos, duas boas décadas antes do que em todos os outros países, como exemplo para todos os outros, e que tenha se estabelecido com tamanho brilho e nobreza.

As lutas de classe são a força propulsora e o núcleo da história mundial desde que a propriedade privada realizou a separação da sociedade humana em exploradores e explorados. A luta do proletariado moderno é apenas a última de uma série de lutas de classe, que se estendem como um fio vermelho pela história escrita. E, ainda assim, os últimos cinquenta anos oferecem um espetáculo de que a história mundial ainda não conheceu outros exemplos: pela primeira vez, uma grande massa de explorados surge em uma luta organizada e objetiva pela sua libertação de classe. Todas as revoluções anteriores foram revoluções de minorias em prol do interesse das minorias. De modo semelhante, quando os primeiros movimentos do proletariado na Inglaterra e na França abriram a luta de classes moderna, todas as vezes, a massa apenas tomava conta do palco por alguns momentos para, após uma onda revolucionária, sempre desfazer-se, fundir-se com a sociedade burguesa.

A social-democracia alemã trazida à vida por Lassalle foi a primeira tentativa histórico-mundial de criar uma organização duradoura de massa, da maioria do povo pela luta de classes. Graças ao ato político de Lassalle, bem como à teoria de Marx, a social-democracia alemã solucionou a nova tarefa de maneira brilhante. Os cinquenta anos de sua história produziram a prova de que no terreno dos interesses de classe proletários poderiam unir um objetivo final revolucionário a uma luta diária paciente, uma teoria científica a uma prática mais sóbria, a organização disciplinada e robusta ao caráter de massas do movimento, a ótica da necessidade histórica à vontade consciente, enérgica. A atual grandeza e o poder da social-democracia são frutos dessa união.

A história anterior da social-democracia pode ser brevemente resumida como o aproveitamento do parlamentarismo burguês para o esclarecimento e a coordenação do proletariado em seu partido de classe. Nessa trajetória, da qual ele não se deixou desviar nem pelas brutais leis de exceção, nem pela astúcia demagógica, o nosso partido avançou década após década, até que se tornou de longe o partido político mais forte do império alemão, o partido operário mais forte do mundo. Nesse sentido, os últimos cinquenta anos até o dia de hoje são apenas a execução do programa de ação de Lassalle, que esteve concentrado em dois objetivos que se aproximam: a criação de uma organização de classe dos trabalhadores que fosse independente da burguesia liberal e a conquista do sufrágio universal, para colocá-lo a serviço do objetivo dos trabalhadores.

Construir a organização e o aproveitamento sistemático do sufrágio universal – foi, de fato, quase todo o conteúdo vital da social-democracia durante esse meio século que passou.

Esse programa, porém, também foi realizado até aquele limite após o qual, de acordo com a lei da dialética histórica, a quantidade se transforma em qualidade; em que o crescimento inevitável da social-democracia sobre o terreno e no quadro do parlamentarismo burguês teria que ser, por si mesmo, levado além dele.

O desenvolvimento capitalista da Alemanha, bem como de toda a economia mundial, atingiu hoje um grau diante do qual as condições em que Lassalle realizou sua obra imortal parecem encontrar-se em sua tímida infância. Enquanto naquela época, na Europa, o quadro dos Estados nacionais burgueses ainda estava sendo projetado para a dominação descontrolada do capital, hoje os últimos filetes de terra livres da dominação capitalista são rasgados pelo monstro imperialista; de modo semelhante, o capital está a caminho de coroar sua dominação mundial por meio de uma série de guerras expansionistas sangrentas. Já desde o nascimento, o parlamentarismo burguês no continente europeu, apavorado pelo fantasma vermelho do proletariado revolucionário, demonstra-se impotente. Agora, está sendo esmagado pelas ferraduras do imperialismo que avança de forma desregrada; torna-se uma casca vazia, degradada a apêndice impotente do militarismo.

Durante cinquenta anos de trabalho exemplar, a social-democracia conseguiu extrair de um terreno, que agora é pedregoso, o que havia em termos de esclarecimento de classe, bem como de ganho material palpável para a classe trabalhadora. A vitória eleitoral mais recente, a maior de nosso partido, tornou claro para todos que uma bancada social-democrata de 110 pessoas, na era dos delírios imperialistas e da impotência parlamentar tanto no tocante à reforma social quanto à agitação, podem extrair não mais, porém menos do que poderia anteriormente uma bancada com um quarto dessa força. Além disso, hoje, o cerne do desenvolvimento político interno da Alemanha – o direito de voto na Prússia – destruiu, por meio de seu afundamento patético, todas as perspectivas de uma reforma parlamentar forçada pela mera pressão de ações eleitorais. Na Prússia, assim como no Império, a social-democracia, com todo o seu poder, vai cegamente de encontro às barreiras que Lassalle, já em 1851, formulara nas seguintes palavras:

> Nunca uma assembleia (legislativa) *derrubou*, ou *derrubará*, o estado de coisas vigente. Tudo o que uma assembleia desse tipo fez ou pôde fazer foi proclamar o estado de coisas vigente lá fora, sancionar a derrubada da sociedade *já levada a cabo* no exterior e desenvolvê-la em suas consequências particulares, suas leis etc. Uma assembleia desse tipo será para sempre impotente para derrubar, por si própria, a sociedade que ela representa.[2]

Alcançamos, porém, um estágio de desenvolvimento em que as exigências de defesa mais prementes e irrecusáveis do proletariado – o sufrágio universal na Prússia e um Exército popular geral no Império – significam uma derrubada efetiva das relações de classe prussiano-alemãs vigentes. Se a classe trabalhadora quer hoje impor

---

2   Cf. Mehring (org.), *Aus der literarischen Nachlaß von Karl Marx, Friedrich Engels und Ferdinand Lassalle*, v.IV, p.38.

seus interesses vitais no Parlamento, ela precisa, primeiro, levar a cabo a verdadeira derrubada "lá fora". Se ela quer novamente conferir fecundidade política ao parlamentarismo, então precisa levar a própria massa ao palco político por meio de ações extraparlamentares.

A última década – com as resoluções de greve de massas em Jena[3] sob a influência da Revolução Russa e a campanha de manifestações de rua na luta pelo direito de voto na Prússia há três anos – mostra, nitidamente, que a passagem da ação puramente parlamentar para a ação de massas gradualmente ganha espaço, ainda que a consciência do partido na Alemanha e alhures apenas siga essa trajetória em ziguezague e com recaídas inconstantes.

O jubileu dos cinquenta anos de existência da social-democracia alemã é uma consumação vitoriosa, orgulhosa na realização do testamento político de Lassalle. Ao mesmo tempo, porém, é uma advertência ao proletariado socialista para que se torne totalmente consciente de que nada contradiria mais o espírito de Lassalle do que manter-se numa rotina enferrujada e num trote repetitivo, irredutivelmente fiel a um programa tático já ultrapassado pelo andamento da história. A grande e criativa obra de Lassalle consiste no fato de ele ter reconhecido, no momento histórico correto, a tarefa certa do proletariado e ousar realizá-la num ato audacioso. O que é hoje a continuação correta da obra de Lassalle? Não consiste em que o proletariado alemão se mantenha fiel ao programa político de Lassalle, mas, pelo contrário, que ele reconheça as novas e grandes tarefas da situação *atual* e as enfrente, no momento certo, com atos audaciosos. Então, também ele poderá, no espírito de Lassalle, dizer a respeito de si mesmo: Eu ousei!

---

3 A resolução aprovada no Congresso do SPD, de 17 a 23 de setembro de 1905 em Jena, considerava a greve de massas como um dos mais eficazes instrumentos de combate da classe trabalhadora. Contudo, limitava o emprego da greve de massas política essencialmente à defesa do direito de voto ao parlamento e do direito de coligação.

Questões táticas[1]

I

Leipzig, 26 de junho

Se quiséssemos juntar tudo que, ultimamente, tem sido expresso em termos de observações e comentários táticos em nosso partido, chegaríamos a um concerto desafinado. De um lado, os representantes e defensores da tática do compromisso, como Frank e Breitscheid, com o apoio do *Volksblatt* de Bochum, convocam urgentemente uma greve de massas; de outro, um periódico do partido como o *Arbeiter-Zeitung* de Essen, que defende um ponto de vista radical, considera que a greve política de massas continua irrealizável por algum tempo na Alemanha, isto é, ainda estaríamos distantes, imaturos e insuficientemente armados para um empreendimento desse tipo. Enquanto múltiplas organizações, por sua vez, reivindicam que o próximo Congresso do

---

1 Título original: *Taktische Fragen*. Publicado originalmente em *Leipziger Volkszeitung*, I: n.45, 26 jun. 1913; II: n.146, 27 jun. 1913; III: n.147, 28 jun. 1913.

partido introduza "a educação planejada da classe trabalhadora para a greve política de massas", ou seja, que gradualmente se dê início à ação preparatória que poupa esforços, de acordo com o padrão belga, outros, como o companheiro Meerfeld, dizem na *Neue Zeit* que a fase para a greve política de massas há muito teria passado para o nosso movimento; que o alemão presta tanto para a greve de massas quanto o urso para andar numa corda bamba.

Dois fatos se destacam nessa confusão. Primeiro, que a ideia da greve de massas sempre surge por si mesma e é instintivamente deslocada para o centro das atenções assim que o partido sente a necessidade de levar adiante sua ação, de defender-se da estagnação, de desenvolver seu poder. Segundo, é igualmente explícito que em relação ao emprego da greve de massas, às suas condições e aos seus fins, permanece, entre nossos correligionários bem como entre os adversários em nossas fileiras, uma enorme falta de clareza.

A ideia, por exemplo, de que a greve de massas na Prússia se deixaria ligar ao grande bloco de Baden[2] advém de um entendimento puramente mecânico e superficial da greve de massas, que deixa inteiramente de lado os nexos históricos mais profundos das ações de massa, a psicologia de massas da luta de classes proletária. De acordo com essa ideia, as massas são movimentadas como peças de xadrez, colocadas onde a arte do estadista e a diplomacia dos parlamentares fracassaram, para, quando o comando assim o desejar, assustarem o inimigo, e, assim que os pactos e a negociação com o inimigo enfraquecido tiverem início, rapidamente retiradas do local, mantidas bem quietas até a próxima voz de comando.

Quando nada mais ajuda, então "nós fazemos" a greve geral – essa é exatamente a tosca concepção do anarquismo. Na verdade, a greve de massas não é um "meio mais extremo" astutamente planejado ao qual se recorre em casos excepcionais, uma espécie de canhão de reserva,

---

[2] Com o pretexto de impedir a atuação da maioria reacionária, os chamados oportunistas fizeram bloco com os liberais no parlamento de Baden, em 1910. Com esse "grande bloco", renovado em 1913 para as eleições do parlamento local, os deputados da corrente "oportunista" apoiaram a política do governo burguês, afastando-se das resoluções do SPD.

que pode ser trazido do canto mais distante quando todas as outras armas falharam. A greve de massas, como prática do proletariado, é uma fase histórica do desenvolvimento da luta de classes em geral, a saber, a fase da ação autônoma da massa proletária, do acirramento mais extremo da luta de classes como um todo.

Recorre-se agora por todos os lados, especialmente na Prússia, à ideia da greve de massas, pois toda esperança sobre a eficácia da ação parlamentar e sobre o apoio dos liberais desapareceu, uma vez que a postura lamentável e o caráter reacionário do liberalismo em todo o Reich, nomeadamente nas lutas quanto ao projeto de lei militar,[3] mostram que a classe trabalhadora depende inteiramente de si mesma, que ela se encontra isolada diante da reação burguesa unificada. Mas no mesmo momento em que os liberais na comissão orçamentária, em vez de junto com a social-democracia imporem ao centro e aos conservadores impostos progressistas sobre a propriedade, pactuam pelas costas da social-democracia um compromisso tributário com o centro para preservar os interesses dos *junkers*; ao mesmo tempo, em Baden, formam com os mesmos liberais um bloco eleitoral para destruir o "domínio do centro"; no sul da Alemanha participam[4] de manifestações monárquicas e, na Prússia, proclamam a greve de massas; e, há poucos meses, garantiram a Bethmann Hollweg no Reichstag a confiança da social-democracia em relação à política externa e, meio ano depois, chamam as massas para a rua – isso é um rodopio político,

---

3   No fim de março de 1913 foi apresentado ao Reichstag um projeto de lei que previa a maior ampliação das forças militares desde o início do império. Uma parte dos recursos financeiros adicionais viria de uma contribuição extraordinária para a defesa e da tributação de todas as fortunas acima de 10 mil marcos; o restante viria dos trabalhadores. A bancada social-democrata rejeitou o projeto de lei militar, aprovando porém uma taxa sobre as fortunas, paga uma única vez (a chamada contribuição para a defesa) e um imposto sobre o aumento das fortunas para financiar o exército. A votação foi precedida de grandes polêmicas na bancada; os revisionistas, quebrando a disciplina partidária, reprimiram a resistência de 37 deputados. Essa aprovação das leis significava renunciar ao princípio básico "Nem um homem e nem um centavo para esse sistema!".

4   Os oportunistas, sobretudo as facções das assembleias estaduais de Baden e de Württemberg, em contradição com os princípios e as decisões do Partido Social-Democrata, em diversas ocasiões prestaram tributo à monarquia.

é política oportunista, que apenas serve para preparar um fiasco para a social-democracia, tanto no parlamento quanto nas ruas.

A greve de massas em si tampouco é um meio milagroso para salvar a social-democracia de um beco político sem saída ou para conduzir uma política inconsistente à vitória, como a luta eleitoral ou qualquer outra forma de luta. A greve de massas em si é também apenas uma forma de luta. Não é, porém, a forma técnica que decidirá o desfecho da luta, a vitória ou a derrota, mas o conteúdo político, a tática empregada como um todo.

Vivemos numa fase na qual as questões políticas mais importantes apenas podem ser influenciadas pela própria intervenção de amplas massas: as alterações repentinas da situação internacional, a ameaça de guerra, as questões relativas ao direito de voto, questões de honra da classe trabalhadora, exigem imperiosamente a ação das massas. Se elas não atuam nos momentos decisivos, a ação do partido é paralisada, lhe falta o ferrão, e o partido sente ele próprio, dolorosamente, sua insuficiência. Mas, inversamente, o emprego da greve de massas de modo algum garante a vitalidade e a eficácia da ação social-democrata em geral. Se, por exemplo, a greve de massas for acoplada a uma tática, se a indecisão geral formar uma dupla com avanços enérgicos isolados bem como ações de massa ocasionais com ilusões parlamentares quanto à colaboração dos liberais – que querem jogar as massas de um lado para o outro, num momento colocando-as no fogo para, em seguida, dispensá-las no meio da batalha – as greves de massas serão apenas uma experimentação cega que, apesar da enorme coragem das vítimas, fracassará inelutavelmente. Nesse sentido, os destinos da luta belga pelo direito de voto, que existe há dez anos, devem constituir um exemplo alarmante para a social-democracia internacional.

Não é a greve de massas em si que, em um caso determinado qualquer, é o decisivo, mas a ofensiva política na postura do partido como um todo, uma tática que, no período de luta, desenvolve em todos os domínios a maior força de ação, responde incisivamente a todas as provocações do adversário e, em cada momento, eleva a energia e a vontade de luta do proletariado ao máximo. Com uma forte política ofensiva também se garante tanto que as massas ajam, quanto que seu aparecimento dê frutos. Uma tática social-democrata que deseje avançar, decidida e consequente, suscita na massa um sentimento de segurança, de autoconfiança e de ânimo para lutar; uma tática fraca, baseada na subestimação do proletariado, tem efeito paralisante e desconcertante sobre a massa. No primeiro caso, as greves de massa surgem "por si próprias" e sempre "no momento certo"; no segundo, por vezes, as convocações diretas da direção para a realização da greve de massas permanecem sem sucesso.

Se, até agora, tivéssemos seguido uma forte tática ofensiva, caso se tivesse, por exemplo, realizado uma greve de massas de protesto de um dia por ocasião da visita do tsar a Berlim, como ocorreram dúzias de vezes em outros países, ou, por ocasião do jubileu do imperador, em vez de quase se desculpar – como fez o órgão central –, o proletariado não tivesse tomado parte na farsa e tivesse feito manifestações de massas republicanas em todo o Reich, então isso, ainda que não estivesse diretamente ligado à questão do direito de voto na Prússia, teria fortalecido significativamente a posição de nosso partido e as chances de nossa luta, tanto pelo direito de voto na Prússia quanto na luta contra o projeto de lei militar. No entanto, quando se aguenta calmamente todas as infâmias, então se desmoraliza as massas e se fortalece o adversário em sua presunção. Se, em tais condições, de repente ocorre um apelo às massas para "fazer" uma greve de massas, então nada ocorre, ou ocorre apenas uma tentativa tímida, que envergonha o partido e desencoraja ainda mais as massas.

As greves de massa não se deixam, portanto, ser encenadas a bel-prazer, como um artifício tático que combina com qualquer política. Elas só podem aparecer de maneira poderosa e eficaz como escalada de uma ação já em curso, como expressão de uma tensão elevada da energia revolucionária das massas. Caso se queira provocá-la numa situação favorável, o partido precisa sobretudo dar um passo em toda a linha, rumo a uma postura de ofensiva política. Em seguida, devem sumir as autoilusões parlamentares, toda política particularista fechada, com todas as ilusões no que se refere ao velho e ao "novo" liberalismo, com todos os experimentos visando hoje derrubar o centro com a ajuda dos nacional-liberais e amanhã derrubar os nacional--liberais com a ajuda do centro, como a "verdadeira reação". Se a luta pelo direito de voto na Prússia é um interesse vital no Reich alemão, então também a tática da social-democracia do Reich alemão é uma questão prussiana. A tarefa mais urgente do partido não é o chamado para a greve de massas dito ao léu, mas a organização geral da tática no espírito da luta de classes revolucionária e consequente, em direção a uma ofensiva enérgica como um todo, tanto no Norte como no Sul.

II

Leipzig, 27 de junho

Surge agora a pergunta que outrora preocupava seriamente muitos companheiros, os quais, de resto, eram bastante engajados: se, realmente, estaríamos maduros para realizar ações de massa de sucesso, se o estado de nossa organização, que ainda compreende apenas uma pequena parte dos trabalhadores, permitiria pensar em greves de massa na Alemanha. A opinião recentemente externada pelo companheiro Meerfeld, de acordo com a qual aos alemães faltaria, por força de suas características nacionais particulares, a capacidade para ações impetuosas de massa, na verdade quase não necessita de uma refutação séria. A luta de classes do proletariado é um fenômeno tão profundamente enraizado no desenvolvimento moderno da história que ela, em suas principais manifestações das relações sociais e internacionais em geral, não é determinada por elementos tão secundários como o temperamento nacional. Antes, têm influência a história política particular de cada país e as tradições a ela ligadas. A falta de qualquer grande tradição revolucionária na burguesia alemã e, portanto, também no proletariado alemão, certamente provocou, até nas fileiras da social-democracia, uma certa falta de autoconfiança, um excesso de respeito enraizado diante da "legalidade" do Estado policial burocrático-absolutista e da autoridade do sabre do guarda. Mas em grandes momentos, em situações revolucionárias que serão inevitáveis em nosso futuro próximo, essa psicologia por fim também se transforma rapidamente. De modo geral, um sentimentalismo [*Heulmeierei*] tão geral e desesperançoso sobre nosso "aburguesamento", como anunciou o companheiro Meerfeld na *Neue Zeit*, é totalmente infrutífero. Este também serve a um ou outro companheiro "radical" como uma confortável desculpa individual para, na prática, jogar tudo para o alto, mas é apenas um complemento à oficiosidade sem pensamento em nossas fileiras, que glorifica tudo o que acontece no partido. O desenvolvimento histórico, que sabe tirar de seu caminho algumas pedras pesadas, ainda conseguirá resolver nossa inabilidade. O quanto tal desenvolvimento é capaz, em determinadas condições, de inculcar a dialética mesmo nas pessoas mais reflexivas e pacíficas, é novamente mostrado pelo andar da oitava assembleia dos tipógrafos alemães, recentemente concluída. O tom de insatisfação generalizada e de profundo descontentamento, que nessa assembleia prevaleceu como eco das transformações técnicas da produção, mostra que também o urso alemão, ao qual tão pouco se atribui, gradualmente aprende a dançar na corda bamba do desenvolvimento histórico.

De importância factual e merecedora de uma primeira investigação é a questão do papel das organizações social-democratas nas lutas de massa proletárias em geral. De fato, é bastante curioso que as maiores dúvidas quanto à maturidade dos trabalhadores para realizar ações de massas surjam justamente no país em que tanto a social-democracia quanto os sindicatos tenham alcançado o maior poder. Na Suécia e na Holanda, na Bélgica e na Itália, na Espanha e na Rússia, na França e na Áustria, na Suíça e na Hungria vivenciamos, há uma dezena de anos, numerosas greves de massa dos mais diversos tipos, e apenas na Alemanha, o país padrão da organização, da disciplina e das vitórias eleitorais, o proletariado não estaria maduro para a greve de massas! Pontos de vista desse tipo dariam um triste testemunho acerca do valor de nossas organizações, não fossem, eles próprios, apenas o desdobramento de uma carência notável de perspectiva histórica.

Pelo visto só devíamos estar "maduros" para a greve de massas quando o último homem e a última mulher da classe trabalhadora tivessem se tornado membros inscritos da associação social-democrata. Malgrado todo o esforço louvável pelo trabalho organizativo, surge desses pontos de vista uma subestimação perigosa do papel histórico e da capacidade de ação da massa desorganizada. Por fim, seria necessário que refletíssemos e nos perguntássemos: mas como é que até hoje a história mundial conseguiu se arranjar sem nós, sem as associações eleitorais, sem a direção do partido social-democrata e sem a bancada? A luta de classes não é – do que se esquece com demasiada frequência em nossas fileiras – um produto da social-democracia; ao contrário, a social-democracia é, ela própria, apenas um produto da luta de classes, o seu produto mais recente. A luta de classes é tão velha quanto a sociedade de classes, e sempre e em todo lugar foram as massas trabalhadoras que agiram quando o tempo havia chegado, que combateram, que decidiram a luta. Naquela época, tudo ainda se resolvia sem as associações eleitorais e sem a imprensa do partido. Como as guerras camponesas eram possíveis? Como se originaram as generosas ações de massa na Revolução Inglesa do século XVII, os movimentos cartistas ou a bela campanha do proletariado parisiense nos anos de 1848 e 1871, quando a organização socialista compreendia apenas um minúsculo círculo secreto? E, nesses casos, não se tratava mais de erupções caóticas de uma massa de desesperados – como, de modo inteiramente injusto, se poderia entender as guerras camponesas – mas, antes, de ações grandiosas orientadas por um pensamento político, com fôlego, obstinação, sacrifício, disciplina e obediência, seriedade e honra. Mesmo considerando que na Revolução de 1848, na Comuna de Paris, tenham sido cometidos erros e besteiras, será que por parte dos nossos líderes não são feitas besteiras com frequência demais? O surgimento da social-democracia oferece tão pouca garantia em face de erros históricos e políticos como valida o sucesso e a vitória da causa operária em cada uma das fases da luta. Precisamos, igualmente, aprender de novo com base na história, a cada dia, como todas as camadas ascendentes e lutadoras tiveram de fazê-lo desde sempre.

No entanto, graças à visão teórica acerca das condições de sua luta em uma medida nunca antes conhecida, a social-democracia trouxe a consciência para o interior da luta de classes proletária, conferiu-lhe clareza de objetivos e capacidade de apoio. Pela primeira vez ela criou uma organização de massa dos trabalhadores e, assim, forneceu uma espinha dorsal sólida à luta de classes. Seria um engano desastroso imaginar que, desde então, também toda a capacidade histórica de ação do povo tivesse se transferido unicamente para a organização social-democrata, que a massa desorganizada do proletariado teria se tornado um mingau disforme, um peso morto da história. Pelo contrário. Apesar da social-democracia, a matéria viva da história mundial permanece sendo a massa popular, e apenas se existir uma circulação sanguínea viva entre o núcleo organizacional e a massa popular, quando a mesma pulsação der vida a ambos, poderá a social-democracia mostrar-se qualificada para realizar grandes ações históricas.

Com a quimera de, primeiramente, fazer entrar todo o povo trabalhador nos quadros do partido, em vez de fazer história, simplesmente andamos às voltas num círculo vicioso. Quanto mais as nossas organizações crescerem, compreenderem centenas de milhares e milhões, tanto mais forçosamente crescerá o centralismo. Mas com isto também a pequena porção de conteúdo político e intelectual, de iniciativa e decisão, que tiver sido efetivada pelas organizações na vida cotidiana do partido, será inteiramente transferida para os pequenos colegiados no ápice: os líderes das associações, os líderes dos distritos e os parlamentares. O que sobrará para a grande massa de membros serão as obrigações referentes às contribuições financeiras, à distribuição de panfletos, às eleições e ao serviço de conseguir votos, à agitação em casa com vistas à assinatura de jornais e similares. O exemplo padrão nesse sentido é a organização berlinense, na qual quase tudo de importante é resolvido pela liderança central, e onde a iniciativa de baixo em geral se desfaz na treliça das numerosas instâncias, como se atravessasse uma cerca de arame farpado.

Porém, é bastante curiosa a ideia de continuamente ocupar milhões de pessoas apenas com o cumprimento de obrigações, como com a discussão sobre um aumento das contribuições ou sobre o emprego de novos entregadores de jornal, com as eleições do primeiro e do segundo encarregado e do tesoureiro, ou, pra variar, com os muitos pequenos atritos locais entre os funcionários, daquele tipo que é inevitável onde muitas pessoas trabalham juntas. É curiosa a ideia de que apenas seria preciso incrementar mecanicamente esse rame-rame burocrático até ficar uma enormidade, para com o tempo conseguir dois, três, quatro milhões de membros, e assim por diante, para a organização partidária e conseguir mantê-los ali.

Para as grandes massas é preciso, antes, que a quantidade se transforme numa qualidade inteiramente diferente. As grandes massas precisam ocupar-se de uma maneira que lhes é própria, podendo desdobrar a sua energia de massas, a sua capacidade de ação; precisam, por si próprias, agir, mexer-se como massa, desenvolver paixão, coragem e decisão. Mas, dado que o nosso aparelho organizativo cotidiano de modo algum pode oferecer uma vida desse tipo – afinal, dela também fazem parte situações históricas que não se deixam criar artificialmente –, dado que em nossa organização, de modo inverso, até mesmo o mínimo possível de vida intelectual da massa é sufocada pelo centralismo, então é necessário que, de uma vez por todas, nos libertemos da crença de que poderíamos transformar toda a enorme massa do povo trabalhador em membros contribuintes das associações eleitorais.

Isso não é possível nem sequer necessário como condição prévia para grandes ações de massa. Necessárias são apenas uma iniciativa audaciosa e a ação do partido que o coloque à frente das massas sempre que a situação política assim exigir. As massas desorganizadas e as camadas adversárias organizadas irão entusiasticamente oferecer-lhe seus préstimos. Como prova disso vale o mesmo exemplo belga, que, de modo inverso, frequentemente age de maneira tão fascinante sobre os nossos companheiros. O mais importante que decorre como ensinamento positivo do experimento belga é exatamente o fato de que as massas desorganizadas nunca falham em momentos decisivos, e que toda ação séria da social-democracia seria impensável sem essas massas. Na Bélgica, as organizações sindicais bem como as políticas deixam quase tudo a desejar, e, em todo caso, nem de longe podem medir-se com as alemãs. Ainda assim, há vinte anos que se realiza nesse país uma greve mais imponente que a outra pelo direito de voto.

No entanto, as massas apenas conseguem atingir o sucesso quando a liderança do partido é consequente, decidida e claramente transparente. Se cada dois passos para frente são sempre acompanhados de um passo para trás, então, ao final, também as ações de massa fracassarão. Mas, em todo caso, quando um ataque político fracassa, não é a massa desorganizada que falha, mas o partido organizado e sua liderança.

A social-democracia está historicamente destinada a ser a vanguarda do proletariado, ela deve, como partido da classe trabalhadora, dirigi-la, impulsionando-a para diante. Mas caso a social-democracia imagine que esteja destinada a fazer a história sozinha, e que a própria classe não seria nada, que esta precisaria ser transformada em partido antes de poder agir, então pode facilmente ocorrer que a social-democracia se torne o elemento inibitivo na luta de classes e que quando chegar a hora, contra o seu desejo, tenha que seguir, arrastada, a classe trabalhadora para as batalhas decisivas.

III

Leipzig, 28 de junho

Ainda assim, seria um engano desastroso imaginar que a questão do direito de voto na Prússia pudesse ser resolvida por alguma greve de massas decidida pelo Congresso do partido ou em seu nome, como o nó górdio é desfeito com um golpe de espada. Já a concepção de uma greve de massas qualquer isolada, que possivelmente após a preparação mais detalhada e de longa data "irrompa" em toda sua beleza e na hora certa, é uma especulação inteiramente errônea: desse modo, após planejamento meticuloso e sob comando, é possível organizar no máximo curtas greves em ocasiões especiais, momentâneas.

Também greves desse tipo têm, na verdade, seu grande significado, ainda que, nomeadamente na Alemanha, o tivessem como uma forma completamente nova de ação. Mas seria, por exemplo, uma presunção vazia querer realizar uma greve de massas de modo pedante na questão do direito de voto na Prússia, seguindo o padrão belga. Em face dessa greve de massas festivamente anunciada e astutamente preparada, os adversários se preparariam ainda melhor do que nós, e eles muito provavelmente nos deixariam permanecer em greve durante o tempo que quiséssemos. Exatamente como na Bélgica, só restaria conseguir o primeiro pretexto para interromper a greve e deixar que se admirasse a enorme disciplina com a qual deixaríamos o campo de batalha, sem nada ter realizado. Se, entre nós, o objetivo visado fosse uma greve de massas desse tipo, então certamente seria muito melhor não fazer nada, pois desse jeito apenas se consegue despertar, na massa, esperanças pretensiosas e trabalhar rumo a um desapontamento e desencorajamento inevitáveis. Na luta pelo direito de voto na Prússia não se pode considerar que *qualquer* greve de massas, após dez ou vinte dias de greve paciente, nos traria a vitória, mas, antes, um longo período de lutas encarniçadas e ferozes, com muitas greves de massa de duração e caráter variados, dependendo de cada mudança individual da luta e da situação em geral: greves de protesto e greves de luta, greves políticas e econômicas. Em um período desses vale aproveitar todos os momentos que contribuam ao atiçamento das massas, fazer uso de todos os conflitos sindicais maiores, movimentos de desempregados e similares, ou seja, trata-se de sacudir os escravos mudos, os trabalhadores e empregados dos serviços públicos, para despertar todas as energias da massa, todo o ódio que nela vibra, direcioná-la para o mesmo leito da luta política e elevar ao máximo a impetuosidade da pressão. Uma ação desse tipo, caso queira realizar algo, caso queira jogar todo o verdadeiro poder da massa popular no prato da balança, *precisa* desde o início ter um caráter tempestuoso. E, com isto, já está dado que não se pode adentrar um tal período de luta com um plano de batalha pronto, trabalhado até nos menores detalhes e com um orçamento pronto no bolso, que, nesse caso, não se pode fazer da "legalidade" a preocupação mais importante da direção e da disciplina o *slogan* de campanha da luta. Para uma grande luta política, que deve construir um pedaço da história, não se pode liderar as massas de trabalhadores do mesmo modo que o domador exibe animais selvagens, atrás de grades de ferro, com pistolas e armas de proteção em cada mão. A impetuosidade das massas desorganizadas, nas grandes lutas em geral, é muito menos perigosa do que a inconsistência dos líderes.

Após uma observação mais demorada, o emprego da greve de massas, que apenas pode ser considerado na prática, parece muito menos confortável do que muitos companheiros imaginam. Com meios limitados e uma política duvidosa, uma luta não se deixa manejar desta maneira, e *não se trata da obrigação à "preparação" para "qualquer" greve de massas, mas da preparação de nossa organização tendo em vista as grandes lutas políticas*; não da "educação da classe trabalhadora para a greve de massas", mas da educação da social-democracia para a ofensiva política.

O estado de insatisfação generalizada que tomou conta do nosso partido neste momento também não é um fenômeno novo. Ele é apenas a continuação das dificuldades que já nos haviam sido postas pela política externa: a questão marroquina, a ação internacional contra a guerra. Se, agora, tiramos a conclusão das experiências dos últimos anos até o atual projeto de lei militar, então podemos generalizá-la no seguinte sentido: o período de desenvolvimento imperialista dá golpes cada vez mais fortes na nuca da classe trabalhadora, mas repetidamente nossa ação não se encontra à altura para rebatê-los de maneira correspondente.

Isso também não é surpreendente, e seria enganoso procurar o verdadeiro "culpado" desse estado. No fundo nosso aparelho organizativo, bem como nossa tática partidária são, há vinte anos, desde a queda da legislação socialista, moldados com vistas a uma tarefa principal: as eleições parlamentares e a luta parlamentar. Nisso fizemos o máximo, e nisso é que crescemos. Mas a nova época do imperialismo nos coloca cada vez mais em face de novas tarefas, que não são passíveis de enfrentamento apenas com o parlamentarismo, com o antigo aparelho e com a antiga rotina. Nosso partido precisa aprender a dar andamento às ações de massa nas situações correspondentes e a guiá-las. Que ele ainda não entenda isso, que as medidas anteriores em termos de direção falhem em momentos importantes, mostra-o de maneira protótipica a ação interrompida pela metade durante a luta pelo direito de voto na Prússia, graças à qual nos encontramos hoje, apesar de todas as promessas vãs, como há três anos, na mesma época. A mesma incapacidade mostram, atualmente, também as manifestações em nossas fileiras, que querem partir para "a greve de massas" como para uma parada militar, que querem empregar às grandes lutas históricas de massa o mesmo inventário em termos de disciplina, direção, cautela e atenção que já foi comprovado de maneira tão acurada em eleições para a justiça do trabalho [*Gewerbegerichtswahlen*], para os conselhos locais e para o parlamento imperial.

O que, por exemplo, deve-se dizer quando nos é explicado: nós não podemos assumir a responsabilidade por passos tão significativos quanto uma greve de massas política na Alemanha enquanto não pudermos, com toda a certeza, contar com a vitória. Esse ponto de vista soa extremamente inteligente, mas é, na verdade, justamente o oposto da sabedoria política. Deixamos de levar em conta que, em geral, é um pobre capitão aquele que parte para a batalha só quando tem a vitória no bolso. Se os combatentes revolucionários se tivessem deixado guiar desde sempre por máximas desse tipo, não haveria revoluções nem vitórias na história. Mas, em especial, uma estratégia dessas peca contra as leis históricas fundamentais da luta de classes proletária. O proletariado não pode juntar suas forças e aumentar seu poder para a vitória decisiva, a não ser quando se põe à prova na luta, através de derrotas e de todo tipo de vicissitudes que uma luta traz consigo. Uma luta grande e disputada, independentemente de terminar em vitória ou derrota, em pouco tempo realiza mais em termos de esclarecimento de classe e experiência histórica do que milhares de textos de propaganda e assembleias em tempos de calmaria. E aqueles que apenas querem partir para a luta com todas as garantias da vitória, deveriam memorizar as conhecidas palavras de Marx no *Dezoito Brumário*:

> Revoluções proletárias [...] assim como as do século XIX, continuamente criticam a si próprias, repetidamente se interrompem em seu próprio andamento, parecem voltar ao que já tinha sido realizado, para recomeçá-lo, debocham atroz e exaustivamente [*grausam-gründlich*] das meias verdades, fraquezas e pobrezas de suas primeiras tentativas, parecem apenas rebaixar o seu adversário, para que ele sugue novas forças da terra e se levante outra vez perante elas, sempre voltam a recuar diante da monstruosidade indeterminada de seus próprios fins, até que esteja criada a situação que torne qualquer retorno impossível, e as próprias relações gritam:
> Hic Rhodus, hic salta!
> Hier ist die Rose, hier tanze![5]

Essa permaneceu a lei da luta de classes proletária, mesmo após a social-democracia ter assumido sua liderança. Por isso não vale para ela, cuja vocação é liderar as massas, a preocupação de vislumbrar vitórias certas, mas o mandamento elementar de um partido revolucionário: mil vezes pior do que uma derrota é desviar-se por muito tempo da luta, ali onde ela se tornou inevitável.

---

5   Marx, *Der achtzehnte Brumaire des Louis Bonaparte*. In: Marx; Engels, *Werke*, v.8, p.118. [Do latim e do alemão: "Aqui está Rodes, salte aqui! Aqui está rosa, dance aqui!" – N.E.]

Desempregado![1]

O ano que se aproxima do fim, que começou com um período de terrível desemprego para a classe trabalhadora alemã, é também um ano de jubileu na história de sofrimento e luta do proletariado europeu. Há exatamente meio século, no ano de 1863, a famosa crise na Inglaterra, chamada de Fome do Algodão, alcançava o ápice. Duzentos e cinquenta mil homens e mulheres completamente sem trabalho; mais de 1,5 milhão eram empregados apenas por alguns dias da semana em troca de míseros centavos; meio milhão de pessoas dependentes do amparo público – sob o brilho ofuscante dessa miséria de massas é que se deveria mostrar, pela primeira vez de maneira evidente, o que a sociedade existente estaria, no melhor dos casos, disposta a fazer em prol das centenas de vítimas de seu sistema e qual era o seu ponto de vista decisivo diante de toda essa miséria. Afinal, foi naquela época – quando os proletários de Lancashire, cansados da fome ociosa, lançaram-se em uma migração de massas

---

1 Título original: *Arbeitslos!*. Publicado originalmente em *Sozialdemokratische Korrespondenz*, n.1 [número de teste], 27 dez. 1913.

para a Austrália – que apareceu aquele manifesto dos fabricantes, no qual os representantes do saco de dinheiro explicavam: sob condição alguma os empregadores poderiam aturar que uma parte de sua "maquinaria" – a saber, as forças vivas do trabalho – deixasse o país. Pois elas seriam novamente necessárias "em um, dois, três anos", quando os negócios voltassem a fluir. "Um, dois, três anos" de fome em massa: esse é o destino periódico da "maquinaria viva" sob a dominação do capitalismo, um destino que aparece como uma lei natural inquebrantável do capital, e que de fato o é, assim como aquele destino de que o capital, apenas por suas preocupações com o lucro, joga peteca com milhões de existências proletárias, e logo as arremessa no fogo do sobretrabalho geral, no inferno do desemprego completo. Esta é a vantagem dos magnatas do algodão de Lancashire: que não tenha surgido nenhum antídoto contra o desemprego como um fenômeno periódico de massas, enquanto as forças de trabalho humanas permanecem, como "maquinaria viva", propriedade privada do capital – mesmo isso tendo sido pronunciado já há meio século com uma franqueza cínica.

Mas eles fizeram ainda mais pelo esclarecimento permanente da classe trabalhadora. Opuseram-se, com unhas e dentes, contra toda e qualquer ação estatal, até mesmo aquelas que serviriam apenas para o alívio do sofrimento de centenas de milhares, e insistiam que os desempregados, em vez de terem o apoio de medidas generosas, recebessem, no máximo, humilhantes esmolas opressoras. Com isso, estava criado, há cinquenta anos, o programa pelo qual, desde então, os Estados capitalistas abordam o problema do desemprego.

Hoje estamos novamente no começo de uma daquelas crises periódicas que castiga a sociedade com a pontualidade de um mecanismo de relógio. Há apenas quinze anos foi anunciado que o ciclo de crises decenal de Marx seria um ponto de vista ultrapassado dos anos brutos do capitalismo, e que as catástrofes econômicas tornar-se-iam cada vez mais brandas e, logo, parte do reino das histórias de ninar. Diante dessa profecia, uma resposta imediata! Nos anos de 1900-1902, aconteceu o primeiro batizado de crise do novo século; após breves cinco anos, no período 1907-1909, a segunda crise mundial; e agora, após menos de quatro anos, estamos em meio à primeira onda de uma terceira crise.

Mas a realidade ainda superou todo o pessimismo de Marx em outro sentido. No século anterior, a crise costumava alternar-se com a prosperidade, não apenas para os capitalistas, mas também para os trabalhadores. Remunerações elevadas durante os tempos de bons negócios, preços de alimentos baixos durante a crise: esses eram os dois momentos de alívio para a massa proletária nessa oscilação abrupta. Em sua principal obra, Marx ainda nomeia as remunerações universalmente elevadas como as regulares "procelárias da crise". Desde o início do novo século, as "procelárias" somem e o mal da crise cai sobre as massas, sem que, durante o período de prosperidade, elas tivessem estado em condições de alcançar ao menos o degrau de um mínimo de bem-estar. Inversamente, o constante encarecimento, que pressiona o progresso material dos trabalhadores, construído durante a boa situação dos negócios, torna-se o flagelo que eleva a gravidade do desemprego até a amarga miséria das massas. Hoje, os capitalistas acumulam quantidades de ouro cada vez maiores em cada período de ascensão, enquanto os trabalhadores apenas se alternam entre a fome crônica do sobretrabalho e a fome aguda do desemprego. A oposição entre o capital e o trabalho é, assim, elevada ao máximo; o fardo do capital torna-se insuportável. Desencorajamento, desespero e, por fim, a renúncia ao respeito a si próprio e à honra, como se expressam exatamente no inchaço do movimento amarelo [*Gelben-Bewegung*], tomam conta hoje de círculos mais amplos de trabalhadores.

Contra essa tendência opressora, temos apenas um meio eficaz: o revolucionamento socialista dos espíritos. De fato, com ideais revolucionários não conseguimos satisfazer os famintos. Seríamos charlatões, porém, sem merecer a confiança das massas, se quiséssemos iludir os famintos com a menor esperança, como se tivéssemos em nossos bolsos uma poção mágica contra a fome, crônica ou aguda, das massas no presente período do desenvolvimento capitalista. Seríamos igualmente curandeiros torpes e cruéis se quiséssemos seriamente convencer os proletários esfomeados de que todos os nossos projetos e reivindicações, em vista de amenizar o sofrimento dos desempregados, encontrariam algo além de um dar de ombros debochante junto às classes dominantes da exaltação imperialista. Isso seria ainda mais imperdoável dado que meio século antes, em Lancashire, havia sido explicado, com todas as palavras, que às vítimas da crise capitalista estaria reservada por Deus e pela natureza apenas uma coisa: aguardar passando fome durante "um, dois, três anos" até que o capital voltasse a necessitar de sua "maquinaria viva".

Com ideais revolucionários não se pode satisfazer alguém faminto, mas pode-se incutir nele a crença no futuro e, assim, a coragem e o respeito a si próprio; pode-se fazer despertar nele a energia espiritual que lhe dá superioridade interna e o torna insensível aos sofrimentos físicos mais fortes. O proletário que passa fome é, dependendo do caso, capaz da maior derrocada espiritual ou, também, do maior heroísmo revolucionário. Na Revolução de Fevereiro de 1848, o proletariado parisiense, que sofria terrivelmente sob o desemprego, acolheu de forma voluntária três meses de fome sobre si, a fim de conceder um prazo ao governo provisório para a introdução da "república social". Foi a crença mais forte em seu ideal socialista, que ensinou às massas parisienses vegetar durante meses com coragem, paciência e honra e, por fim, a lutar e morrer nas barricadas por esse ideal. Na crise inglesa do algodão, centenas de milhares de famintos orgulhosamente desprezaram realizar o trabalho forçado [Zwangsarbeit] em casas de trabalho: exigiram que se lhes abrissem as escolas e as bibliotecas durante os tempos de crise, para que pudessem utilizar o ócio que lhes fora imposto para a formação de seu espírito. Deram suas condições e as impuseram por meio de ameaças e violência; nem por um momento sequer abriram mão de sua honra de classe. O que os fortalecia a suportar o sofrimento mais extremo com coragem e indiferença era o progresso espiritual, a energia de luta, que na véspera da fundação da Internacional atravessava a classe trabalhadora inglesa. E, na Revolução Russa, o idealismo de massas realizou milagres em termos de sacrifício e coragem de luta, único meio capaz de levar o proletariado, antes, durante e após a revolução, através do mar de sofrimento do desemprego, da fome e das perseguições.

Também agora na Alemanha, por fim, os estragos do desemprego podem apenas ser enfrentados pelo desdobramento de uma agitação de massas que apele ao que há de melhor no proletário moderno: ao seu idealismo revolucionário inesgotável; que desperte o que há de mais forte nele: o desejo pela ação e a crença em seu próprio poder. O desencorajamento das massas e o dilúvio de lama do movimento amarelo, essa autorrenúncia do proletariado apenas cederá diante de uma maré inflamada de agitação socialista, que seja capaz de elevar o proletário que hoje vegeta para além de si próprio, ao colocar suas tarefas revolucionárias ao seu alcance imediato, ao tornar claro para as massas que elas precisam aceitar os maiores sacrifícios pessoais da luta de maneira alegre e despreocupada, para, por meio de ações audaciosas, acelerar o colapso de um sistema que, em prol do lucro capitalista, periodicamente lhes impõe as privações mais terríveis.

Discurso de defesa em 20 de fevereiro de 1914 perante a Câmara Penal de Frankfurt[1]

Segundo um relato de jornal

Os meus defensores iluminaram suficientemente as características factuais da acusação do ponto de vista jurídico com vistas à sua nulidade. Eu quero, por isso, iluminar a acusação de um outro lado. Tanto na exposição oral do senhor promotor como em sua acusação

---

1   Título original (atribuído pela redação do *Vorwärts*): *Verteidigungsrede am 20. Februar 1914 vor der Frankfurter Strafkammer*. Publicado originalmente em *Vorwärts*, n.52, 22 fev. 1914. Em 20 de fevereiro de 1914, diante da 2ª Câmara Penal da Justiça Estadual de Frankfurt (Main), foi movido um processo contra Rosa Luxemburgo, pois ela, em duas reuniões – em Fechenheim, no dia 25 de setembro de 1913, e em Bockenheim, no dia seguinte – havia conclamado para a luta contra a ameaça de guerra e convocado os trabalhadores, no caso de uma guerra, a não atirar em seus irmãos de classe na França e em outros países. Rosa Luxemburgo foi condenada a um ano de prisão. Contra a decisão ocorreram ações de protesto em muitas cidades da Alemanha durante fevereiro e março de 1914.

escrita, não é apenas o teor das manifestações incriminadoras de minha parte que desempenha um grande papel, mas, antes, a interpretação e a tendência que estariam contidas nessas palavras. Repetidamente e com a maior ênfase, o senhor promotor destaca aquilo que, de acordo com o seu entendimento, eu sabia e queria quando me manifestava naquelas reuniões. Bom, sobre esses elementos psicológicos internos do meu discurso, sobre minha consciência, ninguém além de mim tem maiores condições e competência de prestar contas em toda sua completude e minúcia.

E quero observar de antemão que darei de bom grado uma explicação completa ao senhor promotor e aos senhores, caros senhores juízes. Para adiantar o principal, gostaria de explicar que aquilo que o senhor promotor aqui narrou, apoiado nas declarações de suas testemunhas-chave,[2] como meus pensamentos, minhas intenções e meus sentimentos, nada foi além de uma imagem distorcida, ordinária, superficial, tanto dos meus discursos quanto de como era o modo de agitação social-democrata em geral. Enquanto eu ouvia as exposições do promotor, tinha de rir por dentro e pensar: aqui temos, novamente, um exemplo clássico de quão pouco a educação formal é suficiente para compreender os pensamentos social-democratas, o nosso mundo de ideias em toda sua complexidade, sutilezas científicas e profundidade histórica, quando o pertencimento social de classe encontra-se obstruindo essas condições. Se os senhores, meus senhores juízes, tivessem perguntado ao trabalhador menos formado, o mais simples daqueles milhares que acompanhavam minhas reuniões, ele lhes teria dado uma imagem totalmente diferente, uma impressão totalmente diferente de minhas exposições. Sim, os homens e as mulheres simples do povo trabalhador encontram-se em condições de acolher em si nosso mundo de ideias, que, no cérebro de um promotor prussiano são refletidos como uma imagem distor-

---

[2] Testemunhas-chave do promotor eram um certo Henrici, em cuja denúncia foi baseado o processo aberto contra Rosa Luxemburgo, e jornalistas burgueses, que haviam tomado parte da reunião em Fechenheim.

cida em um espelho torto. Eu quero agora comprovar isso amplamente em alguns pontos.

O senhor promotor repetiu diversas vezes que eu, ainda antes de ter pronunciado aquela manifestação incriminadora que teria constituído o ponto alto de meu discurso, teria "incitado desmesuradamente" meus milhares de ouvintes. Diante disso, afirmo: senhor promotor, nós, social-democratas, não incitamos! Pois o que quer dizer "incitar"? Por acaso eu teria tentado incutir nos ali reunidos: quando vocês, como alemães na guerra, chegarem a um país inimigo, por exemplo à China, então destruam tudo de maneira que nenhum chinês, após cem anos, ouse olhar torto para um alemão?[3] Se eu tivesse falado dessa maneira seria, de fato, um incitamento. Ou será que eu tentei enervar a arrogância nacional, o chauvinismo, o desprezo e o ódio pelas outras raças e povos nas massas ali reunidas? Isso teria, de fato, sido um incitamento.

Mas eu não falei dessa maneira, e nunca um social-democrata estudado fala assim. O que eu fiz naquelas reuniões em Frankfurt, e o que nós social-democratas sempre fazemos na palavra e na escrita é: disseminar o esclarecimento, promover a consciência das massas trabalhadoras acerca de seus interesses de classe e de suas tarefas históricas, indicar-lhes as grandes linhas do desenvolvimento histórico, as tendências das transformações sociais, políticas e econômicas, que são levadas a cabo no seio de nossa sociedade atual, que com indeclinável precisão levam a que, em um determinado ponto do desenvolvimento, a ordem social vigente seja liquidada e em seu lugar precise ser colocada a ordem social superior, socialista. Assim é que nós agitamos, assim é que nós, por meio da nobre atuação da perspectiva histórica, sobre cujo terreno nos colocamos, elevamos também a vida moral das massas. A partir dos mesmos grandes pontos de vista é que nós – pois em nós, social-democratas, tudo converge para uma visão de mun-

---

[3] Em 27 de julho de 1900 Guilherme II fez um discurso chauvinista em Bremerhaven às tropas da expedição chinesa (Discurso dos hunos), exortando-as a lidar brutalmente com as lutas de libertação chinesas.

do cientificamente fundada, fechada, harmônica – levamos a nossa agitação também contra a guerra e o militarismo. E quando o senhor promotor, com as suas lamentáveis testemunhas-chave, entende tudo isso como um simples trabalho de incitamento, então a crueza e a simplificação desse entendimento consiste, apenas e unicamente, na incapacidade do promotor em pensar em termos social-democratas.

Além disso, o senhor promotor diversas vezes trouxe à baila minhas supostas instruções no que se refere ao "assassinato dos chefes". Essas instruções ocultas, mas a todos compreensíveis, quanto à morte dos oficiais, devem desvendar especialmente a minha alma escura e o elevado perigo de minhas intenções. Bom, eu lhes peço que, por um momento, suponham a exatidão das manifestações que me foram atribuídas e então, ao pensar mais um pouco, os senhores teriam de dizer que, aqui, o promotor na verdade – no esforço louvável, de me pintar da maneira mais escura possível – fugiu totalmente ao seu papel. Pois quando e contra qual "chefe" teria eu pedido o assassinato? A própria acusação afirma que eu teria defendido a introdução do sistema de milícias na Alemanha, que eu teria, nesse sistema, assinalado como essencial que às equipes fosse – como acontece na Suíça – dada uma arma portátil para ser levada para casa. E a isso – veja-se bem: a isso – eu teria acrescido a instrução de que as armas também poderiam, alguma vez, disparar numa direção diferente daquela preferida pelos dominantes. Está, portanto, claro: o senhor promotor me culpa, não de ter incitado à morte contra os chefes do atual sistema militar alemão, mas – contra os chefes do futuro sistema alemão de milícias! A nossa propaganda do sistema de milícias é combatida ao máximo, e justamente na acusação é jogada contra mim como um delito. E, ao mesmo tempo, o promotor se vê obrigado a tomar para si a defesa das vidas ameaçadas dos oficiais pertencentes a esse sistema de milícia reprovado. Mais um passo, e o senhor promotor irá, no calor da batalha, levantar contra mim a acusação de que eu teria incitado a atentados contra o presidente da futura república alemã!

O que eu, na verdade, realizei em relação ao assim chamado "assassinato dos chefes"? Algo totalmente diferente! Em meu discurso eu havia exposto que o militarismo atual costuma ser justificado por seus defensores oficiais com o chavão da necessária defesa da pátria. Se esse interesse pátrio tivesse uma base sincera e honesta, então – assim o expus – as classes dominantes nada mais precisariam fazer, além de implementar a antiga reivindicação do programa da social-democracia, o sistema de milícias. Pois apenas esse seria a garantia certa para a defesa da pátria, dado que apenas o povo livre, que adentra o campo de batalha contra o inimigo por decisão própria, constitui uma muralha suficiente e confiável para a liberdade e a independência da pátria. Apenas então é que se poderia dizer: pátria amada, acalme-se! Por que então, assim pergunto, os defensores oficiais da pátria nada querem ouvir desse único sistema de defesa eficaz? Apenas porque nem em primeiro nem em segundo lugar o que lhes importa é a defesa da pátria, mas, antes, guerras imperialistas de conquista, para as quais, de fato, a milícia de nada serve. E, além disso, as classes dominantes também tentam evitar que se coloquem as armas nas mãos do povo trabalhador, pois a má consciência social dos exploradores faz que temam que a arma também possa disparar em uma direção que não é cara aos dominantes.

Ou seja, o que eu formulei como o temor das classes dominantes, agora me é imputado, por parte do promotor, com base na palavra de suas torpes testemunhas-chave, como meu próprio pedido! Aqui, os senhores têm, novamente, a prova para a confusão causada em seu cérebro pela incapacidade absoluta em seguir o pensamento da social-democracia.

Do mesmo modo, está fundamentalmente errada a afirmação da acusação de que eu teria recomendado o exemplo holandês, de acordo com o qual o soldado, no Exército colonial, teria liberdade de liquidar um chefe que o maltrata. Na verdade, naquela ocasião eu falava, no contexto do militarismo e dos maus-tratos aos soldados, de nosso líder inesquecível, Bebel, e expunha que um dos capítulos mais importantes de sua obra de vida fora a luta no Reichstag contra os difamadores dos soldados; e, para ilustrar, citei diversos discursos de Bebel do relatório estenografado das sessões do Reichstag – e essas são, até onde sei, legalmente autorizadas – entre outros, também aquelas exposições do ano de 1893 sobre o costume no Exército colonial holandês.[4] Vejam os senhores, também aqui o senhor promotor se atropelou em seu entusiasmo: ele deveria, em todo caso, ter levantado sua acusação não contra mim, mas contra algum outro.

Chego, porém, ao aspecto central da acusação. O senhor promotor dirige seu ataque principal – a afirmação de que eu teria, na manifestação incriminadora, exortado os soldados, em caso de guerra, contra o comando, a não atirar no inimigo – a partir de uma dedução que, evidentemente, parece ter força comprovadora irrefutável e conter uma lógica imperiosa. Ele faz a seguinte ilação: como eu fazia agitação contra o militarismo, uma vez que queria impedir a guerra, então eu, aparentemente, não teria nenhum outro caminho, nenhum outro meio eficaz em vista a não ser me dirigir diretamente aos soldados: se vocês receberem o comando de atirar – não atirem! Não é mesmo, senhores juízes, que conclusão convincente, sumária, que lógica irresistível! Ainda assim, permitam-me explicá-la aos senhores: essa lógica e essa conclusão decorrem do entendimento do senhor promotor, não do meu, não daquele da social-democracia. Aqui, eu lhes peço uma atenção especial. Eu afirmo: a conclusão de que o único meio eficaz para impedir a guerra consistiria em dirigir-se diretamente aos soldados, e convocá-los a não atirar – essa conclusão é apenas o outro lado daquele entendimento de acordo com o qual, enquanto o soldado segue o comando de seus superiores tudo no Estado está em ordem, de acordo com o qual – para dizê--lo de maneira breve – seria a obediência cega do soldado o fundamento do poder estatal e do militarismo. Esse entendimento do senhor promotor também encontra um complemento harmônico, por exemplo, naquela manifestação do chefe superior do Exército,

---

4   Em 10 de março de 1893, August Bebel, no Reichstag, havia atacado os maus-tratos desumanos sofridos pelos soldados no Exército prussiano-alemão, fazendo referência a uma regra do Exército colonial holandês, de acordo com a qual um suboficial, caso maltratasse os soldados da maneira como acontecia no Exército alemão, poderia ser morto pelos seus subordinados sem que esses pudessem ser punidos.

oficialmente publicada, de acordo com a qual o *Kaiser*, ao receber o rei dos helenos em Potsdam, no dia 6 de novembro do ano passado, disse que o sucesso dos Exércitos gregos provaria que, "quando corretamente empregados, os princípios cultivados pelos nossos generais e pelas nossas tropas sempre traria a vitória". Os generais com os seus "princípios" e o soldado na obediência cega – esses são os fundamentos da condução da guerra e a fiança da vitória. Agora, nós, social-democratas, não partilhamos desse entendimento. Antes, pelo contrário, nós pensamos que sobre a constituição e a conclusão da guerra não decidem apenas o Exército, os "comandos" de cima e a "obediência" cega de baixo, mas que sobre isso decide e deve decidir a grande massa do povo trabalhador. Temos o entendimento de que guerras devem ser realizadas apenas na medida em que, e pelo tempo durante o qual, a massa popular trabalhadora participa de maneira entusiástica, por considerá-la uma coisa justa e necessária, ou ao menos a sustente de maneira paciente. Quando, no entanto, a grande maioria do povo trabalhador se convence – e despertar nele esse convencimento, essa consciência, é justamente a tarefa que nós, social-democratas, nos colocamos –, quando, digo, a maioria do povo estiver convencida de que as guerras são um fenômeno bárbaro, profundamente imoral, reacionário e inimigo do povo, então as guerras se tornam impossíveis – e isso, ainda que o soldado, em um primeiro momento, continue obedecendo aos comandos superiores! De acordo com o entendimento do promotor, o Exército é o partido beligerante; de acordo com o nosso entendimento, ele é o povo como um todo. A esse é que cabe decidir se as guerras ocorrem ou não; a decisão sobre o ser ou não ser do militarismo atual encontra-se com a massa trabalhadora dos homens e das mulheres – não com a pequena parte do povo metida num uniforme.

E quando expliquei isso, tenho ao mesmo tempo em mãos um testemunho clássico de que, de fato, esse é o meu, é o nosso entendimento.

Por obra do acaso eu me encontro na condição de responder, com um discurso de Frankfurt meu, à pergunta do promotor de Frankfurt: a quem eu me referia, quando dizia, "nós não fazemos isto". Em 17 de abril de 1910 falei aqui, no Circo Schumann, diante de cerca de 6 mil pessoas,[5] sobre a luta pelo direito de voto na Prússia – como os senhores sabem, naquele momento eram altas as ondas de nossa luta –, e, no relatório estenografado daquele discurso, encontro, na página 10, a seguinte passagem:

> Senhores e senhoras, eu digo: na presente luta pelo direito de voto, assim como em todas as questões políticas importantes do progresso na Alemanha, ainda dependemos apenas de nós mesmos. Mas quem somos "nós"? "Nós" somos os milhões de proletários e proletárias da Prússia e da Alemanha. Sim, nós somos mais do que um número. Nós somos aqueles milhões, de cujo trabalho e de cujas mãos vive a sociedade. E basta que esse simples fato crie raízes na consciência das massas mais amplas do proletariado alemão para que chegue o momento em que será mostrado, à reação dominante na Prússia, que o mundo pode arranjar-se sem os *junkers* do leste do Elba e sem os condes do Zentrum, sem os conselhos e, em caso de necessidade, também sem os seguranças [*Schutzleute*], mas que ele não é capaz de existir 24 horas caso os trabalhadores cruzem os braços.[6]

Vejam os senhores, aqui eu falo claramente, onde nós enxergamos o centro de gravidade da vida política e das competências do Estado: na consciência, na vontade claramente formada, na determinação da grande massa trabalhadora. E, do mesmo modo, retomamos a questão do militarismo. Quando a classe trabalhadora chegar ao conhecimento e à conclusão de não mais permitir as guerras, então as guerras vão tornar-se impossíveis.

Mas eu possuo ainda mais provas de que entendemos assim, e não de outro modo, a agitação antimilitarista.[7] Aliás, preciso mesmo surpreender-me: o senhor promotor se dá um grande trabalho para

---

5 Na fonte: no Hipódromo, perante cerca de 9 mil pessoas.
6 Luxemburgo, Der preußische Wahlrechtskampf und seine Lehren [A luta pelo direito de voto na Prússia e os seus ensinamentos]. In: *Gesammelte Werke*, v.2, p.323.
7 Na fonte: militarista.

destilar, a partir de minhas palavras, por meio de apontamentos, suposições, deduções arbitrárias, de que modo eu teria podido tencionar agir contra a guerra. E, nisso, as provas estavam à sua frente, em toda sua plenitude e exuberância. Nós não praticamos nossas agitações antimilitaristas no escuro secreto, no encoberto, nada disso, e sim na mais clara luz da esfera pública. Há décadas a nossa luta contra o militarismo constitui um objeto principal de nossa agitação. Já desde a antiga Internacional constitui o objeto de discussões e decisões de quase todos os congressos, bem como das convenções partidárias alemãs. Aqui, o senhor promotor apenas precisaria abarcar toda a vida humana e, onde o tivesse feito, ela seria interessante. Infelizmente não posso estender todo o abrangente material aqui, diante dos senhores. Mas deixem-me, ao menos, apresentar o mais importante.

O Congresso de Bruxelas da Internacional, no ano de 1868, apontou na ocasião medidas práticas para o impedimento da guerra. Entre outros aspectos, ele afirma em sua resolução:

> que os povos já podem, hoje, reduzir o número de guerras, ao colocarem-se contra aqueles que fazem e declaram as guerras;
> que esse direito cabe a todas as classes trabalhadoras, que são chamadas quase sozinhas para o serviço militar e, por isso, podem, por si próprias, dar-lhe uma sanção;
> que, quanto a isso, está à disposição delas um meio eficaz, legal e imediatamente realizável;
> que a sociedade, de fato, não poderia viver se a produção fosse interrompida por um tempo maior, que, portanto, os produtores apenas precisariam parar com o trabalho para tornar impossível o andamento pessoal dos governos despóticos;
> o Congresso da Associação Internacional dos Trabalhadores em Bruxelas declara que protesta unido da maneira mais enérgica contra a guerra e convida todas as seções das associação nos diferentes países, bem como todas as associações de trabalhadores e organizações de trabalhadores, sem distinção, a agir, com o máximo de entusiasmo, para

impedir uma guerra entre os povos, que, por tratar-se de uma guerra travada entre produtores, ou seja, entre irmãos e cidadãos, deveria ser vista como uma guerra civil.

O Congresso recomenda a todos os trabalhadores que em especial deixem o trabalho para o caso de que ecloda uma guerra em seu país.[8]

Passo por cima das outras numerosas resoluções da antiga Internacional e vou, diretamente, para os congressos da nova Internacional. O Congresso de Zurique de 1893 declara:

> A posição dos trabalhadores em face da guerra está claramente designada pela decisão do Congresso de Bruxelas sobre o militarismo. A social-democracia revolucionária internacional deve, em todos os países, com a mobilização de todas as forças, enfrentar os anseios chauvinistas da classe dominante, amarrar de modo cada vez mais forte o laço da solidariedade em torno dos trabalhadores de todos os países e trabalhar, de modo incessante, pela liquidação do capitalismo, que dividiu a humanidade em dois Exércitos inimigos e instiga os povos uns contra os outros. Com a superação da dominação de classe, também a guerra desaparece. A derrubada do capitalismo é a paz mundial.

O Congresso de Londres de 1896 reivindica:

> Apenas a classe trabalhadora pode seriamente ter a vontade e conquistar para si o poder de criar a paz mundial.

> Por isso, ela reivindica:

1º A abolição simultânea dos Exércitos permanentes em todos os Estados e a introdução do armamento do povo.

---

[8] Primeiro anexo ao Boletim Periódico do Internationalen Socialistischen Bureau [Escritório Internacional Socialista], n.9, Brüssel, p.2.

2º A instituição de um tribunal arbitral internacional, cujas decisões tenham força de lei.

3º Uma decisão definitiva sobre a guerra ou a paz diretamente através do povo, para o caso de os governos não aceitarem a decisão do tribunal arbitral.

O Congresso de Paris de 1900 recomenda especialmente como um meio prático da luta contra o militarismo: "que os partidos socialistas em todo lugar empreendam e exerçam com o maior entusiasmo a educação e a organização da juventude para o fim do combate ao militarismo".

Permitam-me os senhores citar outra importante passagem da resolução do Congresso de Stuttgart de 1907, em que toda uma série de ações práticas da social-democracia na luta contra a guerra está resumida de maneira muito plástica. Aqui se afirma:

> De fato, desde o Congresso Internacional em Bruxelas, em sua incansável luta contra o militarismo por meio da recusa dos meios de armamento em terra e no mar, por meio dos anseios em democratizar a organização militar, o proletariado recorreu, com ênfase e sucesso crescentes, às mais diversas formas de ação para impedir o início de guerras ou para lhes dar um fim, bem como para aproveitar o abalamento da sociedade trazido pela guerra com vistas à libertação da classe trabalhadora: assim temos, nomeadamente, a comunicação dos sindicatos ingleses e franceses após o *Faschodafalle*,[9] para a garantia da paz e a restauração de relações amigáveis entre a Inglaterra e a França; a ação dos partidos socialistas nos parlamentos alemão e francês durante a crise do Marrocos; as proclamações, que eram realizadas com os mesmos fins pelos socialistas franceses e alemães; a ação conjunta dos socialistas da Áustria e da Itália, que se reuniram em Trieste para evitar um conflito entre ambos os Estados; além disso, a intervenção

---

9 Durante um conflito entre e a França e a Grã-Bretanha pela propriedade do Sudão havia-se chegado a um confronto nos anos de 1898-1899 em Faschoda, que levou ambos os países à beira da guerra. Devido a desistência formal da França na troca por áreas do Saara, o conflito foi deixado de lado.

enfática dos trabalhadores da Suécia para impedir um ataque à Noruega; finalmente, os sacrifícios heróicos e as lutas de massas dos trabalhadores socialistas e dos agricultores da Rússia e da Polônia, para se contraporem à guerra desencadeada pelo tsarismo, dar-lhe um fim e aproveitar a crise para a libertação do país e das classes trabalhadoras.

Todos esses anseios dão mostras do poder crescente do proletariado e de seu ímpeto crescente, de garantir a manutenção da paz por meio de intervenções decididas.[10]

E agora eu pergunto: meus senhores, os senhores consideram que em todas essas resoluções e decisões se encontre ao menos um pedido que aponte na direção de que nos postaríamos de frente para os soldados e gritaríamos para eles: não atirem?! E por quê? Talvez porque tememos as consequências de uma agitação desse tipo, tememos parágrafos punitivos? Ah, seríamos verdadeiros moleques se, temendo as consequências, deixássemos de fazer o que reconhecemos como necessário e benéfico. Não, deixamos de fazê-lo, pois dizemos a nós mesmos: aqueles que estão metidos num uniforme são apenas uma parte do povo trabalhador, e se esse atingir o conhecimento necessário no que se refere ao lado condenável e antipatriótico [*Volksfeindliche*] das guerras, então também os soldados saberão, por si próprios, sem o nosso pedido, o que devem fazer nesse caso.

Os senhores podem ver que nossa agitação contra o militarismo não é tão pobre e simplista quanto o senhor promotor imagina. Temos muitos e variegados meios de influência: educação dos jovens – e a praticamos com entusiasmo e com sucesso contínuo, apesar de todas as dificuldades que são colocadas em nosso caminho –, propaganda do sistema de milícias, reuniões de massa, manifestações de rua...[11]

---

10 Primeiro anexo ao Boletim Periódico do *Internationales Sozialistisches Büro* [Escritório Internacional Socialista], n.9, p.6-7. – O texto que foi publicado de acordo com esse órgão oficial do Bureau Socialista Internacional difere do conteúdo até hoje mais frequentemente reproduzido da resolução de Stuttgart, que se apoia sobre o relatório alemão não autorizado pelo ISB sobre o Congresso Internacional Socialista de Stuttgart, em 1907.
11 Reticências na fonte.

Por fim, olhem os senhores para a Itália! Como os trabalhadores conscientes de sua classe responderam, lá, à aventura da guerra tripolitana? Com uma greve de protesto de massa, que foi levada a cabo da maneira mais brilhante. E como reagiu, diante disso, a social-democracia alemã?

Em 12 de novembro de 1911 os trabalhadores de Berlim aceitaram, em doze reuniões, uma resolução em que agradeciam aos companheiros italianos pela greve de massas.

Sim, a greve de massas!, diz o promotor. Justamente aqui ele acredita ter me apanhado em minhas intenções mais perigosas, mais abaladoras do Estado. O promotor, hoje, apoia sua acusação em especial sobre as insinuações quanto à minha agitação de greves de massas, às quais ele liga as perspectivas mais terríveis de uma derrubada violenta, como ela apenas existe na fantasia de um promotor prussiano. Senhor promotor, se eu pudesse pressupor, no senhor, a menor capacidade de examinar os pensamentos da social-democracia, um entendimento histórico mais fino, então eu lhe apresentaria o que exponho com sucesso em toda reunião, que as greves de massas, como um período determinado do desenvolvimento da situação atual, não são "feitas", assim como as revoluções não são "feitas". As greves de massas são uma etapa da luta de classes, à qual, de fato, o nosso desenvolvimento atual leva como uma necessidade natural. Todo o nosso papel, da social-democracia, para com elas, consiste em trazer essa tendência de desenvolvimento à consciência da classe trabalhadora, para que os trabalhadores estejam à altura de sua tarefa como uma massa popular formada, disciplinada, madura, decidida e ativa.

Os senhores veem, também aqui o promotor, quando apresenta o fantasma da greve de massas em sua acusação, do modo como ele o entende, novamente quer me punir por seus pensamentos, e não pelos meus.

Quero terminar aqui. Apenas gostaria de fazer mais uma observação.

O senhor promotor dedicou, em suas exposições, bastante atenção à minha pequena pessoa. Ele me descreveu como o grande perigo para a segurança da ordem estatal, nem sequer perdeu a chance de se rebaixar ao nível da *Kladderadatsch*[12] e me descreveu como a "Rosa vermelha". Sim, ele ousou suspeitar da minha honra pessoal, ao colocar contra mim a suspeita de fuga, caso a solicitação penal [*Strafantrag*] seja aprovada.

Senhor promotor, eu abro mão, para minha pessoa, de responder a todos os seus ataques. Uma coisa, porém, gostaria de dizer-lhe: o senhor não conhece a social-democracia! Somente no ano de 1913, muitos de seus colegas trabalharam, com o suor de seu rosto, para aplicar à nossa imprensa uma pena total de sessenta meses de prisão.

[*O relator interrompe*: nós não temos tempo de ouvir grandes discursos políticos. Nós resolvemos o caso jurídica, não politicamente.]

O senhor por acaso ouviu que ao menos um de nossos pecadores tenha decidido empreender a fuga por medo? O senhor acredita que esse monte de sanções terá levado um social-democrata que seja a titubear ou a deixar de cumprir suas obrigações? Ah, não, a nossa obra zomba do fio duplo de seus parágrafos penais, ela cresce e floresce apesar de todos os promotores!

Por fim, apenas mais uma palavra quanto ao ataque desqualificado que pode recair sobre seu autor.

O promotor disse ao pé da letra – eu anotei: ele solicita meu encarceramento imediato, pois "seria incompreensível que a acusada não empreendesse a fuga". Isso quer dizer, em outras palavras: se eu, o promotor, precisasse pagar um ano de pena na cadeia, então eu fugiria. Senhor promotor, eu acredito que *o senhor* fugiria. Um social--democrata não foge. Ele reconhece suas ações e ri de suas penas.

E, agora, os senhores me condenem!

---

12 Revista político-satírica alemã publicada de 1848 a 1944, cujo título é baseado em uma expressão tipicamente berlinense. De orientação nacionalista, apoiava a política de Bismarck. (N. T.).

A proletária[1]

O dia da proletária inaugura a Semana da Social-Democracia.[2] O partido dos deserdados coloca a sua coluna feminina no *front* ao partir para a dura luta pela jornada de oito horas, a fim de espalhar a semente do socialismo sobre novas terras. *E a igualdade de direitos políticos das mulheres é o primeiro mote* que ela levanta, ao se prestar a recrutar novas seguidoras em prol das reivindicações de toda a classe trabalhadora.

Hoje, a proletária assalariada moderna pisa no palco público tanto como a protagonista da classe trabalhadora quanto, ao mesmo tempo, de todo o gênero feminino, a primeira protagonista em milhares de anos.

A mulher do povo teve de trabalhar pesado desde sempre. Na horda bárbara ela carrega o peso, coleta alimentos; no povoado primitivo, planta e mói o cereal, faz panelas; na Antiguidade, como escrava, serve

---

1 Título original: *Die Proletarierin*. Publicado originalmente em *Sozialdemokratische Korrespondenz*, n.27, 5 mar. 1914.
2 No ano de 1914, o Dia Internacional da Mulher, 8 de março, esteve sob o signo da luta pelo direito de voto e pela igualdade de direitos da mulher. Com esse dia da mulher social-democrata, foi inaugurada a "Semana Vermelha" do partido, de 8 a 15 de março de 1914, que serviu à agitação da social-democracia e da sua imprensa. Como resultado, pôde ser registrado um crescimento significativo de membros e um aumento do número de assinantes da imprensa.

os senhores e amamenta os rebentos; na Idade Média, fiava para o senhor feudal. Mas, desde que existe a propriedade privada, na maioria das vezes a mulher do povo trabalha separada da grande oficina da produção social, ou seja, separada também da cultura, encurralada na estreiteza doméstica de uma pobre existência familiar. Foi apenas o capitalismo que a arrancou da sua família e a colocou sob o fardo da produção social, empurrou-a para as lavouras de outrem, para as oficinas, construções, escritórios e lojas. Como mulher burguesa, a mulher é um parasita da sociedade, sua função consiste apenas em auxiliar no consumo dos frutos da exploração; como pequeno-burguesa, ela é o animal de carga da família. É apenas na proletária moderna que a mulher se torna um ser humano, pois é apenas a luta que produz o ser humano, a participação no trabalho cultural, na história da humanidade.

Para a mulher burguesa proprietária, sua casa é o mundo. *Para a proletária, todo o mundo é a sua casa*, o mundo com o seu sofrimento e sua alegria, com sua atrocidade fria e seu tamanho. A proletária vaga com o trabalhador do túnel que liga a Itália à Suíça, acampa em barracas e seca, enquanto cantarola, a roupa dos bebês ao lado de rochas explodindo. Como trabalhadora sazonal do campo, no início do ano, ela encontra-se no barulho das estações de trem, sentada sobre os seus humildes pertences, um lencinho cobrindo o penteado simples e aguarda pacientemente para ser transportada do leste para o oeste. No deque do navio a vapor ela se desloca com as ondas que levam a miséria da crise da Europa para a América, em um amontoado de vozes e idiomas de proletários famintos, para, quando a onda de refluxo de uma crise americana se fizer presente, retornar para a miséria familiar da Europa, para novas esperanças e decepções, para uma nova caça por trabalho e pão.

A *mulher burguesa* não tem nenhum interesse real em direitos políticos pois não exerce uma função econômica na sociedade, uma vez que usufrui dos frutos acabados da dominação de classe. A reivindicação por igualdade de direitos feminina é, onde ela se manifesta nas mulheres burguesas, mera ideologia de alguns grupos fracos, sem raízes materiais, um fantasma da oposição entre a mulher e o homem, uma esquisitice. Por isso, o caráter anedótico do movimento das sufragetes.[3]

A *proletária precisa de direitos políticos*, pois exerce a mesma função econômica que o proletário masculino na sociedade, se sacrifica igualmente para o capital, mantém igualmente o Estado, é igualmente sugada e subjugada por ele. Ela tem os mesmos interesses e, precisa, para sua defesa, das mesmas armas. Suas reivindicações políticas estão profundamente enraizadas no abismo social que separa a classe dos explorados da classe dos exploradores; não na oposição entre o homem e a mulher, mas na oposição entre o capital e o trabalho.

Formalmente, o direito político da mulher insere-se harmonicamente no Estado burguês. O exemplo da Finlândia, dos Estados americanos, de comunidades isoladas, prova que a igualdade de direitos das mulheres ainda não derruba o Estado, não toca na dominação do capital. Mas como o direito político da mulher é, hoje, uma reivindicação de classe puramente proletária, então, para a atual Alemanha capitalista, ele é como o sopro do juízo final. Como a *república*, como a *milícia*, como a *jornada de oito horas*, o *direito de voto das mulheres* apenas pode vencer ou sucumbir junto com toda a luta de classes do proletariado, apenas pode ser defendido com os métodos proletários de luta e os seus meios de poder.

Defensoras burguesas dos direitos das mulheres querem adquirir direitos políticos para então tomarem parte na vida política. A mulher proletária apenas pode seguir o caminho da luta trabalhadora, que, inversamente, conquista cada palmo de poder efetivo para, apenas assim, adquirir os direitos escritos. *No princípio de toda ascensão social era a ação.* As mulheres proletárias precisam fincar pé na vida política por meio de sua participação em todos os domínios, apenas assim é que elas criam um fundamento para os seus direitos. A sociedade dominante lhes recusa o acesso aos templos de seus fóruns deliberativos, mas uma

---

3 Como "sufragetes" ficaram conhecidas, na Grã-Bretanha, em primeiro lugar, as lutadoras pela igualdade política de direitos das mulheres e, também, as seguidoras do movimento de direito de voto das mulheres.

outra potência dessa época lhes escancara as portas – o *Partido Social-Democrata*. Aqui, em fileiras e membros da organização, estende-se diante da mulher proletária um campo incalculável de trabalho político e poder político. Apenas aqui a mulher é um fator no que se refere à igualdade de direitos. Ela é introduzida na oficina da história por meio da social-democracia, e aqui, onde agem forças ciclópicas, ela alcança a igualdade de direitos efetiva, ainda que o direito escrito de uma constituição burguesa lhe seja negado. Aqui, ao lado do homem, a mulher trabalhadora sacode as colunas da ordem social vigente e, antes que esta lhe conceda um direito aparente, ela irá ajudar a pôr em ruínas essa ordem social.

A oficina do futuro necessita de muitas mãos e de bastante fôlego. Um mundo de lamúria feminina aguarda libertação. A mulher do pequeno camponês suspira à beira do colapso sob o fardo da vida. Ali, na África alemã, no deserto do Kalahari, permanecem os ossos de mulheres Hereros indefesas, que foram levadas pelos soldados alemães à pavorosa morte de fome e sede. Do outro lado do oceano, nos altos rochedos de Putumayo, perdem-se, inaudíveis para o mundo, gritos de morte de mulheres indígenas torturadas nas plantações de borracha de capitalistas internacionais.

Proletária, a mais pobre dos pobres, a mais injustiçada dos injustiçados, vá à luta pela libertação do gênero das mulheres e do gênero humano do horror da dominação do capital. A social-democracia concedeu a você um lugar de honra. Corra para o *front*, para a trincheira!

A paz, a Tríplice Aliança e nós[1]

Os acontecimentos forneceram resultados brilhantes à política internacional da social-democracia. Hoje até o cego vê que as corridas armamentistas incessantes e as apostas imperialistas levaram, com necessidade inexorável, ao resultado acerca do qual o partido do proletariado com consciência de classe havia alertado insistente e incansavelmente: à beira do abismo de uma terrível guerra europeia. Hoje até as camadas do povo que se haviam deixado capturar pela propaganda chauvinista do militarismo reconhecem, consternadas, que o processo incessante de armamento não era uma garantia de paz, mas uma semente da guerra, com todo o seu horror. Justamente o grotesco do motivo imediato que amanhã talvez faça as chamas da guerra inflamarem-se em toda a Europa mostra, da maneira mais nítida, como os Estados imperialistas, em sua deriva cega, provocaram a reação de poderes que, num dado momento, crescerão mais que eles e os arrastarão para o turbilhão. Mostra-se, além disso, com toda a

---

1 Título original: *Der Friede, der Dreibund und wir*. Publicado originalmente em *Sozialdemokratische Korrespondenz*, n.85, 18 jul. 1914.

nitidez palpável, o quanto as alianças militaristas – que, de acordo com a mentirosa exposição oficial em que caíam os espíritos ingênuos, deveriam ser os pilares do equilíbrio europeu e da paz – comprovaram ser, pelo contrário, meios mecânicos de arrastar todas as outras potências para um conflito local de dois Estados e, assim, provocar uma guerra mundial. Desta vez a Tríplice Aliança mostrou-se tão inócua para impedir uma investida bélica austríaca como há três anos fora incapaz de deter a Itália diante de sua sangrenta aventura em Trípoli. As obrigações mútuas dos companheiros da aliança não se estendiam suficientemente de modo a conseguir ao menos a participação e o apoio do governo alemão para o ultimato austríaco que deu origem à guerra,[2] o que dizer de alcançar a representação popular. Mas após a provocação arbitrária da guerra por parte da Áustria, transformam-se numa "obrigação" para a Alemanha de também cair de cabeça no mar de sangue assim que o movimento criminoso austríaco tiver atraído o urso russo para o campo de batalha. E, do mesmo modo, o povo francês deve ser arrastado para o matadouro, assim que e pelo fato de o tsarismo russo, açoitado internamente pelas Erínias da revolução e pelas fúrias do imperialismo em sua política externa, procurar a salvação ou a derrocada entre as lanças.

Quando se pergunta, no entanto, se o governo alemão estaria pronto para a guerra, pode-se decerto responder negativamente. Pode-se ainda tranquilamente conceder aos líderes desmiolados da política alemã que neste momento qualquer outra perspectiva lhes aparece sob uma luz mais atraente do que aquela de, em prol da barba dos Habsburgos, assumir todo o horror e todos os riscos da guerra com a Rússia e com a França ou, em última instância, com a Inglaterra. Esse desinteresse pela guerra, porém, longe de ser um elemento apaziguador e venerável aos olhos das massas populares, é antes um motivo a mais

---

2   Em 23 de julho de 1914, a Áustria-Hungria, em conexão com o assassinato do duque Francisco Fernando por nacionalistas sérvios, havia lançado um ultimato exigindo concessões do governo sérvio que significavam uma intromissão contrária ao Direito Internacional em suas questões internas. A recusa desse ultimato foi o pretexto para a Áustria-Hungria desencadear a guerra.

para levar o movimento desses dirigentes irresponsáveis do destino alemão perante o mais rigoroso tribunal das massas populares. Pois o que contribuiu em maior medida para a atual situação de guerra do que o armamentismo descontrolado, os incomensuráveis preparativos militares que, durante os últimos anos na Alemanha, seguiram de imediato uns aos outros? O que, em sua maior parte, desencadeou os apetites imperialistas no sul da Europa, amontoou o material de combustão, acirrou as oposições do que a intervenção frívola da Alemanha no conflito do Marrocos, que foi o que primeiro motivou a pilhagem italiana e, por conseguinte, desencadeou as guerras balcânicas e, por fim, ajudou a preparar a guerra atual? Se aqueles que há anos brincam descuidadamente com o sangue e os bens de milhões sob o fragor bélico dos sabres e mantiveram acesa a fogueira são agora surpreendidos pelas consequências de suas próprias ações, os milhões de proletários em vigília pela paz mundial não têm nenhum sentimento de solidariedade nem de respeito por esses "desejos de paz" do governo alemão, mas apenas um sentimento de raivosa ironia e de profunda frieza. Afinal, na política o que importa não são os sentimentos e os desejos, mas as ações e suas consequências. Entretanto, no que diz respeito à ação efetiva para a preservação da paz na Europa, a tática dos círculos governantes e a tática do proletariado com consciência de classe dividem-se em direções diametralmente opostas.

Neste momento há dois métodos para proteger a paz europeia. Aquele da política oficial – como é defendida também pelo Mosse--liberal no diário *Berliner Tageblatt* – que consiste em afastar a Rússia da intromissão no conflito áustro-sérvio, por meio da perspectiva sólida quanto à fidelidade da Alemanha à Tríplice Aliança e da decisão de, por sua vez, bater imediatamente nas patas do urso russo. Desse ponto de vista, é plausível até mesmo a possibilidade de que se tentará lançar suspeitas sobre a ação da social-democracia alemã contra a guerra, como se ela encorajasse justamente os entusiastas da guerra na Rússia, ao ameaçar paralisar de antemão a ação bélica da Alemanha que poderia ser eventualmente necessária. A esse raciocínio no estilo do *Berliner Tageblatt*, o proletariado só poderia responder friamente que não dá um tostão pelo método de expulsar o diabo de guerra russo por meio do belzebu de guerra alemão. Já o proletariado com consciência de classe conhece outro método de aquecer o inferno do diabo de guerra russo, bem como daquele de sua pátria, muito mais efetivo e mais correspondente à sua posição de classe internacional. E esse método é o de contrapor o decidido desejo de paz das massas populares aos anseios de guerra dos governos. No fundo, é o método empregado desde sempre de maneira tão gloriosa pelo proletariado de São Petersburgo, à sua maneira e de acordo com suas condições. Se agora ainda resta esperança de que o urso russo possa, apesar de tudo, recuar no último momento perante os perigos da aventura bélica, então é única e exclusivamente o belo incêndio da revolução que se inicia na própria casa que pode exercer esse efeito mágico sobre a camarilha dominante junto ao Neva. Se dessa vez ainda for possível preservar a paz na Europa, o continente não deve agradecer à Tríplice Aliança, mas ao heroico proletariado russo e a sua incessante energia revolucionária. E, da mesma forma, a única verdadeira garantia de paz para a Alemanha como para a França consiste em pôr em movimento, sem delongas, o poder latente do proletariado com toda a energia, organizar uma ação de massas tão enfática contra a guerra que os mornos "desejos de paz" dos governos sejam transformados num violento pavor diante das consequências imprevisíveis de uma guerra. Aos governos e às classes dominantes precisa ser mostrado que, hoje em dia, não é mais possível fazer guerras *sem o povo* e *contra o povo*. A eles precisa ser mostrado que os que ousarem promover uma guerra mundial contra o desejo pronunciado das massas populares, seja lá sob qual motivação, arriscam tudo. O proletariado francês acabou de pronunciar, de maneira clara e nítida, no Congresso extraordinário da social-democracia,[3] sua disposição para propagar as mais enfáticas ações de massa. O proletariado alemão, por meio de sua disposição para ações contra a guerra, também precisa ficar a postos com ênfase crescente.

3   O Congresso do Partido Socialista ocorreu de 14 a 16 de julho de 1914, em Paris.

Referências bibliográficas

BADIA, G. Rosa-Luxemburg-Rezeption im 20.Jahrhundert. In: ITO, N.; LASCHITZA, A.; LUBAN, O. (Orgs.). *Rosa Luxemburg im internationalen Diskurs*. Berlin: Dietz, 2002.

BERNHARD. Parteimoral. *Die Zukunft*, Berlin, v.XI, n.15, p.79-81, 1903.

BERNSTEIN, E. *Die Voraussetzungen des Sozialismus und die Aufgaben der Sozialdemokratie*. Stuttgart, 1899. [Ed. bras.: *Socialismo evolucionário*. Rio de Janeiro: Zahar, 1997.]

_____. Zur Frage des ehernen Lohngesetzes. VI. Schlußfolgerungen. *Die Neue Zeit*, Stuttgart, ano 9, Erster Band, p.600-5, 1890-1891.

BORGHT, van der R. *Handwörterbuch der Staatswissenschaft*, Jena, v.I, 1899.

ETTINGER, E. *Rosa Luxemburgo*. Rio de Janeiro: Zahar, 1986.

ENGELS, F. Die Bakunisten an der Arbeit. In: _____; MARX, K. *Werke*, Berlin, v.18, 1969.

_____. Die Bauernfrage in Frankreich und Deutschland. In: _____; MARX, K. *Werke*, Berlin, v.22, p.504, s.d.

_____. Die Lage der arbeitenden Klasse in England. In: _____; MARX, K. *Werke*, Berlin, v.2, 1975. [Ed. bras.: *A situação da classe trabalhadora na Inglaterra*. São Paulo: Boitempo Editorial, 2008.]

ENGELS, F. Herr Eugen Dührings Umwälzung der Wissenschaft [Anti-Dühring]. In: _____; MARX, K. *Werke*, Berlin, v.20, p.264, s.d. [Ed. bras.: *Anti-Dühring*. São Paulo: Paz e Terra, 1990.]

_____. Zur Kritik des sozialdemokratischen Programmentwurfs 1891. In: _____; MARX, K. *Werke*, Berlin, v.22, 1970.

_____; MARX, K. Die heilige Familie oder Kritik der kritischen Kritik. In: _____; MARX, K. *Werke*, Berlin, v.2, 1929. [Ed. bras.: *A sagrada família*. São Paulo: Boitempo Editorial, 2003.]

_____; _____. Manifest der Kommunistischen Partei. In: _____; MARX, K. *Werke*, Berlin, v.4, 1964. [Ed. bras.: *Manifesto do Partido Comunista*. Petrópolis: Vozes, 1988.]

GOETHE, J. W. von. *Goethes Werke im Auftrag der Großherzogin Sophie von Sachsen*. 143 tomos. Weimar: Böhlau, 1896.

GRÜN. *Die soziale Bewegung in Belgien und Frankreich*: Briefe und Studien. Leske, 1845.

HAUG, F. *Rosa Luxemburg und die Kunst der Politik*. Hamburgo: Argument, 2007.

HARVEY, D. *O novo imperialismo*. São Paulo: Loyola, 2004.

HUDIS, P.; ANDERSON, K. B. The Rosa Luxemburg Reader. *Monthly Review Press*, New York, 2004.

IHRER, E. *Die Arbeiterinnen im Klassenkampf* [1898].

KAUTSKY, K. Allerhand Revolutionäres. *Neue Zeit*, Stuttgart, v.XXIII, n.1, s.d.

_____. *Der Weg zur Macht*. Berlin, 1909. p.52-3; 101-2.

_____. Die soziale Revolution. Parte 1: *Sozialreform und soziale Revolution*. Berlin, 1907. S.59 u. 63.

_____. Die Lehren des Bergarbeiterstreiks. *Neue Zeit*, Stuttgart, v.XXIII, p.781, s.d.

_____. Eine neue Strategie. *Die Neue Zeit*, Stuttgart, ano 28, v.2, 1909-1910.

_____. Mein Verrat an der russischen Revolution. *Neue Zeit*, Stuttgart, v.XXIV, n.2, p.856, s.d.

_____. Triebkräfte und Aussichten der russischen Revolution. *Neue Zeit*, Stuttgart, v.XXV, n.1, p.333.

KAUTSKY, K. Was nun? *Die Neue Zeit*, Stuttgart, ano 28, v.2, p.71, 80, 1909-1910.

LASCHITZA, A. Zum gegenwärtigen wissenschaftlichen und öffentlichen Interesse an Rosa Luxemburg in Deutschland. In: ITO, N.; LASCHITZA, A.; LUBAN, O. (Orgs.). *Rosa Luxemburg im internationalen Diskurs*. Berlin: Dietz, 2002.

_____. *Zum Umgang mit Rosa Luxemburg in Vergangenheit und Gegenwart*, BzG, n.4, 1991.

LASSALLE, F. *Die Wissenschaft und die Arbeiter*. Zürich, p.19, 1887. Primeira série: n.219-225, 21-28 set. 1898; segunda série: n.76-80, 4-8 abr. 1899.

LÊNIN, V. *Shag Vperied, Dva Shaga Nazad* (*Krizis v Nashei Partii*), 1904. [Ed. port.: *Um passo à frente, dois passos atrás*. Lisboa: Edições Avante, 1978. Disponível em: http://www.marxists.org/portugues/lenin/1904/passo/index.htm.]

LOUREIRO, I. A recepção de Rosa Luxemburgo no Brasil. In: BRAGA, S. S.; COSTA NETO, P. L. et al. (Orgs.). *Marxismo e Ciência Humanas*: leitura sobre o capitalismo num contexto de crise. Curitiba: UFPR, 2011.

LÖWY, M. Prefácio. In: SCHÜTRUMPF. J. (Org.). *Rosa Luxemburgo ou o preço da liberdade*. Trad. Isabel Loureiro et al. 2.ed. rev. ampl. São Paulo: Fundação Rosa Luxemburgo/Expressão Popular, 2015.

LUXEMBURGO, R. *A acumulação do capital*. São Paulo: Nova Cultural, 1985. Coleção Os Economistas.

_____. Arbeitslos! *Sozialdemokratische Korrespondenz*, Stuttgart, n.1, 27 dez. 1913.

_____. *Czego Chcemy*. Warszawa: Wydawnictwa Socjaldemokracji Królestwa Polskiego e Litwa, 1906.

_____. Das eigene Kind! *Leipziger Volkszeitung*, n.97, 29 abr. 1902.

_____. Der Friede, der Dreibund und wir. *Sozialdemokratische Korrespondenz*, Berlin, n.85, 18 jul. 1914.

_____. *Der preußische Wahlrechtskampf und seine Lehren. Gesammelte Werke*. Berlin: Dietz, 1990. v.2.

_____. Die Proletarierin. *Sozialdemokratische Korrespondenz*, Berlin, n.27, 5 mar. 1914.

LUXEMBURGO, R. Die Theorie und die Práxis. *Die Neue Zeit*, Stuttgart, ano 28, v.2, n.I-III, p.564-78; n.IV-VI, p.626-42, 1909-1910.

_____. *Eine Probe aufs Exempel. Gesammelte Werke.* Berlin: Dietz, 1990. v.1.

_____. Ermattung oder Kampf?. *Die Neue Zeit*, Stuttgart, ano 28, 1909-1910.

_____. Frauenwahlrecht und Klassenkampf. *Frauenwahlrecht. Zum Zweiten Sozialdemokratischen Frauentag von Clara Zetkin*, Stuttgart, n.8-10, 12 mai. 1912.

_____. Geknickte Hoffnungen. *Die Neue Zeit*, Stuttgart, ano 22, v.1, p.33-9, 1903-1904.

_____. Gewerkschaftsschule und Parteischule. *Leipziger Volkszeitung*, n.140, 21 jun. 1911.

_____. Karl Marx. *Vorwärts*, Berlin, n.62, 14 mar. 1903.

_____. *Kościół a socjalizm*. Warszawa: Wydawnictwa Socjaldemokracji Królestwa Polskiego e Litwa, 1905.

_____. Lassalles Erbschaft. *Die Gleichheit*, Stuttgart, ano 23, n.18, p.275-7, 1913.

_____. *Listy do Leona Jogichesa-Tyszki*, Varsóvia, v.1, p.451, 1968.

_____. *Massenstreik, Partei und Gewerkschaften*. Hamburg, 1906 (brochure).

v. Marokko. *Die Gleichheit*, Stuttgart, n.23, ano 21, p.353-4, s.d.

_____. Miliz und Militarismus. *Leipziger Volkszeitung*, n.42-4 e 47, 20-22 e 25 fev. 1899.

_____. Nur ein Menschenleben! *Leipziger Volkszeitung*, n.101, 4 mai. 1899.

_____. Organisationsfragen der russischen Sozialdemokratie. *Die Neue Zeit*, Stuttgart, ano 22, v.2, p.484-92; 529-35, 1903-1904.

_____. Stillstand und Fortschritt im Marxismus. *Vorwärts*, Berlin, n.62, 14 mar. 1903.

_____. Sozialreform oder Revolution? Mit einem Anhang: Miliz und Militarismus. *Leipziger Volkszeitung*, 1899.

_____. Taktische Fragen. *Leipziger Volkszeitung*, v.I, n.45, 26 jun. 1913; v.II, n.146, 27 jun. 1913; v.III, n.147, 28 jun. 1913.

_____. Verteidigungsrede am 20. Februar 1914 vor der Frankfurter Strafkammer. *Vorwärts*, Berlin, n.52, 22 fev. 1914.

_____. Was weiter? In: _____. *Gesammelte Werke*. Berlin: Dietz, 1990. v.2.

LUXEMBURGO, R . Wieder Masse und Führer. *Leipziger Volkszeitung*, n.199, 29 ago. 1911.

_____. Zeit der Aussaat. _____. *Gesammelte Werke*. Berlin: Dietz, 1990. v.2.

MARX, K. Das Kapital, v.1. In: ENGELS, F.; MARX, K. *Werke*, Berlin, v.23, p.791. [Ed. bras.: *O capital – Livro 1*. Rio de Janeiro: Civilização Brasileira, 2008. v.1.]

_____. Das Kapital, v.3. In: ENGELS, F.; MARX, K. *Werke*. Berlin, v. 25.

_____. Der achtzehnte Brumaire des Louis Bonaparte. In: ENGELS, F.; MARX, K. *Werke*, Berlin, v.8, p.118. [Ed. bras.: *O 18 Brumário de Luis Bonaparte*. São Paulo: Boitempo Editorial, 2011.]

_____. Thesen über Feuerbach. In: ENGELS, F.; MARX, K. *Werke*, Berlin, v.3, p.535.

_____. Zur Kritik des Gothaer Programms. In: ENGELS, F.; MARX, K. *Werke*, Berlin, v.19, p.29, 1969.

MEHRING, F. Kanton Badisch. *Die Neue Zeit*, Stuttgart, ano 28, v.2, p.562, 1909-1910.

_____. (Org.). Aus dem literarischen Nachlaß von Karl Marx, Friedrich Engels und Ferdinand Lassalle, v.IV, p.38, s.d.

MUHLMANN, D. *Réconcilier marxisme et démocratie*. Paris: Seuil, 2010.

OLBERG, O. Der italienische Generalstreik. *Neue Zeit*, Stuttgart, v.XXIII, v.1, p.19, s.d.

_____. Nachträgliches zum Eisenbahnerstreik. *Neue Zeit*, Stuttgart, v.XXIII, n.2, p.385, s.d.

PEDROSA, M. *A crise mundial do imperialismo e Rosa Luxemburgo*. Rio de Janeiro: Paz e Terra, 1979.

SCHÜTRUMPF, J. (Org.). *Rosa Luxemburgo ou o preço da liberdade*. Trad. Isabel Loureiro et al. 2.ed. rev. ampl. São Paulo: Fundação Rosa Luxemburgo/Expressão Popular, 2015.

STRADA, V. O "marxismo legal" na Rússia. In: HOBSBAWM, E. (Org.). *História do marxismo*. Rio de Janeiro: Paz e Terra, 1984. v.3.

TYCH, F. Ein unveröffentliches Manuskript von Rosa Luxemburg zur Lage in der russischen Sozialdemokratie (1911). *Internationale Korrespondenz zur Geschichte der deutschen Arbeiterbewegung*, ano 27, caderno 3, 1991.

WEBB, M. B. *Theorie und Praxis der Gewerkschaften*, v.2, s.d.

Índice onomástico

Adler, Victor, 156n.8
Alexandre II, 175n.21
Ariadne (personagem), 134
Atos dos Apóstolos, 184, 185

Bachem, 145
Bakunin, Mikhail, 263-6
baronesa d'Uzès, 107, 110
Bassermann, 145
Bauer, Bruno, 145
Bebel, August, 144-5, 169n.18, 344, 353, 483, 484n.4
Berdiaev, Nicolai, 168n.16
Bernstein, Eduard, XII, XVII-XVIII, 2-11, 14, 18n.63, 19n.68, 21-3, 23n.76, 24, 24n.78, 27-8, 31, 35-9, 41-6, 46n.155, 47-9, 49n.161, 50-2, 52n.162, 53-5, 55n.166, 56-63, 65-9, 69n.199, 70-2, 72n.207, 74, 76-83, 85, 87-8, 98-100, 104, 111, 168n.16, 268, 326
Bismarck, Otto von, 81n.228, 152n.3, 270n.7, 414n.4, 492n.12
Böhm-Bawerk, Eugen, 53, 80
Böhm-Jevons, *ver* Böhm-Bawerk, Eugen von e Jevons, William Stanley
Bömelburg, 268
Bonifácio VIII, papa, 195
Brecht, Bertold, XI, XIn.1
Breitscheid, 457
Brentano, Lujo, 40n.138, 40n.139, 80

Buch, Leopold von, 79
Buhl, Kathrin, XI
Bulgakof, Sergei, 168n.16
Bulygin, 200n.2, 296

Cambon, 411
Cristo, Jesus, 178-9, 181, 185, 188, 190, 192-3, 204, 213

Dâmocles (personagem), 76
Dan, 429-30, 432, 441
Danton, Georges Jacques, 328
David, 335n.38, 326
Dickens, Charles, 269
Dreyfus, 173n.20

Eisner, 268
Elme, Adolf von, 328, 328n.31
Engels, Friedrich, 7, 16n.54, 18n.63, 19, 50, 61, 73-4, 83n.232, 97-8, 119, 124-5, 127, 132-3, 209, 212, 263-7, 353, 357, 359-60, 377n.43, 392, 416, 449, 452
Ettinger, Elżbieta, XIX

Fausto (personagem), 161n.12
Fernando, Francisco, 498n.2
Feuerbach, Ludwig, 131-2
Fourier, Charles, 37, 123, 208-9, 212, 450
Frank, 457
Frank, Semen, 168n.16
Frohme, 328, 362
Frölich, Paul, In.2

Gapon, George Apollonovich, 281n.14, 283, 291
Goethe, Johann Wolfgang von, 30, 143, 161n.12
Göhre, Paul, 149, 149n.14
Goremykin, Ivan Logginovitch, 364n.27
Grabbe, Christian Dietrich, 397n.60
Gradgrind, Thomas, 269
Gregório, o Grande, 246
Grün, Karl, 123
Guilherme II, XII, 6n.10, 81n.228, 306n.25, 413n.4, 414n.4, 414n.5, 481n.3, 485

Habsburgos, 384, 498
Heine, Wolfgang, 82, 99-100, 104, 148
Henrici, 480n.2
Herkner, 79
Hervé, Gustave, XXI-XXII
Heyl, 110
Hinz, 108-9
Histermann, Erna, 113
Histermann, Margarete, 113
Histermann, Wilhelm, 113
Hohenzollern, 78, 361
Hollweg, Theobald von Bethmann, 356n.9, 367, 397, 459
Horner, Leonhard, 120
Hutten (David Friedrich Strauß), 451
Hyndman, 125

Ihrer, Emma, 443
Isegrim [Max Shippel], 83n.232, 89, 89n.239, 93, 102

Jacob, Mathilde, Vn.2
Jastrow, 148
Jaurès, Jean, 147, 173n.20
Jevons, 53, 80, 125
Jogiches, Leo, X-XII, XIV, XVIIIn.3, XX, 113n.1, 425n.1, 440n.2, 441
Judas, 204

Kant, Immanuel, 79
Kasprzak, Marcin, 300
Kautsky, Karl, XVIII, XXI-XXII, 66, 90, 103, 351n.2, 352, 352n.2, 353, 356-7, 359, 361-2, 364, 366-76, 380-2, 384-400, 402, 417n.2
Kiderlen-Wächter, 412
Krupp, 96, 110
Kunz, 108-9

Lange, Friedrich Albert, 79
Laschitza, Annelies, VII, X
Lassalle, Ferdinand, 3, 79, 144, 169, 169n.18, 209, 451-5
Lênin [Vladimir Illitch Ulianov], VI-VII, XIX-XX, 154, 154n.6, 155-6, 158-61, 163-6, 166n.15, 167, 169-71, 311n.27, 429-35, 438-40
Levi, Paul, XIII

Liebknecht, Karl, Xn.4, XIII-XIV, 330n.32, 418n.3
Liebknecht, Wilhelm, 169n.18, 353
List, Friedrich, 93
Louis-Napoleon, *ver* Napoleão III
Louis-Philippe I, 62, 358, 360
Löwy, Michael, XIII
Lutz, Ralph H., VIn.2

Malthus, Thomas, 108
Martov, 429-30, 432, 434, 438, 441
Marx, Karl, XVII-XVIII, 7, 14, 18, 18n.63, 19-20, 21n.70, 31, 41, 48-52, 52n.162, 53-5, 60-1, 74, 74n.210, 78-80, 84-6, 97, 108, 124-9, 131, 131n.1, 132-4, 136-40, 143, 170n.18, 209, 212, 265, 267, 269, 353, 357, 359-60, 362, 406, 452, 471, 474-5
Meerfeld, 458, 462-3
Mehring, Franz, XIII, 149, 149n.12, 377n.43
Millerand, Alexandre-Étienne, 137n.5, 173n.20
Miquel, Johannes von, 90n.240, 358
Molière, 137
Moor, 268, 268n.5
Mosse, 148, 499
Müller, 49
Münzer, Thomas, 183

Napoleão I, 62
Napoleão III, 62, 360

Naumann, Friedrich, 100, 100n.260
Nero, 204
Neupater, Ritter von, 79
Nicolau II, 161n.9, 275

Oertel, Georg, 141, 141n.3
Olberg, Oda, 387
Ollendorf, 52n.162
Oppenheimer, Franz, 57, 79
Owen, Robert, 178-9, 182

Parvus, 162
Pedrosa, Mário, VII, VIIIn.8
Péreire, Isaac, 14n.45
Péricles-Harden, 148
Péricles, 148
Perier, Casimir, 132
Plekhanov, Georg, 429, 433-4, 439
Politt, Holger, VIn.3, VIn.6, X, XXIII
Posadowsky-Wehner, Arthur Graf von, 6, 81, 120, 120n.3
Potter-Webb, *ver* Webb, Beatrice
Prokopovich, 79
Proudhon, Pierre-Joseph, 79
Puttkamer, Robert von, 270, 270n.7

Radczun, Günter, III
Ricardo, David, 54
Richter, Eugen, 141n.4, 145
Robespierre, Maximilien, 447
Rocinante, 61
Rodbertus, 59, 107

Roland-Holst, Henriette, XVIIIn.4, 311n.27

Saint-Simon, 123, 208-9
São Basílio, 188
São João Crisóstomo, 188, 190
Say, Jean-Baptiste, 80, 108
Schiller, Friedrich, 268n.5
Schippel, Max, 83, 83n.232, 85, 89, 89n.239, 90-107, 109-12
Schmidt, Conrad, 23, 23n.76, 24-30, 30n.102, 35-6, 39
Schmoller, Gustav, 40, 40n.138-9
Schoenlank, 105
Schulze-Gävernitz, 49, 79
Schütrumpf, Jörn, X
Shaw, George Bernard, 125-6, 171n.19
Sísifo, 59
Smith, Adam, 54
Sombart, 343
Stálin, VI
Stammler, 138
Stolypin, 431
Strauß, David Friedrich, 451
Ströbel, Heinrich, 397n.59
Struve, Petr [Struve, Peter v.], 168n.16, 281
Stumm, Karl Freiherr von, 6, 6n.10, 91, 96-7, 107, 110
Swiatopolk-Mirski, 311n.27

Tessendorf, Hermann, 360, 360n.16

Trotha, 368, 368n.32
Trotsky, Leon, 429, 432, 433, 434, 440
Tugan-Baranóvski, Mikhail, 168n.16
Turati, Filippo, 147
Tych, Feliks, XIX, XIXn.6

Valdersee, Alfred Graf von, 368, 368n.31
Vogel, 240
Vollmar, 82

Wagner, Adolph, 40n.138-9
Waldeck-Rousseau, Pierre, 137n.5
Webb, Beatrice, 56, 171n.19
Webb, Sidney, 171n.19
Weitling, 50, 61
Wij, 116-7
Wolf, 79-80, 90

Zetkin, Clara, XII-XIII, 131n.1, 443n.1
Zetkin, Costia, VII, XII
Zubatov, S. W., 279, 279n.13, 282

SOBRE O LIVRO

Formato: 16 x 23 cm
Mancha: 26p1,2 x 42p6,2
Tipologia: Adobe Caslon
Papel: Off-white 80 g/m² (miolo)
Couché fosco encartonado 115 g/m² (capa)
3ª edição Editora Unesp: 2018

EQUIPE DE REALIZAÇÃO

Edição de Texto
Raul Pereira e Marcelo Netto (Copidesque)
Arlete Zebber e Maria Mello (Preparação de original)
Thaísa Burani (Revisão)

Capa
Estúdio Bogari

Editoração Eletrônica
Estúdio Bogari

Assistência Editorial
Alberto Bononi
Richard Sanches

IMPRESSÃO E ACABAMENTO
Hawaií Gráfica e Editora

NSTRUÍDA

EM". ESTÁ CO